西南大学农林经济管理一流培育学科建设系列丛书（第一辑）

A Study on the Organizational Innovation and Risk Management of Rural Microfinance Institutions

农村小型金融组织创新与风险控制研究

丁忠民 等 著

科 学 出 版 社

北 京

内 容 简 介

推进农村小型金融组织的发展与创新是缓解我国农村金融供需不匹配矛盾、发展农村小微经济的重要途径之一。本书在梳理相关理论与借鉴相关研究成果的基础上，构建农村小型金融组织创新与风险控制的理论框架，凝练部分国家农村小型金融组织创新与风险控制经验教训对我国的启示，实证考察我国农村小型金融组织发展现状、金融供求缺口、创新发展历程，分析农村小型金融组织发展中的问题及原因，研究我国农村小型金融组织发展存在的风险及其控制，探讨我国农村小型金融组织创新的机制培育和模式设计，最后提出促进我国农村小型金融组织发展的配套政策体系。

本书适合从事农村金融等相关研究工作的人员阅读。

图书在版编目（CIP）数据

农村小型金融组织创新与风险控制研究 / 丁忠民等著. —北京：科学出版社，2019.2

（西南大学农林经济管理一流培育学科建设系列丛书. 第一辑）

ISBN 978-7-03-057333-9

Ⅰ. ①农… Ⅱ. ①丁… Ⅲ. ①农村金融－金融组织－风险管理－研究－中国 Ⅳ. ①F832.35

中国版本图书馆 CIP 数据核字（2018）第 092791 号

责任编辑：马 跃 李 嘉 / 责任校对：贾娜娜
责任印制：张 伟 / 封面设计：无极书装

科 学 出 版 社 出版

北京东黄城根北街 16 号
邮政编码：100717
http://www.sciencep.com

北京虎彩文化传播有限公司 印刷
科学出版社发行 各地新华书店经销

*

2019 年 2 月第 一 版 开本：720 × 1000 1/16
2019 年 2 月第一次印刷 印张：18
字数：350 000

定价：152.00 元

国家社会科学基金项目

农村小型金融组织创新与风险控制研究

项目编号：11BJY082

项目主持：丁忠民（西南大学教授　博士）

主研人员：王定祥（西南大学教授　博士）

余　珊（西南大学讲师　博士）

高云峰（西南大学教授　博士）

温　涛（西南大学教授　博士）

胡士华（西南大学教授　博士）

王小华（西南大学讲师　博士后）

参研人员：袁妗荷（西南大学　硕士研究生）

李明阳（西南大学　硕士研究生）

姜上湖（西南大学　硕士研究生）

雷　俐（西南大学　硕士研究生）

孔令妍（西南大学　硕士研究生）

前　言

　　随着经济全球化、金融自由化和金融互联网化的发展，金融作用于经济的深度和广度空前提高，金融与经济的关系也发生了深刻的变化，不但经济决定金融，而且金融通过先导性作用更为深刻地影响着经济发展。在当代，经济与金融已发展成为共生共荣的两个系统。并且金融已成为现代经济的核心，没有金融对经济持续而主动的支持，经济的可持续发展就不可能实现。

　　作为现代农村经济的核心，农村金融在促进农村经济发展中同样发挥着不可替代的作用。只有农村金融得到了可持续发展，农村金融才能通过可持续的金融支持，促进农村经济可持续发展。当前，我国农业与农村经济发展的质量不高、效益低下、速度缓慢，农民收入增长后劲不足，农业比较效益低下，城乡差距仍未明显地收敛。我国多年来的"三农"（农业、农村、农民）问题，不仅制约了国民经济的协调发展，而且对全面建成小康社会构成了严峻挑战。而我国"三农"问题形成的一个根本原因是，二元经济结构内生性加剧和农村金融不断萎缩，这使得农业与农村经济发展长期得不到足够的金融支持。进一步来看，农村金融的萎缩集中通过正规金融组织在县域撤并网点、上收信贷权限表现出来，使得农村低收入农户和小微企业融资难度日益加剧，农村小微金融需求难以得到足够的正规金融的支持，为农村高利贷盛行提供了良好的土壤，而高利贷反过来又不断扰乱农村金融市场秩序。中国当前的农村金融市场深刻地表现为"小微金融需求广泛，但小微金融供给不足"、"农村储蓄资源丰富，但资金外流严重，内部融资困难"和"农村金融供给结构与农村金融需求结构不相适应"，从而在一定程度上制约了农村小微经济主体的持续健康发展。

　　我国农村金融市场之所以出现金融供给结构与金融需求结构不相适应，即小微金融供给缺口较大的现象，是因为在二元经济结构和长期的农村金融制度变迁中，正规金融"重工轻农"思想长期存在，服务于农村小微金融需求的小型金融组织创新的体制机制不健全，政府对农村内生金融长期实施严厉的抑制政策，严重扭曲了农村小型金融组织的内生性创新和发育。在农村外生性金融中，随着农村金融市场化、商业化改革的推进，部分正规金融也退出农村市场，导致农村金融组织及其营业网点出现大面积萎缩，农村金融供求缺口出现外生性扩大。为了扭转日益恶化的农村金融萎缩颓势，2006年中国银行业监督管理委员会决定降低农村金融准入门槛，逐步推行农村金融深化政策，引导民间资本进入金融领域，积极鼓励农村小型金融组织创新发展，为我国农村金融快速发展注入了巨大的正能量。但是，2006 年以来各地涌现的农村小型金融组织，在组织创新与经营活动中，也逐渐表现出一些问题，诸如组织治理不科学、经营管理不规范、服务目标错位、财务不可持续、运营风险增高等，尤其在经济新常态下出现了一批农村小型金融组织破产倒闭现象。因此，如何认识和把握农村小型金融组织创新与发展的客观规律，推进农村小型金融组织的健康发展，最终形成一条解决农村小型金融组织创新和发展问题的可靠路径，已成为当前中国农村金融发展中亟待研究和解决的一个重大课题。为此，本书关于农村小型金融组织创新与风险控制的研究，具有挑战性。

　　本书着重就农村小型金融组织创新与风险控制问题进行深入研究。研究线索是，在对农村小型金融组织创新与风险控制的理论进行研究的基础上，考察国外农村小型金融组织创新与风险控制的基本经验，总结中国农村小型金融组织体系的制度演化经验与教训，并运用统计调查和案例研究的方法，实证研究中国农村小型金融组织创新的效应，揭示中国农村小型金融组织创新发展中的现实问题及其根源，在此基础上，提出中国农村小型金融组织创新的培育机制、制度和政策思路。

　　　　　　　　　　　　　　《农村小型金融组织创新与风险控制研究》课题组

　　　　　　　　　　　　　　2018 年 9 月 20 日

目　　录

第1章 总 论

1.1 研究背景及问题

1.1.1 课题研究的背景

改革开放以来，尤其是 20 世纪 90 年代中期后，随着城市化进程的加速推进，以及农村比较效益低下的影响，优质资源要素由农村地区不断向城市流动，非农优秀资源要素配置到农业农村地区非常艰难，导致我国农业现代化发展程度明显滞后于工业化与城镇化程度。一方面，农地实行农户家庭细碎化、均田制经营，农地要素流转重组较为困难，农业劳动力过度向城市和工业转移，致使农业劳动力成本大幅度上升，在一定程度上阻碍了新型农业经营体系的培育和发展。另一方面，工农生产效率差异化明显，城乡收入差距日益扩大，农业投资能力内生性增长乏力，也制约了农业现代化进程。在统筹城乡发展力度加大和市场化进程加快的背景下，旧有的工农产品价格"剪刀差"现象在 1997 年后已有所缓解，但城乡二元经济结构仍未得到根本性改变，农业的弱势地位既难以有效防范农业资源要素外流，也难以有效地吸引外部非农优秀资源要素的持续投入。其中，农村资源外流速度的加剧，又会进一步增加农业的弱势。因此，单靠传统农村内部的资源要素积累，难以建设符合农业现代化要求的基础设施和提供优质的社会公共服务。

而城乡一体化发展又需要贯穿于新型工业化、区域城市化之中，在已实现城乡一体化发展的沿海发达地区，虽然农村和城市总体处于协调状态，但也不可避免地有不平衡的现象，如农民的资产权益问题、土地问题等，其中最直观的表现就是城乡居民收入差距居高不下。Benjamin 等（2008）的研究表明，中国居民收入的基尼系数与南美国家的情况基本处于同一水平，很可能已经高于 0.5。另外中国家庭金融调查（China household finance survey，CHFS）数据显示，2010 年中国家庭收入的基尼系数高达 0.61，远高于 2010 年世界平均水平（0.44），其中，城镇家庭内部和农村家庭内部收入的基尼系数分别为 0.56 和 0.60。即使参照此前联合国有关机构公布的数据，2010 年中国的基尼系数也达到 0.52，明显高于同为金砖国家的印度和俄罗斯，而与阿根廷和墨西哥大致相当，略低于巴西[①]。由此可见，中国当前的城乡居民收入差距比其他发展中国家大得多（Eastwood and Lipton，2004；Maddison，2007）。李实（2014）认为，在未来几年中，中国城乡收入差距可能还会处在一个高位徘徊状态，基尼系数在 0.45～0.50 波动。

在新农村建设背景下，有效推动城乡一体化，促进现代农业快速发展，能够起到优化农业资源配置，确保国家粮食安全和农业生态文明进步的作用。而促进城乡一体化、新农村建设及现代农业的发展，有效的农村金融支持是必不可少的。众所周知，我国农村改革是由土地制度改革开始的，改革 40 年来已取得了举世瞩目的成就，彻底解决了 13 亿人的温饱问题。但随着改革的深入推进，农村金融发展越来越商业化、市场化，农村金融组织的金融供给越来越远离农户尤其是贫困农户的金融需求，农村小微供求矛盾日显突出。2006 年以来，我国虽然已加大农村金融体系建设的力度，推进成立了一大批包括村镇银行、小额贷款公司在内的新型农村金融组织，但农村金融在市场竞争、服务创新、产品供给及风险控制等环节仍然存在较为严重的问题，并且服务"三农"的农村金融组织的金融供给与金融需求并未得到有效配合，既无法适应现代农业、农村经济发展的需要，也不能满足农村金融自身可持续发展的现实需要（温涛等，2014）。因此，推动农业农村发展的当务之急，不仅是要促进资源要素流向农业农村，而且要切实解决好农村金融改革和发展滞后的问题，促进农村小型金融组织健康发展，以满足农村小型金融需求。

我国农村小型金融组织的诞生最早可追溯至 2003 年。2003 年 3 月，中国第一家农村资金互助社在吉林省四平市闫家村诞生。以此为起点，由农民以"资金互助"为名自主创办的互助式金融组织逐渐发展起来，并因此得名"草根银行"。2013 年 11 月，党的十八届三中全会通过《中共中央关于全面深化改革若干重大问题的决定》，正式提出"发展普惠金融""鼓励金融创新""丰富金融市场层次和产品"。后续政策和一系列相关文件也体现了中央对建立农村普惠制金融服务体系的决心，相应地必须把好农村新型金融组织的准入关，这正是建立农村普惠金融体系的重要起点。目前，我国农村小型金融体系基本形成了以村镇银行为主体，以贷款公司、农村资金互助社、小额贷款公司等为重要补充的普惠金融格局。与农村大型金融组织相比，农村小型金融组织具有一定的优势，如搜寻信息成本低、

---

① 按照国际一般标准，基尼系数在 0.3～0.4 表示收入差距相对合理，0.4 以上表示收入差距较大，当基尼系数达到 0.6 时，则表示收入悬殊。国家统计局住户调查办公室公布的数据显示，中国全国居民收入的基尼系数在 20 世纪 80 年代中期为 0.16，2003 年为 0.479，2004 年为 0.473，2005 年为 0.485，2006 年为 0.487，2007 年为 0.484，2008 年为 0.491。然后逐步回落，2009 年为 0.490，2010 年为 0.481，2011 年为 0.477，2012 年为 0.474。2009 年阿根廷基尼系数为 0.46，巴西为 0.55、俄罗斯为 0.40，2008 年墨西哥基尼系数为 0.48，2005 年印度基尼系数为 0.33。

服务便捷、机制灵活、监管成本低等，但由于受主客观因素的约束，农村小型金融组织对缓解"三农"融资难问题的作用并没有如预期那样明显，而且在我国内陆和一些沿海地区已经暴露出大量的风险和问题，尤其是最近两年，随着经济下行压力加大，实体经济进入结构性调整阵痛期，使农村不少小微金融组织倒闭，已严重威胁到农村金融的安全和可持续发展。

因此，在当前国家大力推进城乡一体化、农业现代化，健全农村金融体系，缩小城乡差距的现实背景下，积极研究我国农村小型金融组织创新和发展中面临的困难与问题，促进农村金融市场有效竞争，弥补"大金融"服务的不足，满足农村小型金融需求，实现农村经济结构与农村金融结构有机匹配，降低农村金融风险，已刻不容缓。

1.1.2 研究问题的提出

目前，我国农村小型金融组织在国家有关政策的积极引导下已取得一定进展，在县域层面上有效增加了农村金融服务供给，也为农村小型金融组织自身积累了宝贵的发展经验。《2014 年中国区域金融运行报告》数据显示，截至 2014 年年末，全国村镇银行、农村资金互助社、贷款公司、小额贷款公司数量分别达 1254 家、49 家、13 家和 8791 家。但是，农村小型金融组织总体处于起步阶段，难以适应农业和农村经济发展的客观现实需要。同时，这些金融组织存在内部管理失范、管理机制僵化、普惠金融功能异化严重等问题。如何培育和开发这些农村小型金融组织的普惠性金融功能，满足农业和农村经济发展的金融需求，是需要深入研究的。

具体来讲，由于农业生产经营环境特殊，农村小型金融组织的业务受到明显制约。"靠天吃饭"使农业在生产过程中具有不可预估的自然风险，"谷贱伤农"使农民在市场销售过程中面临频繁的价格风险，因此为农业农村服务的农村小型金融组织的"安全性"难以保证。并且农业生产周期长，农户的资金需求"小、频、长"，资金借贷需求往往超过一个生产周期，但农村小型金融组织的资金来源渠道狭窄，"流动性"难以保证。另外，农业的脆弱性与低效性，使农业生产需要政策扶持，而农户难以区分政策性资金补贴与商业性资金借贷，导致商业性借贷资金使用不科学，农村小型金融组织的"营利性"难以保证。并且农村企业与农户信用文化淡薄、农村征信体系不健全，农村小型金融组织需要更加强调抵押担保品。然而农户的动产少、价值低廉，又受限于区域，不动产受限于本村交易，使得农户有效抵押担保品缺失，这对农村小型金融组织的风险识别和防范能力均提出了巨大挑战。在微观层面上，农村小型金融组织由于其业务规模小，相较于大银行拥有小银行优势。但它的资金主要来自股东借款和银行借款，资金来源渠道存在困难。同时网点少、业务种类少、知名度小。而且农村小型金融组织的设施设备、人力投入严重不足，都使其业务难以接入现代化支付系统和征信体系，影响了农村小型金融组织的结算和服务功能，降低了业务运营效率。

可见，目前农村小型金融组织在自身经营上还存在一些难题。如何应对农村特殊的生产经营环境，防范农村小型金融组织的外部经营风险？如何开辟资金来源渠道，缓解较高的资金成本？如何改进农村小型金融组织的公司治理结构，提高治理效率，防范内部经营风险？如何借鉴国外先进经验，促进我国农村小型金融组织可持续发展？这些问题都是当前急需研究的重大问题，是我国农村金融发展中不可回避的现实问题。本书将着重对这些问题进行深入研究。

1.1.3　研究的意义和价值

在当前中央高度重视农村发展、致力于解决"三农"问题、统筹推进城乡一体化和农业现代化的现实背景下，基于农村小型金融组织发展滞后的客观现实，研究农村小型金融组织的创新与风险控制，本书旨在为我国农村小型金融组织的健康发展、农村金融体制改革及促进农村经济可持续发展提供理论指导、实证支持和政策参考。具体说来，研究上述问题的意义和价值主要有以下几个方面。

1. 发展和创新农村小型金融组织，是缩小城乡差距、促进城乡协调发展、积极构建和谐社会的重要基石，是合理分享改革成果的必然要求

我国自古以来是一个农业大国，农业文明历史悠久。新中国成立以后，经过半个多世纪的工业化和城市化进程，我国城乡差距日渐扩大。导致我国城乡差距扩大的一个主要原因是，金融资源通过正规金融组织大规模配置到城市，近年来通过农村正规金融组织配置到农村的信贷资源不及城镇的 1/10，农村小企业和低收入农民的金融需求出现了"供给真空"，阻碍了农业和农村经济的健康发展。从长远来看，解决城乡差距不断扩大的问题，需要适应小农经济特点，培育和发展农村小型金融组织，增加对农村的金融资源配置，实现城乡经济协调发展。

2. 发展和创新农村小型金融组织，对完善农村金融体系、改进农村金融服务、激活农村金融市场、填补农村金融服务"真空"、缓解农业和农村融资困境具有重要的现实意义和实践价值

我国的"城乡二元经济结构"特征，从经济地缘上决定了金融发展在城市与农村之间的必然分割。我国农村金融发展落后于城市金融，除了受农业脆弱性的影响外，最根本的原因是没有一个满足农村经济主体结构多层次金融需求的农村金融组织体系，农村小型金融组织的发展明显滞后，致使广大中低收入阶层的农户和农村中小企业的金融需求存在严重的金融供给"真空",非正规金融因此悄然成长,高利贷金融交易盛行,恶化了农村金融生态环境。加快培育、创新和发展与农村中低端金融需求相适应的农村小型金融组织,不仅有利于提升农村金融发展的整体绩效,还对促进农村金融与农村经济良性互动发展至关重要。

3. 加强农村小型金融组织的创新与风险控制研究,理论上将丰富农村金融理论体系,实践上将为各级政府提供重要的决策参考

本书的研究内容具有跨学科性,涉及金融与农业两个领域,将为经济学与农业科学发展在理论与实践方面提供素材并做出贡献。2016 年中央一号文件指出,要"开展农村金融综合改革试验,探索创新农村金融组织和服务"。因此,农村小型金融组织创新和风险控制研究,不仅具有重要的现实意义,还对拓展农村金融理论体系、丰富农村金融研究具有重要价值。

1.2 国内外研究现状评述

1.2.1 国外研究现状评述

通过文献检索发现,国外对农村小型金融组织创新与风险控制的相关研究极为丰富,并取得了大量的研究成果。归纳起来,集中体现在以下几个方面。

1. 农村金融发展理论研究

国外对农村小型金融组织发展的研究,始于 20 世纪中后期以来对农村金融发展理论的反思。20 世纪 80 年代前,主流的农业信贷补贴理论认为:农村居民储蓄能力有限,农业无法成为商业金融的对象,因此,需要外部政策性资金的注入,同时建立政府控制的金融组织予以分配。20 世纪 80 年代以后的主流观点农村金融市场理论认为,正是政府的补贴信贷手段抑制了农村的发展,应该依赖市场来促进农村金融与经济发展(Adams et al.,1984;Adams,2002)。在农村金融与农村经济发展关系上,Gurley 和 Shaw(1955)最早进行了研究,认为城乡二元经济结构明显的发展中国家,农村经济发展离不开农村金融发展的支撑。Patrick(1996)提出的"供给引导"和"需求追随"两种金融发展模式,同样适用于农村金融发展领域。Goldsmith(1969)和 Mckinnon(1973)等从制度层面强调了农业金融发展对发展中国家农村经济增长的重要性。Kapur(1976)、Galbis(1977)、Lee(1980)、Mathieson(1980)和 Cho(1984)等对农村金融深化理论进行了扩展。Odedokun(1992)、Hellman(1995)、Morduch(1995)、

Stiglitz（1990）等运用有效需求理论，结合一系列信息经济学工具，形成了农村金融约束论，该理论认为，政府对金融部门选择性地干预，有助于促进农村金融深化。与之对应，近年来一些学者依据哈耶克局部知识理念，认为农村金融发展中的信息不对称问题并不是政府干预的原因，而应该依靠市场来加以解决，政府必须饰演好自己的角色。

2. 农村小型金融组织研究

20 世纪 80 年代以来，商业化后的农村正规金融仍然不愿向农村低收入者和贫困农民放贷（Basu，1997），而民间非正规金融又具有极大的局限性，农业融资环境不断恶化，Swinnen 和 Gow（1999）指出，走出困境的方法是改进农业利润率和创新农村金融组织。因此，发端于孟加拉国，专门为农村贫困阶层和低收入群体发放小额信贷的微型金融组织在世界各地应运而生，引发了一场农村金融的革命性变革（Robinson，2001）。小额信贷创始人 Yunus（1984）提出了信贷是人类生存和发展的基本权利，强调应建立起为穷人服务的普惠性金融体系。Adams 和 Vogel（1986）、Sriram 和 Parhi（2006）强调了微型金融组织开办储蓄业务筹集资金的重要性，认为储蓄动员不仅能扩大微型金融组织服务能力，还能够降低信贷风险，掌握客户的一些关键信息。Mcguire 等（1998）进一步主张将农村微型金融组织商业化和正规化，并引入相应的竞争机制。Pischke（1996）、Charitonenko 等（2004）肯定了放松准入标准和利率自由化的金融自由化思路对农村小型金融组织发展的积极意义，也主张小型金融组织商业化发展。农村微观金融运营机制近年来取得了一定成绩，其分别体现在提高管理组织水平、减少交易成本、提供满足客户需求的服务上。Yaron（1994）对亚洲四个农村金融组织进行了经验性回顾，说明了社会机制的引入会降低交易成本。Darrat（1999）、Kehind（2012）、Weber 和 Musshoff（2012）的研究发现，农户正规信贷主要通过传统资本路径提升农民的农业投资和经营能力，最终促进农业产出和农民收入的增长。Asongu（2013）研究了非洲国家的金融部门竞争对收入不平等的影响，发现正规金融规模化增加了收入不平等现象，而非正规金融发展则有利于穷人的收入增长。

3. 农村金融服务创新研究

Wright（1997）、Makynen 等（2000）认为，农村金融除了提供基本的贷款和储蓄服务，还应当为穷人发展新的金融服务。Schrieder 和 Heidhues（1997）提出了农村金融组织微观运营上的四个创新，即规章制度创新、组织机构创新、业务创新、管理流程创新。Matin 等（2000）认为，发展农村金融产品和服务应当适应客户的需要。Zeller 和 Sharma（2000）根据孟加拉国、喀麦隆、中国等 10 个亚非国家的调查数据，分析了农村穷人对金融服务的需求情况。Wright 等（2001）研究了农村金融新产品开发之前应当考虑的关键问题，并提出了一个系统开发流程。Buchenau 等（2003）研究了农村金融服务创新如何适应农村特殊市场。Matul 和 Szubert（2005）研究了当城市金融组织进入农村新市场时，通过市场调查如何为新产品和新服务提供信息。Gobezie（2009）从农村金融发展过程中出现的市场失灵和逆向选择问题出发，主张通过有针对性的干预来确保惠及穷人和自身可持续发展，并提出致力于可持续发展的农村金融服务提供者不能仅仅依赖捐助，而要从服务的高效中获取运营收入，并且为服务设定适当的价格。Baguma 等（2010）、Okpukpara（2010）均发现，金融创新对农业、农村科技推广起到非常明显的促进作用。Ayuub（2013）通过问卷调查的形式，对小额信贷银行与其客户的洽谈内容进行研究，发现小额信贷与扶贫之间有着密切的关系，在帮助改善生活水平和创造融资机会的同时，也扩大了其经营的业务范围。

4. 农村金融风险管理问题研究

现代金融学曾针对国际或区域金融市场波动的溢出效应，结合不同市场上资产价格和资金流动性，来研究金融市场风险（Arshanapalli and Doukas，1993）。金融风险比较适合用波动（条件方差）进行描述，而使用向量自回归（vector auto regression，VAR）模型展开检验时，该模型的残差项存在自回归条件异方差（autoregressive conditional heteroskedasticity，ARCH）效应，因此经济学家开始用 ARCH 模型，尤其是广义自回归条件异方差（generalized autoregressive conditional heteroskedasticity，GARCH）模型解释以信息传递为主要内容的市场间金融冲击路径的波动溢出效应（Eun and Shim，1989）。Morduch（1995）的研究表明，遭受高风险的贫困家庭会做出反风险行为，从而造成金融市场动态无效率。Boehlje 和 Lins（1998）、Brennan 和 Franks（1995）、Stoughton 和 Zechner（1998）的研究表明，持续的突发事件能大幅度减少一个社区的社会资本储备，农村家庭为应对风险，需对金融资产进行重新分配。Morduch（1999）根据低频率与高频率、单个与重复突发事件，将农村金融风险进行了分类。Jütting 和 Weinberge（2000）进一步将农村金融风险划分为健康风险、生产风险、制度风险和社会风险四类，对协变风险和异质风险做了一般性但非常重要的区分，前者在一定时期的某个方面会影响整个农村，而后者只会影响家庭。Townsend 和 Yaron（2001）认为，农村金融风险管理是建立在各种行为之上的，其中公共部门、营利的私人部门、非营利组织和家庭是四种主要的行为，而且各种行为在风险管理的整个过程中所表现出来的特性是有差别的。Wenner 等（2007）分析了拉丁美洲的 42 家对农业领域进行投资的金融组织，并确定它们的主要预期风险，以及通过资产质量、资产组合的增长率及利润率等关键的财务指标有效地衡量风险。

这些极为丰富和深刻的研究，为本书的研究提供了重要的理论参考和逻辑起点。但是，中国的具体国情和小农经济占主导地位的特殊的农村条件和经营环境，对照搬其他国家农村小型金融组织创新模式与借鉴经验有明显的约束性，需要结合中国具体情况展开新的探索。

1.2.2 国内研究现状评述

国内对农村小型金融组织创新和风险控制的研究起步总体较晚，而且取得的成果系统性不强，多以分散性的论文出现。归纳起来，与此相关的研究主要表现在以下几个方面。

1. 农村金融改革研究

林毅夫等（1989）、W. 哈勒根和张军（1999）、何广文（2001）和张杰（2003）等系统剖析了中国农村金融运行存在的问题及其相应的改革思路。王家传和张乐柱（2003）研究了农村信用社的经营目标和发展模式；张乐柱（2005）运用新制度经济学有关理论深入研究了合作金融运行机理和发展路径；谢平和徐忠（2006）研究了公共财政、金融支农与农村金融改革的关系，认为只有让公共财政发挥其作用，才能进一步有效地改革农村金融体系；焦瑾璞（2006）提出农村金融体制改革的主线是，形成可持续发展的多层次农村金融体系；李明贤和李学文（2007）从实证方面分析了我国农村金融发展的经济基础，并由此提出相关建议；李锐和朱喜（2007）运用农户数据，计量分析了农户金融抑制的程度及其福利损失的大小，从微观视角对农村金融研究的深化提供了重要的借鉴。何广文（2008）指出，要从城乡一体化、供应链、城乡协调发展角度来考虑农村金融发展的问题，需要根据中国农村金融的需求，设计农村金融改革与制度创新的方案，不能简单照搬西方发达国家的农村与城市金融发展模式。陈雨露等（2010）的研究表明，在中国，现阶段抑制农户信贷需求的是初始资源状态（包括环境资源、物质资源、知识资源等），左右农户融资来源选择的是成本权衡。王小华等（2014）指出，我国贫困型农户面临着较为严重的正规供给型金融抑制问题，同时，也面临着严重的需求型金融抑制、收入没有保障、投资收益率低等问题，贫困型农户难以承受较高的利息成本和还款压力，因此，一般情况下他们不会轻易选择向金融组织贷款，贷款需求被抑制，或相应地转移到了对民间借贷的需求上。

2. 农村小型金融组织研究

20 世纪 90 年代末中国农村金融组织推行商业化改革以来，农村中低端客户的金融供给"真空"及为此而培育和发展小额信贷组织在理论界逐渐成为研究的热点问题。学界普遍认为，在目前我国农村小农经济背景下，小规模的农村金融组织不失为一种较好的选择。林毅夫（2003）认为，在我国农村，中小银行都太大，适合农村经济发展的是小额信贷、民间自发的合作金融、互助会和其他自发的借贷行为。何广文和冯兴元（2004）则主张，加快发展以中小银行为代表的中小金融组织，培育农村信贷市场竞争机制是十分重要的。陈军和曹远征（2008）认为，微型金融组织的产生从根本上扭转了传统的正规农村金融组织将农村低收入农户和穷人排斥在农村信贷市场之外的现象。杜晓山（2008）认为，构建和谐金融的必经之路是加快建立面向农村弱势群体的普惠性金融体系。张杰（2007）对我国微型金融组织所做的个案研究表明，微型金融组织虽然在一定程度上实现了较好的经营业绩和风险控制，放款的及时性得到改善，但由于公司资金来源短缺、利率较高、贷款条件严格等因素的影响，很难惠及广大低收入的纯农业生产者和农户的生活性金融需求。另外，学者们还就农村小型金融组织开展小额信贷的方式、成效进行了研究。梅光明（2004）、黄盛华（2006）认为，小额信贷的发展有助于实现农村扶贫目标，提高农村低收入农户的收入。姚先斌和程恩江（1998）、李军培（2005）、刘西川等（2007）通过研究认为，我国小额信贷的问题主要表现为：利率低、资金来源狭窄、机构产权不明晰、客户目标上移、金融产品单一及经营缺乏持续性等。杜晓山（2004，2007，2008）、岳意定（2008）认为，放宽市场准入限制、坚持小额信贷市场化运作、实行灵活的利率政策、创新贷款操作与管理模式，对实现小型金融组织可持续发展意义重大。刘仁伍（2006）指出，农村新型金融组织的培育是一个综合而系统的研究方向。王煜宇（2012）提出有效根除新型农村金融组织发展的制度供给抑制，要完善新型农村金融组织监管法律制度，确保其服务"三农"的基本功能，增进其防范和抵御风险的能力。洪正（2011）比较分析了各类新型农村金融组织的监督效率及其对农村融资状况的影响，指出当前以商业银行为主体的农村金融增量改革，反映了政府隐性存款担保下国家对民营资本金融风险的过度防范，以及商业银行为了经营特许权价值做出短期选择的双重契合的问题。梁静雅等（2012）通过对新型农村金融组织的地区分布、注册资本、发起类型、可持续经营状况等进行分析评价，发现新一轮农村金融增量改革并没有达到预想的效果。王小华等（2014）对整个农村金融现状进行了分析，指出应当促使县域金融组织有序竞争，促进农村政策性金融、商业性金融和普惠性金融协调发展。

3. 农村金融风险研究

从现有研究来看，对农村正规金融和非正规金融的二元运行框架有可能蕴含的风险关注较少，农村金融市场风险问题并未得到充分的探讨。梅兴保（2001）

探讨了我国农村金融风险的生成、防范与化解。马九杰（2004）重点对农村信用社面临的总体风险进行了定性分析，并构造了我国农村信用社信用风险评价的指标体系。赵天荣（2007）提出农村金融新格局给监管带来新的问题，如不尽快改善而只顾放开农村金融市场，危机爆发将在所难免。温涛（2008）基于新农村建设的背景研究了农村金融风险防范与化解机制，分别建立了微观和宏观金融风险预警监控模型。何大安（2009）详细分析了中国农村金融市场风险，为相关理论的发展奠定了基础。他认为，就农村金融市场所内生的风险来说，非正规金融的无序运行与农村正规金融服务目标错位都会积聚大量风险。杨大光和陈美宏（2010）指出，农村金融风险分担及风险补偿机制不完善是导致农村金融发展长期滞后的根本性原因，同时主张通过积极拓展农村金融市场、健全信用担保制度、发挥贷款利率风险补偿的作用、大力发展农业保险、加大政府支持力度等方式加以解决。白继山和温涛（2011）建立的指标体系评价了农村经济稳定和发展程度、农村金融发展程度、地方政府对农村金融影响程度，并在此基础上分析了农村金融风险的基本状态。刘明等（2012）依据在陕西、青海农村调研的数据进行研究，发现农村金融组织在一定程度上过高估计了农村金融风险，而没有合理估计农村潜在的经济机会。温涛等（2014）对我国农村金融服务风险特征与风险状态进行了分析，从农村金融生态环境角度出发，建立了一个关于农村金融风险评价的指标体系，在此基础上运用粗糙集方法构造了农村金融风险预警模型，然后运用该模型对各省农村金融风险进行了实证分析。结果表明，农村金融服务风险和我国整体经济及金融运行密切相关，但又存在明显的地区差异，农村金融运行的安全性需要得到进一步的提高。

总体而言，国内的研究找准了方向，也明确了目标，认为发展农村小型金融组织对于我国农村金融和农村经济发展至关重要。但对农村小型金融组织创新与风险控制的研究缺乏专门性和系统性，其理论与实证分析都是零散的，客观上需要开展新的研究。本书将基于中国统筹城乡一体化、农业现代化和建立现代农村金融制度的现实背景，在借鉴相关理论成果与实证分析的基础上，以更好地满足农村中低端金融需求和促进农村小型金融组织可持续发展为研究目标，开展对农村小型金融组织创新与风险控制的新的探索。

1.3 研究目标、思路与内容

1.3.1 研究目标

本书研究的总体目标是，从理论与实证角度，深入探究农村小型金融组织创新的内在机理,厘清农村小型金融组织风险的类型和成因,为促进农村小型金融组织健康发展提供有价值的决策咨询建议。为此,可以将总体目标分解为以下五个目标:一是弄清农村小型金融组织创新与风险控制的理论基础;二是初步构建农村小型金融组织创新与风险控制的理论框架,为实证研究中国农村小型金融组织创新与风险控制提供理论支持;三是探寻中国农村小型金融组织创新的现实问题及其根源,为提出科学的创新与风险控制思路提供切实的证据;四是系统分析中国农村小型金融组织创新的风险及成因,对中国农村小型金融组织创新机制培育与模式选择提出具体思路;五是对中国农村小型金融组织创新与风险控制提出配套政策建议。

1.3.2 研究思路

本书的研究思路是,坚持农村小型金融可持续发展的原则,广泛吸收现有的理论成果,充分认识我国农业与农村金融需求的特殊性,将农村小型金融组织置于与农村经济主体发展双赢格局之中,从理论和实证、历史与现实相结合的视角,界定农村小型金融组织的理论内涵,揭示农村小型金融组织创新的机理、实现路径,系统构造农村小型金融组织创新的理论框架,进一步借鉴农村小型金融组织创新与风险控制的国际经验,检验理论框架,在此基础上,运用历史分析和统计、计量分析方法,从制度和数量关系两方面,考察中国农村金融组织创新的历程、农村小型金融组织运行现状、发展中存在的问题及原因,分析农村小型金融组织创新的风险及成因,并对中国农村小型金融组织创新的机制培育和模式设计提出建议,最后提出促进农村小型金融组织创新与风险控制的政策措施。研究的基本思路如图 1-1 所示。

1.3.3 研究内容

本书需要研究的内容包括理论研究、实证研究和政策研究三部分。核心内容可概括为以下几个方面。

（1）农村小型金融组织创新的理论回顾与评述。主要包括组织创新理论、金融发展理论、金融产业组织理论与金融共生理论、微型金融相关理论、金融风险管理理论与风险脆弱性理论。

（2）农村小型金融组织创新与风险控制的理论研究。主要内容包括农村小型金融组织的理论内涵及发展动因,农村小型金融组织创新的理论内涵及因素分析、组织类型、实现机理,农村小型金融组织创新风险的理论内涵。

（3）农村小型金融组织创新与风险控制的国际经验。主要内容包括发达国家

（美国、英国）和发展中国家（孟加拉国、印度尼西亚、马其顿）农村金融组织创新与风险控制现状考察和比较分析，总结国外农村小型金融组织创新与风险控制的经验，提出对我国农村小型金融组织创新与风险控制的启示。

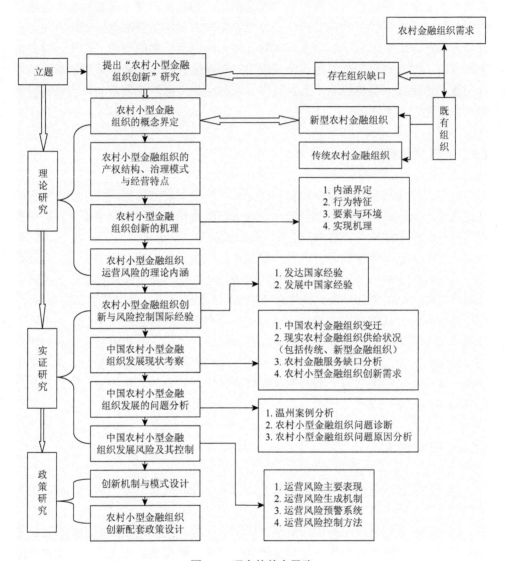

图 1-1　研究的基本思路

（4）中国农村小型金融组织发展与服务现状考察。主要包括农村金融组织体系的演变历程、现实特征，农村经济发展中的金融服务现状考察、金融缺口分析，中国农村小型金融组织创新的现状需求。

（5）中国农村小型金融组织发展的问题分析。主要包括中国农村小型金融组织发展的问题诊断和成因分析。

（6）中国农村小型金融组织发展风险及其控制。主要内容包括农村小型金融组织发展的风险表现、特性和影响，风险的生成机制、风险识别和预警、风险的控制与处置，并以温州民间借贷登记服务中心为案例研究中国农村小型金融组织创新风险的控制问题。

（7）中国农村小型金融组织创新的机制培育。主要内容包括农村小型金融组织创新的市场准入与退出机制、政策支持机制、动力机制、法制保障机制、监管与控制机制。

（8）中国农村小型金融组织创新的模式设计。主要内容包括中国农村小型金融组织创新的体制模式、组织模式、调控模式。

（9）促进中国农村小型金融组织发展的配套政策体系设计。

1.4　研究假设及方法

1.4.1　研究假设

解决我国中低端农村金融供给瓶颈的关键是促进农村小型金融组织的培育和健康发展，农村经济组织形式决定农村金融组织形式，农村金融组织形式同时制约着农村经济组织形式的发展。农村小型金融组织的健康成长对繁荣农村金融、建立普惠金融体系具有重要意义，同时也可以有力地推进农村金融与农村经济协调发展。农村小型金融组织健康发展是开放的农村小型金融组织内外互动的过程，机理极为复杂，难以自发实现，必须借助政府、市场、社会等多种手段和机制来进行协调。农村小型金融组织面对的是农村低收入农户和中小企业客户群体，经营分散、规模小，金融交易成本高、风险大，要使农村小型金融组织健康发展，政府应从制度上保障其实现财务上的可持续性。据此提出如下研究假设。

假设 1：农村经济中的各类金融企业都是理性经济人。它们均在"安全性"和"流动性"的前提下，以追求利润最大化和成本最小化（即净收益/效用最大化）为根本目标。在经营金融商品和金融服务中，农村小型金融组织也会以"利己"为目标，推进自身的良性发展，同时根据成本与收益的比较做出理性决策。西方经济学观察经济问题的基本视角就是经济人假设，本书中的研究也将严格遵循经济人假设来考察农村小型金融组织的经营行为特征。

假设 2：农村金融市场是一个充满竞争的市场。农村金融资本是同质的，任何一家农村金融组织机构都不能影响、决定金融资本的市场价格（利率），而只能由整体市场供求关系来决定，即利率市场化，金融资本价格变动只能靠中央银行基准利率来影响。

假设 3：农村金融交易市场一体化，并且流动性强，不存在人为设定的障碍。无论在开放经济还是封闭经济条件下，金融资本均可根据逐利动机和目的从低效地区或部门自由流动到高效地区或部门，不受政府的影响，市场流动成本低。

1.4.2　研究方法

本书研究成功的关键在于运用科学的研究方法。本书坚持定性研究与定量研究相结合、规范研究与实证研究有机统一的原则，选用了一些具体可行的研究方法。

规范研究和定性研究主要集中在理论研究和政策研究部分。在理论研究中，具体运用了归纳与演绎法、文献研究法、系统分析法、结构与功能分析法等主要研究方法，特别注重基本概念的界定和含义的揭示，并在此基础上，对农村小型金融组织创新的理论进行分析。

实证研究和定量研究主要集中在实证部分。在本书的实证研究中，具体运用了调查研究法、案例分析法、历史分析法、统计分析法、因果分析法、制度分析法、比较研究法等，如中国农村金融组织制度变迁研究中运用的是历史分析法与制度分析法，对温州农村小型金融组织创新的经验与风险控制研究采用的是案例分析法，分析我国农村小型金融组织发展的问题时采用的是案例分析法和调查研究法，对农村小型金融组织创新的问题的研究分析采用的是因果分析法。国际经验借鉴中采用的是比较研究法、归纳逻辑分析法等。定量分析强调数据可靠、方法实用、手段先进。

对农村小型金融组织的发展机制、模式创新进行分析研究时，采用的是制度经济学分析方法与归纳逻辑方法相结合的方法。

1.5　研究的数据资料

本书的数据和文献资料包括四部分。

（1）国家法定或权威的数据资料。主要来自《中国统计年鉴》（1981～2014年历年）、《中国农村统计年鉴》（1985～2014 年历年）、《中国区域金融运行报告》（2004～2013 年）、《中国金融年鉴》（1986～2012 年历年）、《中国农业年鉴》（1997～2010 年历年）、《中国农村金融服务报告 2008》、《中国农村金融服务报告 2010》、《中国农村金融服务报告 2012》、《中国农村金融服务报告 2014》、《全国农业统计提要》（2001～2010 年历年）、《新中国五十年统计资料汇编》（中国统计出版社，1999 年）、《中国金融稳定报告 2013》、《农村住户调查资料（1990）》、各年国民经济和社会发展统计公报、政府相关部门的公告数据。

（2）部分数据来自权威性学术期刊和研究报告，并加以引注。权威学术期刊有《中国社会科学》、《中国农村经济》、《金融研究》、《经济研究》、《管理世界》、《经济学》（季刊）、《统计研究》和《农业经济问题》等；研究报告有历年的《中国农村金融服务报告》《农村绿皮书：中国农村经济形势分析与预测》，以及鉴定合格的国家和省部级课题报告与全国优秀博士、硕士学位论文。

（3）研究中还使用了一些实际调查数据。包括相关研究和本书组织的对农户、农村企业、农村金融组织和县、乡干部的问卷调查，以了解他们在农村金融活动中的感受和体验，为研究积累原始数据。并对实地调查的数据进行了整理、分析，这些数据的来源途径、获取方法都将在书中给予说明。

（4）研究中必要的定性资料，主要是国家公开的法律和政策文件、权威性的报告、相关的公告、专业研究报告、相关书籍和科学论文等。凡是引用的文献资料，均在本书中的引用位置加以注明。

第 2 章　农村小型金融组织创新
与风险控制的理论渊源

研究农村小型金融组织创新与风险控制，需要借鉴前人经典理论，建立农村小型金融组织创新与风险控制的理论架构，以便运用理论分析中国农村小型金融组织创新及风险控制的问题。因此，本章的主要任务是梳理农村金融发展、小型金融组织创新及风险控制相关问题的理论成果，并对其做简要评述，为后面的研究提供有价值的理论借鉴。本书需要借鉴的经典理论主要有：组织创新相关理论、金融发展理论、金融产业组织理论与金融共生理论、微型金融相关理论、金融风险管理理论与风险脆弱性理论。

2.1　组织创新相关理论

组织创新理论是关于组织如何创新、影响创新的相关因素、组织在哪些方面创新、组织创新的基本类型和前提条件等相关问题的理论。最早提出创新的是现代"创新理论"奠基者约瑟夫·熊彼特（Schumpeter, 1912），他认为创新要求"建立一种新的生产函数"——"生产要素的重新组合"，即在生产体系中重新配置生产要素和条件，得到生产条件和要素的一种"新组合"。在此基础上熊彼特将创新归纳为市场、技术、产品、资源配置、组织五种创新情况，其中，组织创新是部分的制度创新，是初期的、狭义的制度创新。当然技术创新是熊彼特的主要研究对象，而之后关于组织创新的问题是在其研究思路下展开的（杨宁，2005；徐昭明和秦婷婷，2011）。本节主要从组织创新的基本理论出发，延伸到金融组织创新理论、农村金融组织创新理论。

2.1.1　组织创新理论

组织创新一直是 20 世纪 70 年代以来国内外学者研究的热点课题，Coase、威廉姆斯、弗里德曼、诺斯等学者对此有着丰硕的研究成果。但迄今没有形成一个公认的主流理论体系，研究领域呈现出复杂性、丰富性、分散性的特征。几乎所有研究结论都不一样（Wolfe, 1994），可靠的组织创新理论并没有取得发展（Daft, 1982；Kimberly and Evanisko, 1981），Downs 和 Mohr（1976）认为是"研究的不稳定"导致的这种局面，Damanpour（1987）总结其原因为：第一，难以辨别不同种类的创新（Daft and Becker，1978）；第二，无法将组织创新归结为是多阶段过程中的多个结果（Zaltman et al.，1973）；第三，同一个变量指标用不同的方法（Downs and Mohr，1976）；第四，将对特定组织领域的小规模创新行为推广为一般化的组织创新行为（Daft and Becker，1978）。

组织是对资源的一种配置方式，而组织创新则是指形成新的共同目的认同体和原组织认同体对其成员责、权、利关系的重构，其目的在于对新目标拥有进一步的共同认识（傅家骥等，1992）。组织创新包括意念思想和事物的创新（Roger，1962；Hurt and Teigen，1977；Damanpour，1988，1991；Robbins，1996）、组织的不同环节（技术、服务、生产）创新（Knigh，1967），并将其创新应用于启动或增进某项产品、过程或服务（徐昭明和秦婷婷，2011）。

组织外部环境、组织自身特征（结构）、组织管理者行为特征等是影响组织创新的主要因素，具体包括交易费用（Coase，1937；Williamson，1975）、政治和制度力量、技术经济（Boyer，1988；Lipietz，1986，1992）、管理水平、组织的信息特征和知识体系等。Coase（1937）认为组织创新就是以减少交易成本为目的。制度经济学创始人诺斯主张制度创新是创新者为了获得追加利益而对现存制度的一种变革。创新的预期净收益将会大于预期成本是制度创新的原始动力，而实现的这些收益在现存制度安排下是无法体现的，只有通过主动的、人为的变革消除现存制度中存在的阻碍因素，才会获得预期收益。组织创新是制度创新体系的一部分，甚至可以认为是制度创新的更高阶段，所以组织创新也服从这个规律，即组织创新的原始动力来源于组织创新的预期收益大于组织创新的成本。通常组织创新分为两个层次，分别为企业层面的组织创新与企业内部的组织创新。组织创新一方面可以视为组织过程的逐步演化，另一方面也可以看作一个组织形式产生的过程，且该过程是有效率的，组织治理结构的好坏是组织创新成功的关键，组织创新的源泉和动力是追求革新租金，组织创新的速度和适应效率受组织的信息特征和知识体系的影响（马蕾，2005）。组织的内部社会资本直接影响管理创新，外部社会资本直接影响技术创新，管理创新直接影响组织绩效，技术创新正向影响管理创新，管理创新在社会资本—组织创新—组织绩效链中起到了非常重要的作用（谢洪明，2006）。

组织创新包括三种类型：市场交易型、行政指令型和混合型。而兼并、分割与创建全新组织是完成组织创新的主要手段。组织创新按组织范围的大小和组织成员的多寡可分解为三个层次：制度创新、产业组织创新和企业内部组织创新（傅家骥等，1992）。

组织创新的前提条件主要如下：①产权关系的明晰。由于组织创新会涉及企业组织形式的变化，如果产权不明晰，将会增加创新成本，甚至在一定情况下产生负的激励效应。②市场化环境的形成。为了比较创新收益和成本，从而增加创新的动力，一个市场化的定价机制是十分必要的。

2.1.2　金融组织创新理论

金融组织创新理论是基于金融中介理论而产生的关于金融组织形式科学设置的理论，该理论研究的主要代表性人物有詹姆斯·托宾（James Tobin）、乔治·本斯顿（George Bensten）及柯福德·斯密斯（Clifford Smith）等。金融组织创新包括金融组织各方面的创新发展，本书主要将该创新集中在金融组织结构的创新方面，换句话说，就是将金融内部各种相关要素重新分配组合或者彻底变革或者产生新的组织结构。金融组织创新、金融结构创新、金融结构内部经营管理创新等是金融组织结构创新的主要构成部分，其核心是金融组织创新，本质内容是经营模式创新。金融制度创新和业务创新会对金融组织结构创新产生或多或少的影响，反之金融组织结构创新又可能加速金融制度和业务的创新，从而对整个金融产业产生重大作用。

金融组织创新包括三条原则：一是将"外部人"放在十分关键的位置；二是充分了解金融组织创新的系统性；三是组织成员共同参与金融创新活动。科学的金融创新程序包括七个步骤：充分了解推动金融组织蜕变的源泉及条件；清晰看待问题；明确金融组织创新的路径方向；认识条件；确定解决问题的方法；实施变革计划；检查变革结果（邓东元，2001）。

Gale（1985）、Hellwig（1985）、Allen 和 Gale（2000）等认为，将原始因素排除在外，金融组织形式依然可以作为改变金融组织交易成本和规模经济的主要影响因素。另外，企业规模扩充必然导致内部基本经营单位增多，相应的下属人数也会增加，从而使得企业内部的交易成本呈现出非线性的增加趋势。这时，为了减轻由规模扩充而导致的边际交易成本增加的影响，就必须引入分工和专业化程度更高的组织管理模式。该组织形式的益处在于尽可能地将金融组织规模经济的边界扩大，从而为金融组织扩大经营规模、扩充分支机构提供体制上的便利与可能。

2.1.3　农村金融组织创新理论

与传统的业务创新相比，农村金融组织创新是制度创新中更高规格的创新，它包括农村金融组织模式创新和农村金融组织产权治理创新，而后者是农村金融组织创新的难点。杜晓山（2008）、肖彬（2009）、沈沛龙和申毅刚（2010）等对该方面的研究均做出了杰出的贡献。

在明晰产权关系和逐步形成市场化环境的前提条件下，进行农村金融组织模式和产权治理的创新。在农村金融组织模式方面，要在金融组织的组建方式、业务模式和组织结构三个方面进行创新（肖彬，2009），以农村金融需求为导向设计机构和服务类别（巴曙松，2007），创新信贷抵押方式和品种（周小川，2008）。新型农村金融组织机构，指的是投资公司、担保公司、基金公司、农业保险公司、大宗农产品期货市场、股份制民营银行及包括小额信贷组织在内的各种新型农村金融组织（张晓山，2008）。在产权方面，王岩伟（2008）研究认为，商业银行在筹资组建时可以鼓励企业和私人出资，允许私人资本进入，在此基础上可以达到明晰产权关系，促进商业银行治理结构优化的效果，并且可以实行"一企两制"，即对外来资本按股分红，内部按交易额返还（潘劲，2000）。

农村金融组织创新的逻辑依据是：农村金融组织创新必须充分考虑农户贷款数额小、缺乏抵押、交易费用高等约束性条件，有效解决契约实施和信息不对称方面的问题，安排贴近农户的社区性、地方性的金融组织，大力减少相关费用的付出，如信息调查费用、监督费用、执行合约费用。因此，交易费用对农村组织和农户达成金融均衡变易合约具有重要的影响（张营周，2010）。

组织创新理论是本书研究的最基本的理论。在组织创新、金融组织创新及农村金融组织创新的理论基础上，本书在第 3 章界定了农村小型金融组织的理论内涵与农村小型金融组织创新的实现机理。金融组织创新原则所要求的"重视'外部人'在金融组织创新中的作用"，是认定农村小型金融组织创新具有"外部人"行为特征的理论基础。组织创新理论对于组织创新的相关因素分析、组织内部制度结构、组织技术能力、组织内外环境、组织结构及组织文化等相关内容的论述，都为分析我国农村小型金融组织创新的机制培育及模式设计提供了理论支持。例如，第 9 章研究的政府主导型、市场导向型及互助合作型农村小型金融组织创新模式，就是建立在包括行政指令型、市场交易型和混合型三种类型的组织创新理论基础上的。因此，组织创新理论必然构成农村小型金融组织创新与风险控制理论的理论来源之一。

2.2 金融发展理论

金融发展理论主要研究金融发展与经济增长的关系，也就是金融体系（包括金融中介和金融市场）在经济发展中所发挥的作用，主要阐明通过建立有效的金融体系和金融政策组合最大限度地促进经济增长，以及利用金融资源实现金融可持续发展并最终实现经济可持续发展。该理论主要包括金融深化理论、内生金融发展理论、农村金融发展理论和金融可持续发展理论，其代表人物主要有美国经济学家罗纳德·麦金农（R. I. Mckinnon）、爱德华·肖（E. S. Shaw）、托马期·赫尔曼（Thomas Hellman）、本斯维格和史密斯（Smith）等。

2.2.1　金融深化理论

1. 麦金农和肖的金融深化理论

1）基本理论

发展中国家在 20 世纪 70 年代存在体制效率偏低、货币化程度低、金融结构二元化、政府金融市场欠发达、政府金融监控过严等缺点，美国经济学家爱德华·肖和罗纳德·麦金农选取发展中国家作为研究样本，在综合时代特征的基础上深入分析探究了货币金融理论、货币金融制度和货币金融政策，系统全面地分析了发展中国家货币金融与经济发展的内在联系，同时提出金融抑制和金融深化理论，金融发展就是在消除金融抑制的过程中实现金融自由化①。

金融抑制是指由于政府对金融活动和金融体系过度干预，从而抑制了金融体系的发展，这种抑制作用同时又阻碍了经济的发展，使得金融发展和经济发展陷入了恶性循环状态。其主要运用的干预手段为，政府所采取的使金融价格发生扭曲的利率、汇率等在内的金融政策和金融工具。金融抑制主要是政府控制金融市场，表现为限制外源融资、政府对存款和贷款名义利率的限制、建立央行主导的信贷机构，以及提高存款准备金率（导致本币高估，从而影响出口）等，政府在所有市场上对价格进行控制，尤其是在金融市场上政府的控制达到了顶峰。

在发展中国家金融抑制是普遍存在的，如利率与投资呈正相关关系，降低利率不仅不能刺激投资，反而压抑投资，提高利率则会刺激投资，麦金农将此称为渠道效应；另外，农村现存的正规金融组织出于自身利润最大化的考虑，不愿放贷于农村小额借贷者，其原因在于类似于银行类的正规金融组织主要服务于大型私营企业、国有企业、跨国公司，甚至演变为政府融资的工具，包括农村小额借贷者在内的其他融资需求方只能从（高利）放款人、当铺老板和合作社等非正规金融组织获得资金。由于金融抑制普遍存在于非发达国家，这些国家的金融体系发展非平衡状态加剧，抑制了金融组织正常业务的开展及新业务的拓展，制约了金融市场的发展与完善，造成社会投资资本短缺，投资效率低下，最终影响国民经济的发展。

麦金农和肖认为，金融抑制是制约经济发展的最大障碍，只有解除金融抑制、实现金融深化政策才能实现经济的平稳较快发展，由此金融深化理论诞生。金融深化指的是（发展中国家）政府放松对金融的非常规干预与管制，让利率和汇率跟随市场化运作，由资金和外汇的供求状况自由决定利率和汇率，逐步

---

① 1973 年，罗纳德·麦金农和爱德华·肖分别出版了他们的著作：《经济发展中的货币与资本》和《经济发展中的金融深化》，书中所提出的相关理论对该领域影响深远，并标志着金融发展理论的正式创立。

放宽政府机构对市场利率和汇率的管控，充分发挥利率和汇率在调节经济发展中的作用，消除资本形成的桎梏，进行金融自由化改革，制定一套适合本国国情的金融政策。

在金融深化理论的影响下，20 世纪 70、80 年代，以拉美及东南亚的国家和地区为先驱的发展中国家掀起了一场金融自由化运动，这次运动影响深远，主要的金融改革措施包括：银行竞争激励措施、金融监督和管理体制改革、选择性信贷条例改革、利率机制改革、货币市场和货币控制措施改革、发展长期资本市场、立法改革等。

2）理论的评价

金融深化理论将金融政策和金融体制对金融及经济的影响摆在重要位置，有效解决了过去金融因素被排除在经济发展之外的问题，其主张的"政府放弃对利率的人为干预以刺激储蓄和投资"的观点，也明显不同于凯恩斯主义和现代货币主义；该理论指出当时流行的主流货币理论未考虑发展中国家货币特征的缺陷，不适用于发展中国家，而金融深化理论为发展中国家促进社会投资资本积累，促进经济发展提供了新思路，为之后的货币金融改革政策做了理论铺垫。金融深化理论的提出对经济领域影响深远并成为主流思想，也在现实中推动了发展中国家的金融改革和金融自由化运动。

该理论也存在不足之处。首先，理论的假设条件较为苛刻，如假设资金市场是完全竞争的，这在现实经济生活中几乎是不可能的。其次，广大发展中国家的实际情况的复杂程度超过了理论中的设想。最后，理论只以银行业和股票市场作为研究对象，而没有考虑非银行的金融组织和债券市场、保险市场等其他金融组织与金融市场。拉美国家在内的发展中国家进行金融自由化改革，其中大多数国家以失败告终，这透露出理论本身的缺陷，说明其对金融实践的指导意义有限。

3）理论的延伸与发展

在综合了麦金农和肖的理论基础之后，杨帕·李（Lee）、巴桑特·卡普尔（Kapur）、马克斯韦尔·J. 弗赖伊（Fry）、唐纳德·马西森（Mathieson）和尤恩·热·丘（Cho）等对该理论进行了进一步的论证，使其得到了延伸和发展。

政策决策者在金融深化改革中可以协调使用货币增长率、银行存款利率和实际汇率的贬值率三种政策工具来降低均衡通货膨胀率（但在过渡期不能过分牺牲经济增长）。例如，一开始采取足够高的银行存款利率及货币增长率，有效促进资源的良性循环，加快经济增长与发展（Galbis，1977），再在之后不断地下调，同时为防止过度资本流入和积极地影响要素相对价格，需要对实际汇率的贬值率进行调整（Kapur，1976；Mathieson，1980）。Fry（1982，1988）扩展了卡普尔和马西森的模型，认为投资的规模和效率是决定一国经济增长的因素，低的实际利率不能提高投资效率，欠发达国家和地区常因为资金匮乏失去了许多有价值的投资机会，导致其投资规模不能有效扩大，在金融抑制国家，长期通货膨胀率与经济增长率呈现负相关的关系。

新制度主义学派通过研究表明，经济绩效极大地受到制度因素的影响，而金融深化理论忽视了这一点，因此，该学派极力主张在现实经济市场中通过制度的排列组合，获得信息、降低风险以提升经济绩效；金融资源的供给方（金融组织）对促进工业化及推动经济发展方面发挥着主导作用，尤其是在经济增长的开始时期。

众多学者的共同努力使得金融发展理论的研究框架得以拓展，也不断扩大了金融发展模型的理论分析视角和金融政策的使用范畴，使得金融发展理论能够切合实际地满足金融制度日益完善的发展中国家经济增长的需要。

2. 金融约束论

1）基本理论

对金融自由假说也不乏批评者，批评者认为在不完全市场中，政府适当地干预有助于防范金融风险，因此金融抑制也会促进经济增长。托马期·赫尔曼、凯文·穆尔多克（Kevin Murdock）、约瑟夫·斯蒂格利茨（Joseph Stiglitz）等对东南亚金融危机及其应对的经验观察后，做出了理性思考，并将金融约束论的理论框架提上日程[①]。

金融约束一词对于赫尔曼等来说，是指以督促银行等金融组织自主规避风险和防范金融压抑带来的危害为目的，通过相关政策措施在民间部门创造租金机会，这些金融政策包括控制存贷款名义利率、设置市场准入门槛、对直接竞争进行管控，以此在金融和生产部门之间配置租金，且通过创造租金机会激发实体企业、金融组织及普通居民在生产、投资、储蓄方面的积极性。除此之外，政府通过鼓励银行开拓新的市场的方式来增加可转化为投资的储蓄，达到促进金融深化的目的。

金融约束论认同"金融抑制状况严重阻碍经济发展"的观点，但是在发展中国家和转型经济国家若未拥有金融自由化这样的初始条件，随意推进金融自由化将得不到预期应有的成效[②]。恰当的政府干预对于发展中国家的金融深化和经济发展是有益的，金融约束应该建立在通货稳定的情况下，这是实现金融自由化的必经之路。

---

① "金融约束论"是托马期·赫尔曼、凯文·穆尔多克、约瑟夫·斯蒂格利茨在1997年他们合作出版的《金融约束：一个新的分析框架》一文中提出的。

② 斯蒂格利茨在新凯恩斯主义学派分析的基础上概括了市场中金融市场失败的原因：一是公共品的监控问题；二是监控、选择和贷款的外部性问题；三是金融组织破产的外部性问题；四是市场不完善和缺乏问题；五是不完全竞争问题；六是竞争性市场的帕累托无效率问题；七是投资者缺乏信息问题。金融约束论运用信息经济学理论重新审视了金融体制中的放松管制与加强政府干预的问题。

2）理论的评价

金融约束的运行受多种因素作用，由于某些特殊原因其执行结果可能很差或是扭曲，最严重的情况就是演化成金融压抑，因为两者都包括政府对利率进行控制。当然，金融约束与金融抑制也是显著不同的。赫尔曼、穆尔多克和斯蒂格利茨指出，金融约束是政府在民间部门创造租金机会，以提供适当的激励机制，而金融抑制是政府通过把名义利率保持在远远低于通货膨胀率的水平上，从民间部门获取租金，只是带来租金的转移，租金的转移与租金机会的创造是完全不同的。就其他方面，学者们对金融约束论也是褒贬不一的。

金融约束论的批评者大多认为：金融约束论的假设过于严格，现实中不可能完全满足。第一，理论假设限制市场准入，在此条件下银行业充分竞争，但实际上这会使得早前进入市场的银行先入为主，一直居于垄断位置，违背了原有的充分竞争期望，最终丧失了创新改革的活力。第二，理论假设限制直接融资，以防止直接融资对银行信贷的替代，但实际上现在任何国家经济的发展都要求融资渠道的多元化，因此直接融资也不可能被严格限制。第三，理论假设宏观经济环境稳定，如通货膨胀率较低且可预测，实际利率为正，但现实中经济运行的特征是周期性变化，忽上忽下是正常情况，通货膨胀率也不是一直稳定不变的，也会出现负利率的情况。因此，金融约束论存在着很大的局限性。

金融约束论的支持者认为，任何理论都有其局限性，其适用范围也是特定的，包括金融约束论也是这样的，而仅以假设的不现实性来批判金融约束论是不合理的，应该更关注理论的结论是否有现实性。实际上，金融约束论在现实中得到了广泛的应用，在东南亚的发展中国家和地区，普遍存在着不同程度的政府干预，正是对这些金融体系的积极干预，为当地的经济高速增长做出了贡献，这些国家和地区甚至包括日本、韩国和我国台湾地区[①]。这些事实证明了金融约束论主张的"政府对金融市场一定程度的直接干预是有效的"。东南亚金融危机证明了金融约束有助于政府纠正发展中国家在发展中面临的信息不对称、金融监管不到位等市场失灵现象，从而帮助其在经济转轨过程中从金融抑制状态转变到金融自由化状态，属于金融深化理论的范畴。

2.2.2　内生金融发展理论

1. 理论渊源

内生金融发展理论是研究金融中介（金融市场）内生形成的方式及其与经济

---

① 1993 年世界银行集团（简称世界银行）的报告显示，虽然世界银行一向推崇市场导向的非政府干预，但是东亚经济快速增长得益于"政府对金融市场一定程度的直接干预"，但世界银行指出，东南亚模式中政府对金融体系的积极干预、设立大量的政策性金融组织以实施体现政府意图的资金分配对其他国家未必适用。

增长之间的关系的研究理论，该理论提出并验证了金融中介（金融市场）存在的内生合理性。其中本西文加（Bencivenga）、史密斯、施雷夫特（Schreft）、杜塔（Dutta）、卡普尔、布（Boot）、塔科尔（Thakor）、金（King）和莱文（Levine）等是内生金融发展理论的代表人物。

内生金融发展理论起源于 20 世纪 90 年代，一些学者在继承麦金农-肖学派的观点的同时对一些问题进行了深入思考，如金融发展的内生根本性原因所在；经济发展过程中如何内生形成金融体系；影响不同国家经济发展的金融体系的原因所在。为解疑惑，他们借道于当时新兴的内生增长理论，将内生增长和金融中介（金融市场）引入金融发展模型中，且将更多切合实际的因素考虑进去，这对麦金农-肖的"第一代金融发展理论"是一种突破，而且所提出的政策主张更符合国家经济金融发展的实际情况，形成了以内生金融发展理论为核心的"第二代金融发展理论"，即"内生金融发展理论"，并成为金融发展理论的主流理论。

2. 基本理论及其发展

针对"金融体系是如何在经济发展过程中内生形成的"这个问题，内生金融发展理论解释了金融中介产生和金融市场形成的原因。

金融中介产生的原因包括资本投资者随机的或不可预料的流动性需要（Bencivenga and Smith，1991）、空间分离和有限沟通（Schreft and Smith，1998）、当事人的流动性偏好和流动性约束（Dutta and Kapur，1998）。金融中介的作用是提供流动性，而不是克服信息摩擦，因为当事人持有的金融中介的存款在流动性服务方面具有较高的效率性，可以减轻流动性约束对消费行为的不利影响。

金融市场的内生形成原因主要是在金融市场中的信息获取、信息汇总优势（Boot and Thakor，1997）、金融市场的固定运行成本或参与成本（Greenwood and Smith，1997）。金融中介将投资者即存款人的存款有偿提供给生产者，这种在投资者间进行合作并协调其针对生产者的行动，在信息获取、信息汇总上形成了优势，催生了金融市场的形成。另外，金融市场的固定运行成本或参与成本导致了金融市场形成的门槛效应（threshold effect）。在经济发展的早期阶段，居民收入和财富都很低，几乎没有金融服务的需求，金融组织和金融市场也没有存在的必要性，即使有少量的金融服务需求，但其进入金融系统的运行成本大于金融服务带来的收益，最终使得金融中介（金融市场）发展缓慢；居民收入与财富随经济的发展提高到门槛值，进入金融市场的固定参与成本的支付能力增强，参与的人数增加，交易频率提高，从金融市场服务获取的收益大于其参与成本，更加激励着人们的参与，对金融需求的增加要求发展更多的金融中介和更发达的金融市场，由此金融市场逐渐形成并不断发展起来。

农村金融的内生状态主要是微观金融主体的参与贡献，而外生状态大多是外部金融的移植，很少有微观金融主体的参与贡献（张杰，2003）。民间金融也是一种"内生金融"，它是根据民间资金供需自主形成的为民间资金融通的一种资金运动，该运动具有非公有经济的特征（姜旭朝，1996）。由于我国农村的特殊性，如农村社会特征与融资渠道、"关系型"信用与信息不对称、农村和农民金融需求的特点，我国农村内生金融组织具有广泛存在的市场条件，这些组织在资金来源、贷款成本和风险管理等方面相对于外生金融组织都有比较优势，能更好地满足农户的金融需求，促进农村经济的发展，因此在我国农村金融系统中，农村内生金融组织是其重要组成部分，同时也是农村经济发展的重要资金供给渠道（佘传奇和祝军，2008）。

3. 理论的评价

可以说内生金融发展理论的理论主张更加符合各个国家的实际情况，原因在于其在效用函数中建立微观经济模型，在此基础上将不完全竞争、不确定性（包括流动性冲击、偏好冲击）、外部性、不完全信息（逆向选择、道德风险）、监督成本和质量等级等相悖于完全竞争的因素加入进来，使得论证切合实际且更具说服力。

但是，内生金融发展理论也逐渐显露出了许多缺点与不足。第一，内生金融发展理论忽略了金融的作用，没有在宏观层面上探讨经济增长与金融发展的相互作用；第二，内生金融发展理论主要将研究重心放在资本市场中的股票市场和银行类金融中介机构，而基本未涉及其他非银行的金融组织及非股票市场的金融市场，忽略了这些作用与重要性不断凸显的金融组织与金融市场；第三，该理论几乎忽略了金融创新对金融中介、经济增长的影响；第四，该理论对金融发展的危害性、金融危机等研究欠缺；第五，该理论研究尚未理清内生金融与外生金融在应对信息问题、交易成本问题及风险问题的能力上的显著差异。

2.2.3　农村金融发展理论

农村金融发展理论主要包括农业信贷补贴理论（农业融资理论）、农村金融市场理论及不完全竞争市场理论三个流派，这三个理论是农村金融发展理论的重要组成部分。其中微型金融（microfinance/microcredit）理论[①]在 20 世纪 90 年代末伴随小额信贷的发展而产生（张伟，2011）。

---

① 微型金融理论将在 2.4 节专门介绍，在此处略去。

1. 农业信贷补贴理论

20 世纪 80 年代以前，在农村金融理论界占据主导地位的是供给导向型的农业信贷补贴理论（subsidized credit paradigm）。该理论设定存在几个必要的条件：①农户（尤其是贫困农户）不存在储蓄能力，农村资金匮乏严重；②农业投资具有期限长、收益不稳定、收益低等产业特性，农业不可能获得商业银行的融资帮扶；③农村地区普遍存在高利贷和以高利率为特征的非正规金融。

该理论认为，农业相对于第二、三产业存在信贷利率低的状况，这将有利于缩小农业与其他产业间的收入差距，但是现实中的非正规金融（以高利为特征的地主和商人放贷）的高利惯性使得原本贫困的农户雪上加霜，也不利于农业生产的发展。而解决这一问题，可以在财政资金的支持下通过农村信用社及银行在农村的分支机构提供财政贴息贷款等方法，有效削减高利贷存在的空间。由此可见，为了促进农业生产发展从而减轻农村贫困，依靠政策性资金的注入并建立政策性的农村资金配置的专门金融组织是十分迫切和必要的（张晓山和何安耐，2002）。

在该理论指导下，为缓解农村地区资金紧缺的局面，改善农户特别是农村贫困群体的信贷可得性，发展中国家建立了国家所有的农业银行等机构，开发出专门针对贫困阶层及特定群体（通常是农业生产项目、小企业和小农户）发放贴息贷款的专项贷款产品，实行信贷供给先行的金融战略。但现实中无法完全满足其理论的前提假设，导致政策的执行容易陷入困境。

2. 农村金融市场理论

20 世纪 80 年代，随着管制放松和金融自由化，农村金融市场理论（也称农村金融系统理论，rural financial systems paradigm）批判吸收农业信贷补贴理论，并将麦金农和肖的金融深化和金融抑制论融合到该理论中，其主要前提与农业信贷补贴理论相反，更强调市场机制的作用，并逐渐取代了农业信贷补贴理论。

农村金融市场理论认为，农户（包括贫困农户）自身拥有储蓄能力，而导致农村资金紧缺的主要原因是农村金融体系中存在政府管制、利率控制等不合理的金融安排，所以农村金融市场理论指出，外部政策性资金的注入并不能解决农村资金紧张的问题，低利率政策无法增加农户存款的积极性，这样农村金融组织的存款总额会大大减少，进而出现金融抑制情况；对外部注入资金过度地依赖，会降低贷款回收率；另外，农村非正规金融的高利率是可以理解的，原因在于农村资金本身存在较高的风险成本和机会成本。

农村金融市场理论认为，高效率地分散风险和配置资源在政策性金融所形成的垄断市场中是难以实现的，因此反对政策性金融，而力推市场机制，要进行农村金融改革。农村金融市场理论的政策主张如下：①金融组织的成果（资金中介额）和经营的可持续性及自立性是界定农村金融成功的标准之一；②农村金融组织作为金融中介机构之一，其主要作用在于调节农村内部资金融通，最重要的一步是要动员所有人进行储蓄；③利率非负且由市场机制自由决定；④在重视正规金融的重要地位时充分发挥非正规金融组织的作用；⑤无须开展专向特定目标的贷款。

农村金融市场理论最主要的特征在于将市场机制摆在首位，同时认为政府对农村金融的调控和干预是无效的，所以该理论至今在市场经济国家中仍然颇受欢迎，受到人们的众多关注。

3. 不完全竞争市场理论

20 世纪 90 年代以后，建立在金融约束论基础之上的不完全竞争市场理论被斯蒂格利茨提出，农村金融市场理论也因此有了新变化。这主要是因为东南亚金融危机让人们认识到不能完全依赖市场机制，有效的政府干预有利于稳定金融市场，但是要注意吸取金融自由化的经验和教训，重审金融体系中的政府干预和管制，培育稳定有效的金融市场。

其基本观点是：欠发达国家和地区的农村金融市场属于非充分竞争市场，严重的信息不对称使得借贷双方无法充分了解对方状况，无法避免逆向选择与道德风险，而纯粹地依靠市场机制是解决不了金融市场信息不对称问题的。只有用非市场因素才能纠正市场失灵，而政府可以适当地介入借款人的组织和金融市场，弥补农村金融市场上的信息不对称、合约不完备等方面的缺陷。但是该理论也旨在强调政府补充金融市场，而不是取代市场，如政府按照一定的原则确立监管的范围和标准，对农村金融市场进行监管，以间接控制市场。

该理论倡导的措施有：创造一个稳定且低通胀的宏观经济环境；强调借款人的组织化等非市场要素；在担保融资的基础上设立担保及互助储蓄会等金融部门；向特定部门提供低息贷款产品；鼓励贷款方与农户通过实物买卖的方式融资；在农村金融市场发育到一定程度之前，不适合过早实行利率市场化；提高进入门槛；适当介入非正规金融市场，从而改善市场效率低的问题。总之，农村金融体系改革的要害在于变革原来的管制框架，进而推动农村金融市场体制结构完善化、竞争有序化、运行有效化（龚明华，2002）。

2.2.4　金融可持续发展理论

1. 基本理论

20 世纪 90 年代，在全球接二连三爆发一系列金融危机之后，我国学者白钦先提出了一套研究金融资源配置的理论，即可持续发展理论，该理论建立在金融资源学说的基础上。他以促进金融与经济的协调和可持续发展为研究目的，用金融分析的研究方法，揭示了金融资源的属性，这也是金融资源学说的逻辑起点，既注重金融发展，也强调金融可持续性（房红，2011）。

金融可持续发展是指在遵循金融自身发展的内在客观规律的前提下，坚持长远发展的原则，建立与健全金融体制，发展与完善金融机制，提高和改善金融效率，合理有效地配置金融资源，从而使质性金融与量性金融得到良性的协调发展，使经济与金融长期得到有效运行和稳定持续健康发展（白钦先，1998）。金融可持续发展与经济可持续发展联系紧密，而金融可持续发展理论研究则涉及经济资源观、金融资源论与可持续发展三大领域。

金融是一种资源，且是一种最基本的稀缺性战略资源和社会资源。金融效率是指在经济系统、金融系统及金融系统内部子系统间金融资源被配置的协调程度（白钦先，2001）。金融资源配置是衡量金融发展对社会经济发展的适应程度的方法，应促使金融和经济的协调发展。而从非静态的视角来讲，金融配置效率在点上应该实现金融与经济的协调，在面上应该思考发展过程中二者的相互影响关系，并保持金融整体效率与微观效率并重的发展。

该理论基于系统科学的视角，将金融结构、金融功能与金融效率三者归纳在金融系统中进行综合探究，并在其基础上构建了金融结构-金融功能-金融效率（structure, function & efficiency, SFE）框架（沈军和白钦先，2006）。金融效率是对金融和经济二者关系正确解释的起点，也是处理金融问题的关键。此外，金融结构、金融功能和金融效率三者间的关系极为密切，金融功能使金融结构与金融效率发生作用，金融效率是金融与经济间的联系环节。

2. 理论的评价

金融可持续发展理论对传统金融进行了范式转换、理论创新和方法变革，是金融发展理论领域的一大创新，对传统资源观与金融观来说也是一场根本性变革（白钦先，2005）。该理论一方面将新的工具和方法引入金融发展的评估与评价中，另一方面也为以后的金融可持续发展奠定了坚实的基础。

1）理论创新

理论创新内容如下：第一，该理论在金融资源学说基础上确认了金融的资源属性，这与以往的以自然资源为主体的资源观不同（白钦先，2001），使得传统的自然资源观与金融观产生了根本性变革；第二，该理论认为，金融内生于经济，并带来经济金融化，金融成为经济的核心（白钦先和李钧，2009）；第三，该理论的基础范式是强调"金融非中性"是金融发展理论的前提；第四，该理论在金融发展理论中引入人与自然、人与社会、社会与经济的协调、均衡、有序与有效的持续发展目标，彻底打破了现阶段人文社会科学越来越脱离人文哲学与社会历史的纯技术化、数学化倾向；第五，该理论提出金融效率观、质与量统一的效率观、现在与未来相协调的效率观等（白钦先，2001）。

2）方法创新

方法创新内容如下：首先，该理论认为研究金融内生问题应该用金融分析而非古典经济学两分法的货币分析，因为两分法聚焦于一般货币量与价格的相互关系，而对于金融及其金融关系在一般经济分析中的地位则没有考虑；其次，该理论认为揭示金融及其金融运行过程与实际经济变量之间的规律性联系是很重要的，而不能像当时主流经济学对金融问题进行的孤立研究，应将金融及其金融过程作为经济变量之一在经济分析中加以考虑，而不是一直在传统货币分析的周围绕圈；最后，该理论还将金融可持续发展问题作为金融分析的基本性问题进行了探讨。

正如任何事物都有两面性一样，金融可持续发展理论也一样。一方面，该理论有许多创新之处和理论指导价值；另一方面，该理论也存在许多亟须解决的问题。首先，是设计金融资源计量指标问题。金融资源在该理论中被分为三个层次，具体为基础性核心金融资源、实体性中间金融资源和整体功能性高层金融资源。针对金融资源的计量，目前研究金融效率的指标体系主要选择的是经济和金融的综合指标，问题在于这些指标主要适用于第一、二层次的金融资源，而对于第三层次的金融资源则失去效用。其次，是金融发展水平的综合指标问题。广义货币（M2）/国内生产总值（gross domestic product，GDP）、金融相关比率（financial interrelations ratio，FIR）、私人信贷总额/GDP 等指标不能有效衡量质性发展水平，仅是对金融发展水平的量化研究，而综合指标也还有待后续的研究（孙岩，2010）。最后，是金融资源效率的最大化问题。该理论并未对"如何使金融资源实现供需平稳发展，进而最大化金融资源配置效率的问题"进行深入的探讨。

3. 理论的延伸与发展

在 2003 年中国金融可持续发展学术研讨会上，有学者提出这样的观点：完善的资本市场的核心是中国金融可持续发展，保证是人民币汇率的稳定，基础是国有商业银行的改革（丁剑平和何韧，2004）。冉光和（2004）提出了金融产业化是金融可持续发展的核心，并通过新制度经济学、金融发展和协调发展等理论，从其内在规定性角度探索了金融产业可持续发展的理论内涵。

金融产业可持续发展是指以经济可持续发展为目标，实现金融产业利润最大化和不断发展壮大的过程。金融产业可持续发展同可持续发展理论一样遵循以不损害后代利益为原则，以市场机制为导向，适当开发金融资源以实现当代对金融资本的需要，实现金融产业的良性发展与循环，从而使得金融产业不断发展壮大，为国民经济的发展做出贡献。尚静（2005）认为，银行监管从金融可持续角度来讲，既要重视银行体系的安全和稳定，也要关注发展和效率，既要考虑外部力量的介入，也要注重银行内部的激励相容，为此监管部门在监管时应建立面向结果的监管制度，权衡安全和效率的平稳点，突出内控建设，贯彻自我负责的原则，并进一步完善信息披露。

金融发展理论系统地论述了金融与经济发展间的辩证关系，在金融理论领域占据着重要地位。农村金融市场理论反对政策性金融，该理论认为政策性金融易形成垄断市场进而难以有效分散风险和配置资源，极力排斥政府在农村金融中的控制和干预，而力推市场机制。虽然在我国政策性金融也在一定程度上造成了金融垄断的现象，但是该理论也存在缺陷，本书认为，要以农村金融市场化发展为主导，进行农村小型金融组织的创新还是要有政府政策与财政资金的扶持。另外，本书认为我国农村经济发展落后的主要原因之一是由我国农村金融组织创新与发展不足所导致的农村金融市场垄断经营，即金融抑制阻碍了农村经济发展。同时，这也告诉我们要突破大型正规金融组织在农村中的垄断地位，着力推进农村小型金融组织的发展，才能实现农村金融改革，进而更好地发展农业农村经济。相反，农村小型金融组织能够通过农村经济的发展得到有力的产业支持，能够挖掘自身市场潜力。

2.3　金融产业组织理论与金融共生理论[①]

2.3.1　金融产业组织理论

金融产业组织理论（financial industrial organization theory）是在借鉴产业组织理论的研究范式与分析框架的基础上，将研究对象界定在金融产业组织（金融企业），以金融企业的市场行为、市场结构和市场绩效及其相互关系作为重点研究内容的理论。金融产业组织理论在广义上还包括金融企业内部行为和金融企业内部绩效、金融企业内部结构（如组织结构、制度结构）、金融效率问题等。戈德史密斯（Goldsmith）为其理论的代表性人物。

戈德史密斯（1969）认为，对金融结构研究主要是围绕着分析决定一国的主要经济因素，如金融工具存量、金融结构和金融交易流量等，并进一步解释这些经济因素是如何促进金融发展的。国内的学者如于良春和鞠源（1999）、张磊（2000）、赵旭（2000）、刘伟（2002）、王颖捷（2004）、崔晓峰（2005）等对我国的银行产业组织和证券公司的市场结构进行了探索；武捷思（1996）研究了中国国有商业银行的市场行为，为金融企业行为的研究奠定了方法基础。王广谦

---

① 本节主要参考资料：哈维尔·费雷克斯，让·夏尔·罗歇. 2000. 微观银行学. 第 3 章. 刘锡良等，译. 成都：西南财经大学出版社；杨德勇. 2004. 金融产业组织理论研究. 第 1 章. 北京：中国金融出版社。

（2004）、夏德仁和王振山（2002）以金融效率为主线，将帕累托效率理论应用在金融资源配置领域，对金融效率的决定因素、帕累托条件、金融体系内在运行特征对金融效率的影响等问题进行了理论分析与实证研究。金融产业组织理论告诉我们，农村金融市场的发展必须有良好的市场结构、金融主体体系、金融主体的市场行为，才能够有良好的农村金融市场运行绩效。市场的主体、结构、行为和效率四个方面在农村金融市场中是相互关联的，对农村金融市场进行研究就需要对这四个方面的内容加以考察。

美国经济学家休·T. 帕特里克认为，金融发展包括供给引导型（supply-leading）和需求追随型（demand-following）两种金融组织发展模式。供给引导型模式强调金融组织的发展在前，实体经济部门的金融服务需求在后，在一定程度上对经济发展有拉伸作用，即供给先行。需求追随型模式与供给引导型模式正好相反，它强调实体经济的金融服务需求带动金融组织的发展，是对实体经济部门金融服务需求的一种被动反映，即需求先行。金融组织模式在经济的不同发展阶段拥有完全不同的发展模式。供给引导型往往在经济发展早期占主导地位，而在经济成熟期，则以需求追随型金融组织模式为主。

2.3.2　金融共生理论

1. 基本理论

金融共生理论[①]是将生物学意义上的共生理论引入经济学界，早期是用以分析我国小型经济存在的问题和发展对策，进而用以分析我国城市商业银行改革的问题。金融共生实际上是指一定的共生环境，这些共生环境包括银行与企业间、银行与银行间、银行与非银行金融组织间相互形成的依存关系，其核心是银行与企业间的共生关系（袁纯清，2002）。此理论的前沿研究者包括袁纯清（2002）、丁焕强（2006）、衣长军（2008）等。

金融共生理论实际上是关于在金融组织多样化、金融市场复杂化的环境下如何来定位金融组织在经济市场中的作用的理论。金融共生模式、金融共生单元和金融共生环境是金融共生的三大要素。其中金融共生模式是金融共生单元之间的作用方式，反映金融共生单元之间的作用方式和作用强度，但是它并不是固定不变的，而是随共生单元性质和环境的变化而变化的；金融共生单元是构成金融共生体或共生关系的基本能量生产和交换单位，主要是指金融组织和厂商；金融共生环境主要是经济制度环境。这些都为分析金融组织与厂商共生的条件和模式、

---

① 我国学者袁纯清在 2002 年出版的《金融共生理论与城市商业银行改革》一书中进行了大胆的理论创新尝试，提出了"金融共生理论"。

对金融共生界面与金融制度改革、银行间及银行与非银行金融组织间的金融共生分析奠定了基础。

金融共生理论分析框架包括三个部分。

（1）金融共生理论的基本分析方法。主要包括金融共生度分析（金融组织的贷款数量和厂商的产品数量间相互影响的程度）、金融共生界面分析（通过对经济制度的分析，提示金融共生系统的效率特性、发展特性和分配特性及其变化规律）和金融共生模式分析（金融共生理论分析的核心内容之一，分为金融共生组织模式及行为模式）。

（2）金融共生理论的基本公理。一方面是对共生系统的发展特性进行说明并揭示其存在与发展特性的能量条件，称为金融共生能量生成原理。利润则是其存在与发展的必要条件。另一方面则以揭示共生界面作用特征为目的，称为金融共生界面选择。如果信息不完全，共生对象应采用竞争性选择规则；如果信息完全，共生对象则应采用其他的规则，如非竞争性亲近度规则及关联度规则。

（3）金融共生理论的应用分析范畴。一般而言，金融共生的应用分析应当确定是否存在金融共生、金融共生以何种模式存在；同时，要明确共生模式同经济发展之间的相互关系；并将其运用到政府决策中，从而探究政府是如何运用金融共生的观念进行决策分析，从而促进国民经济发展的。

2. 理论的评价

金融共生理论引用生物学的概念，强调的是金融领域的共存关系与合作关系，这在以往的金融研究领域是少见的，因此在金融理论中有独特的特色和开创性的意义。首先，在研究方法方面，它引入了新的角度与思维，即用自然科学的某些概念与原理来分析和解决社会科学的问题，特别是引入金融学研究，是一个大胆的尝试（胡坚，2001）。其次，该理论创新金融市场的竞争理论，让我们明白在金融竞争与利益冲突外，其单元间的共存合作关系也是存在的，并为这些关系建立了一套新的理论分析模式，因此为我国当前的金融市场竞争理论的研究构筑了一个新平台（肖灼基，2002）。

3. 理论的应用

袁纯清（2002）指出，我国城市商业银行中的中小银行是金融共生体系中的一个重要组织，而我国城市商业银行的不足在于金融共生体系的能量生成不足、共生中信息较低，以及共生模式不稳定，正是原城市信用社的历史包袱沉重和中小银行在市场中的不利地位，才导致它们现在的处境十分困难。这为城市商业银行的改革提供了重要的决策依据。

构建我国农村金融和谐共生体系要从我国金融生态环境中完善共生模式、强化共生单元及加强共生环境建设等方面出手（丁焕强，2006；衣长军，2008）。小额贷款制度的创新有助于在我国农村金融体系中进化共生模式、增加共生单元及改善共生环境，从而在本质上改善农村金融生态环境（石双玉，2008）。村镇银行在与其他金融组织竞争的同时，必须坚决依靠合作机制与大型商业银行合作共生，用新的合作方式与合作机构来面对可持续发展问题（龙会芳，2010）。

金融产业组织理论强调金融市场的主体、行为及效率是相互关联的，这给我们的启示是：要提高农村金融市场运行绩效，必须以合理的金融市场结构、完善的金融主体及体系、金融主体的市场行为为前提。在研究农村小型金融组织创新的过程中，不能忽略对农村小型金融组织创新的行为特征的研究，并考察分析中国农村经济发展中的金融供求现状。而金融共生理论认为，在一定的共生环境中，银行与银行、银行与企业、银行与非银行金融组织应该以一定的共生模式相互依存。本书重点研究农村小型金融组织，但这并不是建立在否定原有的大型、正规农村金融组织的基础上的。农村小型金融组织创新不意味着要以原有的金融组织的退出为代价，而是以更好地满足不同农户与农业企业的融资需求为目标来创新农村小型金融组织，并形成与原有的金融组织共生局面，是对农村金融资源的一种配置优化，这也正是金融共生理论的核心。

2.4　微型金融相关理论

微型金融理论是在金融发展理论、金融创新理论、金融中介理论等基础上发展起来的关于微型金融功能、利率、风险控制和可持续性等方面的理论学说，也是普惠金融理论的组成部分。世界银行扶贫协商小组（Consultative Group to Assist the Poorest，CGAP）将微型金融定义为对收入相对低的人口提供的小额金融服务，其核心是小额贷款，但也包括保险、存款及汇兑等其他金融服务。即只要是以低收入群体为目标所提供的各种性质、规模的金融服务，也不管发起人是谁，都是微型金融业务（刘雅祺，2009）。

2.4.1　金融中介理论[①]

金融中介理论主要论述金融中介存在的必要性。利兰（Leland）和派尔（Pyle）、坎贝尔和克拉科、本斯顿（Bensten）和史密斯（Smith）、霍姆斯特龙、翠尔和圣歌等学者都对金融中介理论的研究有杰出的贡献。

该理论最早来自马克思主义经济学和古典经济学中的货币金融理论，经过不

---

① 本小节主要参考资料：秦国楼. 2002. 现代金融中介论. 第 3、4 章. 北京：中国金融出版社；何嗣江，严谷军，陈魁华，等. 2013. 微型金融：理论与实践. 第 2 章. 杭州：浙江大学出版社.

断演进，形成了各种各样的现代金融中介理论。金融发展理论视金融中介是既定存在的，而阿罗-德布鲁一般均衡模型中又提出金融中介机构"无用论"。在肯定金融市场不完美这一现实前提下，现代金融中介理论应运而生。现代金融中介理论已形成多个学说，主要包括交易成本说、信息不对称说、风险管理说、参与成本说、动态中介观等。这些学说基本上都在回答金融中介机构存在的原因和它们的生命力所在，这里仅介绍信息不对称说与交易成本说。

1. 信息不对称说

在众多学说中，信息不对称说被认为是最有说服力来说明金融中介机构存在的理由的学说，该理论认为信息不对称可以在金融中介中得以消除，这为微型金融组织的进一步发展奠定了理论根基。其中具有代表性的是戴曼德（Diamond，1984）提出的受托监控模型及利兰和派尔（Leland and Pyle，1977）提出的L-P模型（马丽娟，2004；龚明华，2006）。

利兰和派尔（Leland and Pyle，1977）认为，金融中介是"信息共享联盟"，其搜索和甄别较有优势的投资项目的成本费用较低，且让贷款人共享这些信息实现规模经济。如果没有金融中介，就只有项目借款人知道内部投资项目的预期收益等信息，而贷款人会由于信息不对称而进行逆向选择，进而出现"差"项目驱逐"好"项目的现象。信号显示或者信息充分披露是解决这个问题的唯一方法，而信号显示是有成本的，金融中介能够集中了解和搜寻项目信息，进而在提供信息方面有其独特优势地位，贷款人也可以降低获取信息的交易成本。当然，金融中介除了节省交易费用外，在保护信息的隐私、信息及金融中介的其他功能等方面也有其优势（Campbel and Kracaw，1980）。

受托监控（代理监督）模型[1]表明，尽管金融中介自身仍然存在部分代理成本，但是其在节约信息成本方面仍然具有相对优势，尤其是在监督和审计方面，对于解决事后的信息不对称问题较为有效。金融中介通过对借款与投资的信息筛选和行为监督，发挥降低发放借款的违约损失的作用，并通过金融中介的规模经济和多样化相对优势，进一步缩小倒闭的概率。

2. 交易成本说

交易成本说认为，在金融活动签约前的信息搜寻、签约中的谈判、签约后的监督和保证及强制实施合同等各个阶段都要产生费用，即交易成本或交易费用。而在金融领域，金融交易中存在较高的不确定性，为促使风险降低，从而促进金融交易得以顺利完成，其交易成本通常会保持较高的水平。只有金融中介才能以

---

[1] 戴曼德（Diamond，1984）在《金融中介与受托监控》一书中提出了建立受托监控模型，又称代理监督模型。

低的交易成本来撮合金融交易。一方面，金融中介可以集中投资资金以降低投资者人均交易成本，进而具有规模经济效应（Gurley and Shaw，1960）；另一方面，金融中介独具的专业人才优势和技术技能，使其可以研发创新型的金融产品和服务以降低交易费用。

金融中介所创造的不同的金融产品和服务，能够帮助投资者从现期和将来消费中获得不等的收益，因此，投资者会根据其不同产品的交易成本、收益状况、风险承担能力及消费者偏好之间的内在关系来选择产品和服务。而在投资者投资过程中，交易成本会随着消费者偏好的变化而变化，从而驱使金融中介及时调整金融产品与服务，这也说明了交易成本的高低是金融中介存在和发展的基础[1]。个人投资者有将其个人资产进行多样化组合的需求，而金融中介的存在不仅能满足投资者的这种需求[2]，还能降低资产多样化的成本（Klein，1973）[3]。此外，金融中介的流动性在资产定价中起到重要作用（Holmström and Tirole，2001）。

2.4.2　微型金融理论[4]

旨在为农村低收入阶层提供金融服务的微型金融于 20 世纪 70 年代在发展中国家兴起，之后东欧转型国家，甚至加拿大、美国等发达国家也兴起了"微型金融革命"。而在信息经济学、博弈论、契约论发展起来的情况下，将其运用于对微型金融的分析上，就形成了微型金融理论（Zhang，2008）。

1. 微型金融功能

微型金融（很多国家主要是小额贷款）的主要功能在于帮助贫困和中低收入人口增加收入。首先，微型金融是以现金流为基础的，给予贫困群体获得信贷的资格。传统借贷关系以资产为基础，贷款额度被迫与贷款的实物资产担保价值相联系，无法改变现有的财富分配格局。而在现金流为基础的借贷关系中，贷款额

---

① 本斯顿和史密斯（Benston and Smith）在《金融中介理论的交易费用方法》一文中，用交易成本理论证明了金融中介存在的必要性。

② 只有新的投资边际成本等于新投资的边际收益时，才能实现最优的投资组合。圣歌（Chant，1992）证实一般投资者无法实现足够多的投资种类，只有金融中介的出现才能实现个体投资者多样化成本的降低。

③ 凯恩和布瑟（Kane and Buser，1979；Kane et al.，1981）对银行持有证券的多样化程度进行了研究，证明金融中介能更好地开发专门技术来降低交易费用。福瑞克斯和罗切特（Freixas and Rochet，1997，2007）认为，在完全市场情况下，投资者与企业之间可以实现完美的多样化选择，但是在现实交易中的不可分性与非凸性，使得投资者与企业之间无法达到均衡，但是金融中介的规模经济降低了个体投资者多样化成本，使得个体投资者在市场中实现资产多样化。

④ 本小节主要参考资料：何嗣江，严谷军，陈魁华. 2013. 微型金融：理论与实践. 第 2 章. 杭州：浙江大学出版社；孙颖. 2010. 微型金融理论基础及相关研究综述. 华北金融，（3）：4-10；张润林. 2009. 微型金融研究文献综述. 经济学动态，（4）：133-137.

度是通过贷款周期中预期经营可得到的现金流而确定的，也就是说金融中介提供借贷，不是完全依靠对方是否具有实物资产来评断，而是判断对方是否是一个良好的经营管理者，提供了改善收入分配的可能性（von Pischke，2002）。另外，贫困群体得到的小额信贷使初始禀赋多样化，将其投资于物质和人力资本，可改善生产条件与环境，不仅可以改善金融资源配置，还可以缩小收入差异，改善收入分配状况（González-Vega，1984）[①]。

2. 微型金融利率

微型金融理论的焦点之一就是关于利率的种类及定价问题，因为利息收入是微型金融组织的主要收益，而实行商业化的贷款利率是主流观点。

微型金融理论认为，贴息贷款扶贫的方式存在诸多弊端。第一，低息贷款容易使贷款人产生福利幻觉，认为没有必要按时偿还（政府扶持的）贷款，进而导致贷款还款率低，难以持续；第二，低息贷款易诱发寻租，而真正需要这笔款项的穷人却可能得不到贷款，扭曲农村金融资源配置（Adams et al.，1984）。因此，农村金融组织不应过多参与由政府主导的非市场化的贴息贷款，而应该实行商业化的贷款利率，但是在贷款利率实行高利率还是低利率上意见有分歧。

有观点认为，小额信贷的利率应该高于一般商业银行贷款。首先，这是由小额信贷业务本身的特点决定的，但可以通过提高小额信贷机构的运作效率、改善市场竞争、促进创新来打造更具竞争性的微型金融产业来降低利率（Fernando，2006）；其次，尽管利率水平较高，但是都是小额贷款，因此总利息也不会太高，且在小额贷款人的支付能力之内[②]；最后，从实际执行情况来看，无法从传统正规金融组织取得贷款的小额贷款需要者，对这种贷款利率水平较高但能真实获得的贷款的需求仍然超过微型金融组织的供给能力，且许多借款人盈利能力超过对贷款所要支付的利息，因此会还款后又再（多）次借款，说明信贷可得性比利率更为重要（Rosenberg and Foshay，2002）。

另一种观点支持低利率。一方面是因为小额贷款低利率有助于拓宽贫困家庭获得贷款的广度与深度，另一方面是因为可以防止金融组织利用垄断的地位牟取暴利（Helms and Reille，2004）。

---

① 赖特（Wright，2000）、克汉克（Khandker，2001）、雷曼尼（Remenyi，2000）、默多克和黑利（Morduch and Haley，2002）等的研究都证实小额信贷具有增加信贷者收入的效果。例如，雷曼尼（2000）调查发现，在印度尼西亚，12.9%的贷款户年平均收入增加，而来自非贷款户的数据只有增加3%，明显少于得到信贷的家庭；马加宾（Mahjabeen，2008）对1999~2000年孟加拉国的实证研究发现，在引入微型金融组织后所有类型的家庭收入都有所增加；卡尔和默多克（Cull and Morduch，2007）实证个人和群体都能从金融服务中获利，只是赤贫群体从中享受到的金融服务质量很低。

② 卡索（Castello）等（1991）在一项关于智利、哥伦比亚、多米尼加的研究中发现，虽然小额信贷平均月利率高达6%，但利息负担仅占微型企业总经营成本的0.4%~3.4%，因此小额贷款人能够支付较高的贷款利率。

3. 微型金融风险控制机制

微型金融理论认为，针对低收入特别是赤贫群体的小额贷款既要打破传统的担保机制，又要控制风险，这需要贷款机制上的创新，可以通过采用小组贷款、动态激励、分期还款计划等技术解决借贷双方因为信息不对称问题而产生的逆向选择和道德风险等问题。

最为常用的小组贷款具有"同伴筛选"（peer screening）、"同伴监督"（peer monitoring）、责任连带等功能。首先，贷款小组成员间有连带责任，因此个人会选择自己比较了解、可信度高和能保证偿还的人作为自己的同伴，自动屏蔽高风险的借款人。这种"同伴筛选，责任连带"实际上是贷款机构把风险识别责任转嫁给潜在客户群体，有助于克服金融组织逆向选择问题（Ghatak，1999）。其次，小组成员通常是在一个社区的熟悉人群，小组成员可利用同伴压力促使可能会违约的同伴还款，这种"同伴监督"减少了贷款机构的监管成本，提高了贷款还款率。最后，实行小组贷款方式的金融组织通常只需调查一个小组成员的信息，就能了解与他大体相当的其他成员的情况，因此金融组织的信息筛选成本可以降至很低（Varian，1990）。

4. 微型金融可持续性

微型金融的可持续性[①]，又称微型金融组织的自给自足，是指提供微型金融服务的机构不需要政府、国际机构和慈善组织提供优惠条件，而是通过自身营运收入填补项目成本，并且以此收入缓解通胀影响，从而能独立存在和发展的情况。该理论以俄亥俄州立大学农村金融计划研究者为代表，默多克（Morduch）、沃莱（Woller）、迈耶（Meyer）、蒙哥马利（Montgomery）、韦斯（Weiss）、莫斯利（Mosley）和休姆（Hulme）等都在该领域有杰出贡献。

首先，微型金融研究者主张微型金融组织能够实现自给自足[②]，机构的可持续性是为穷人成功提供金融服务的关键；金融组织可持续的必要条件是自给自足（Gonzalez-Vega，1994）[③]。

其次，实现可持续性的方法与途径。第一，坚持市场导向，识别目标客户的需求，设计并提供有价值的服务和产品（Woller，2002），重视客户的偏好，不断改进产品以保留老客户（Meyer and Herscovitch，2002）；第二，进行成本控制，

---

① 克里森（Christen）等（1995）认为，可持续性和服务更多的穷人是微型金融的两个最基本的原则。

② 之前福利主义者的观点是微型金融组织不需要自给自足就可以持续发展，因为他们认为微型金融组织的捐赠者可视作社会投资者，他们并不希望获得货币性收益，而是获得社会或内在收益。

③ 冈萨雷斯·维加（Gonzalez-Vega，1994）分析了20世纪60、70年代间几个农村金融组织倒闭的原因主要是"缺乏机构生存性"。

并尽可能地扩大机构的融资渠道（Vinelli，2002）；第三，建立适当公司治理机制，董事会的独立性越强，独立董事在董事会中占比越高，微型金融组织可持续性越强（Hartarska，2005）。

最后，关于社会扶贫与可持续发展双目标是否能同时实现，默多克（Morduch，2000）认为，只要重视制度和机制的设计，社会扶贫与可持续发展的双赢目标是有可能实现的。但也有学者认为，社会扶贫与可持续发展的双赢目标是难以同时实现的。为了自身商业上的持续性，微型金融组织明显出现了服务的使命漂移（mission drift）现象，即嫌贫爱富倾向，乐意为高收入阶层效劳而将贫困群体视为异类（Mosley and Hulme，1998；Rosenberg，1999；Montgomery and Weiss，2006；Armendáriz and Szafarz，2011）。

5. 理论的评价

微型金融理论具有很强的实际意义，其倡导的扶贫思想十分有助于解决农村经济及金融的发展问题，它肯定了微型金融组织在经济市场尤其是农村市场上的作用。以尤努斯为首的学者与银行家践行这一思想，开办了"穷人银行"，帮助众多孟加拉国农村贫困人口（尤其是妇女）走出了贫困。

有学者认为不应过分夸大微型金融理论中扶贫功能潜在的良好影响，因为微型金融组织本身也是风险厌恶的，赤贫的人风险过大而容易被排斥[1]，特别是贫困的群体无法从微型金融组织获得信贷，导致其扶贫效果有限。

当然该理论中建议的某些实施方法也是存在缺陷的，如小组贷款机制，尽管有"同伴筛选"、"同伴监督"、责任连带等功能，但是同伴压力可能会带来高成本，导致对风险高度敏感、破坏互信（Montgomery，1996）；小组同伴中违约性高的借款人可以通过私下贿赂与其他同伴实现共谋，出现逆向分类效应，贷款小组异质化（Laffont and N'Guessan，2000；Guttman，2008）；之前对小组贷款的连带责任采用的是单期静态博弈分析，这忽略了或有续借约束下的停贷威胁这一动态激励[2]（Zhang，2009）。

---

① 科尔曼（Coleman，2006）对泰国农户的调研显示，普通农民因缺乏了解或缺少投资机会而很少获得金融服务，而最富有的会员则成为微型金融组织的受益者；韦斯（Weiss，2005）也认为，很难防止穷人的金融资源不被富人挤占，即使微型金融组织将其服务对象定位于赤贫的穷人，但由于量化和评定上的困难而在实践中难以切实执行；休姆和莫斯利（Hulme and Mosley，1996）认为，微型金融组织并未对赤贫的人产生良好的影响。

② 动态激励是指先用发放额度较小的贷款进行尝试与检测，以发现借款者的真实信用水平。张伟（2009）提出动态激励或称为动态博弈是微型金融组织常用的规避信贷风险的技术。格特曼（Guttman，2008）和张伟（Zhang，2009）引入停贷威胁分别建立了无穷期的重复博弈模型，模型结果显示，在引入停贷威胁后，借款人的多期预期效用使得小组匹配结构发生了变化，违约性高的借款人在向违约性低的借款人进行了补偿支付后，仍旧可以得到部分剩余，而违约性低的借款人的预期损失被来自风险借款人的私下支付所补偿，也将从异质匹配中获益，因此，组内借款人间会私下达成补偿支付契约，小组匹配结构就会出现异质匹配。

微型金融理论所强调的扶贫理念正是研究农村小型金融组织创新的原动力。本书认为，推动农村小型金融组织创新的原因之一是为了满足农村、农业和农户的金融服务需求，但归根结底是为了发展农村经济，提高农民收入，帮助农民走出贫困、走向富裕。在微型金融理论中关于微型金融的功能界定、微型金融组织的组建、小额贷款发放形式、贷款利率的制定、微型金融组织风险管理、财务可持续性的理论探讨，都为我们在中国创新农村小型金融组织提供了理论支持与实践指导。在此理论指引下，第 4 章分析了发达国家、发展中国家典型的微型（小型）金融组织的实践情况，为后面的研究提供了有益的经验借鉴。

2.5　金融风险管理理论与金融脆弱性理论

2.5.1　金融风险管理理论

金融风险管理理论是关于金融风险分类（分级）、金融风险评价（度量与评估）、金融风险控制步骤等的系统理论，其代表人物有奈特（Knight）、小阿瑟·威廉姆斯（C. Arther Williams）、理查德·M. 汉斯（Richard. M. Heins）、法玛（Fama）、夏普（Sharp）、林特纳（Lintner）、罗斯（Rose）和马柯维茨（Markowitz）等。

1. 金融风险的界定

国内外对于"风险"没有统一的定义，其内涵也各不相同。不确定性是指经济人面临的直接或间接影响经济活动的无法充分精确地加以分析、预见的各种因素。风险不仅取决于不确定因素，还取决于收益的性质。如果一个经济行为者所面临的随机性能用具体的数值概率来表述，这就是风险。因此，风险是从事后角度来看的由不确定性因素造成的损失（Knight，1921）[①]。小阿瑟·威廉姆斯和理查德·M. 汉斯（Williams and Heins，1985）强调实际与预期结果的差异越大，风险就越大。金融风险则是在风险定义上的一种专指化，是指在金融活动中，金融市场的参与者对未来结果不确定性的展露，或者说是某些不确定因素的发生，使得参与金融活动的组织机构或个人的实际收益与预期收益产生差异的可能。

---

① 美国经济学家奈特（Knight，1921）在《风险、不确定性和利润》一书中区分了风险与不确定性。

2. 金融风险管理理论与技术[①]

风险管理可以使得公司获得稳定的现金流，避免因现金流短缺而紧急外部融资带来的高成本，并保持良好的信誉状况，增加公司管理者的效用（manager's utility）。实际上早期的金融理论对金融风险管理并不看重[②]。但是 20 世纪 50 年代以后，数理金融的理论主要围绕着"风险的处理和效益的优化"这两个基本问题展开。70 年代以后，新古典经济学建立了一套基于信息和不确定性的经济分析框架，涌现出的大量经典金融理论和模型为金融风险管理理论和工具的发展奠定了坚实的理论基础。几十年来，金融风险管理理论与技术也经历了理论上的不断创新发展，见表 2-1。

表 2-1　金融风险管理理论与技术变迁

年份	理论与技术
1938	债券久期
1952	马柯维茨均值-方差模型（Markowitz mean-variance model）
1963	夏普（Sharp）和林特纳（Lintner）资本资产定价模型（capital asset pricing model，CAPM）
1973	布莱克-斯克尔斯期权定价模型（Black-Scholes option pricing model，B-S 模型）及"希腊字母体系"
1976	罗斯（Rose）的"套利定价模型"（arbitrage pricing theory，APT）
1979	二项式期权模型
1983	风险调整收益（risk adjusted return on capital，RAROC）
1986	使用久期进行风险敞口限制
1988	银行风险加权资产的资本管理
1992	压力测试
1993	风险价值模型（value at risk model，VaR 模型）
1994	J. P. 摩根（J. P. Morgan）的风险矩阵（risk metrics）
1997	信用计量模型（credit metrics model）和信用风险模型（credit risk model）
1998	信用风险与市场风险的综合
1999	Artzner 的一致性风险测度（coherent risk measure）
2000	企业全面风险管理

资料来源：谷秀娟. 金融风险管理：理论与技术的变迁. 经济经纬，2007（1）：140-143。

---

① 本部分主要参考资料：冯宗宪. 2011. 金融风险管理. 第 1 章. 西安：西安交通大学出版社。

② 诺贝尔经济学奖得主莫迪利亚尼和米勒（Modigliani and Miller，1958）认为，在一个完美的市场中（不存在税收和破产成本，市场参与者都具有完全的信息），对冲或套期保值等金融操作手段并不能影响公司的价值，因此公司的管理者没有必要进行金融风险管理。即使在短期内会出现小幅度的波动，但从长期来看，经济运行会沿着一个均衡的状态移动，可以看作没有金融风险。因此，为防范短期经济波动损失而开展的短期的金融风险管理会抵消公司的利润、削减公司的价值，只是一种资源浪费。

随后风险管理理论研究成果逐渐增多，对风险管理也逐渐重视，因此风险管理与时间价值、资产定价被一并称为现代金融理论的三大支柱。金融风险管理根据风险的不同，分为市场风险管理、信用风险管理、流动性风险管理及操作风险管理，虽然各类风险管理的具体含义不同，但风险控制管理过程大同小异，一般都要经过风险的识别、测量、处理及评估和调整四个步骤。其中，金融风险的测量（financial risk measurement）又称金融风险度量，是金融市场风险管理中最为重要的环节。风险度量的好坏在很大程度上决定了金融市场监管的有效性，因此有必要重视风险度量的质量，同时作为风险测度质量的有效保障也应该注重风险测度指标的选取。

第一，传统测度工具。测度风险的传统工具包括方差、半（下）方差、下偏矩（lower partial moments，LPM）、久期、凸性，以及用希腊字母如 beta（β）、delta（Δ）、gamma（Γ）、theta（Θ）、vega（v）、rho（ρ）表示的测度指标，统称为风险敏感性度量指标，从不同的视角反映了投资价值对风险因子的敏感程度。马柯维茨（Markowitz，1952）在资产组合选择的理论中提出：理性投资者要依据均值和方差选择效用与投资组合。市场上的特定或特殊风险可以通过其他证券的收益来抵消，因此单个证券的特定或特殊风险不应该根据其波动性（收益率的方差）来度量。夏普（Sharpe，1964）和林特纳（Lintner，1965）提出的模型CAPM论证了风险资产需要依照其在全部市场风险中各自的比例来定价，这样才能进入市场组合中，而该组合的风险由收益率方差体现。当所有的投资者持有无风险资产和市场资产组合时，金融市场将实现均衡。假设交易可以在任何时间进行，股票价格以月为单位计算收益，价格连续，在连续时间框架下可以推导出模型CAPM（Merton，1973）。假设完美的资本市场及证券价格（收益）呈对数正态分布，在所有证券的交易连续进行且收益率分布固定不变的基础上，费希尔·布莱克（Fischer Black）、梅隆·斯克尔斯（Mell Scholes）及罗伯特·默顿（Robert C. Merton）建立了股票的欧式看涨期权的布莱克-斯克尔斯（B-S）期权定价模型（option pricing model，OPM）。

第二，以 VaR 模型为代表的现代金融风险测度。J. P. 摩根推出国际标准风险管理工具 VaR 作为度量市场风险的典型模型，借助概率论和数理统计的方法对金融风险进行量化和测度，主要用于对市场风险的度量和管理，衡量和管理信用风险、流动性风险和操作风险，以及全面风险管理的理念和实践（Jorion and Khoury，1995）。之后，Credit Metrics、Corporate Metrics 等方法陆续被推出，并被广泛用于度量信用风险，甚至扩展到非金融组织[①]。VaR 是指在给定的持续期内、在市场

---

① 1994 年 10 月，J. P 摩根在其公布的 Risk Metrics 体系中正式推出国际标准风险管理工具 VaR；1997 年 4 月 Credit Metrics 开发出来，1999 年 4 月 Corporate Metrics 推出。

环境正常且置信水平给定的条件下，资产投资组合可能面临的最大损失。VaR 模型是在传统风险度量方法基础上的创新，它将价格-收益关系与市场不利变动的可能性结合起来，覆盖了所有包括利率、货币、商品和权益等风险因素。VaR 模型还将衍生品工具资产组合中杠杆与相关性问题纳入考虑范围，代表了对衍生工具的估值方法的拓展。总的来说，VaR 模型从概率意义上对资产组合风险进行了度量和描述，可以计算多维风险的一维近似值是其最大的优点，且可以用一个数值来表示所测量出来的市场的不同风险，具有广泛的适用性，后来被巴塞尔银行监督委员会、美国证券交易委员会、美国联邦储备银行、欧盟等组织接受并作为风险度量和风险披露的工具。但是，VaR 模型无法满足次可加性公理（一致性风险测度四条公理之一），从而使以 VaR 模型计算的某种投资组合的风险可能大于各组成部分风险之和，导致投资者多样化投资意愿降低；另外，VaR 模型还存在不适用于非椭球分布函数族、不能测度超过 VaR 的损失、VaR 有许多局部极值导致 VaR 排序不稳定等问题，因此 VaR 并不算是一种合适的风险测度指标。

第三，以预期短缺（expected shortfall，ES）为代表的现代金融风险一致性测度。Artzner（1999）提出，ES 方法主张一种良好定义的风险测度应该满足一次齐次性、单调性、平移不变性和次可加性四条公理，而同时满足这些公理的风险测度就是一致性风险测度。ES 指的是资产组合 P 发生的损失超出置信度 c 下的 VaR 时其平均值的大小。ES 指标将尾部亏损值也包含在风险测度中，而基于分位数的 VaR 则忽略了给定分位数以外的尾部分布。在连续随机变量（Szegö，2002）中应用 ES 时，称为条件 VaR，简称 CVaR。Artzner（1999）证明了 ES 具有一致性和实用性，并取代了 VaR 运用于《新巴塞尔资本协定》（简称巴塞尔协议 II）中。

2.5.2　金融脆弱性理论[①]

金融脆弱性理论最初是针对货币而言的，起源于马克思对于货币天生脆弱的解释。其代表性的学者包括费雪（Fisher）、马克思（Marx）、明斯基（Hyman. P. Minsky）、克雷格尔（Kregel）、金德尔伯格（Kindleberger）、戴曼德（Diamond）、迪布维格（Dybvig）、克鲁格曼（P. S. Krugman）和奥布斯菲尔德（Obstfeld）等。

1. 基本理论

金融脆弱性（financial fragility）是指由于金融业本身存在的高负债经营特征，金融业容易遭受道德风险、经济周期波动、监管疏漏、国内外经济环境变化的冲击，从而引发金融危机、债务危机、物价飞涨、企业破产、通货紧缩、

---

① 本小节主要参考资料：曾诗鸿. 2009. 金融脆弱性理论. 北京：中国金融出版社。

失业等的一种性状（Minsky，1964）。金融脆弱性有两个假定：第一，产量的快速增长导致企业债务增长，此时银行提供了信贷扩张的需求性贷款，而在经济高增长时期，大量的投机性借款增加会使得金融的强健性恶化，导致其脆弱性；第二，债务支付困难与不稳定的金融体系导致债务紧缩，从而导致经济陷入衰退的商业循环周期。

1）货币经济脆弱性

马克思认为，货币与金融方面的问题是导致资本主义经济内在不稳定的诱因之一。而货币天生就有特定的脆弱性，主要表现如下：一是货币的购买力总是处于不断的或升或降的状态下；二是商品的价格经常与价值相背离；三是货币支付手段的职能有可能使债务链断裂。银行体系的内在脆弱性使得资本由私人资本转化为社会资本的进程加快，银行在这种情况下极易陷入信用危机。费雪首先研究金融脆弱性机制，他认为金融体系的脆弱性与经济周期关系密切，尤其是债务危机，而经济基础的恶化在很大程度上是导致银行体系脆弱的根源。

2）金融体系的内在不稳定性假说

第一，从企业角度分析信贷市场上的脆弱性。按公司的金融状况可以将借款公司分为三类：抵补性的借款企业（hedge-financed firm）、投机性的借款企业（speculative-financed firm）和"庞氏"借款企业（Ponzi finance firm）。其中"庞氏"借款企业在金融上是最脆弱的，它们通常将借款投资于回收期很长的项目，为了达到借款不断增加的目的，其使用滚动融资的方式支付短期内应付的利息。而其较大的风险在于利率的不确定性，利率升高必将导致企业的财务状况陷入困境，伴随资产贬值，公司的处境将会非常困难[①]，这恰好是经济的繁荣埋下的金融动荡的种子（Minsky，1986）。

第二，借用安全边界（margins of safety）从银行角度分析信贷市场上的脆弱性。安全边界是指贷款人和借款人根据预期现金收入和计划投资项目承诺所确定的双方接受的阈值，通常可以用利息承诺的收益保障来衡量（Graham et al.，1951）。安全边界可以提供一种保护，以防不测事件使得未来不能有良好记录。在经济持续稳定时期，银行家会以乐观的态度看待企业家偿贷能力，甚至受到企业家感染，又或者依照惯例或其他金融组织的普遍的贷款项目而增强了对风险的偏好，从而同意贷款给较低的安全边界的项目。这样安全边界也会逐渐降低，项目由原来现金流入总是大于现金流出的投资项目转变为前期现金流入小于现金流出，但整个项目现金流入大于现金流出的投资项目。此时的借款企业正在从抵补性借款企业向投机性借款企业转变，安全边界则降低至仅仅要求通

---

① 明斯基在《稳定不稳定的经济》（1986 年出版）中最先对金融脆弱性问题做了比较系统的解释，形成了金融脆弱性假说（financial instability hypothesis），他认为，金融脆弱性是无法避免的，是经济持续稳定的内在性导致的。

过借到的款项弥补实际现金流入与预期之间的差额的水平。最终，银行对那些在任何时期现金流入都小于预期的项目都提供贷款。可见，金融脆弱性是随着安全边界变化而逐渐产生的，正是这种对安全边界缓慢的、极细微的侵蚀导致了金融脆弱性（Kregel，1997）。

第三，从资产价格波动角度看金融脆弱性。经济决策充满了不确定性，生产性投资存在的风险导致金融资产未来收益不确定，从而致使金融市场充满了不确定性，因此金融市场上金融脆弱性的主要根源在于投资资产价格波动及由这种波动性带来的联动效应（Jorion and Khoury，1995）。

第四，从金融自由化[①]角度看金融脆弱性。利率自由化和资本自由流动是金融自由化的主要内容，是影响金融脆弱性的主要途径。首先，取消利率上限和降低进入壁垒是利率自由化的主要手段，这些工具手段都会使得银行特许权价值降低，使得银行部门对利率预测发生一定偏差，使得银行的风险控制管理失去效力，银行脆弱性会因此进一步加强，加剧了金融体系的内在不稳定性。其次，资本自由流动意味着国际资本流动门槛更低，当本国银行贷给本国借款者的资金是从国际资金市场上借入，相应地就承担了外汇风险。短期资本的流动会使某国在国外的短期净资产或净负债发生变动，从而导致经济膨胀或收缩。即资本自由化会减少一国货币政策执行独立性，从而加大政府宏观调控的难度，可能会导致无规则的汇率波动、经济泡沫化、货币政策失灵和传播扩散效应等，使得金融体系脆弱性增加（Kindleberger，1973）。

这里可以用两点来揭示金融体系存在的内在脆弱性：一个是代际遗忘解释（generational ignorance argument），指的是两次金融危机间隔时间太久，而一些利好促使贷款人淡化了对过去危机的恐惧并贪婪追求眼下利益，于是人们增加金融投资；另一个是竞争压力解释（rivalry pressure argument），指贷款决策人出于各方面的竞争压力而被迫做出未经风险测试的贷款决定。

3）D-D 模型及其延伸

戴曼德（Diamond）和迪布维格（Dybvig）提出了著名的 D-D 模型，这是一个自我实现的、纯粹恐慌的银行挤兑模型，阐释了存款人与金融组织间可能产生的银行挤兑现象，这种现象的产生可能源于信息不对称下的逆向选择和道德风险，以及存款者的"囚徒困境"，因此该模型认为银行这种金融中介机构内在的脆弱性是金融危机爆发的主要原因。

银行等金融组织的稳定性主要是基于其对自身的信任，而脆弱性则主要源

---

① 威廉姆森（Williamson）分析了 1980～1997 年 35 起系统性金融危机事件，发现其中有 24 起与金融自由化有关，金融危机的爆发虽然表现为突然发生，但实际上是经历了脆弱性的积累。巴斯（Barth）、卡普里奥（Caprio）和莱文（Levine）指出，超过 130 个国家在过去的 20 年（截至 1998 年）中经历了损失巨大的银行危机，爆发金融危机的大多数国家都实行了金融自由化。

于存款者所带来的流动性风险。银行负债是分散的短期资金，且可以随时被赎回，但资产是非流动性的，可能出现非流动性资产对应流动性负债的内在缺陷，导致银行出现流动性枯竭。因此存款人对银行的信心非常重要，然而存款者无法充分了解银行资产质量信息，并且不能辨别存款银行的功能是否完善，但是他们认为银行类金融组织一定会按照已定的规则做事，因此一旦发生扰乱阵脚的事件，存款者会相继跟风取回存款，其扩散效应足以发生银行挤兑。这种由于个体行为而带来的整体非理性表明，金融组织在市场信心崩溃时是极其脆弱的。

4）四代危机模型

在以克鲁格曼（P. S. Krugman）、奥布斯菲尔德（Obstfeld）等为首的经济学家创建的四代货币危机模型中第三代和第四代危机模型也涉及金融脆弱性理论。

第一代货币危机模型把危机的根本原因归结为无能的政府政策。第二代货币危机模型将"博弈论"放在重要位置，认为政府制定一项经济政策是存在多重目标的，中央银行和广大的市场投资者在博弈过程中可能生成金融危机。第三代货币危机模型则以"脆弱论"为核心。人为因素的催化及金融体系本身的脆弱性，使得金融体系所处状态雪上加霜。第四代货币危机模型也是以"脆弱论"为核心，但其假设条件中讲到经济可以开放与封闭同时进行，汇率既能浮动也能固定，其将资产价格变动作为模型的核心。

5）金融脆弱性的衡量

金融组织脆弱性的基本衡量指标是清偿能力。但在实际操作中各国金融脆弱性衡量的指标选取有所不同，但大多大同小异。

国际货币基金组织（International Monetary Fund，IMF）和世界银行[①]所用的指标既有宏观层面的，也有综合层面的，宏观层面的主要有通货膨胀率、经济增长率、利率等，而综合层面的主要有营利性指标、资本充足性、资产质量指标等。欧洲中央银行（European Central Bank，ECB）[②]把金融脆弱性的衡量指标分为三类：宏观经济因素、有关银行系统健全的因素、危机感染因素。

德米格·孔特和德川尔克卡（Kaminsky and Reinhart，1996）、明斯基和赖因哈特（Demirgüç-Kunt and Detragiache，1998）的研究表明，以下指标显示金融组织处于脆弱状态：通货膨胀率在近十个月的一般水平同比高于历史水平8%以上；资本流入的组成中，短期资本比例过高；汇率定值过高；短期债务与外汇储备比例失调；经常项目逆差巨大；巨额预算赤字；M2 对官方储备比率连续一年上升后迅速下降；货币供应量快速增加；利率较高等。

---

① IMF 和世界银行于 1999 年 5 月联合启动了"金融部门评估计划"（FSAP），其中提及了金融脆弱性的衡量指标。

② 欧洲中央银行为开展对金融脆弱性的研究，专门成立金融脆弱性工作小组。

2. 理论的评价

现代金融脆弱性理论有很多创新之处,与传统理论有一定的差别。首先,在货币作用的态度方面,传统理论把货币看作外生的因素,并认为货币要素超越于市场之上,这并没有将金融脆弱性的本质很好地解释明白。而现代金融脆弱性理论将货币与金融视为内生增长因素加以研究。其次,在对待经济周期的态度方面,传统理论涉及经济周期,但没有做出明确的划分;现代金融脆弱性理论强调经济周期的变化是由金融因素引起的,用货币需求函数来表示资产的价格,并将有关流动性的因素考虑在内。

金融脆弱性理论从费雪的负债-通缩理论到现代金融脆弱性理论,经历了多次金融危机的实践磨炼与反思,也产生了很多优秀的研究成果。但是在新形势下,金融脆弱性理论也面临诸多挑战。例如,虚拟经济迅速突起,其有可脱离实体经济独自运行的规律,经济周期波动方式也发生了变化,这些都使得整个金融体系受到冲击。以现金流为重点的资产选择模型不能很好地虚拟经济中经济主体的非正常行为,其中包括资本资产价格泡沫在内。

当前金融风险管理理论的热点、难点问题是金融风险,并利用模型对金融风险进行量化。西方发达国家金融风险管理理论中,对金融风险的界定、金融脆弱性测度的指标与模型给予我们重要的启示,但是我们也要意识到本书的特殊之处在于除研究传统的金融产业风险之外,还研究农村小型金融组织创新过程中的风险,如农村小型金融组织金融业务的特殊性、金融组织治理结构的缺陷、经营管理手段的滞后及市场趋利性的诱导等问题带来的其他潜在的、长期的风险(第7章有详细阐释)。因此在风险管理与控制模式(机制)建设方面,本书在借鉴金融风险和金融危机预警理论的基础上,将结合中国农村经济与农村金融运行的实际,考察中国农村小型金融组织创新的特征与面临的风险因素,分析其发展的风险问题与风险生成机制,并提出适应农村经济与农村金融良性发展需要的小型金融组织创新的风险控制模式。

第3章 农村小型金融组织创新与风险控制的理论框架

在我国实行家庭联产承包责任制为基础的农业经营体制下，虽然也有农业企业、农业专业合作社、种养大户、家庭农场等新型农业经营主体，但以小规模经营、精耕细作为主要特征的农户仍然是当前我国最重要的农业经营主体，在农业经营主体中占比超过80%。而农户对信贷、保险等金融需求规模小、风险高，与农业银行、农村信用社、邮政储蓄银行等传统农村商业性金融组织所需要的业务规模经营要求不相适应。为适应和满足农户小规模、多样化、多频次金融需求，客观上需要创新和发展各种农村小型金融组织。因此，本章将从理论角度对农村小型金融组织创新进行深入的研究，旨在指导后面的实证研究和政策研究。本章研究的内容包括：农村小型金融组织的理论内涵、农村小型金融组织创新的要素与环境分析、农村小型金融组织创新的实现机理等。

3.1 农村小型金融组织的理论内涵

3.1.1 农村小型金融组织的概念范畴

1. 组织与农村金融组织的内涵

要准确理解农村小型金融组织，首先需要厘清什么是组织。组织既可从动态和静态角度加以分析，也可从广义和狭义角度加以理解。从动态讲，组织是有目的、有系统地动员集合起来，如组织发动群众，属于管理的一种职能；从静态讲，就是按一定的目标和宗旨建立起来的集体，如学校、企业、机关、团体等。从广义上讲，组织是一个系统，是由诸多要素根据一定方式和规则相互联系起来组成的；从狭义上讲，组织是一个集体或团体，是人们为实现一定的目标并且相互协作形成的，如党团组织、工会组织、企事业单位、军事组织等。马克思•韦伯（Max Weber）在《社会组织和经济组织理论》中将组织界定为："一种通过规则，对外来者的加入，既封闭又限制的社会关系，……就其秩序而言，为特定个体的行动所支配，这个特定个体的功能，通常是作为一个领导，或是一个管理团体。"总之，在现代社会，组织就是一个社会集团，是人们按照一定的形式、任务和目的而编制起来的社会单元。组织不仅是社会和经济的细胞，也是社会和经济的基础。例如，如果没有若干具有相互联系的企业作为产业组织而存在，产业就无法形成。

显然，农村金融组织具有组织的一般特性，是由各种提供特定金融服务功能的要素组成的有机系统，是各金融要素之间相互关联、相互协作构成的有机整体。此外，农村金融组织是在广大农村地区，为农村实体经济部门及其他服务对象提供以货币或信用为主要内容的金融服务的特定机构，是农村金融市场中各种不同类型的金融服务供给主体。

根据亚当斯和费奇特（Adams and Fitchett，1992）、张杰（2003）的界定方法，农村金融组织可以分为农村正规性金融组织和农村非正规性金融组织。正规性金融组织是指受到金融政策与监管部门监管的金融组织；相反，非正规性金融组织是指游离于金融政策与监管部门监管之外的金融组织。从组织系统演化的角度来说，新型农村金融组织就是作为农村金融组织的一个子系统而存在的，是农村金融组织创新的结果。当传统农村金融组织无法提供或满足现代农村经济主体的金融需求时，新型农村金融组织可能会应运而生。

而对于什么是新型农村金融组织，学术界并没有明确的定义。朱爱国和曹元鹏（2007）强调，新型农村金融组织是以"三农"为服务对象，是正规金融组织以外的准正规金融组织。而马勇（2010）则认为，新型农村金融组织是以农村本地"熟人信息"为基础，来减少交易成本和确保资金不外流，为农村居民和农村小微企业提供金融服务的金融组织。因此，综合来看，新型农村金融组织是服务于"三农"，内生于农村金融市场，在保留农村非正规金融组织小成本运作、简单快捷服务和独特的信息收集优势基础上，建立的能够确保资金在农村内部循环的区域性小型金融组织。

2. 农村小型金融组织的界定

农村小型金融组织主要指具有独立法人资格、有较高自主决策权、以"三农"为其经营范围，且处于金融监管范围的农村小规模经营的金融组织，是我国农村金融体系的重要组成部分。由于这些小规模金融组织是在 2006 年以后发展起来的，其产权和治理模式显著区别于传统的以国有产权为主导和规模化经营的农村金融组织，因而习惯上又称为新型农村金融组织。农村小型金融组织的显著特点是：业务种类少、经营规模小、运营成本低、产权主体以民营资本为主，或国有与民营资本兼有，信息优势明显，以营利性为目标，并体现服务于"三农"的目的。根据原中国银行业监督管理委员会①（简称银监会）下发的相关指导文件，我国现有的农村小型金融组织主要有以下几种。

---

① 2018 年 3 月，根据第十三届全国人民代表大会第一次会议批准的国务院机构改革方案，将中国银行业监督管理委员会和中国保险监督管理委员会的职责整合，组建中国银行保险监督管理委员会；将中国银行业监督管理委员会拟订银行业、保险业重要法律法规草案的职责划入中国人民银行，不再保留中国银行业监督管理委员会。

1）村镇银行

村镇银行是指经中国银行保险监督管理委员会（简称银保监会）依据相关法律法规批准的，由境内外金融组织、境内非金融企业法人、境内自然人出资，而在农村地区设立的，主要为当地"三农"发展提供金融服务的，具有银行性质的金融组织[①]。根据《村镇银行管理暂行规定》，村镇银行股东依法享有资产收益、参与重大决策和选择管理者等权利，并以其出资额或认购股份为限对村镇银行的债务承担责任。

2）小额贷款公司

小额贷款公司是由自然人、企业法人与其他社会组织投资设立，不吸收公众存款，经营小额贷款业务的有限责任公司或股份有限公司[②]。

3）农村资金互助社

农村资金互助社是指经银行业监督管理机构批准，由乡（镇）、行政村农民和农村小企业自愿入股组成，为社员提供存款、贷款、结算等业务的社区互助性银行业金融组织。它实行社员民主管理，以服务社员为宗旨，谋求社员共同利益，并作为独立的企业法人，对法人财产依法享有占有、使用、收益和处分的权利。这些财产包括社员股金、积累及合法取得的其他资产等，并以此法人财产为限承担债务责任[③]。

4）农民信用社

农民信用社是指农民按互助合作制原则和精神，自发组建的社区性金融组织。其资金从本地来，为本地服务，组织管理实行一人一票制。在我国一些地方如重庆江津区、开州区正在进行试点，它体现了信用合作，是农村生产合作、供销合作的重要补充。它也有别于农村信用社，现行的农村信用社没有真正按照合作制原则和精神进行金融运作，一些地方将农村信用社又改制为商业银行或合作银行。而农民信用合作社真正由农民自主发起成立，农民自主管理、自负盈亏、自担风险，完全体现互助合作的宗旨，因而属于真正意义上的合作组织。

5）农业保险、担保、信托、租赁等非银行类小型金融组织

为满足农村多样化金融需求，促进农村金融多元化发展，健全农业风险保险保障机制，降低农村信贷融资难度和风险，我国各地农村相继成立了一些小型的农业保险、农业融资担保、农业信托、农业租赁等金融组织，这些金融组织积极介入农业农村经济领域，不仅在一定程度上分担了农业农村经济发展中的风险，还为信贷支农改善了信用环境，降低了银行经营的成本和风险，有助于间接缓解农业农村融资难问题。

[①] 参见《村镇银行管理暂行规定》，该规定于 2007 年 1 月 22 日由银监会发布实施。

[②] 参考《关于小额贷款公司试点的指导意见》（银监发〔2008〕23 号），该意见于 2008 年 5 月 4 日由银监会发布。

[③] 参见《农村资金互助社管理暂行规定》，该规定于 2007 年 1 月 22 日由银监会颁布实施。

　　本书研究的对象为农村小型金融组织。农村小型金融组织特别强调金融组织资本金和业务经营规模，与新型农村金融组织有细微的区别。新型农村金融组织是相对于传统农村金融组织而言的。传统农村金融组织的主要特征是规模较大，以银行存贷业务为主，以利润为主要经营目标。而新型农村金融组织表现为业务多样化、机构多元化、经营目标多重化、业务小型化，经营理念以民生和普惠为主，体现一定的社会公平性目标。从规模来看，新型农村金融组织一般都是小型化的。因为从内生性成长过程及自然法则来看，新成立的农村金融组织一般都比较小，然后有一个由小变大、由弱变强的成长过程。所以，本书所指的农村小型金融组织，与农村新型金融组织的范畴基本重叠，只是这两个概念是针对同一研究对象的不同维度来说的。从社会功能来看，农村小型金融组织特指适应于农村经济主体尤其是农户和小微企业的小规模金融需求而建立起来的业务规模较小的农村金融组织，包括正规和非正规农村小型金融组织。

3.1.2　农村小型金融组织与传统农村金融组织的区别

　　金融发展理论认为，经济主体会随着经济的持续增长经历由小到大、由弱变强的阶段，在经济主体成长过程中，对资金和其他金融服务的需求也将逐步扩大。面对膨胀的金融需求，原有的传统金融组织也会在经济发展过程中不断地发展和完善，从而逐渐成长为实力雄厚、业务经营规模较大的大型金融组织。但是，包括农村经济主体在内的国民经济体系，都客观存在自身的新陈代谢机制，在任意时刻，既可能有从行业中退出者，也可能有新进入者，对于新进入者的经济主体，一般规模都比较小，而我国的农户经济组织受到土地流转的制约，其经营规模都比较小，因而这些新型农村经济主体和农户经济组织的金融需求基本上都是小规模的。同时，随着农村经济的增长，农村金融需求也在不断增长，而原有的农村金融组织已无法满足农村日益增长的金融需求，尤其是农村小微经济组织和农户家庭的金融需求，而农村小型金融组织的出现正是从结构与功能上匹配了农村小微金融需求。

　　改革开放以来，我国农村金融市场历经数次变革，逐步发展成为包括传统正规农村金融组织和非正规农村金融（民间金融）组织的农村金融组织体系，如图 3-1 所示。其中，传统正规农村金融组织起主导作用，正规农村小型金融组织及非正规农村小型金融组织作为补充而存在。传统正规农村金融组织由商业性金融组织、合作性金融组织和政策性金融组织组成，以农业银行和农村商业银行（简称农商行）为主导、以农村信用社为核心、以农业发展银行为补充；正规农村小型金融组织由村镇银行、小额贷款公司、农村资金互助社、农民信用合作社及农业保险、担保等金融组织构成，是针对传统正规农村金融组织而言的，二者在产权制度与结构、业务范围、法人治理结构和服务功能等方面有着本质的区别。而人们更多地把传统农村金融组织理解成正规农村金融组织。因此，下面主要对农村小型金融组织与传统正规农村金融组织的差异进行对比分析。

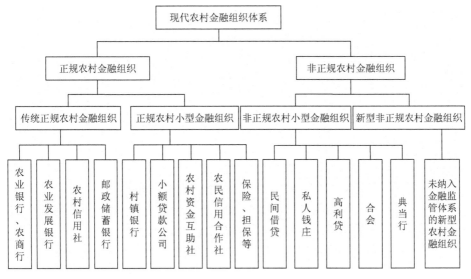

图 3-1 我国现代农村金融组织体系

1. 法人治理结构

农村小型金融组织的法人治理结构属于扁平化治理结构。农村小型金融组织根据自身组织规模较小、业务简单、管理层级少的特点，通常建立扁平化的公司治理模式，仅设有董事会（监事会）和经营管理者两个层级。业务流程得以简化，更贴合农村实际经济发展需要。农村小型金融组织具有决策链条短、管理层次少、反应迅速的特点，既能够提高决策效率，又可以约束管理人员履职行为，加强对权力的控制，防止出现道德风险。具体而言，村镇银行可以设立董事会（监事会）和经营管理层（行长和副行长）。根据规模大小和自身状况有选择性地设立董事会，不设立董事会的银行其决策、监督职能也要由相关利益者承担。规模较小的银行可只设立董事会，不设立监事会，其职责由董事长直接兼任；农村资金互助社日常治理机构分为董事会和监事会两层，但原则上只设监事会，其成员由入社的社员、捐赠人和向其融资的金融组织组成。设立了理事会的，与监事会对管理者共同进行监督，不设立的由经理负责管理；小额贷款公司是全公司治理结构，设有股东大会、董事会（监事会）、经营管理者，经营管理者可由股东决定。

传统正规农村金融组织拥有较庞大的组织网络和人员机构设置，有专门的营业场所，公司治理结构复杂，一般实行复杂的科层结构和事业部制。这种结构设置更偏向于满足农村和城市大额资金需求和大规模金融服务需要。它有较为严密的机构层级设置，使得金融信息传递的有效性受到影响。在我国，农业银行和农村商业银行普遍实行股份制，其治理结构一般包含股东大会、董事会（监事会）、经营管理者三个层次，股东大会是最高权力机关，实行一人一票制；而农村信用社实行"三会"制度，即社员代表大会、理事会和监事会组成管理框架。社员代表大会是最高权力机关，理事会和监事会由其民主选举产生。这种合作金融的本质是"一人一票，人人平等"，但在实际操作中，"三会"制并没有发挥实际的作用。

2. 产权制度与结构

以道格拉斯·诺斯（Douglass C. North）为代表建立的制度经济学认为，经济增长的关键取决于有效率的经济组织，而这样一种经济组织只有在制度上做出安排并确立产权，使之对人的经济活动形成激励，才能实现经济增长（North，1994）。可见，有确定产权的经济组织是促进经济增长的关键要素之一。

从产权制度与结构来看，传统的农村正规金融组织中，政策性银行和商业银行的产权都为国家所有（除合作性金融组织外）。虽然农村信用社被定性为"合作性"，但实际上为国家和集体所有。具体而言，农村政策性银行（农业发展银行）是由政府全额出资，并由政府给予财政政策和国家信用支持的政策性金融组织，其产权为国有；农村商业银行虽为股份制公司，但控股权掌握在国家手中，为"公共金融产权结构"，产权归国家所有；农村合作金融组织，其产权模糊，名义上为入股社员所有，但社员入股总体金额较少，因而占总资产份额较小，入股社员众多且分散，难以体现产权归属。而实际运作中的农村信用社官办色彩深厚，实际上国家或集体为产权所有者。

与传统的农村金融组织迥然不同，农村小型金融组织产权主体多元化，股权结构设置多样化。根据银保监会的规定，村镇银行是由境内外银行业金融组织、境内自然人和非金融组织企业法人发起成立的股份制银行，其产权结构明晰、多元化，股东至少包括一家银行业金融组织，且其持股比例需超过 20%，单一自然人、其他非银行企业法人及其关联方合计持股比例必须控制在 10%以内，单一自然人及其关联方股本资金总额不超过 10%；农村资金互助社按照资本入股、民主管理的原则，由生产相互关联的农民发起设立，并且单个社员或农村小微企业的持股比例，不得超过互助社股金总额的 10%；小额贷款公司则可由单一的自然人、企业法人或其他社会组织发起成立，但是，单一的自然人、企业法人和其他社会组织及其关联方持有的股份，不得超过小额贷款公司注册资本总额的 10%。

3. 市场定位

农村小型金融组织在新农村建设和普惠金融大背景下产生，并定位于服务农村小微金融需求，弥补了传统农村金融组织在农村金融服务上对农村小微企业和维持型、贫困型农户服务的空白。我国传统农村金融组织的市场定位是服务"三农"：为农业发展服务，提高农业生产效率，夯实农业基础地位；为农村经济服务，振兴农村经济，缩小城乡差距，建成社会主义新农村；为农民自身服务，增加农民收入，提高农民生活水平。为农业、农民、农村经济的发展提供信贷资金支持，切实满足本地区农村金融实际需求，创新金融产品和服务项目，合理解决农村金融供给缺乏问题，是传统农村金融组织需要履行的社会责任和金融使命。

农村小型金融组织采取差异化市场定位。偏好于城市优质大客户的传统农村金融组织，主要针对集中、大额、共性化的市场。我国农村市场具有人口分散、地域广大、资金需求量小等特点，为避免与传统农村金融组织经营范围高度重合，减少经营风险，农村小型金融组织根据自身小规模经营及农村客户特点，把目标设定为分散的、小额的、个性化的市场中的农户和农村小微型企业。并在限定区域内小规模经营，保证资金在区域内流动，这在一定程度上克服了传统农村金融组织的"虹吸现象"，又在服务于地区"三农"发展的同时，为本地区农户和中小企业提供周到、贴近客户的服务，保证组织营利性和可持续发展。

4. 业务范围

传统农村金融组织主要提供存、贷、汇等"老三样"金融服务，业务内容单一，同时，我国农村经济主体规模小，主要经营存在天生弱质性的农业，农村抵押品缺乏，发放贷款的风险高，加之农村金融组织缺乏金融服务创新，导致农村金融供给严重不足，难以满足日益增长的农村金融需求。而对于农村小型金融组织来说，以本地区内生金融需求为导向，对本地区金融需求规模及类型在充分了解的基础上，灵活地制定各种经营战略，提供多样化的适合"三农"的金融产品和服务，其业务呈现多样化与灵活化的特点。农村小型金融组织在继续完善发展农村小额信用贷款、联保贷款等业务的同时，因地制宜地创新发展中间业务，创新服务方式（如上门服务等）。农业贷款是农村金融的基本业务之一，但一直以来存在供给不足的问题，农村贷款难的根源之一在于农户缺乏有效的抵押物品。对于农村土地、房产等抵押品，传统农村金融组织为避免过高的处置和管理成本也不愿意贷款给农户。对此，农村小型金融组织利用其区域经营的"信息优势"和农村熟人社会，在充分了解企业或农户信息、克服信息不对称问题的同时，把借款人的行为与其社会关系挂钩，有效地约束了借款人的道德风险行为，防止违约风险的发生。

从我国农村小型金融组织的内部结构来看，村镇银行、小额贷款公司和农村资金互助社虽然都属于农村小型金融组织，但它们在注册资本、股东人数、股东资格、股权结构规定、资本充足率、贷款利率、其他规定、相对优势、相对劣势等方面存在明显的区别，具体见表 3-1。

表 3-1　村镇银行、小额贷款公司和农村资金互助社的差异比较

金融组织类别	村镇银行	小额贷款公司	农村资金互助社
注册资本	在县（市）成立的，要大于等于 300 万元；乡（镇）成立的，要大于等于 100 万元	以有限公司形式成立的，要大于等于 500 万元；以股份公司形式成立的，要大于等于 1000 万元	在乡（镇）成立的，要大于等于 30 万元；在行政村成立的，要大于等于 10 万元
股东人数	以有限公司形式成立的，股东人数要小于 50 人；以股份公司形式成立的，股东人数为 2～200 人		股东人数要求大于等于 10 人
股东资格	要求最大的股东或唯一的股东，必须是银行业金融机构	其股东可以是任意的合法资本，但属于银行业金融机构性质的股东最多不超过 2 家	农民和农村小企业自愿入股
股权结构规定	要求最大股东持股比例大于等于 20%，单一自然人股东及关联方持股比例小于等于 10%		单一股东持股比例小于等于 10%
资本充足率	要求大于等于 8%		
贷款利率	在基准利率的 0.9～4 倍确定贷款利率		
其他规定	在所属县域范围内经营，不得异地存贷款	不得异地经营，只能贷款，不能吸收存款	不得向非社员吸收存款和发放贷款
相对优势	资金来源较广，管理机制较好，业务范围广泛	制度较灵活，贷款期限较短，信贷流程简单	信息、担保、交易成本等优势较明显
相对劣势	网点较少，信息对称性较差	只贷不存，后续资金不足	风险管理和经营管理能力不足

资料来源：解眉霞.我国农村小型金融机构体系的构成及定位——以浙江省为例.上海商学院学报，2011，12（6）：86-90。

3.1.3　农村小型金融组织的运营特征：比较优势

与传统的农村正规金融组织的业务经营相比，农村小型金融组织的业务运营涵盖以下几个方面的特征和比较优势。

1. 经营方式活：关系借贷

农村小型金融组织的服务对象往往是农村中小微企业、维持型与贫困型农户，一般不允许跨区经营，具有地方性和社区性特征，经营方式比较灵活，且农村小型金融组织不断地创新其发展模式，拓展惠农产品，积极创新满足"三农"特点的金融产品，以寻求在传统农户小额信用贷款及联保贷款方面的突破，但在其产

品中，核心是基于关系和情感进行资金融通的关系借贷。这是农村小型金融组织业务经营最基本的特征。农村小型金融组织之所以大量采取关系借贷，是因为它具有"关系型金融服务"和"信息型金融服务"的优势（Keeton et al.，2003）：首先，农村小型金融组织可凭借其社区经营的优势，较为全面地获得有关客户的信息，这些信息包括人格特征、行为习惯和经营进度等，进而为客户量身定制具有个性化的各种金融服务。金融组织与客户在长期的信用交易中，能够逐步建立起关系型信贷网络。这种关系型借贷具有明显的排外性，且封闭运行，可以带来较高的利润率。其次，农村小型金融组织对贷款频率高的农户，有天然的贷款倾向。关系型借贷特别适合农业生产。因为农业具有季节性特征，受气候的影响较大，资金融通费用较低、成本小。例如，Keeton 等（2003）研究发现：一是农业在经济发展中的比重较大的地区，农村小型金融组织的竞争力和市场份额的地位突出，如美国的社区银行在农村地区有更为重要的作用，其农村地区银行分支机构中 57.8%为社区银行，而社区银行在城镇中的数量仅为 24.2%，农业大州堪萨斯州拥有社区银行 907 家（含分支行），占该州银行（含分支行）总数的 75.3%；二是农村小型金融组织对农户的不动产贷款和农业生产经营贷款所占的比重都很高，均达到 80%以上；三是并购和重组，会使农村中小型金融组织的"小银行"特性变成"大银行"，一旦变成了"大银行"，其业务就会逐渐脱离农业和农村[①]。Banerjee 等（1994）依据其与金融需求者之间的长期稳定的关系，提出了"长期互动"假说和"共同监督"假说。他们认为农村小型金融组织与农村金融需求者之间形成的长期合作关系，有益于解决因双方信息不对称而引发的道德风险和逆向选择问题。为了大家的共同利益，在封闭的业务圈子内部，信贷需求者间可相互监督，这种监管比正规金融监管部门更富有效率。因为这种监管是建立在农村传统生产特点和动态监督之上的，可从多维度和多层次进行过程控制，有助于确保资金的高效使用。可见，正是农村小型金融组织特征，使其可以通过与农村中小企业和农户长期密切的接触，获得大量软信息，因而农村小型金融组织在向硬信息不透明的农村中小企业和农户发放关系型贷款上具有比较优势。

2. 管理层次少：软信息优势

农村小型金融组织的机构规模小，管理层次少，具有扁平型的治理结构，能够较好地适应农村经济的基本特点。为了厘清农村小型金融组织发展的动因，这里引入"软信息"的概念。普遍来讲，金融组织的信息总体上有硬信息和软信息

---

① 资料来源：李志平，刘振光. 2010. 农村小型金融组织的生命力与发展困境：一个文献综述. 江汉论坛，(6)：25-29。

在美国农村人口比重是 19%，人口小于 100 万的小城镇人口比重是 23%，但在堪萨斯州，农村人口的比重是 33%，比全美国平均高 73%，小城镇人口比重是 32%，比全美国平均高 39%（Keeton et al.，2003）。

两种形式。硬信息是指非人格化的历史记录和统计数据，这些信息可以标准化处理。软信息是指具有人格化的、无法被金融组织统计的信息，即现有的统计工具和计算工具无法处理的信息。软信息包括很多方面的信息，既有工作经验的介绍和工作失误的说明，也有产品的推介和风险的提示，既有经营业务、人事财务、高管动向、员工活动等信息，也包括特殊人物的家庭情况、银行自身活动、银行客户的动向等信息。这些信息具有内在的一致性。通过对软信息进行整合而形成的资金运动信息是真信息，对这些信息的使用有助于农村小型金融组织加快推广"微型贷款"和"无表贷款"（余玲，2009）。一些学者认为，无论是大型的还是小型的金融组织，都需要设立组织协调结构，根据自身特点选择好资产组合，才能获取有保障的收益。但是，不同类型和不同规模的金融组织，具有不同的信息处理能力。例如，扁平型、单经理型的小型金融组织，在传递和转换软信息方面具有天然的比较优势。而有科层结构的大型金融组织，在其内部传递硬信息方面具有天然的比较优势（Stein，2000）。因为在多环节的信息传递过程中，硬信息的损失量相对较少，而软信息会严重受损失真。农村经济主体的金融需求数量较小，需求频率较高，需求种类较多，且生活性支出和生产性支出难以区分，使得农村金融供求具有明显的软信息特征。相比大型农业金融组织，农村小型金融组织在提供金融服务时，具有决策快、审批环节短的竞争优势。Berger 等（2007）从金融市场竞争效率的角度来论证中小型金融组织的软信息优势。农村小型金融组织在兼并重组之后，组织结构也会逐渐科层化，使得它们在处理软信息方面的能力逐渐变弱，而在处理硬信息方面的能力逐渐增强。这将促使重组后的农村金融组织更倾向于开展大业务，以便实现规模经营，通过业务规模化和多样化来避免软信息缺失的损失。在实践上，国内农村小型金融组织推出的"三不要"贷款运行模式，则是以上优势的一种应用和体现。贷款"三不要"运行模式，是指贷款审批不要抵押、不要担保、不要规范的资产负债表等会计报表，而是将贷款人的经济数据和社会属性数据作为信贷决策的主要依据，经济数据主要包括电表、水表、外汇表等，社会属性表现的数据主要包括人品、声誉、健康程度等（李志平和刘振光，2010）。

3. 运营成本低：技术制度后发优势

与农村大型金融组织相比，农村小型金融组织门槛低、经营场所简单，具有后发优势及人员因素优势等，使得其运营成本较低。后发优势是指一个国家或地区或一国机构，与其经济相对落后相比所具有的技术性、制度性等方面的优势（李志平和刘振光，2010）。de Young 和 Hunter（2001）分析了大型和小型金融组织的比较优势、资产组合和竞争状态差异。他们认为对于具有高风险成本结构和提供个性化服务的农村小型金融组织，即便是在金融脱媒的条件下，仍具有明显的技术后发优势：一是在金融工具创新方面，小型金融组织可以复制大型金融组织的产品而成为"免费搭车者"，避免高昂的金融产品设计成本和相关固定资产投资，使其产品成本降低；二是在网络和电话业务发展后，农村小型金融组织能够以低成本和公共知识的形式，使用由大银行收集、整理和发布的硬信息，做到软信息和硬信息的有效融合；三是农村小型金融组织在与当地客户的长期共生关系中造就了良好的声誉，当地客户不必担心隐私的外泄和被金融部门不正当使用，农村小型金融组织可以低成本地为农村提供现代金融服务。Dauda（2009）研究发现，新生成的社区金融组织虽然还不足以完全应对农村的贫困状态，但在存款增长、贷款增长、存贷比率、流动性和资产组合等方面，都取得了良好的发展效果。他把这种发展效果归因于农村小型金融组织具有的后发优势。从制度后发优势方面来看，刘明康（2009）认为，我国农村存在巨大的金融服务空白区，在这些地区，即便存在农业基础薄弱、农村发展水平低等不利因素，仍然广泛存在农村小型金融组织的生存和发展空间。只要对制度和技术进行简单的平移和稍微改进，就可以增加这些贫困落后地区的金融服务可获得性程度，弥补"大金融"服务的弱项，缓解农民和农村企业融资难的问题。

4. 运营效率高：服务便捷优势

与传统大型的金融组织相比，农村小型金融组织在为农村小微企业和低收入农户提供金融服务的过程中，在风险控制能力、运营效率和盈利能力等方面都具有明显的比较优势（李萍等，2011）。这主要体现在三个方面：第一，农村小型金融组织具有的小型组织优势，更利于开展微型金融服务。在服务流程上，它摒弃了大型银行所需的繁杂过程，实现了审核迅速和手续简捷的特点，提高了办事效率。且农村小型金融组织更能精确地掌握客户信息和本地的市场变化，从而为客户提供有代表性的个性化金融服务。此外，服务方式实现了多样化。例如，可以提供上门服务，或到田间地头为农户提供信贷服务等，既有利于满足农业经济发展的信贷需求，也给广大农户带来了便捷的金融服务，还提升了小微金融的运行效率。同时，农村小型金融组织具有本土化的特征，通过利用其社会资本，能够形成有效的筛选、监督、激励机制。从对农村客户群体信贷风险的鉴别、防控，以及对贷款人资信状况掌握程度上看，农村小型金融组织的优势十分明显。第二，农村小型金融组织的业务流程贴近农村市场，交易过程快捷，交易效率更高，能更好地满足农村经济主体的金融需求，因为这些需求一般具有季节性、临时性、小规模性等特点。第三，农村小型金融组织的信用评价标准和风险控制方式灵活，适合自身特点，并基于农村地区的"圈层社会"建立了声誉保证机制和动态激励机制，农村贷款者无须提供抵押品即可获得贷款，程序简便，操作简单。可以说，与传统商业金融相比，农村小型金融组织更符合我国农村经济主体结构的实际，其独特的服务模式能更好地防控风险，实现盈利。

3.2　农村小型金融组织发展的动因

农村小型金融组织发展的动因是指其存在和发展的内外动力和原因，具体包括农村小型金融组织发展不仅存在较大的市场需求，而且现实存在加大的供给缺口，更有国家和政策对微型金融的支持，为农村小型金融组织的发展提供了良好的政策环境。

3.2.1　农村小型金融需求不断增长

在市场经济条件下，需求对供给具有引领作用。在我国农村，农户和小微企业是最主要的经济主体，它们存在广泛的小型金融需求，而这些需求并不受农村传统金融组织的青睐。因为满足这些金融需求，基本无法实现传统农村金融组织金融服务供给的"规模经济"要求，而且具有较高的营业成本和运营风险。相反，满足这些金融需求，农村小型金融组织则具有突出的比较优势，并为农村小型金融组织创造了可持续发展的盈利机会。农村小微金融需求的广泛存在和不断增长，为农村小型金融组织的成立和发展提供了良好的生存土壤和市场条件。农村金融需求层次和相应融资风险的大小，可以大致反映农村金融需求与农村金融组织金融服务供给之间的市场对应关系。由表 3-2 可知，富裕型农户和龙头企业由于比较容易满足传统农村金融组织贷款条件，并且属于优质客户，因而会成为传统的农村金融组织竞相争取的对象，以便为其提供金融服务。尽管其也备受农村小型金融组织的青睐，但农村小型金融组织终因资金实力不足，敌不过传统农村金融组织。因而富裕型农户和龙头企业的金融需求主要通过传统农村金融组织予以满足，即使有农村小型金融组织提供服务也主要是发挥辅助作用。相反，贫困型农户、维持型农户和农村中小微企业有广泛的金融需求，但难以满足传统农村金融组织融资条件，只能依靠经营方式灵活、信贷条件宽松的农村小型金融组织，或者说，他们的融资渠道以农村小型金融组织为主，以农村传统金融组织为辅。正是农村有广泛的小型金融需求，才为农村小型金融组织的存在与发展提供了良好的市场动力，促进了农村小型金融组织的创新与发展。

表 3-2　农村金融需求与农村金融组织的关系

农村经济主体类型		金融需求	金融需求与融资特征	对应的农村金融组织	
农户	贫困型农户	消费性贷款为主、生产性贷款为辅	信息不对称、缺乏可抵押物、以非生产性信贷为主、单笔贷款数额小、贷款风险较大	农村资金互助社、小额扶贫贷款公司	农村小型金融组织

续表

农村经济主体类型		金融需求	金融需求与融资特征	对应的农村金融组织	
农户	维持型农户	小额生产性贷款	缺乏有效抵押物、借款需求不高、还款能力较强	村镇银行、小额贷款公司、农村资金互助社	传统农村金融组织
	富裕型农户	大额生产性贷款	资金需求量大，基本能够满足商业银行的资产条件	农业银行、农村信用社、邮政储蓄银行①	
企业	小微企业	小额生产性贷款	抵御市场风险的能力较低，难以提供银行融资所需要的抵押物	小额贷款公司	农村小型金融组织
	中型企业	小规模生产经营资金需求、规模扩张需求	抵押担保能力较强	村镇银行、小额贷款公司	
	龙头企业	规模扩张需求	有效抵押资产较充足、抵御风险的能力较强	农业银行、农村信用社、邮政储蓄银行	传统农村金融组织
农民专业合作社		小额生产性贷款	有效抵押资产不足、抵御风险的能力弱	农村资金互助社、小额贷款公司、村镇银行	农村小型金融组织

3.2.2　现实农村微型金融供给缺口大

目前在我国农村地区，提供信贷服务的金融组织主要是邮政储蓄银行、农业银行、农村信用社和其他国有银行。而这些传统的金融组织在促进自身发展和提供金融服务等方面，面临着诸多不利因素。例如，信息高度不对称，信息收集和处理成本较高，导致其业务积极性不足（肖彬，2009）；农业信贷投入面临自然和市场的双重风险，使信贷风险无法预见和控制，靠普通的商业信贷模式无法解决融资难题（黄维健等，2009）；交通不便，造成金融组织网点分布不均，网点数量较少。更为重要的是，与城市金融服务相比，金融组织在农村服务所获取的利润率，远远落后于城市，导致商业性金融组织的农村金融业务不断弱化，一些国有商业银行收缩了其在农村设立的营业网点②，有的银行（如交通银行）甚至完全退出了农村金融市场，导致涉农金融组织和涉农信贷资金供给严重减少，以致当前出现了农村信用社独当一面的现象，严重缩减了农业和农村的金融供给能力，而农业和农村经济的发展自然会受到影响。现实农业农村金融供给缺口较大，迫切需要发展农村小型金融组织，为其发展提供所必需的金融服务，反过来，也为农村小型金融组织可持续发展创造良好的市场条件。并且农村小型金融组织还存在

---

① 这里不排除村镇银行可以介入富裕型农户的金融需求。

② 据黄维健（2009）统计，1998～2009 年，国有商业银行撤并县以下 3 万家以上网点，造成农村金融组织网点、从业人员和信贷资源严重不足，商业金融脱农化倾向明显。

关系借贷、软信息处理优势和快速便捷优势，使得带有政策性特征的小型金融组织在农村金融市场不仅会逐步获得市场竞争力，而且也能最大限度地满足农村金融需求，促进农业农村经济快速发展。

3.2.3　农村小型金融组织发展政策环境宽松

为了鼓励农村小型金融组织的快速健康发展，2006 年以来我国出台了多项政策措施，极大地改善了农村小型金融组织发展的政策环境。例如，为了缓解我国农村金融服务的欠缺，2005 年 8 月，中国人民银行开始试点商业性小额信贷；2006年，银监会出台了《中国银行业监督管理委员会关于调整放宽农村地区银行业金融机构准入政策更好支持社会主义新农村建设的若干意见》，为农村小型金融组织的成立降低了准入门槛，放开了金融市场，为民营资本进入金融业，并服务于农业农村经济发展提供了重要的制度保障；2007 年 1 月，银监会又出台了《村镇银行管理暂行规定》，体现了"低门槛，严监管"的原则。2007 年 1 月，银监会发布了《农村资金互助社管理暂行规定》。2007 年 5 月，银监会印发了《中国银监会关于加强村镇银行监管的意见》。2008 年 5 月，银监会、中国人民银行发布了《关于小额贷款公司试点的指导意见》，明确规定商业性小额贷款公司的性质、设立条件、资金来源与应用、监管等重要事项。2010 年中央一号文件《中共中央国务院关于加大统筹城乡发展力度进一步夯实农业农村发展基础的若干意见》明确指出，要"提高农村金融服务质量和水平"，"引导社会资金投资设立适应'三农'需要的各类新型金融组织"。党的十七届三中全会通过的《中共中央关于推进农村改革发展若干重大问题的决定》中提到，"允许农村小型金融组织从金融机构融入资金"，"允许有条件的农民专业合作社开展信用合作"。2017 年中央一号文件《中共中央国务院关于深入推进农业供给侧结构性改革加快培育农业农村发展新动能的若干意见》也再次强调"加快农村金融创新"。这表明我国农村小型金融组织发展的制度与政策环境得到了前所未有的改善，为农村小型金融组织的发展提供了强劲的动力。

3.3　农村小型金融组织创新的理论内涵

3.3.1　创新与组织创新的概念界定

对农村小型金融组织创新进行界定之前，首先需要明确创新的内涵。约瑟夫·熊彼特（Schumpeter，1912）认为，创新是建立新的生产函数，促进生产要素新的结合，是一个具有革命性的变化过程。熊彼特进一步归纳了创新的几种范畴：采用新的产品、运用新的生产方法、开辟新的市场、控制原料或半成品新的供应来源、创造新的组织。这依次归属于产品创新、技术创新、市场创新、资源配置创新和组织创新。组织创新也可以被视为部分的制度创新。马克思主义经济学认为，创新是劳动的基本形式，是劳动实践的阶段性成果，是对同质劳动的超越。实际上，熊彼特所说的创新概念含义很广，既涉及非技术性变化的组织创新，也涉及技术性变化的创新。由此可见，从经济学意义上讲，创新实质上是利用现有的物质和知识资源，在特定的环境中，对旧事物进行改进或创造而产生新事物，并获得一定有益效果的行为。

在明确了创新的内涵以后，需要进一步对组织创新进行界定。众所周知，任何组织机构，都不是一成不变的，它如同生物的机体一样，需要随着外部环境和内部条件的变化而不断地进行调整和变革，才能顺利地成长与发展，避免老化、死亡与不可持续。如前所述，组织创新本质上属于制度创新的一部分。根据诺斯（North，1993）的解释，制度创新是指对现存制度安排进行的变革，能使创新者获得追加的利益。只有创新的预期净收益大于预期成本，制度创新才会出现。而这些预期净收益在现存的制度安排下是无法实现的，只有通过人为地、主动地变革现存制度中的阻碍因素，才会获得预期的制度创新净收益。而组织创新作为制度创新体系的重要组成部分，同样服从创新的驱动力规律。只有创新的预期收益大于创新成本，才会推进组织创新。组织创新一般包括企业内部和企业层面的组织创新。

3.3.2　农村小型金融组织创新的概念界定

农村金融组织体系同样也需要根据外部环境和内部条件的变化不断进行调整，通过退出和创新使之保持畅通的新陈代谢机制，才能使农村金融组织体系始终与农村经济组织体系的金融供需相适应，而农村小型金融组织创新正是在这样的要求中提出的。与传统金融组织创新相比，农村小型金融组织创新是更高层次的创新，具有组织创新的一般内涵，它既与金融组织管理层面的创新相联系，如金融组织内部组织机构的再造对相应的管理机制的要求；又对金融产权提出了更高的要求，如采用新的金融产权组织形式（沈沛龙和申毅刚，2010）。因此，本书对农村小型金融组织创新概念的界定，也将从组织管理与产权组织两个层次进行。从管理层次来看，农村小型金融组织创新是指通过农村小型金融组织内部机构和生产要素的重组和再造，形成更高的盈利能力和风险控制能力，从而提高农村小型金融组织运营管理水平和效率，促进其可持续发展。可见，管理层面的农村小型金融组织创新是对原有农村小型金融组织内部要素组合的改良，整个农村金融组织体系构成没有发生变化。从产权组织层次来看，就是通过社会资本重组、整合，将金融组织要素进行产权重组，通过形成新产权组织形式的农村小型金融组织，从而健全农村金融组织体系，弥补农村金融供给主体缺口。可见，产权组织层次的农村小型金融组织创新，是建立在两个前提基础之上的，即产权关系的明晰和市场化环境的形成（沈沛龙和申毅刚，2010），是农村金融组织体系的增量调整。目前我国的农村金融初步形成了较为完整的市场体系，为下一步的农村小型金融组织的创新创造了良好的市场条件。本书在实证研究农村小型金融组织创新及其风险控制时，主要建立在企业管理创新层次上，即通过原有农村小型金融组织内部要素重组，来实现经营效率和风险控制能力的提升，促进现有的农村小型金融组织健康发展。而在农村小型金融组织创新的成效和问题诊断中，也将讨论产权组织层面的农村小型金融组织创新，即新的农村小型金融组织的形成，并通过案例等形式予以呈现。

3.3.3　农村小型金融组织创新的行为特征

农村小型金融组织创新的主体可以是具有法人资格的农村小型金融组织，也可以是具有自然人属性或法人属性的发起人。从产权形式来看，既可以是国有的，也可以是民有的，或是混合所有的。无论是哪种形式的农村小型金融组织创新，其创新行为都具有以下几个特征。

1. 系统性

农村小型金融组织创新极为复杂，它需要投入许多金融要素，包括人员、技术、结构和金融价值观等，还必须适应和满足各种利益相关者（stakeholder）的创新要求，具有系统性特征。在进行农村小型金融组织创新时，如果不充分考虑这些因素的作用和影响，就可能导致农村金融组织创新的失败。同时，提高农村小型金融组织的经营效率和经济效益，需要社会分工，需要在既有的市场范围推进业务专业化，但专业化后又需要政府进行相关事宜的协调。此外，适应外部农村经济环境的变化需要农村小型金融组织保持一定的灵活性，而强调外部环境适应性、灵活性又会影响农村小型金融组织对自身的控制。可见，农村小型金融组织内部各部门之间和与外部环境之间都是互相关联的，任何一个部门的变革，都需要考虑各方面因素的影响和联系。一般而言，农村小型金融组织最高阶层态度的改变，容易扩展到下级，所以一项改革与创新活动最好由领导者首先推行。

2. 外部性

这里的外部性是指"外部人"在农村小型金融组织创新中具有明显的作用，需要高度重视。邓东元（2001）的研究表明，农村小型金融组织创新一般属于组织内部管理者的事务,但是,农村小型金融组织的"外部人",如外部咨询人员等,也在组织创新中发挥巨大的作用。因此,在农村小型金融组织的创新活动中,内部管理者一般都要聘请外部的咨询人员提供相关咨询建议和协助。由于这些人来自组织外部,与"内部人"相比,他们会提供更为客观公正的认识。但是,"外部人"对金融组织的历史、文化、作业程序和人事等往往缺乏足够的了解。同时,外部咨询人员还经常主张更剧烈的变革。相反,内部管理者作为变革的推动者,可能更深思熟虑,也可能更小心谨慎,因为他们必须承担行动的结果。所以,在利用"外部人"推动农村小型金融组织创新时也需要稳妥进行。

3. 适应性

农村小型金融组织创新的目的在于,主动满足金融需求不断变化的农村经济主体,并根据这种变化,创造和革新农村小型金融组织的治理结构、业务种类和经营管理机制,以满足其小规模金融需求,推动农村小微经济主体健康发展。农村小型金融组织创新的适应性表现在以下几个方面:一是与我国现阶段以农业小规模经营为特征的农户经济组织的信贷需求相匹配。通过农村小型金融组织创新,建立健全农村金融组织体系,使之与农村经济主体的金融需求结构相适应。二是与农村市场经济制度、农业经营制度相适应。我国现阶段农村的基本经济制度是社会主义市场经济,信用经济、货币经济、商品经济是农村市场经济的重要内容,农村小型金融组织创新需要与农村市场经济制度相适应,通过与农村经济主体信用合作、等价交换建立互惠互利的金融供需服务关系。同时,家庭联产承包责任制的农户小规模农业经营模式,既为农村小型金融组织创新提供了良好的制度环境,反过来也推进了农村小型金融组织创新,也是主动适应农业经营制度的重要表现。三是与农村经济结构相适应。为了促进农村经济健康发展,农村金融组织体系应根据不同区域的农村经济发展水平和层次,构建分层次、多元化的金融服务供给主体体系结构,并通过不同的管理方式调节信贷资金的运行,实现不同区域农村信贷资金的优化配置和高效运用。在我国各地区农村经济发展差别较大的情况下,适应当地农业农村发展特点,因地制宜地推动农村小型金融组织创新,建立有地区差异化的农村小型金融组织结构,对促进各地农业农村经济发展无疑具有重要的现实意义。因此,农村小型金融组织创新,在全国各地区需要体现地区适应性和差异性。

4. 效率性

农村小型金融组织创新要体现经济意义上的效率要求,其具有几个方面的行为特征:一是农村小型金融组织创新本身是一项组织革新,需要使创新收益大于创新成本,减少和避免创新风险,实现农村小型金融组织成功孵化、成长与可持续发展；如果某个新的农村小型金融组织孵化出来，在多年都无法实现财务净盈利，创新收益始终小于创新成本，那么这个农村小型金融组织创新就是不经济的，应当放弃。二是实现农村储蓄投资转化渠道的多样性。目前我国农村储蓄向投资转化主要依赖传统的具有垄断性的农村金融组织，不仅导致储蓄投资转化渠道狭窄，还引起大量农村资金流失。而农村小型金融组织创新，就是为农村增加一个新的储蓄向投资转化的渠道，实现农村储蓄投资转化渠道的多样化，以此才能提高农村储蓄投资转化效率。三是实现农村储蓄投资转化价格的竞争性。从理论上讲，只有市场竞争充分，才会激发金融创新，形成合理的金融交易价格，才能使社会得到"质优价廉"的金融服务，降低交易成本，提高储蓄投资转化效率（蔡则祥，2002）。农村小型金融组织创新的重要目的就在于通过增加新的农村金融组织，提高农村金融市场金融供给的竞争性，通过充分的市场竞争形成科学合理的资金价格，从而提高农村资金的配置效率。四是实现农村储蓄投资转化过程的有效性。农村小型金融组织尽管有政策支持，但基本都是作为追求利益最大化的理性经济人参与农村金融交易过程的，需要实现财务可持续性目标。所以，农村小型金融组织创新，需要政府提供足够的激励机制，从政策和制度上保证农村小型金融交易过程中，能够实现努力与报酬、风险与收益相匹配，从而保障农村小型金融组织的财务可持续性，使农村小型金融组织实现可持续发展。

3.4　农村小型金融组织创新的因素分析

既然农村小型金融组织创新既可以从组织管理层次理解，也可以从产权组织层次解释，所以分别从这两个角度进行因素分析。

3.4.1　企业管理视角

企业管理层面的农村小型金融组织创新，实际上就是农村小型金融组织的经营性创新。经营性创新就是通过新的理念开发和实施新产品、新渠道、新商业模式、新管理方式、新组织架构、新风险管控等策略，为客户和自身创造新的价值。经营性创新的本质是，要为客户和自身解决融资问题，提升客户和自身的竞争力与利润来源。农村小型金融组织的经营创新，并非都是组织内部的大型经营项目、整体的改造和重大的技术突破，也不一定需要科学论证、系统设计、完整规划，有时只是针对经营中的问题，通过创新思维，采取新措施，也能解决问题。农村小型金融组织的经营创新，实质是在农村金融市场创造和产生新的客户价值的过程。这是实现农村小型金融组织可持续发展的重要手段，是统率农村小型金融组织高效经营的灵魂。因而企业管理层面的农村小型金融组织创新大致与以下几个因素相关。

1. 创新型领导者

经营性创新充分体现了农村小型金融组织的管理能力。组织的领导者承担着农村小型金融组织经营创新的重大任务，他的创新思维、创新理念、文化素质与价值观、创新智慧和创新勇气，都将直接影响农村小型金融组织的经营创新，包括业务创新、营销创新、技术创新、管理创新和制度创新等。农村小型金融组织的经营创新主要包括：产品与技术创新、营销方式策略与手段创新、组织管理与制度创新、经营目标与战略创新等。这些创新都首先来自创新型领导者的创新理念和管理授权。如果农村小型金融组织的领导者或领导集体不是一个创新的集体，他们就只能在不断变化的市场环境中墨守成规，让农村小型金融组织逐渐落后于市场的需求和时代的需要，最终退出农村金融市场。因此，有创新型的领导者，是农村小型金融组织创新的根本因素，它能够将创新培育成农村小型金融组织的企业精神，创造对创新有利的环境和气氛，从而激发、引导组织要素和员工的活力，并实现有效的经营创新。

2. 创新型员工

农村小型金融组织经营创新，不仅要依靠创新型领导者，还要依赖于组织内部每个员工的工作能力与素质。具有创造性思维和实践精神的员工，是农村小型金融组织经营创新的基本因素。农村小型金融组织的经营创新，需要调动所有员工创新的积极性。这既是系统性创新的需要，也有助于最大限度降低组织创新的阻力。农村小型金融组织的经营性创新，往往会遭到一些员工的抵制。因为组织内部各部门可能会自成一个系统，有其独特的工作方式、人际关系、行为规范、价值观念及应付环境的方法。所以，经营性创新就必须使各部门和所有人员共同参与决策过程，讨论应该如何实施必要的经营变革。如果员工都参与了创新决策，创新阻力就会下降。因此，在决定经营性创新之前，应尽可能地将持有反对意见的员工吸收到创新决策中来，这不仅能降低创新阻力，还能取得支持，提高创新经营决策的质量（邓东元，2001）。

3. 创新型环境

环境因素是引领农村小型金融组织经营创新的外部因素，包括农村实体经济的金融需求、同业竞争状况、政府政策法规等。首先，需求发生变化的农村实体经济主体，会激发农村小型金融组织创新农村金融产品与服务。如果不根据变化了的金融需求进行产品与服务创新，原有的金融产品和服务就会逐渐丧失市场空间，在没有新产品和服务开发出来的情况下，农村小型金融组织的盈利就会逐渐转入亏损，甚至破产。所以，市场需求因素变化将驱动农村小型金融组织的金融产品创新和改良。其次，同业竞争状况对农村小型金融组织的经营创新具有重要的影响。如果农村金融市场中有众多的农村小型金融组织，就会导致同类农村金融产品在农村金融市场出现供大于求、价格下跌、利润减少的局面，此时，农村小型金融组织如果不开发新产品以避免同质化激烈竞争，农村小型金融组织就不可能得到持续健康发展。相反，如果同业竞争不充分，农村小型金融组织就可以获得部分垄断利润而实现发展，经营创新的压力和动力就不高。可见，同业竞争状况将迫使农村小型金融组织不断进行产品与服务创新，以立于市场不败格局。最后，政府的管制政策和制度环境也会对农村小型金融组织的经营创新产生重要影响。例如，政府的业务管制政策中，是否准许农村小型金融组织经营存款业务，将直接影响其信贷资金来源。如果禁止吸收存款，农村小型金融组织就不可能像大型金融组织那样有源源不断的信贷资金，为农村实体经济服务，从而使得其业务经营将不可持续。又如，政府的法规和监管政策严格，就会迫使农村小型金融组织为了生存而不得不绕开法规限制，创新金融服务方式和经营管理模式，从而实现自身的发展。所以，政府的政策、法规和监管措施是农村小型金融组织经营创新的重要因素。

3.4.2　产权组织视角

农村小型金融组织创新是改变农村金融组织原有的财产组织形式或法律形式，使其更适合农村经济发展的客观需要。农村小型金融组织创新，既可以通过新的产权治理结构、新的用工制度、新的管理机制来实现，也可以通过金融兼并和战略重组、重要人员聘任和选举、员工的调整与分流等来实现。因而农村小型金融组织的创新不仅需要考虑组织的经营发展战略，筹划组织未来的经营方向，还需要建立以市场为中心的决策信息库，以及对宏观经济变化做出迅速反应的反馈应变系统，不断优化各项金融服务要素组合，开发人力资源，加强实物与价值形态管理，注重金融资本经营。因此，要推进农村小型金融组织创新，必须事先厘清农村小型金融组织创新的影响因素。从理论上讲，影响农村小型金融组织创新的因素虽然众多，但概括起来主要有以下两个方面。

1. 农村小型金融组织创新的内部因素

1）组织要素

要创新农村小型金融组织，需要有富足的组织资源和恰当的组织机构。一方面，富足的组织资源包括资本金、发起人、管理者和营业场所，它们是实现农村小型金融组织创新的重要基础。例如，根据《中国银行业监督管理委员会中国人民银行关于小额贷款公司试点的指导意见》（银监发〔2008〕23号），成立一家小额贷款公司，若为有限责任公司，其注册资本不得低于500万元，若为股份有限公司，其注册资本不得低于1000万元；小额贷款公司应有符合规定的章程和管理制度，应有必要的营业场所、组织机构、具备相应专业知识和从业经验的工作人员。可见，组织资源越充裕，就越能激励发起人成立农村小型金融组织，推动整体性农村小型金融组织创新。另一方面，恰当的组织机构包括组织结构与组织章程，是实现农村小型金融组织创新的最终结果。农村小型金融组织由于规模小，适合构造有机式（弹性）组织（organic organization）（也称适应性组织），具有复杂性低、正规化程度弱、分权化等特点，即不具有标准化的经营规范，员工多是职业化的，保持低程度的集权。有机式的农村小型金融组织是一种松散的、灵活的，具有高度适应性的组织形式，能根据农村经济发展的客观需要而迅速做出适应性调整，从而有利于提高农村小型金融组织对农村金融需求变化的应变能力，从而更好地满足农村经济主体的小规模信贷需求。

2）组织文化

要促进农村小型金融组织创新，需要建立独特的组织文化，并通过组织文化推动农村小型金融组织经营管理创新。一般说来，鼓励试验、赞赏失败、注重奖励等，就属于组织文化范畴。创新型农村小型金融组织的文化以经营管理创新导向为核心，包括：把规制、政策的组织监控减少到最低限度，加大金融管理与创新自由度；鼓励员工有不同意见，中等程度的群体冲突反而有利于调节组织气氛，实现更高经营绩效；鼓励多种业务协同发展，容忍不切实际的想法；鼓励各部门设置明确的目标，积极探索目标的各种实现途径，注重结果的获取与评价，对给定问题有若干正确的解决方法。鼓励员工大胆试验，把可能的错误当作学习的机会，随时监控农村经济金融环境的变化，做出快速的决策反应。上述创新型组织文化往往是农村小型金融组织灵活应对农村金融需求的重要因素，也是其具有软信息处理优势的关键原因。

2. 农村小型金融组织创新的外部因素

1）农村经济金融主体结构与市场需求变化

一个新组织的产生必须有与之相对应的经济环境。在农村金融组织体系中，要创新农村小型金融组织，增加农村金融组织体系的新成员，除非是现有的农村金融组织体系及其功能结构与现有的农村经济组织体系和功能结构不相适应。如果这个条件成立，这往往使农村经济主体结构发生了变化，或增加了许多新的农村经济主体，而农村金融服务主体并没有随之增加，或现有的农村金融组织体系一直以来都和农村经济主体不相协调，使得要促进农村经济健康发展，客观需要创新农村金融组织，健全农村金融组织体系，使农村金融组织与农村经济组织金融供需相适应。而正是因为现实我国农村经济主体大多是小规模经营的农户和微型企业，现实农村金融组织大多是提供大额资金服务的大型金融组织，使得金融供需出现机构与功能错位，迫使我们必须进行农村小型金融组织的创新。此外，农村经济主体金融需求特征的变化，也将影响农村小型金融组织的创新。在现实农村家庭联产承包责任制经营下，我国小额农村金融需求占比最高，客观需要大量的农村小型金融组织，以提供微型金融服务。而在传统的农村正规金融组织普遍商业化、市场化后，农村金融市场的服务功能逐步弱化，使得农村经济主体的金融需求尤其是小额金融需求无法得到有效满足，客观需要建立新的农村小型金融组织提供对等化金融服务。所以，市场环境的变化对农村小型金融组织创新有决定性影响。

2）准入管制政策的调整

要创新农村小型金融组织，需要破除行政壁垒，降低市场准入门槛条件，允许民营资本在适当条件下组建农村小型金融组织，从事农村金融市场竞争。2006年我国降低了农村小型金融组织的准入门槛，出台了多项激励措施，为农村小型金融组织创新提供了良好的外部环境，以保障农村小型金融组织的健康发展①。其中，2006 年银监会在《中国银行业监督管理委员会关于调整放宽农村地区银行业金融机构准入政策更好支持社会主义新农村建设的若干意见》（以下简称《意见》）中指出，"积极支持和引导境内外银行资本、产业资本和民间资本到农村地区投资、收购、新设以下各类银行业金融机构：一是鼓励各类资本到农村地区新设主要为当地农户提供金融服务的村镇银行。二是农村地区的农民和农村小企业也可按照自愿原则，发起设立为入股社员服务、实行社员民主管理的社区性信用合作组织。三是鼓励境内商业银行和农村合作银行在农村地区设立专营贷款业务的全资子公司。四是支持各类资本参股、收购、重组现有农村地区银行业金融机构，也可将管理相对规范、业务量较大的信用代办站改造为银行业金融机构。五是支持专业经验丰富、经营业绩良好、内控管理能力强的商业银行和农村合作银行到农村地区设立分支机构，鼓励现有的农村合作金融机构在本机构所在地辖内的乡（镇）和行政村增设分支机构"。该《意见》的核心思想是放开农村金融市场的准入条件，这为农村小型金融组织创新提供了准入标准和现实的依据，在我国具有里程碑意义。

3）宏观战略发展的需要

国家政策的支持，是农村小型金融组织创新的动力支撑。农村小型金融组织体系的发展无疑是我国整个金融体系建设中的关键一环，而长期的"金融压抑"

---

① 如 2007 年 1 月，银监会印发《村镇银行管理暂行规定》《农村资金互助社管理暂行规定》，同年 5 月又印发了《关于加强村镇银行监管的意见》，2008 年 5 月，银监会、中国人民银行又发布了《关于小额贷款公司试点的指导意见》，体现了"低门槛，严监管"的原则。

是制约我国农村金融发展的宏观因素，政策"松绑"不仅能持续促进我国农村金融的发展，也能够为农村小型金融组织创新创造宏观条件。在我国，农村金融组织的创新虽然需要系统思维，但是更要注重顶层设计。2014 年中央一号文件《关于全面深化农村改革加快推进农业现代化的若干意见》明确提出，要"加快农村金融制度创新"，充分体现了国家高度重视农村金融在服务"三农"中的核心作用，而农村小型金融组织作为农村金融服务体系的重要组成部分，在服务"三农"中扮演着举足轻重的角色，成为推动"三农"发展的重要力量。此外，在经济新常态的大背景下，我国经济增速普遍放缓，原有的经济发展模式及经济的增长动力已不能适应当前经济发展，中国迫切需要升级优化经济结构，也包括农村地区的经济结构调整。在经济运行新常态下，"三农"仍是国民经济运行最突出的短板，要促进国民经济持续健康发展，缩小城乡差距，实现城乡一体化发展，关键在"三农"。因此，党和政府将在未来相当长的时间内，仍把解决"三农"问题放在国家发展战略的优先位置，并通过各种支农惠农政策的强化，充分调动农村市场主体的积极性，激发农村市场主体创业就业的热情，这将产生大量的农村小型金融需求。这必然需要农村小型金融组织作为支撑，国家也会给予宽松的政策支持，促进农村小型金融组织健康发展。所以，国家层面的重视为我国农村小型金融组织创新创造了有利的宏观环境。

3.5　农村小型金融组织创新的组织类型

结合西方国家实践和我国的改革探索，总结农村小型金融组织创新的组织形态结构，其大致有以下几种类型[①]。

3.5.1　扁平型的农村小型金融组织

目前，西方国家一些金融企业的组织结构已开始由传统的金字塔型向扁平型结构方向转变。因为传统的金字塔型（科层型）组织结构，只适应于计划经济和市场条件相对稳定的经济制度结构。此时，人们的受教育程度一般比较低，需要建立科层型组织体系，以收集和管理经济信息，并对普通员工进行监督和管理。而当今市场条件和经济环境变幻莫测，市场经济制度日益健全的背景下，科层型的金融组织结构已显得过于臃肿，缺乏灵活性。相反，扁平型的金融组织结构恰好能适应这种市场化的制度环境，并广泛运用于互助型、合伙型、合作型的农村小型金融组织架构治理之中。

---

① 资料来源：蔡则祥. 2002. 我国农村金融组织体系的完善与创新. 农业经济问题，（4）：22-28。

扁平型的企业组织结构所具有的一些共同要素，正是我国农村小型金融组织创新的方向。其主要理由如下：第一，扁平型的组织结构可以分离出许多"原子式组织"，实现金融组织规模小型化，即金融组织的结构需要围绕几项"核心任务"而建立起来，而不是围绕职能部门进行构建，职能部门的职责需要逐渐淡化；第二，扁平型的组织结构能把"客户满意"作为金融组织创新和发展的原动力，也能作为衡量其经营业绩的重要尺度；因为自上而下都同客户建立了直接的、固定的联系，并吸收客户代表作为团队成员，能比较敏锐地应对市场变化；第三，扁平型的组织结构能使每个单元都对其目标进行控制，上下员工都能通过计算机和通信联络进行信息交流，而每个员工都负有信息交流的重要责任；第四，扁平型的组织结构可以拓宽管理幅度，也可以授权有关人员进行自主性管理，增强责任感和事业心。

由此可见，扁平型的农村小型金融组织所提供的竞争优势是：它既降低了机构管理的协调成本，也增强了金融组织的市场反应速度，提升了服务客户、满足客户需求的能力。我国已有的农村小型金融组织，包括村镇银行、小额贷款公司、农村资金互助社等，绝大多数都属于扁平型的组织结构。实践证明，这种组织结构适应农村小型金融组织的业务和经营特点，具有较强的生命力，值得推广。

3.5.2　网络型的农村小型金融组织

信息是否容易从网络上取得成为衡量网络型农村小型金融组织的重要指标。随着现代计算机和互联网技术的发展并广泛运用于金融行业，网络金融也加快了发展的步伐，并且网络金融以其快捷的信息传送能力和便捷的金融服务，对传统金融组织业务经营构成了巨大的威胁，迫使传统金融组织不断开辟网络金融业务，甚至组建新的网络金融组织。一般说来，信息流通越往下级员工传输，下级员工掌握的信息越少，主管人员则因掌握大量的信息而握有决策权力。在网络组织时代，信息传输扁平化，金融企业内部相关成员都是信息收集专业人才，可以在相同时间内掌握第一手信息资料，并以此作为决策的依据，从而提高金融组织的经营管理水平和效率。农村小型金融组织的网络化，需要在农村具备广泛信息化、网络化条件，农村商品交换和资金结算普遍通过网络进行。随着我国农村信息化的快速发展，农村金融网络化发展必然成为未来的趋势，农村小型金融组织创新必然也适应于建立网络型组织结构。当然，网络型农村小型金融组织结构，通过网络信息的快速传送，虽然可以提高服务速度，但也带来许多巨大的冲击。例如，管理阶层从垂直的上下职位改变为平行的职位分配。在传统的金融组织的组织结构中，权力来自阶层分级和掌握信息的多少；

而网络型的农村金融组织，则主要以任务区分组织结构，依赖的是员工的专业能力，而不是员工的阶层级别。在组织机构中，信息能够平行流通，不需要阶层传递，所以阶层将会被逐渐淡化，中层主管将减少直至消失，普通员工将直接对高级主管人员负责。

3.5.3　学习型的农村小型金融组织

学习的真正目的是拓展学习者的创造力，因而学习型组织就是一个具有持续创新能力、能创造未来的组织。学习型组织能在其内部建立起较为完善的学习机制，将其成员与工作任务持续地结合起来，使组织在个人、工作团队及整个系统三个层次上得到共同的发展，形成"学习—持续改进—建立竞争优势"的良性循环过程。农村小型金融组织创新，同样可以通过建立学习型金融组织，获得其自身的可持续发展动力，而要建立学习型农村小型金融组织，需要改进心智模式、系统思考、建立共同愿景、促进团体学习和自我超越等五项修炼过程。其中，改进心智模式，就是要求农村小型金融组织及其员工打破既定的思维定式，进行金融创新思维。系统思考要考虑各方面的因素进行综合决策，用系统的观点看待组织的存在和发展，进而将员工的智慧与金融服务融为一体。它能引导员工全面看待事物各种因素之间的互动关系和动态平衡关系，能产生显著的协同效应，因而被认为是农村小型金融组织建立学习型组织的核心。建立共同愿景是将农村小型金融组织的员工团结在一起，创造出众人一体的惊人业绩。团体学习就是发展农村小型金融组织全体员工互相配合、整体搭配与实现共同目标的能力的过程，形成高于个人力量的团体力量。自我超越就是要使员工突破极限，获得娴熟的技能的过程，要求员工终身学习。农村小型金融组织的学习型能力，均来源于每个员工的学习意愿和能力。可见，人才是金融组织的核心战略资源，构建和创新学习型农村小型金融组织，对提高领导和员工的技能和素质，实现农村小型金融组织可持续发展至关重要。

3.5.4　股份型的农村小型金融组织

随着扁平型的农村小型金融组织不断成长，农村小型金融组织对资金的需求量和占有量也越来越大，仅仅依靠吸收社员的股金已不能适应快速发展的需要。此时，就需要改变组织原有的股权构成及入股方式，引进股份制，建立股份型的农村小型金融组织。这不仅需要扩大股东范围，而且需要增加股金种类、扩大股金数额。根据国际惯例，股东既可以是单位，也可以是个人；既可以是农业经营者，也可以是非农业经营者。例如，法国规定农民、手工业者、农业合作组织、农业工会、地方农业局、市政单位、教育机构等都可以入股，成为农村小型金融组织的股东（廖富洲和单恒伟，2005）。

股份型的农村小型金融组织可以实行民主化和专业化管理，股权分散，资金来源广泛，不仅可以解决农村小型金融组织资金来源狭窄、营运资金不足的问题，还可以解决管理缺乏民主性、科学性、有效性的问题。因为农村小型金融组织股份化后，来源广泛的股权资金不能退股，资金可以长期占用，并成为分担农村小型金融组织营运风险的重要力量。同时，所有股东都成为利益攸关者，都会通过行使表决权、控制权对农村小型金融组织的运营实行民主管理，并按照股东大会、董事会、经理层、监事会的治理结构，对农村小型金融组织进行权力制衡的科学管理，可以显著提高农村小型金融组织的治理效率和管理水平，实现农村小型金融组织的稳健经营和可持续发展。

当然，农村小型金融组织在股份化创新过程中，治理模式会发生三个方面的变化：第一，表决方式上突破一人一票制，转为一股一票制，可能对大股东社员给予票数加权。第二，日常经营管理决策，会出现集中化和专业化倾向。股份化组织管理工作不再由社员兼任，而是聘请职业经理管理，形成专职的"管理阶层"。股东代表大会替代了社员代表大会，有权修改章程、更改经营范围等重大事项，并体现高度的民主化。第三，为了保障农村小型金融组织有比较稳定的资金来源，美国等一些国家改变了社员可以自由退社退股的做法，给社员退股设置"退出成本"。例如，1982 年美国政府允许储蓄贷款协会发行股票，允许由互助形式转为股份形式，促进了数百家储蓄贷款协会转为股份制形式，使资本总额大幅度增长（廖富洲和单恒伟，2005）。可见，股份制是农村小型金融组织治理创新的总体方向，是农村小型金融组织成长并逐渐走向成熟的重要标志。

3.6　农村小型金融组织创新的实现机理

3.6.1　农村小型金融组织创新过程

农村小型金融组织创新是一项系统工程，需要遵循科学的创新过程。综合如卡斯特（Kast）、沙恩（Schein）、唐纳利（Donnelly）、洛希（Lorsch）、凯利（Kelly）、艾诺芬（Irvin）[①]等的研究，农村小型金融组织创新需要经历以下几个过程，如图 3-2 所示。

---

① 资料来源：哈佛企业管理丛书编纂委员会.1991. 企业管理百科全书（上）. 北京：中国对外翻译出版公司：285。

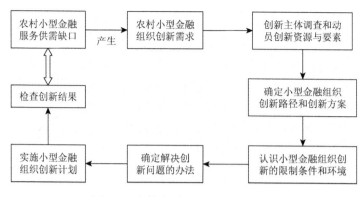

图 3-2　农村小型金融组织创新过程

1. 识别农村小型金融组织创新的动力和压力

研究农村小型金融组织所处的内外环境,认识农村小型金融组织创新的压力。农村小型金融组织创新压力的形成包括两种:一是来自于农村小型金融组织的外部力量,如农村经济制度变迁、农业经营制度改革、农村金融市场环境的变化、金融技术进步及农村经济金融政策的变动等要素环境。二是来自农村小型金融组织的内部力量,如现有农村金融组织的经营效率、经营程序和人为因素。同时,组织创新的领导者还要认识到创新的必要性,以便为创新做好准备,以免等到问题严重时才匆忙进行变革。

2. 明辨问题及其原因

弄清农业农村经济中金融供需缺口成因、农村小型金融组织经营管理问题的实质,发现现有农村金融组织经营现状、同理想状态之间的区别,才能明确农村小型金融组织创新的目的、意图和内容,以推进农村金融服务的供需平衡,促进农村经济持续健康协调发展。

3. 明确农村小型金融组织创新的路径

农村小型金融组织创新大致包括以下几条路径:第一,以组织结构为中心进行变革,如建立新的农村小型金融组织,对原有农村小型金融组织进行产权重组,采用新的组织结构等。第二,以组织员工为中心进行变革。即从人的行为态度方面进行变革,通过建立学习型组织,促进领导员工终身学习,实现团队合作,建设农村小型金融组织独特的企业文化和市场定位。第三,以经营过程为中心进行变革。促进经营管理手段、路径创新,促进农村小型金融组织的服务水平、盈利能力和可持续发展能力的提高。

4. 明确创新的限制因素

农村小型金融组织创新的限制因素主要有三个方面：一是上级管理者的领导作风和行政惯例，对农村小型金融组织创新带来限制性影响；二是成立金融组织的法律法规与监管要求，对农村小型金融组织创新有限制作用；三是金融企业的组织风尚，包括非正式组织的规范、价值观等，农村小型金融组织创新需要建立在履行一定社会责任和道德水准基础之上。

5. 确定解决创新问题的方法

根据所需要解决的农村小型金融组织创新的问题及面临的限制条件，寻找并确定有效的解决问题的方法。例如，是采用集权制还是分权制的金融组织模式，是采用股份制还是合作制组织模式，是扩大还是缩小管理幅度等管理机制，都要依据当地的具体情况和经营效率提升的要求而定。

6. 实施农村小型金融组织的创新计划

实施创新计划，既要注重组织创新的恰当时机，又要合理选择经营创新的范围，以便获得较好的农村小型金融组织创新的效果。

7. 检查农村小型金融组织创新的结果

对农村小型金融组织创新的结果进行考核和反馈，找出改进的途径，再按上述步骤循环进行。每次创新循环都有所改进和提高，才能确保农村小型金融组织创新获得成功。

3.6.2　农村小型金融组织创新的动力系统结构

通过对农村小型金融组织创新的因素分析，不难发现，农村小型金融组织的创新绝不是一个偶然的单因素决定过程，而是农村小型金融需求、农村经济体制、农村经济结构、农村经济发展、创新要素、政府行为和农村金融生态环境等多重因素相互作用所决定的，是一个具有自组织性特征的系统动力学过程。从系统与环境相互作用的角度来看，农村小型金融组织创新的各种动因可以划分为外在动因和内在动因两种类型。外在动因包括农村经济体制、农村经济结构、政府行为和农村金融生态环境；内在动因包括农村小型金融需求、农村小型金融供给缺口和农村小型金融组织创新的资金、人力、领导、制度、政策等要素。其中，外在动因作为农村小型金融组织创新的动力条件，是内在动力学过程的原始动因，通过引诱、激励、驱动或转变成农村小型金融组织创新的内在动因，来实现其对农村小型金融组织创新的作用。而农村小型金融组织创新的内在动因只有借助外部动力"场"，作为自身的"能量"或有序性之源，才能与外部环境产生有效的动力响应，并自主推动农村小型金融组织的创新。可见，外在动因是农村小型金融组织创新的充分条件，内在动因是农村小型金融组织创新的必要条件，两者缺一不可。只有在内外动因相互嵌套和同时发生作用，并且双方均满足对方的要求的情况下，农村小型金融组织才能在农村市场经济运行规律的支配下实现创新和发展。这种动力系统作用机制可通过图 3-3 来表述。

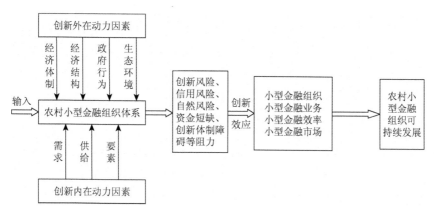

图 3-3　农村小型金融组织创新的动力系统模型

图 3-3 表明，农村小型金融组织的创新是在内外动力场的作用下实现的，其创新机制宛如一台电动机，其转子为农村小型金融组织体系，转子转速的提高和牵引力的增大，表示农村小型金融组织的创新，转子与转轴的摩擦形成农村小型金融组织创新的阻力，包括创新风险、信用风险、自然风险、资金短缺、创新体制障碍等阻力，是动力的消极一面，不可避免地阻碍着农村小型金融组织的创新。动力与阻力的共同作用，决定了农村小型金融组织创新的实际绩效，包括农村小型金融组织的增加、农村小型金融组织新业务的出现、农村小型金融组织运行效率的提升、农村小型金融市场交易量的扩大等。如果动力因素始终大于阻力因素的作用，农村小型金融组织创新就能够持续地进行。反之，如果动力因素小于阻力因素的作用，农村小型金融组织的创新就会停滞不前，甚至是倒退，最终表现为农村小型金融组织发展严重萎缩。

3.7　农村小型金融组织创新风险的理论内涵

农村小型金融组织创新是一把双刃剑，既可能丰富和发展农村金融组织与农村金融服务，也可能带来较为严重的风险。本书理论部分将着重对农村小型金融组织创新的风险进行概念界定，而风险的成因和防范措施将在第 7 章予以分析。

3.7.1　风险与农村金融风险的概念界定

《韦氏第三版新国际英语大词典》对风险的定义是："冒险、危险；遭受损失、伤害、不利或毁灭的可能性。"而《辞海》对风险定义为"人们在生产建设和日常生活中遭遇可能导致人身伤亡、财产受损失及其他经济损失的自然灾害、意外事故和其他不测事件的可能性"。用英语来表述，风险一词为 risk，意思是"含有某种机会、冒险、损失或面临危险的可能性"。从上述三种解释不难看出，风险强调的是某种负面影响发生的可能性。美国学者威廉姆斯（C. A. Williams）和汉斯（R. M. Heins）在《风险管理与保险》（1964 年出版）中，将风险定义为："在给定的情况下和特定的事件内，那些可能发生的结果间的差异。如果仅有一个结果是可能的，则这种差异为零，从而风险为零；如果有多种结果是可能的，则风险不为零，这种差异越大，风险就越大。"芝加哥学派创始人法兰·克奈特（Knight, 1921）将风险定义为："一种可测度的不确定性，可通过概率来计算其大小。"由此可见，风险可以描述成未来结果的不确定性，在客观事物发展的过程中，由于不确定性因素的存在，经济主体的实际收益会与其预期收益偏离，进而导致经济主体的损失。赵曙明和杨忠（1998）在《国际企业：风险管理》中指出："风险是在一定环境和期限内客观存在的，导致费用、损失和损害产生的，可以认识与控制的不确定性。"这种观点强调的是风险的客观存在性，但没有涉及经济主体的风险意识，以及对风险的主观反映。

通过分析风险的内涵，不难对农村金融风险的概念进行初步界定。宋宏谋（2003）认为，农村金融风险是指在某一特定的农村地区，某个或某些农村金融机构或农村金融活动主体，由于经营失败或违法经营等，而在资金、财产、信誉等方面的损失所引起的支付危机和信用危机，进而影响到当期其他农村金融机构的支付安全，以致发生农村金融系统性风险和挤兑事件，造成农村金融支付秩序混乱的可能性。这种定义强调了两个基本点：一是农村经济主体发生资金损失的可能性；二是农村经济主体发生损失后，对农村金融系统的影响。温涛（2005）在此基础上对农村金融风险的内涵进行了拓展，认为农村金融风险可以分为金融机构内部风险和金融机构外部风险。事实上，相较于农村金融机构内部风险，由体制因素而导致的外部风险更值得关注。

由于我国二元经济结构特征明显，当前农村金融供给无法满足经济主体对资金的需求，并形成了农村金融与农村经济相互制约的恶性循环过程。这种体制性的金融风险严重损害了农村经济的健康发展。1997 年，全国金融工作会议提出了

"各国有商业银行收缩县（及以下）机构，发展中小金融机构，支持地方经济发展"的策略方针，在 1999～2002 年，国有商业银行从欠发达省份和农村地区相继撤并营业网点 3 万多个。2003 年 11 月，党的十六届三中全会明确提出，选择有条件的国有商业银行实行股份制改造，加快处置不良资产，充实资本金，创造条件上市。此后，各大商业银行纷纷进行股份制改革，从县域和农村大量撤并金融组织，逐步形成了当前农村金融体系主要由农村信用社垄断的局面。而中国邮政储蓄银行一直扮演着农村资金"吸尘器"的角色，在吸收农村存款的同时，并没有发放信贷资金。直到 2007 年，中国邮政储蓄银行才开始向城乡居民发放小额信贷和小额质押贷款。农村金融资源的贫乏导致农村经济的资金需求难以得到满足，基于逐利性原则，落后的农村经济主体同样难以吸引金融资金的流入，势必迫使农村经济主体寻求高利贷等非正规融资渠道，融资成本上升导致农村金融风险不断积累、扩散，最终危及整个农村经济体系。可见，农村金融风险是指由于各种不确定性因素的存在，农村金融活动中客观存在的货币资金损失的可能性，它包含内部风险与外部风险两个部分。内部风险是指由于不确定性而导致农村金融组织遭受损失的可能性；而外部风险则是指由于体制等因素，农村金融与农村经济发展不协调，二者相互制约的恶性循环过程。

3.7.2　农村小型金融组织创新风险的概念界定

农村小型金融组织是具有独立法人资格、具有较高自主决策权、以县城和乡村为其经营范围并接受相关部门监管、不承担国家政策性金融支农职能的农村金融组织，主要包括村镇银行、农村资金互助社、小额贷款公司、农村小型保险机构等。这些新型农村金融组织，由于组织创新与运行历程不长，从业人员经验不足，业务经营中受限较多，与大型金融组织相比，农村小型金融组织的运营风险相对较高。由于农村小型金融组织的创新既包括组织机构创新，也包括内部治理结构创新，还包括小型金融业务创新，其中前者主要是指一个新的组织机构的产生，这本身不会立即产生风险，不会立即给社会带来危害。真正可能产生风险的是后两者，后两者实际上指的是农村小型金融组织的经营管理。因此，农村小型金融组织创新的风险，实质上就是农村小型金融组织的运营风险。

农村小型金融组织创新风险又称运营风险，或发展风险，就是指农村小型金融组织在新成立后，其从事实际金融活动（包括信贷、投资、买卖等）中，或因内部生产要素组合搭配不当、经营管理不善，或因客户违约，或因农村经济衰退等各种因素，最终可能导致农村小型金融组织难以健康发展，乃至对整个农村金融组织体系的稳健发展构成威胁的一种状态。可见，农村小型金融组织创新风险既有内部风险，也有外部风险。如内部生产要素搭配不当、经营管理不善，带来的损失就是内部风险。就外部风险而言，在日常生产和经营过程中农村经济主体对自然条件的依赖性较强，对自然灾害的防御能力较弱，使得农村小型金融组织对农村经济主体发放贷款的意愿降低；同时农户和乡镇企业的闲置资金有限，客观上制约了农村小型金融组织的储蓄吸纳能力。农村小型金融组织受经营规模、政策支持、资本实力等因素的约束，在成本和需求的双重压力下，容易出现贷款违约风险。与此同时，农村小型金融组织业务较为单一，其主要资产为贷款，因此其经营利润主要来自贷款利息，这种单一的资产结构也会加剧农村小型金融组织的运营风险。

第4章　农村小型金融组织创新与风险控制的国际经验

农村金融是带动农村经济发展、保证农业生产、农户生活正常进行的重要力量。其中，农村金融组织担负着振兴农村经济和扶贫的重要历史使命，因此目前各国基本上均建立了本国的农村金融体制。农村金融组织在建立发展演化的过程中呈现了完全商业化和半商业化等多种不同的类型，从资金来源及运作模式角度来划分，主要有自有资金商业化运行型、政府资金扶持型、非政府组织资助商业化运行型及复合型，其中不乏近几十年又涌现出的起源于民间的高利贷者（王绯，2007）及以扶贫为主要目的的微型金融组织。随着各国农村小（微）型金融组织的不断完善与地理扩展，像 Accion 这样的金融组织成功渗入中国的案例逐渐增多，这为中国农村金融体系的完善提供了很好的示范经验。本章将选取发达国家中的完全商业化运作的美国社区银行、英国的非政府组织资助的商业组织 Aspire，发展中国家的印度尼西亚人民银行（Bank Rakyat Indonesia，BRI）、马其顿农业信贷贴现基金（Agricultural Credit Discount Fund，ACDF）组织，最不发达国家孟加拉国的乡村银行 Grameen Bank 为考察对象，分析它们的产生背景、发展情况、运行模式、组织构架与风险管理等，并从中吸取成功经验与失败教训。

4.1　国外农村小型金融组织创新与风险控制现状考察

20 世纪 50 年代以前，国际上小型金融组织的发展形式主要为民间高利贷者与循环信贷会，二者合并简称为轮转储蓄与信贷协会（Rotating Savings and Credit Association，ROSCA）。这一组织是由多个在同一个地区的 10～20 位居民自愿组成的小组构成，每位小组成员均以其自愿提供的积蓄作为小组基金，其成员轮流使用该基金并按规定如期偿还，其使用轮转方式，可以为抽签、固定顺序或竞标。通过这样的自发组织，低收入者可以利用彼此的资金来支持生产和贸易，增进福利（赵冬青和王康康，2009）。50 年代开始，众多发展中国家为了帮助低收入人群、向其提供国家贴息贷款而成立了一些发展银行，但这种方式的扶贫效果与预期效果相差甚远，且还贷率低，很多国家的相关项目均以失败告终。70 年代后，为了帮助解决低收入人群的贷款需求，部分发展中国家建立了专门针对低收入人群的微型金融组织，同时这种小额信贷方式也作为一种全新的信贷制度逐渐发展起来，其中尤努斯建立的孟加拉国乡村银行就是其中非常具有代表意义的农村微型金融组织。

4.1.1 孟加拉国乡村银行

孟加拉国是 2011 年联合国界定的最不发达国家之一，该国资源贫乏、生产力水平落后，经济以农业为主，农业产值占国民生产总值的 55%左右，其中黄麻是孟加拉国主要的经济来源。全国约 80%的人口生活在农村，人民生活十分贫困。据世界银行统计，孟加拉国尚有约 50%的人口生活在贫困线以下，其中 34%的人口生活在极贫线以下。

1976 年，穆罕默德·尤努斯在孟加拉国的 Jobra 村开创了孟加拉国乡村银行的雏形，即一项极具创新意识的微型金融实验项目。3 年后，在福特基金会的支持下，孟加拉国中央银行指定 7 家国有银行在农村地区开展此项目，初期在坦盖尔地区进行试点。1982 年，试点工作在中央银行与国际农业发展基金会（International Fund for Agricultural Development，IFAD）支持下拓展到了 5 个地区。1983 年，孟加拉国议会通过了《1983 年特别 Grameen 银行法令》，即乡村银行 Grameen Bank 正式成立，并在发展中改制为具有独立法人地位的股份制公司，其股份的 95%由借款人持有，余下 5%由政府持有，但该银行的特殊之处在于该机构不受公司法与相关金融制度的约束。截至目前，Grameen Bank 已发展成为全世界最为成功的微型金融组织，Grameen Bank 小额贷款模式（通常简称 GB 小额贷款模式）也成为广大发展中国家在发展农村金融组织时纷纷效仿的学习典范。

Grameen Bank 从建立伊始就在农村地区全面开展小额信贷业务，借鉴原有民间金融组织贷款的经验，贷款给农村贫困家庭和个人，尤其是妇女（约占 95%），借贷资金主要用于大米加工、畜牧和传统工艺等。该银行小额信贷业务通常包括存款产品、贷款产品、保险产品等。

1. 贷款模式

GB 小额贷款模式的特色之一是借鉴了早期德国信贷合作社的经验，采用小组联保贷款模式。第一，由 5 位同村且家境差不多但没有亲戚关系的贷款人自愿地结成联保小组；第二，将贷款按"221"的顺序放贷，即银行先贷款给小组中最穷的两人，如若他们还贷情况良好即每周按时还款，另两位组员才有资格继续获得贷款，如果后面两位小组成员同样还贷情况良好，再最后放贷给小组长；第三，如果贷款人还贷记录良好，其可贷数额会不断提高，反复多次贷款直到贷款人脱贫为止；第四，联保小组组员间相互担保还款，有连带责任，一旦有组员发生拖欠，其他组员可以替其还款，否则整个小组都将取消贷款资格，通过这种方法可以建立起小组组员内部的相互监督、制约与互助制度，从而提高还款率，增加抗风险能力。

2. 贷款利率、金额与期限

为了避免低息贷款产生的寻租行为，Grameen Bank 的贷款利率一般介于商业银行贷款利率与民间信贷利率之间，且贷款金额一般都较小。具体而言，该银行的贷款利息一般为 10%，贷款周期为一年（52 周），并实行按揭还贷，还款方式为每周等额还款。

3. 组织结构及管理

Grameen Bank 实行层级组织结构与分层级管理的方式。银行组织结构分为总行、分行、支行与营业所四级。其中每个分行下设 10～15 个支行，支行在财务上比较独立，自主经营，自负盈亏。每个支行下再设立营业所，每个营业所再管理 120～150 个中心。6～8 个贷款联保小组构成一个中心，贷款人内部通过民主选举选出小组长和中心主任，小组每周开例会，中心每半个月左右开例会，贷款人参加周例会的考勤结果与未来的贷款额度挂钩。银行的放贷员与小组成员在会议上进行贷款项目信息通报，分析解决贷款人可能遇到的困难，相互交流贷款项目的选择、发放及回收的经验，并鼓励组员参与信贷项目的投放、管理、监督的全过程。

4. 其他规定及活动

在其他方面，Grameen Bank 要求按贷款额收取 5%的费用及贷款人每周强制储蓄，并将这些资金划分为小组基金、紧急基金和风险基金。小组基金用来满足小组成员的临时需求，包括集体基金、儿童基金等；紧急基金是对客户利率的强制附加征收；风险基金是在发放贷款时扣留 5%的款项作风险储备，作为组员的违约、死亡或灾害的保险。Grameen Bank 不仅为贷款者提供了优秀的信贷服务，也提供相关金融知识讲座、卫生知识培训、文化知识普及等非信贷服务活动，增强穷人对贷款、信用的认识，提高其文化素质，并强化他们走出贫困的信心。

5. 第二代 GB 模式

在随后二十年的发展过程中，Grameen Bank 遭遇了人为违约及自然灾害破坏等困难，它也在不断调整其模式。2001 年年初，Grameen Bank 推出广义 GB 系统（the Grameen Generalize system，GGS），即第二代 GB 模式，并在 2002 年 7 月正式运行，其主要运营特征见表 4-1。第二代 GB 模式的最大特点之一是在第一代 GB 模式基础上增加了灵活性，如还款无力的组员为不牵连其他组员可选择退出，另外，在向企业提供的大额贷款项目中，贷款产品、贷款期限、贷款发放顺序等均有所调整。在第二代 GB 模式中，该组织将普通贷款、家庭贷款等其他多种贷款项目取消了，除此之外，从表 4-1 可看到，被视为第一代 GB 模式的一些典型特征均被放弃了，如小组信贷、连带责任、同伴压力等制度。甚至在 GB 的网站上，他们明确地宣称，"不需要抵押，也不需要法律工具；不需要小组担保或'连带责任'"（陈军和曹远征，2008），即 Grameen Bank 的贷款人不需要为小额信贷作任何抵押，也不需要签署任何法律文件，因为银行不希望在贷款人不能偿还贷款时把他们带到法庭上。事实上第二代 GB 模式就是一种"无抵押、无法律工具、无小组保证或连带责任"的模式。

表 4-1　第二代 GB 模式的主要产品和服务

产品大类	产品亚类	产品特征
贷款产品	基本贷款	①若贷款人还贷表现良好，其可贷额度也会随之提高，同时贷款人在小组与中心中的表现也会成为考核的具体指标； ②个人贷款也成为小组贷款后推出的又一新项目； ③在小组贷款中，可不遵循"221"顺序发贷，而是同时得到贷款； ④小组贷款不再联保，即组员不再为其他组员的贷款及还款提供保证，而只是监督组员的行为
	灵活贷款	①设立退出补救机制，无力还款、欲退出贷款的组员可退出贷款，小组其他组员不再承担连带责任； ②可根据贷款人的实际情况，设定灵活的期限及偿还计划
	新增贷款	新增加了零利率的"乞丐贷款"、"穷人住房贷款"、"微型企业贷款"、"奖学金"、"教育贷款"、"人寿保险"、"贷款人退休基金"和"妇女（购买）电话贷款"等项目
	企业贷款	对"微型企业主"提供贷款额度相对较大，不受基本贷款的约束
储蓄产品	个人储蓄	属强制性储蓄，会员可以自由支配
	特别储蓄	属强制性储蓄，会员不可以自由支配，仅在一定的条件下才可以使用
	养老储蓄	属强制性储蓄，利率较高，期限较长的一种金融产品
	公众存款	还接受非贷款人的存款，并将其注入到有独立法人资格的基金（公司）

4.1.2　印度尼西亚人民银行[①]

印度尼西亚共和国，简称印度尼西亚，为东南亚国家，也是世界最大的群岛国家，疆域横跨亚洲及大洋洲，别称是"千岛之国"。从 2009 年开始，印度尼西亚经济建设快速发展，印度尼西亚进入中等收入国家之列，到 2014 年 1 月，印度尼西

---

① 资料来源：吴占权. 2012. 农村新型金融组织业务创新研究. 第 3 章. 北京：冶金工业出版社；李镇西. 2011. 微型金融：国际经验与中国实践. 北京：中国金融出版社；张伟. 2011. 微型金融理论研究. 北京：中国金融出版社.

亚国民生产总值约达 6760.8 亿美元，成为世界第 15 大经济体。但同时其贫困人口基数依旧庞大，减少速度缓慢，根据联合国每人每天 2 美元生活标准的贫困线，该国贫困线以下的人口仍位于高位，贫困人口在 2000 年到 2012 年的 12 年间只下降了 7%。2010 年印度尼西亚贫困人口占 46.1%，同时，贫困深度指数和贫困严重指数在上升，2012 年 3 月到 9 月两指数分别从 1.88% 与 0.47% 上升到 1.90% 与 0.48%。

农业是印度尼西亚的基本传统支柱产业，农业人口占总人口的 65% 左右，密度大，流动性低。在农村，大部分人是农场主、零售店主、食品加工者、小商贩和小规模制造业主等中小企业生产者。印度尼西亚的农村金融在为农村生产生活融资服务中起到了重要的作用。印度尼西亚农村金融体系大致可分为银行系统、非银行系统及一些为银行和非银行农村金融组织提供互联服务的高级机构。其中，银行系统包括：商业银行，如印度尼西亚人民银行和区域发展银行，在中央银行监管下依法经营；农村银行，如印度尼西亚银行和农村信贷协会，在中央银行监管下依法经营。而非银行系统又可划分为：正规金融组织，如农业信贷机构、信用合作社；非正规金融组织，如非政府组织、自助组织等，不受国家法规和中央银行的监管。

印度尼西亚人民银行（BRI）是印度尼西亚的五大国有银行之一，成立于 1895 年，起初主要为政府的"绿色革命"水稻集约耕种进行贴息贷款政策服务。但是之后这些贴息贷款政策失败了。1984 年 BRI 在内部建立乡村信贷部（Unit Desas of BRI，BRI-UD），进行商业化的转型，由单纯的发放扶贫贷款，逐步发展为商业化运作的微型金融组织。转型后的 BRI-UD 的信贷业务发展迅速，利润不断增加，第 3 年营业收支平稳，实现财务可持续目标，在第 5 年开始盈利，不再使用政府补贴，并保持了较高的贷款回收率，2003 年 11 月 BRI 在印度尼西亚成功上市，并在美国证券柜台交易市场（Over the Counter，OTC）挂牌交易，成为农村金融组织发展的典范。

1. 服务对象

BRI-UD 的主要服务对象是中小农户个人而非小组。普通农贷主要投向中低收入者，基本排除高收入的 10% 和最穷农户的 30%（韩俊等，2004），其中 25% 的服务对象是妇女。BRI 还参与印度尼西亚政府的农村增收项目（P4K），向生活贫困线以下的手中无地者、小渔民和边缘小农等提供无抵押、利率较低的团体贷款。

2. 主要储蓄产品和贷款产品

根据目标客户都是中低收入群体的特质，为了缓解交易成本高、利润低的问题，BRI 设计了小额灵活高息的贷款产品。另外，BRI 重视并鼓励当地居民做储蓄存款，并设计了多种需求导向的储蓄产品，从而保证了贷款资金的资金量。其贷款和储蓄产品的主要特征见表 4-2 和表 4-3。农村银行的存款由 BRI 提供担保，很多储户十分相信 BRI，并积极储蓄，为 BRI 贷款提供了充足的资金，这也是 BRI 实现财务可持续性的一大因素。在 BRI 的小额贷款业务中，目标客户中有 42%左右是小型经商者，30%是有固定收入的个人，只有 22%是农业生产者。

表 4-2　BRI 主要的贷款产品特征

类别	金额/美元	抵押物要求	贷款用途
普通贷款	12.5～250	不要求抵押物	营利性活动及子女教育、建房等消费性活动；若无抵押，不提供婚、伤、治病等消费贷款
大额贷款	250～500	抵押物金额不低于贷款额，如耕地、宅基地、汽车等	

表 4-3　BRI 主要的储蓄产品用途

类别	存款用途
活期储蓄	低利率活期存款，主要针对机构
国家储蓄	针对中等流动性和收益要求较高的储蓄者，利率较高，每月只允许提款两次
农村储蓄	专门针对农村地区，针对流动性需求较高的小储户，提现不受限且可抽奖
定期存款	针对较富裕农户和想获得高收益且具有长期目的的公司和储蓄者
城市储蓄	是农村储蓄扩展到城市的储蓄产品，利率略高于农村储蓄品种

1983 年，印度尼西亚进行利率市场化改革，商业银行依规定可根据自身情况自行确定其贷款利率。BRI 确定其贷款利率的依据有两点：一是有利的风险控制；二是依旧可以获得盈利，使得机构能够持续性经营。1984 年，普通农贷设计的年利率是 32%（可浮动），通常在 30%～35%范围内浮动，但是低于当时的市场利率。如果到期不能偿还贷款，则加收 0.5%的罚息。

贷款期限设计与还款机制是灵活的。贷款期限一般分为 3 个月、4 个月、6 个月、9 个月、12 个月和 18 个月等，运行资金是 24 个月，投资贷款是 36 个月。还款方式最基本的是按月等额分期还款，也有 12 个月或短期的到期一次还款。

3. 组织与治理

BRI 是股份有限责任公司，但全部股份为国家所有。在雅加达设 1 个总办公室，在各地区设 15 个区域性办公室，在印度尼西亚的 196 个地市设有 320 个分支行，在地市以下还有 3600 个零售机构——农村银行，另外 BRI 在国外还有 4 个分支机构。

虽然分支行和农村银行都隶属于各地区的区域性办公室，但二者在诸多方面仍有不同，如服务对象方面与运营模式方面。服务对象方面，分支行服务对象多为城镇及其周边的相关客户，而农村银行服务对象多为农村的农民。运营模式方面，分支行实行商业化运行，主要负责政府资助贷款项目的管理。农村银行完全实行商业化运作，每个农村银行都是一个准独立的实体，运行结构较简单，一般4名员工即可组成。其中农村银行经理一位，负责管理所有业务；会计员一位，负责会计相关信息登记工作，以保证与贷款申请相关的工作的顺利进行，如有违约者，会计也要负责相关追踪工作；出纳一位，负责柜台服务；文书一位，负责相关事项的记录等工作。同时随着规模变化，员工规模可做适当调整。

作为上级部门，区域性办公室要对分支行和农村银行的日常活动做严格监督。除此之外，农村银行还要受到单独设在雅加达总办公室的村银行业务管理部门的监督，同时其相关运行情况的发展报告也将由村银行业务管理部门存入国家管理信息系统，因此，农村银行将受到双重监管。

建立在乡镇的地市分支行高度自治，村行经理负责监管各乡村信贷部的具体业务，有贷款审批权和决定权并承担评估责任，乡村信贷部业务经理负责例行审计工作，有责任甄别贷款申请者、决定是否发放贷款及确定贷款数额。各基层银行可视具体情况确定贷款利率。为了更好地在村级以下地区吸收存款和清收贷款，村行在自然村设立工作站，但这个工作站没有发放贷款的职权。村行要向支行提交报告，支行则有监督和监测职能，并协助村行处理相关问题。

4. 人力资源管理与管理信息系统

在员工招聘过程中，BRI通常会青睐于本地居民，且有相关工作经验者优先，这是基于他们熟悉本地语言与风俗习惯，同时他们能更好地了解本地居民，能在一定程度上降低贷款风险。另外，BRI的员工还能在不同阶段从其培训中心中得到不同的培训，如新员工培训、新规定培训、升职培训等，他们可以从5所培训中心内3种语言的培训中进行选择。培训次数为一年两次，每次不超过一周。

BRI的管理信息系统由簿记会计系统、集中报告系统、考核指标系统三部分组成。每个农村银行都是独立的会计单位，有资产负债表和收益表。其中考核指标系统能够为监管者与管理人员提供有效预警，利润、储蓄动员、一般农村信贷（KUPEDES）贷款和管理质量指标是业绩评价标准。集中报告系统能及时将有关数据提供给高层管理者，并且它与内部控制、外部监管和审计结合起来，保证了BRI高效地运行。

5. 激励机制

BRI分别对存款人、贷款人、银行员工及经理都采取了激励机制：对存款人，为鼓励存款人多做储蓄，BRI 实行差别化的利率，即存款余额越高利率越高。另外，BRI 设计了存款抽奖活动，提供对储户有吸引力的奖品，提高储户存款积极性。对于贷款人，如果贷款人能按期还款，则以后贷款申请额度可提高且审批更快。对于 KUPEDES 贷款人，最初 6 个月按 2%的利率计息，若 6 个月内都能按时偿还，则所有偿还的利息就返还给贷款人，否则以前偿还的不仅不返还给贷款人，还要留在银行作为罚息。对于银行员工和经理，每年有银行利润的 10%提出来进行分配。

6. 风险控制

为解决信息不对称带来的问题，BRI 重视风险管理以控制风险。

第一，BRI 聘用当地居民为职员，是能更深入了解客户信息的一种方法。

第二，一定额度以上的贷款需要提供相应的抵押物。

第三，由会计人员来筛选借款人，并全程监督贷款直至贷款最终收回，同时为了更好地监督借款人行为，会计人员通常在田间工作，大量时间都与当地居民、借款者进行接触，建立亲密的银行-客户关系，同时较大金额的贷款（4200 美元以上）通常由乡村信贷部经理再审。

第四，乡村信贷部实行贷款准备金制。其中贷款准备金率为 3%，坏账准备金率为 100%，而可疑贷款与不良贷款率均为 50%。

第五，为保证贷款人能够按期还款，乡村信贷部将收取还款保证金，具体方式为发放贷款时先扣除贷款额的 10%，之后再分期偿还本金、按月收取利息。若客户可在 6 个月内按期还贷，则 BRI 将发放一定的退息优惠，其金额为本金的 0.5%；1 年期贷款按月偿还，6 个月的奖励金相当于每月还款数的 30%；呆账率超过 5%便中止项目；如果贷款无法按期偿还，利率将提高到 42%。

4.1.3　美国社区银行[①]

美国是金融发展最发达的国家，其农村金融发展也相对较为完善。其农村金融组织包括政策性农村金融组织、合作农村金融组织与商业农村金融组织。

美国的政策性农村金融组织包括农民家计局（Farmer Home Administration）、农村电气化管理局、商品信贷公司（Commodity Credit Corporation）、小企业管理局（Small Business Administration），用以支持农业生产、农村公共设施建设、农

---

① 本小节主要参考资料：本·伯南克，石弦. 2006. 美国社区银行及其监管. 银行家，（5）:99-102；陈雄兵，等. 2013. 美国社区发展的挑战与前景分析. 亚太经济，（1）：60-65；毛丹丹. 2011. 美国社区的发展及其对我国新农村金融建设的启示. 海南金融，（7）：46-49；顾巧明，海鸥，王宏. 2009. 社区银行：金融危机背景下推进新农村建设的催化剂. 软科学，（9）：59-63。

业风险防范及中小企业发展。美国农村合作金融组织包括联邦中间信贷银行、联邦土地银行及国民合作银行（邓晓霞，2011a，b）。美国商业性金融组织主要包括商业银行、保险公司和经销商。保险公司提供长期农业贷款，经销商主要提供中短期贷款。美国繁多且全面的商业性金融组织使得金融市场竞争压力巨大，这对农村信贷起到了积极引导作用。本小节主要以美国商业银行中的社区银行为例进行介绍。

社区银行源自美国，它的存在使美国银行系统形成了少量大规模超级银行与大量小规模社区银行两足鼎立的二元局面（陈雄兵等，2013）。美国联邦存款保险（放心保）公司（Federal Deposit Insurance Corporation，FDIC，2012）认为社区银行应当满足以下几个标准：第一，2010 年年底的银行资产规模在 10 亿美元；第二，贷款/总资产高于 33%；第三，核心存款/资产高于 50%；第四，有 1～75 家分支机构；第五，在不多于 3 个州内设立分支机构（FDIC，2012）。根据美国独立社区银行家协会的定义，社区银行是组建并独立运营于特定地区范围内且资产规模保持在两百万到数十亿美元间的小银行，为当地中小企业和个人客户长期提供个性化金融服务（熊利平，2006），它包括独立的商业银行、独立的储蓄机构、银行控股公司及储蓄机构控股公司等（陈雄兵等，2013）。

近年来，社区银行数量在减少，截至 2011 年，美国有 6700 家社区银行，其中 86%属于商业银行，14%属于储蓄机构。尽管这些社区银行主要位于人口在 5 万及以下的社区（陈雄兵等，2013），但其经营业绩相当不错。社区银行中的"社区"并不是一个严格界定的地理概念。德国社会学家滕尼斯首创了"社区"这个概念，他所认为的社区是具有地域、意识、团体和利益等共同特征的生活混合体，既可以指一个省、一个市或一个县，也可以指城市或乡村居民的聚居区域（陈秀花，2007）。由图 4-1 可见，美国社区银行在美国全境都有开设，但较多分布在中北部、东南部与西南部。根据美国独立社区银行协会的相关数据，截至 2014 年 7 月，美国社区银行组织规模已包含 24 000 多个营业网点，员工总数近 30 万，资产规模更是达到了 1.2 万亿美元，储蓄达到 1 万亿美元。在贷款方面，其针对个人、农场与小型企业的贷款规模接近 7500 亿美元。除此之外，根据美国联邦储蓄保险公司的相关数据，资产规模在 100 万美元以内的小企业中近六成选择在家门口的社区银行获得贷款等相关金融服务。

1. 市场定位

社区银行定位于经济中的弱势群体，即社区普通居民、中小企业和农户，这个群体被正规大银行或其他金融组织排斥但又存在融资需求。社区银行主要满足位于社区内的企业和居民的信贷需求，推动当地经济的建设和发展。

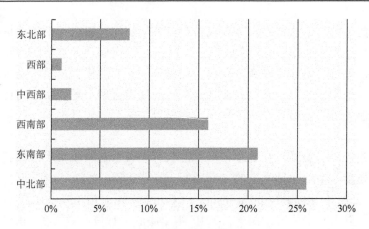

图 4-1　美国社区银行的地区分布

2. 经营业务

社区银行以传统存贷业务为主。社区银行吸收社区内企业和居民的存款,同时对他们发放小额贷款,在贷款业务中又以发放小企业贷款为主。在对小型企业贷款发放上,社区银行有两个显著优势,即便于处理软信息与扩展关系型贷款。首先,由于社区银行扁平型组织结构的特征,其能够更加全方位地获取贷款者的软信息,如借款人的人品、性格、家庭历史、家庭成员、个人日常开销、企业管理能力等,而一般大银行更多地依靠其贷款评估系统评估贷款者的硬信息来决定是否向其发放贷款。其次,社区银行与借款人建立紧密的、长期的关系,使其更方便对小型企业贷款进行监督与管理,而一般的大型银行并不能建立如此紧密的客户关系。

然而,大银行在激烈的银行竞争压力下,开始迅速加大对零售业务的投入力度,这使得传统社区银行更加难以生存。为了生存,社区银行被迫向风险高的业务调整,如积极发展房地产为代表的工商企业的相关业务,将资产期限适当延长等手段以获得更多利益。社区银行在 1984 年发放的所有贷款中有 61% 是含个人的住房抵押贷款,由于生存的需要,这一数字在 2011 年年末下滑到 36%。

FDIC 将美国社区银行根据机构之间业务特征的不同划分为表4-4所示的 7 种类型加以分辨。1984~2011 年,商业地产类相关机构的数量占全部社区银行数量的比例为 2%~24%,呈现大幅上升的发展趋势,而工商企业贷款类的机构与消费信贷类的机构数量在全部社区银行数量中的占比则分别从 11%和 9%下降到 2%和 1%,呈大幅度下滑的趋势。

表 4-4　FDIC 划分的社区银行类型

类型	划分标准
抵押贷款类	个人抵押贷款占总资产比重超过30%
消费信贷类	信用卡等消费信贷占比超过20%
商业地产类	商业地产信贷占比超过30%或房地产开发贷款占比超过10%
工商企业贷款类	工商企业贷款占比超过20%
农业贷款类	农业贷款占比超过20%
多专业类型	符合前述5种类型标准的两种以上
非专业化类型	不属于任何一种类型

资料来源：曾刚. 美国社区银行业的变迁与启示. http://bank.hexun.com/2014-03-12/162975210.html。

3. 业务特色

关系金融是社区银行业务的一大特色。关系金融即以社区内小型企业、家庭与农场主的金融方面的服务需求为其主要业务，并在长期且持续的联系中与相关客户发展人缘业务关系，掌握客户信息，并根据其具体金融服务需求设计独特且适合的金融服务和产品。关系金融也意味着金融服务的增值是依赖于银行家与客户不断的私人交往，尽可能地避免逆向选择与道德风险问题，减少信息的不对称。一方面，其员工多生活在本社区，并积极参与社区组织的各类活动，并在其中与社区客户建立亲密稳定的人际关系；另一方面，社区内很多客户特别是小额存款人还是习惯于面对面的交流方式，社区银行可以与这类顾客走得更近，并保持良好的沟通关系。因此社区银行与客户关系良好且稳定，获取客户真实信息的成本较低，极大程度上降低了金融服务中可能发生逆向选择与道德风险的可能性。

4. 组织结构与决策方式

社区银行的组织结构和股权结构相对简单，经营团队灵活，有助于社区银行实时满足融资需求。社区银行的一般形式均为单银行控股公司（One-Bank Holding Company，OBHC）。社区银行分支机构数量少，且大多为独立银行，如 1/3 的资产规模不到 1 亿美元的银行均为独立银行。

基于社区银行股东和经营团队人数较少，且大都是当地居民的特点，在经营决策上不需要像其他大银行一样要设在大城市的总行指挥。社区银行的工作人员对社区内企业和居民的情况较为了解，因而贷款审核中，借款者的人品、家庭收入、生活开支情况及贷款的用途等信息能够被更深入而细致地了解，这使得贷款手续更加简易，因此这样的内部决策和执行过程中的协调成本相对较低，且服务更加符合当地人的期望。

5. 监管体系

美国社区银行实行以美国联邦储备系统（简称美联储）为核心的多元分级监管体系。在这样的分级监管体系中，美联储处于主要监管者的地位，同时如美国联邦存款保险公司、美国财政部货币监管局等相关机构也会从不同方面对其进行严格监管。除此之外，社会银行也会受到其所在州的银行管理部门的具体监管。这种多方面的监管格局形成了美国社区银行的多元分级监管体系。一方面是普遍情况下美国社区银行的资金均处于健康发展状态，另一方面是美联储顾及社区银行的独特性与支持鼓励发展社区银行的原则，美联储更倾向于非现场监管，偶尔进行现场监管。非现场监管是指银行财务检查、信贷等级评价检查及远程监控银行在非现场监管期间的相关表现。现场监管则是指美联储派出检察人员持续密切监管银行开展的业务及其核心事务，这类检察人员通常被称为"中心联系员"。这样的监管安排宗旨在于减少监管成本，在风险管理的基础上给社区银行创造较为宽松的经营环境。

6. 风险管理

在风险管理上，社区银行一向倚重关系金融技术，并在特定领域如信用卡、农业贷款和消费信贷等项目上发挥了独特优势，这使得社区银行的坏账损失率（核销率）全面低于大型银行。

但是最近几年，社区银行调整业务范围，其中商业性房地产贷款的增加，使得其资产负债表发生变化，同时风险状态也较先前更加值得社区银行关注。风险的暴露让社区银行传统的风险管理办法不再有明显效果，这使得社区银行应提升其在监督、信息系统和压力测试等方面的风险管理水平。联邦银行监管机构也要求检查人员密切关注还款资金来源为再融资的贷款，如出售、出租商业地产的行为，因为他们特别容易受到不利的市场环境影响，另外，也强调每家社区银行要认识到贷款集中可能造成的风险，并由此建立一套相应的风险管理体系和一个合适的资本水平，以有效地控制资产的期限结构。

7. 税收优惠

1996 年，《小企业就业保护法》（Small Business Job Protection Act）颁布，对于某类型的小公司（即总部位于美国，且合伙制企业中股东人数不超过 75 位的企业）提供税收优惠政策，且社区银行股东相对集中，因此能够获得税收优惠。

8. 面临的挑战

由于经济环境的变化和几次金融危机的冲击，美国银行业经历着各种考验，社区银行也面临着巨大的挑战。第一，大银行"业务社区化"，其在资金成本及运营效率上突显的比较优势直接威胁了社区银行的根基和传统优势。第二，近年来日趋发展的城镇化也在某种程度上造成了社区银行客户人群的流失。美国人口一直以来都在逐渐向大型都市地区集中，而社区银行的业务范围与机构分布范围均主要集中于农业地区与小型县域，因而城镇化意味着客户在不断流失，社区银行的业务也会相应下滑。第三，互联网金融的发展拓宽了金融服务的地理区域，并且互联网金融的渠道成本低，社区银行传统的网点优势受到严重威胁。

4.1.4 英国 Aspire 组织[①]

1. 基本情况

英国是早期实现工业化的资本主义国家之一，但由于自然条件导致农业不发达，农业在国民经济中比重很小。第一次世界大战后，英国政府开始重视农业生产，对农业进行保护和支持，并专门设立了农业信用调查委员会，调查农业长短期信用及信用合作履行情况，之后颁布了旨在为农民使用土地而提供贷款的农业信用法，几经修改后，在 1928 年颁布了《新农业信用法》。自此，英国正式建立了系统的农村金融体系。

英国的农村金融体系从整体上看属于商业银行型农村金融体系，这与很多欧美发达国家及其他发展中国家的农村金融体系都不一样，非常独特。它以商业银行为主体，附之以其他办理各种农业贷款的金融组织。英国的商业银行体系非常完善与发达，巴克莱银行、汇丰银行、渣打银行、莱斯银行和苏格兰皇家银行被称为英国的五大商业银行，全国商业银行的分支机构总数的 70%以上都是这五家银行的，总数庞大。这五大商业银行不仅办理短期农业贷款，甚至还联合起来建立农业银行，办理长期农业贷款，在英国农业信贷方面具有极其重要的地位和影响。

英国政府为了在农村金融中实现调控与监督，同时也设立一些农村信贷联合会，这种金融组织一部分是由政府起主导作用，正因为如此，该机构向农业提供贷款的利率通常低于商业银行，但差别不是非常大。此外，各地还设有其他金融组织办理各种农业贷款。设在英格兰和威尔士的农业抵押公司和农业信资公司就

---

① 本小节参考资料：英国独立的微型金融分析机构 ShoreBank Advisory Services and Sarah Forster 对 Aspire Mircoloans for Business 2001~2005 年经营状况的报告：*Aspire-Microloans for Business：Operational and Funding Lessons for the Future of Microfinance in the UK*，该报告由英国的社区发展财务协会（Community Development Finance Association，CDFA）赞助，CDFA 以社区发展财务机构（Community Development Finance Institutions，CDFIs）的成长、增强力量与提高财务水平为使命。

是很好的例子，其基本形式为以不动产为抵押发放贷款，该贷款通常用于建立农场、改善农田状况。除此之外，分别设在苏格兰、北爱尔兰等地的地产改良公司、农业贷款基金会等金融组织也向农业生产提供各项贷款，扶持其发展。在第二次世界大战后，由于发展保护农业的相关政策等在内的政府政策的大力支持，且社会对金融业向农业渗透发展的愿望强烈，上述金融组织均为农业的复苏与发展提供了各类贷款，用来扶持购置农业机器设备、改善和购入土地、购买牲畜等。但是这些贷款大都被财力雄厚的大农场主获得，促进了资本主义农业向大型化、现代化发展，但也使众多的小农场主受到排挤，加速了分化。

近年来，英国的微型金融体系也在不断发展，其宗旨在于将收入低的人群，包括城镇居民与农村居民，也作为英国农村金融商业化体系中的一个部分。本小节主要以英国一家微型金融组织 Asprie 为案例分析其运作模式、经营状况等。

1999 年，Aspire 成立于北爱尔兰的一座城市——贝尔法斯特（Belfast），是一家由私人、公共力量和社区组织组成的合伙机构，是英国社区金融发展的先驱。尽管 Aspire 提供的微型金融颇为成功，但是它在维系可靠的资助上面临了巨大的问题。在 2005 年，Aspire 长期资助资金发生严重缺口，Aspire 的董事和管理层在深思熟虑后，于 2005 年 8 月决定接受 ENI（Enterprise Northern Ireland）接管 Aspire 的请求，并要求后者保证至少再对微型企业做两年的贷款，ENI 原来只对新兴企业和已发展起来的企业做大额贷款的业务，而 Aspire 的要求则补充了其对小企业发放小额贷款的业务空缺。本案例就是介绍这个曾经的微型企业领导者在它 5 年的生涯中的运营、面临的挑战、成功经验及失败教训。首先对 Aspire 建立之初所做的经营计划与实际经营情况进行比较，见表 4-5。

表 4-5　Aspire 原商业计划与实际情况的比较

商业模式的特质	原商业计划的期望值（2001～2006 年）	实际情况
目标市场规模	13 400 位潜在顾客	3 900～4 600 位潜在顾客；市场很受限
顾客	个体户；雇员少于 10 人；零售商、建筑商，不是新兴企业	零售商占 56%，比期望值高；不考虑新兴企业导致市场过于受限
市场营销	不需常规的市场营销手段，主要依靠团体（企业代表、社区组织）来发展顾客	Aspire 发展内部营销能力，通过邮件、本地广告等方式尝试不同的营销方法。而顾客口口相传的方式更容易提高新顾客的接受程度
贷款产品	最高 15 000 英镑，第 1 年，平均贷款余额 1 900 英镑，第 3 年增长到 4 000 英镑，到第 5 年增长到 5 000 英镑；第 1 年贷款期限在 6 个月，到第 3 年达到 12 个月；逐渐开展风险小的大额贷款	第 5 年平均贷款余额 2 350 英镑；贷款期限很短，大部分是在 3 个月到 9 个月；大额贷款对于建立初期并在成长的企业来说，期限短且利息高，所以通常放贷给违约风险高的脆弱企业
贷款方法	同伴贷款，小组担保；个人贷款；交易贷款；给雇员少于 5 人的小企业发放大额贷款	只有个人贷款；从来没有充足且稳定的职员来培训成有信心发放大额贷款的放贷员

续表

商业模式的特质	原商业计划的期望值（2001～2006 年）	实际情况
拖欠率	要坚决收回贷款；当完全无法避免时再重组	通常情况下坚持了原则，但是在职员流失或志气较低时，拖欠控制软化，拖欠率提高。追踪小额贷款者的成本很高
利率	年利率 14%，并达到自给自足（可持续）	年利率 19%，但不足以自给自足
透明度	充分地披露信息	数据可得，但是委员会和资助者并不要求有趋势与利率的分析
经营规模	投资收益达 167 万英镑，五年后有 593 位顾客	投资收益为 316 819 英镑（只有预期的 19%）；五年后有 135 位顾客（只达预期的 23%）
体系与程序	采取的是国际上现行典型示范的体系	先进的后勤系统、政策与程序
资助资金	初始资金是由美国人捐赠；在 Aspire 刚开始经营的几年依靠足够的资助来弥补成本，直到 Aspire 能自给自足	资助资金并不充足，资助的中断导致员工流失，产出下降，贷款量减少
产出率	在 2001 年有 5 位放贷员；到第 5 年时有 300 笔贷款（人均 60 笔）	在 2004 年有四五位放贷员；2001 年放贷员人均有 39 位顾客，2005 年人均有 67 位顾客
可持续性	在第 3 年年末利息达到 129 000 英镑；在第 3 年年末，能在 96% 的程度上自给自足；在第 3 年 7 个月到 5 年时达到完全的自给自足	利息收益从 2001 年的 5% 上升到 10%；自给自足程度从 2001 年的 5%，2004 年的 32% 到 2005 年的 14%

2. 业务运行特征

1）目标市场

Aspire 将目标锁定在那些难以从银行获得贷款的个体经营户、微型企业主（雇员少于 10 人），因为这些人群没有足够的抵押品、经营经验，并用现金交易。

在经营中 Aspire 成功地猎取了它的目标市场，它的大部分顾客都经营着典型的邻里商业（neighbourhood businesses），如美发师、出租车司机、绿色食品杂货商（green grocers）和窗户清洁工等。他们工作于完全不同的部门，从零售商、制造商、建筑商到餐饮店和手工艺品店，其中 56% 的顾客来自于零售商，30% 是制造商，7% 是餐饮店，6% 是建筑商。Aspire 大部分的顾客都生活在贫困地区，且他们不愿意或无法接触正规银行的融资。

但是总体上来看，与英国的其他地方相比，北爱尔兰的小企业主规模本身就很小，根据 HES（Household Entrepreneurship Survey）的估计，16～64 岁的人口中只有 13% 是个体经营者，因此 Aspire 的目标市场范围是很窄的，导致真正的市场值比之前的预计值小了很多。

2）贷款产品

Aspire 的核心产品是短期小额资本投资贷款（如汽车、机器设备、整修翻修），贷款规模从 100 英镑到 15 000 英镑不等（第一笔贷款平均是 2000 英镑）。第一笔的贷款期限从 3 个月到 9 个月不等，随后的贷款期限均延长到 18 月；首笔贷款利率为每个月 1.5%或每年 19.5%，多次贷款后利率会下降到 16.6%。

贷款期限上，Aspire 采取了一种更为灵活的方法：根据顾客的需要而裁定贷款期限。这种做法能提高顾客的满意度，提高职员的斗志，但需要训练有素的工作人员花时间去分析，可能影响成本和效率。

3）贷款方法

Aspire 原计划通过三种方式发放贷款：同伴小组（互相担保）贷款、企业（个人）贷款和贸易信贷（为零售商和批发商），其中同伴小组贷款占总贷款额的 70%。但在实践过程中，Aspire 发现人们对这种同伴小组贷款并不感兴趣，因为很多人都反感为其他人做担保。在英国西部地区，很多以同伴小组贷款方式发放小额贷款的小型金融组织也遭遇到同样的情况，如 Street UK 很早放弃了这种贷款方式，WEETU（Women's Employment，Enterprise and Training Unit）对诺福克（Norfolk）地区的妇女提供的贷款业务也很少。因此针对 Aspire 目标人群的特殊性，同伴小组贷款并未获得市场的积极认可。

Aspire 发放小额贷款的核心原则是基于顾客的品质、现金流和对承诺的恪守情况做出是否发放贷款的决定，而不是正规银行采取的抵押品方法。除了较少的个人担保外，贷款不需要抵押物，而是通过贷款组织、商业信息指导、紧密的监控和追踪不良还款者等措施来控制还贷的信用风险。这种基于信任的做法很有效，并且得到了顾客的普遍赞赏，这也使得 Aspire 能够接触到那些从未取得正规银行贷款的客户人群。同时 Aspire 创新性地提出了"用户友善"（user-friendly）的贷款申请过程和流水线型的贷款估计机制，平均一笔贷款只要 3 个星期就能审核完成，这比英国 CDIFs 其他机构要快很多，也得到顾客的肯定。

Aspire 还采取了"逐步放贷法"（stepped lending）。这种方法的原则就是先给顾客发放第一笔贷款用以测试他们的信誉度（creditworthiness），若顾客能及时且全额还款，那么该客户将自动获得取得下一笔可贷资金的资格。但此举必须基于这些客户有可能在未来获得更多贷款机会，因而此举对该类客户有一定的激励性。

在一项关于 Aspire 服务满意度的调查当中，90%的客户表示满意，特别是在申请过程、决策速度、服务质量、服务的可信度及和放贷员的关系等方面。在关于 Aspire 是否能满足顾客的商业融资需求的调查中，77%的受访者选择非常满意，10%的受访者选择很好，有 3%的受访者选择满意。

4）市场营销

Aspire 建立之初，计划同其他 CDFIs 一样，不开展传统意义上正规的市场营销，而是通过传统的企业代表、企业顾问和各种与 CDFIs 有关系的社区及志愿者来拓展业务范围，发展下线。可是 Aspire 很快意识到其市场开拓方式并不能如法炮制，于是开展了深入人心的市场营销活动。

其营销渗透在放贷员每天的工作中，主要的营销手段包括在目标地区按户给企业和居民寄邮件、进行电话随访、有选择性地在当地报纸上登广告，与当地媒体搞好关系并发表有关顾客的故事，企业如需服务毋须预约，挨家挨户地上门发传单，与当地代表及网络、广播电视网发展良好的关系，并在当地社区举办专题研讨会，这些活动都有助于 Aspire 在社区发展中树立自身品牌。

5）组织结构与治理

尽管 Aspire 是一个较小型、年轻且有活力的组织，但已建立起一系列组织治理的基础体系，吸引了有一定技能的志愿者来监督 Aspire。这个志愿者委员会是由金融界、银行业、商业和社区的志愿者组成，对 Aspire 的目标、战略及使命都非常了解，会定期审查融资和管理信息，且与 Aspire 的首席执行官有很好的沟通。同时，为了保持委员会工作的连贯性和一致性，委员会的人员变动很小。Aspire 有两位专业技能娴熟且经验丰富的信用委员来核准贷款，由其组成的信用委员会的主要工作是核定贷款申请的标准。

Aspire 的组织结构轮廓分明、职责明确，报告程序、信息与工作流程及职责描述都非常清晰。同时 Aspire 保持了精干的职员队伍，这为达到最高效率和最大化的产出、国际化的示范品质创造了前提。虽然人员精简，但是 Aspire 仍然有能力持续开展其营销推广、顾客信息的深度分析、认购标准的制定、监控与追踪工作。其贷款委员会成员必需的技能就是能够对贷款者的相关事宜做出高效的决策，将高品质的信用文化传递给贷款者。

6）人力资源

Aspire 在工作目标和业绩评价机制方面对每个职位都有工作说明，并在人事培训上花了不少时间。对于放贷员，Aspire 主要重视培训他们在商业评估、现金流分析、品质分析、与贷款人对贷款期限及条件进行谈判、辅佐顾客、管理还款和违约补偿等方面的能力，其一系列的政策和程序都考虑了独立审计与风险控制的问题。因此 Aspire 具有高强度人际关系交往、团队工作与高水平小型团队的特性，所以对职员的投资、培训和政策的制定是非常关键的。可以说 Aspire 在人事方面的政策、程序、培训和实践都是相当优秀的。

7）情报管理系统与信息技术

Aspire 和 LoanMan 合作并使用后者的情报管理系统，该系统能够追踪顾客信息，包括顾客咨询情况、基础数据和还贷历史。它生成的贷款申请和数据能用于对顾客、贷款质量及其他业绩评估的追踪与汇报。LoanMan 现在也被英国的其他 CDFIs 采用，这些机构认为这是一个更好的提供信息服务并有发展潜力的系统。

在追踪顾客的数据、市场营销、贷款质量、审计与财务方面，Aspire 总的来说做得不错。但对 Aspire 现有的规模与发展阶段而言，没有正规的综合贷款业务、支付与审计系统。Aspire 目前使用的是 Excel、BACS 和 SAGE 审计系统，只是这些系统需要其职员将大量的数据输入各种数据库中，这导致员工工作效率不高，且存在人为错误的可能性，除此之外不能将全部信息均放入一个数据库内，也不利于有效汇报与监控。

8）内控、外控与风险管理

Aspire 通过信贷程序把关，并在内控、外控方面采取必要措施，实施贷款的风险管理。

Aspire 的信用分析系统是通过对财务和非财务信息的分析来决定一个贷款申请是否有资格接受信用贷款。贷款账面价值是非常清楚且一致的，信用委员会通过债务偿还比率和其他工具指标来把握借款者的还款潜力和能力。一旦贷款出现拖欠的状况，会被快速追踪到，且不会放松支付原则或将其放入软贷款基金。Aspire 用它的信息技术分析贷款者并据此改善它的市场营销策略与产品，如 Aspire 注意到年轻男性贷款者违约率更高，则对这个高风险人群加以限制。

正是由于在人事培训方面花了时间，Aspire 在内部员工间培育起了一种责任感与学习的文化氛围，鼓励团队成员审视系统并提出改善的意见和建议，强调放贷员要保持认购的高标准、追踪顾客的信息习惯，要求签字权和利用电子银行偿付贷款。Aspire 每年均有外部审计，并把利息收入、营业收入、贷款损失准备和其他标准信息以非常清晰易懂的报告方式呈现出来。另外，控制风险的一个核心原则就是控制其拖欠率。通常微型金融组织会把逾期 30 天及以上的贷款控制在10%以内，大部分机构都将目标定在 5%之内。Aspire 对于拖欠行为采取了更为严格的方法，将拖欠者的比例控制在 5%。当拖欠者晚一天时，Aspire 会打电话催促，如果有必要，会到法院去解决这个问题。

9）经营的规模

Aspire 在前五年的经营中，将 150 万英镑的贷款贷放给了 400 个顾客，这相当于市场渗透率是 8%～10%，在 2005 年 2 月底，它有 135 个积极贷款者（active clients），共促成 316 809 英镑的贷款组合。

Aspire 没有达到它的主要贷款目标的主要原因：一是原计划野心过大而难以达到预期值；二是缺乏资助资金来源。在第一年，Aspire 放贷员很轻松地完成了他们的贷款目标。在第二年，Aspire 需要额外的资金来扩展它的经营。Aspire 向其资助者提交了新商业计划，但不幸的是，尽管 Aspire 表现得很优秀，可是它的一个资助者降低了未来的资助额，另外两个资助者用了 9 个月才做出决定，且是决定减少资助。这种资助资金危机破坏了 Aspire 在 2002～2003 年的经营（表4-6），导致损失了大量的职员。在某个时间内，机构没有放贷员、首席执行官等来管理 Aspire 的经营。机构的人手不足也致使贷款量下降而延期还贷率增加。在这次危机中，损失的成本、新招募的成本、训练新职员的成本等都从总体上影响了组织的发展，使之完全是倒退发展。

表 4-6 2000～2003 年 Aspire 贷款业绩目标值与实际值比较

时间	2000 年 1 月		2001 年 2 月		2002 年 3 月		2003 年 4 月	
指标	目标值	实际值	目标值	实际值	目标值	实际值	目标值	实际值
贷款笔数/笔	57	72	124	67	264	88	428	105
贷款总额/英镑	142 500	289 000	419 900	300 633	1 044 700	313 839	1 794 600	307 239
平均额度/英镑	2 500	4 013	3 386	4 487	3 957	3 566	4 193	2 926

资助者对微型金融感兴趣，是因为它作为一个工具能接触低收入的人群，改善他们的经济状况，并将其影响扩展到物质更缺乏的社区。然而 Aspire 能达到的实际值是低于预期的，至少部分原因是顾客获得贷款的水平低且所有贷款的 25%是在贫困地区。有记录的 104 家企业给 Aspire 带来了营业额、收益率和就业率的改善，这对 Aspire 来说至关重要，这些企业也从 Aspire 发放的贷款中获得以下收益：营业额提高 25%，或平均为 2500 英镑；收益率上升 57%，每笔平均为 615 英镑；就业率上升 24%，或平均增加 0.35 个雇员。尽管 Aspire 在市场营销、机构治理、风险控制等方面都有着行业典范的做法，但是由于目标市场锁定过小、资助资金中断、职员流失等原因，并没有实现建立之初预计的在 3 年零 7 个月后实现收支平稳、实现可持续性经营，最后被迫落入他人接管的命运。

4.1.5 马其顿 ACDF 组织[①]

马其顿共和国（简称马其顿）位于欧洲巴尔干半岛中部。1994～1995 年希腊对其进行经济制裁，2001 年又爆发了内战，使得该国经济一度停滞不前，这样的不良影响进一步持续发酵，该国经济到 2002 年才开始逐步复苏。2013 年马其顿国内生产总值（gross domestic product，GDP）达 102.2 亿美元，人均 GDP 为 4850 美元，属于中等收入国家，但在欧洲属于最贫穷的国家之一。2010 年全

---

① 主要参考资料：Kovachev G. 2014. Special agricultural microfinance organizations-macedonian experience . World Review of Business Research：240-252。

国贫困人口占总人口的 27.1%，主要集中在农村地区，马其顿政府推出了针对农村经济的扶持项目与扶贫项目，其中一个比较有特色的农村微型金融组织就是 ACDF。

2002 年马其顿财政部下设 ACDF，其主要目的是对农业金融服务项目（Agricultural Financial Services Project，AFSP）或国际农业发展基金会（International Fund for Agricultural Development，IFAD）对马其顿的第二次贷款项目（IFAD Loan 545-MK 或 IFAD Ⅱ）[①]进行财务管理。ACDF 的贷款资金来源于多项国家、国际农业相关贷款项目及政府的注资，又与 10 家银行、2 家房屋储蓄机构合作（统称为参与金融组织，participating financial institutions，PFIs）。PFIs 与 ACDF 达成协议，将从 ACDF 贷款取得的资金与自己的资金再贷给其目标客户，这就是马其顿农业微型金融服务组织独特的运作方式。

在 ACDF 建立初期，由于其转贷款的增加，2005 年马其顿政府决定对其注资 70 万美元。2006 年，ACDF 再融资业务量增长非常迅速，解决了增量信贷基金（Incremental Credit Fund，ICF）的支付问题。2007 年年初，ACDF 面临再融资资金不足的挑战，幸运的是，马其顿政府深知 ACDF 为农业部门提供的低利率小额贷款在农村发展进程中有重要的作用，于是政府再次决定补充 ACDF 基金（主要来源于 IFAD Ⅰ 和 IFAD Ⅱ），并从两个世界银行私人部门发展贷款（Private Sector Development Loans，PSDL）PSDL Ⅰ 和 PSDL Ⅱ中调用了周转资金。到 2007 年 11 月，ACDF 接管了管理 PSDL Ⅰ 和 PSDL Ⅱ信贷额度的责任，资金量达 2120 万欧元。由于表现突出，2008 年政府再次决定用欧洲投资银行（European Investment Bank，EIB）的 APEX 全球贷款（APEX global loan）项目注入 ACDF 基金（IFAD Ⅰ、IFAD Ⅱ、PSDL Ⅰ 和 PSDL Ⅱ），注资额为 1730 万欧元。

1. 参与转贷的机构 PFIs

PFIs 在 ACDF 基金支付中扮演了重要的角色。在 2003 年 ACDF 建立之初，只有 3 家银行支持，而它们主要是面向小企业主而不是农民个人。在小额贷款方面的突破是在 2004 年有两家房屋储蓄机构加入。房屋储蓄机构在转贷活动中的积极表现打开了 ACDF 向农民个人提供贷款的大门。事实上，这是马其顿资本市场第一次向小规模个人农业生产者提供贷款。当发现这样可以吸引农村这个聚焦团体作为自己银行的客户，好几家银行都与财政部签了转贷款协议并加入了 ACDF 的再融资活动，其中 2005 年加入了 2 家银行，2008 年加入了 2 家银行，2011 年

---

① 此前国际农业发展基金会对马其顿开展过第一次贷款项目 First Loan Intervention of IFAD in Macedonia，IFAD Loan 428-MK 或 IFAD Ⅰ）。

加入了 3 家银行，这些银行的加入快速扩展了 ACDF 的再融资能力，几乎相当于一个马其顿的中小银行。大银行在再融资贷款中所占比重较大，大约占 50%（约有 3350 万欧元），中等银行约占 34%（2310 万欧元），房屋储蓄机构占 11%（720 万欧元），小银行占 5%（330 万欧元）。

2. 机构运作机制

ACDF 是一个再融资的机构，其再融资业务是由 ACDF 及其挑选的金融组织（即 PFIs）进行，这些 PFIs 都是私人机构，共 12 家，其中有 10 家银行、2 家房屋储蓄机构。ACDF 向 PFIAs 提供周转资金，并给予 PFIs 每年按 0.5%的折扣向其付利息的优惠，作为他们扩展农业贷款和小额贷款的财务激励，PFIs 再将贷款转贷给有资格的受益者。

PFIs 与财政部在附属贷款协议（Subsidiary Loan Agreement）中规定了信贷有固定的利率上限。在基本生产贷款项目中，每年从银行贷款 4.0%，从房屋储蓄机构贷款 6.0%；农业加工和农业出口贷款项目，从银行和房屋储蓄机构的贷款利率分别为每年 5.0%和 6.5%，见表 4-7。

表 4-7　各类贷款项目贷款利率上限

贷款项目类别	银行	房屋储蓄机构
基本生产贷款项目	4.0%	6.0%
农业加工和农业出口贷款项目	5.0%	6.5%

这些利率在马其顿的信贷市场上是最低的，但利率上限低于实际资本市场也是 PFIs 自愿与政府做的让步协议。相比于资本市场，PFIs 可以从 ACDF 更优惠的条件下获得基金，这也让他们获得了合理的利润。这也是 ACDF 打算逐步脱离政府资助，而不断地促进其商业化以提供高品质的小额贷款的经历。

但是，PFIs 可自行制定自己机构的贷款政策包括抵押要求、文件、还款期限、费用等（不含利率）。例如，PFIs 的贷款经营费用是定 0.5%还是 3%，这取决于 PFIs 的贷款量、贷款的投资类型、还贷期限等。

3. 信贷产品与贷款规模

ACDF 信贷的目标市场是农村，贷款对象为农民个人、农村家庭、基本农业生产、农业加工、农业出口等农村发展项目，其再融资的主要信贷产品主要有三种，见表 4-8。

表 4-8　ACDF 信贷产品概况

信贷产品	每笔最高限额	投放领域
基本生产贷款	10 000 欧元	投放在基本农业生产，如葡萄栽培、园艺、花卉栽培、牲畜养殖等
农业加工贷款	30 000 欧元	投放于农业加工业，如葡萄加工厂、酿酒厂、水果厂、磨坊、蔬菜和肉类加工厂等
农业出口贷款	30 000 欧元	支持农业出口

2003 年 10 月～2012 年 12 月，ACDF 有 5501 笔贷款，约 6700 万欧元，其中 56%贷放给了基本农业生产，38%用于农业加工业，还有 6%用于支持农业出口活动，平均贷款规模是 12 184 欧元，基本农业生产贷款平均贷款规模要低一些，为 7272 欧元，见表 4-9。

表 4-9　2003 年 10 月～2012 年 12 月 ACDF 个人贷款规模分布

个人贷款总额	贷款次数		贷款金额		平均贷款金额/欧元
	数量	百分比/%	总额/欧元	百分比/%	
10 000 以内	4 453	80.95	18 696 869	27.89	4 199
10 001～50 000	794	14.43	18 686 462	27.88	23 535
50 001～100 000	170	3.27	13 385 146	19.97	78 736
100 001～200 000	69	1.33	11 637 907	17.36	168 665
高于 200 000	15	0.27	4 620 131	6.89	308 009
合计	5 501	100	67 026 515	100	12 184

注：①最高额区间的平均贷款金额为 308 009 欧元，高于每笔 30 000 欧元的规定，是因为在 2009～2011 年临时将对酿酒厂的贷款额度每笔提高了 70 000 欧元，对于其他农业加工贷款项目都提高到了每笔 50 000 欧元，在 2011 年也将温室的贷款额度提高到了每笔 40 000 欧元。

②时间截至 2012 年 12 月 31 日。

4. 风险及风险管理

ACDF 规定 PFIs 用 ACDF 资金放贷不能超过 PFIs 总贷款资金的 80%，即另外 20%的贷款资金是 PFIs 自己的资金，以此来作为 PFIs 要求其贷款者及时还贷的动机制衡。另外，ACDF 再融资贷款的所有信贷风险都由 PFIs 承担，即就算有贷款者违约不能及时足额还贷，PFIs 仍然要全部还给 ACDF。由于 2009 年全球金融危机对每个经济体包括农业都有剧烈冲击，2009 年年底时累积还贷率低至 94.50%，虽然数据不理想，但还能够接受。幸运的是，2012 年只有 2.20%的贷款是违约的，这几乎完美的转身部分是因为 PFIs 恢复迅速与在危机后勾销违约贷款，如图 4-2 所示。

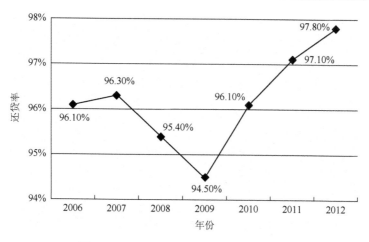

图 4-2　2006~2012 年 ACDF 累积还贷率

由表 4-10 可见，在 30 天以内的违约拖欠从 2008 年年底的 92.4% 上升到 2012 年年底的 94.7%（2009 年较低，为 81%），占据了拖欠的主要分布，这是相当不错的。考虑到农业生产与农业加工业的特性，30 天内的小额贷款拖欠并不能被认为是风险，因此不需要太过于关注 30 天内的拖欠。

表 4-10　2008~2012 年 ACDF 贷款拖欠情况　　单位：千欧元

拖欠天数/天	2008 年年底		2009 年年底		2010 年年底		2011 年年底		2012 年年底	
	金额	占比/%	金额	占比/%	金额	占比/%	金额	占比/%	金额	占比/%
30 以内	16 825	92.4	23 347	81	19 803	92.3	20 580	94.8	18 659	94.7
31~180	1 217	6.7	5 151	17.9	932	4.3	746	3.4	675	3.4
181~365	94	0.5	144	0.5	364	1.7	180	0.8	57	0.3
365 以上	71	0.4	179	0.6	356	1.7	199	0.9	302	1.5
合计	18 207	100	28 821	100	21 455	100	21 705	100	19 693	100

由于 2009 年金融危机的影响，2009 年贷款拖欠在 31~180 天的占比突然增加到了 17.9%，其他拖欠分布变化不大。在 2010 年 PFIs 引入了更为保守的放贷方法，如减少服务范围，贷款投向于容易且利润相对高的投资项目。这种做法虽然让贷款减少了 800 万欧元，但也有效地控制了风险，在 2010 年贷款拖欠在 31~180 天的占比骤降至 4.3%，而整体还贷率也从 2009 年的 94.50% 上升到了 96.10%。

ACDF 有权持续监控顾客的业绩以决定它的贷款是否用得恰当，是否符合其标准、政策与程序。在 2012 年年末，在 ACDF 监控的 2922 个贷款者中，只有 60

个滥用或违规使用，只占 2%，这个比例是很少的，因此可认为 ACDF 贷款者大部分都是有责任感、认真并诚实地在使用贷款。

5. 贷款抵押规定

PFIs 承担了贷款的所有风险，因此他们根据自己的政策与程序，对于抵押政策完全有自由裁量权。所有法律上认可的东西，包括有形抵押（按揭和典当物）与软抵押（个人担保、保证金、保险单、汇票等）都可以用来抵押，有的贷款还用了两种或更多的抵押工具，如图 4-3 所示。

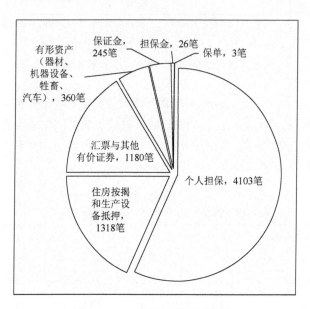

图 4-3　PFIs 抵押物的分布图表

6. 贷款申请的审核

每笔贷款的申请都要经过两关审核，第一关是 PFIs 的贷款决策中心，第二关是 ACDF 信贷委员会，PFIs 和 ACDF 信贷委员会都会定性与定量地分析申请者的违约可能性。2012 年年底在 6364 笔贷款申请中有 563 笔被拒绝，拒贷率为 8.8%，其中被拒理由见表 4-11。

表 4-11　贷款申请被拒的原因

原因	拒贷数据	拒贷率/%
抵押物不够	193	34
企业规模不够	111	20

续表

原因	拒贷数据	拒贷率/%
本身有债务	83	15
证件不齐全	64	11
撤销申请	63	11
潜在滥用	45	8
其他	4	1
合计	563	100

注：时间截至 2012 年 12 月 31 日。

7. ACDF 农村小额贷款取得的成效

1）ACDF 开展的农村金融服务，为贷款人提供的小额贷款帮助贷款人减少贫困

ACDF 的各项小额贷款成功到达了小规模、资产贫乏的农户手中，在 ACDF 再融资经营中有 3700 万欧元投资于基本农业生产。一方面，贷款提高了贷款者在现代化的机器设备方面的购买力，更多的农户能使用上更先进的生产技术，提高了农业产量和产业价值，提高了农户收入。据统计，贷款中有 1700 多万欧元用于农业加工业作为生产资本，主要是家庭供应商（个体农民），有 800 多万欧元用于生产设备和重构生产技术以保持现代化生产技术的步伐。另一方面，由于 ACDF 的农村金融服务促进了农村经济的发展，农业生产和农业加工业需要吸收更多的劳动力，增加了就业岗位从而降低了失业率。据不完全统计，ACDF 的贷款增加了 15 000 多份工作，赤贫人口包括没有农业资产的人得到了季节性雇佣的机会，可以从事搬运产品、分类整理及打包等工作。从对贷款者的定期监控与评价结果来看，这些贷款发展了其农业生产，同时在一定程度上提高了贷款人的收入。

2）ACDF 开展的农村金融服务，激励了农户与 PFIs 均积极地参与 ACDF 计划，推动了全国农村小额贷款活动的开展

在马其顿刚开始对农村和农业部门提供小额金融服务时，银行感觉农业贷款风险高、交易成本高，所以一般不会进入农村小规模金融市场，因此大部分银行在农村小规模甚至中等规模信贷方面都没有什么经验可寻，而且也几乎没有职员有过和农村客户打交道的培训经验。ACDF 的一个基本目标就是要在马其顿银行体系下建立一个可持续的农村金融部门，在经营了十年之后，现在所有的 PFIs 都积极地参与 ACDF 计划对农村小额客户贷款活动中，ACDF 毫无疑问地达到了它的目标：一方面，PFIs 间的竞争，让其贷款条件如利率、还贷期限、抵押物及费用都变得更加合理，如还贷期限完全是根据农业生产的特殊性来制定的；抵押物

也可以用农村房屋的按揭或生产设备、农地和农业生产机器的典当物等，抵押政策相当灵活；费用有的时候也降至了原来的 50% 以下。这些都给农民贷款带来了更多的方便和实惠，鼓励了农户积极通过这条途径满足其融资需求。另一方面，ACDF 成功地让 PFIs 意识到农业和小额贷款的潜力，而 PFIs 的农业信贷业务也突飞猛进地增长。2009 年 ACDF 对 PFIs 做了一个关于在 2003～2008 年度的经营对其信贷额度影响的调查，PFIs 反映都是肯定的，如农业信贷收益在他们总信贷收益中的份额从 13.4% 提高到了 35.9%，农业信贷收益增长了 168%，农业贷款方面的放贷员数量从 18 人增加至 189 人，每年支持农业的平均利率从 15.7% 下降到了 9.2%，大部分 PFIs 都提高了顾客对农业贷款的兴趣。

3）ACDF 开展的农村金融服务，促进了国家农村经济的发展

ACDF 的贷款增加了农业产出，促进了马其顿农村经济的发展。到 2013 年年底，在全部贷款中，有 21% 的贷款用于购买牲畜，其中包括 38 000 只绵羊（含羊羔）和山羊（含小山羊）（占全国羊类牲畜的 4%）、11 000 头牛（占全国牛类牲畜的 3%）、6000 头猪（占全国猪类牲畜的 3%）、173 000 只家禽（占全国家禽的 9%）和超过 10 000 吨饲料；另外有 21% 贷款用于园艺，主要建造或重造了 203 公顷塑料棚和 6 公顷温室，对葡萄栽培的贷款用于修建 760 公顷葡萄园（占全国的 4%），还有 712 公顷的水果园（苹果、桃子和李子，占全国的 5%），有 450 公顷农地有灌溉系统覆盖，其余的贷款用于购买 912 台拖拉机、收割机和其他农业机械；农业出口项目上的贷款提高了农业出口，带来了 1100 万欧元的农业出口。从宏观指标上看，2004～2011 年平均农业商业化发展产出指数（business development product，BDP）增长了 4%，在基本农业生产投资方面带来了 1200 万欧元的增加值；而农用工业的 BDP 平均增加了 8%，在农用工业的投资方面带来了 1600 万欧元的增加值。

4.2 国外农村小型金融组织创新与风险控制的比较分析

通过对以上五国农村小型金融组织的发展、运行模式、组织构架、风险管理等的研究，发现农村小型金融组织都秉承帮助穷人走出贫困的使命，都在本国的农村经济发展和扶贫方面有着重要的贡献。但是，由于各国政治、经济、社会体制和文化习俗背景不同，这五个典型案例中的小型金融组织都呈现不同的发展模式，各有特色。

从表 4-12 和表 4-13 可以看出，孟加拉国、印度尼西亚、美国和英国虽然分属于最不发达国家、发展中国家及发达国家类别，但是都在农村建立了金融体系，农村金融组织也较为丰富，有专门以农村信贷业务为主的金融组织，也有商业银行或其他金融组织形式兼办农业相关信贷业务的机构。但总体上都以商业性金融

组织为主。而 4.1 节所举案例中的金融组织只是该国农村金融体系中的一个组成部分，在分析其成功经验或失败教训的同时，不应该把发展农村经济和农村扶贫的功与过全部归于这些典型的小型金融组织，而要客观公正地看待他们在农村金融发展中的作用。现将国外农村小型金融组织创新与风险控制的共性和差异总结如下。

表 4-12　四国农村小型金融组织的构成与发展特征比较

国别	农村金融组织构成	发展特征
孟加拉国	正规金融：农业银行、国有商业银行、合作社组织、乡村银行；半正规金融：小额信贷组织；非正规金融：私人借贷组织	体系结构复杂，正规金融组织大多是公共机构，乡村银行和小额贷款组织实行会员制
印度尼西亚	银行系统：印度尼西亚人民银行（BRI）、农业银行；非银行系统：正式类型（农村信贷机构、农村信贷协会、当铺）、非正式类型（自助小组和非营利组织）	以印度尼西亚人民银行为中心，商业性金融为主，内部机制设计合理
美国	农村合作金融体系：联邦中期信用银行体系、合作银行系统、联邦土地银行系统；政策性金融体系：农民家计局、商品信贷公司、农村电气化管理局、小企业管理局；私营金融组织：商业银行和保险公司	多层次、全方位，复合信用型农村金融模式
英国	商业银行、农业银行、政府主导的农村信贷联合会、农业抵押公司、农业信贷公司、地产改良公司、农业贷款基金会等	以商业银行为主体，附之以其他办理各种农业贷款的金融组织

资料来源：焦瑾璞. 农村金融体系和政府扶持政策国际比较. 第 5、11、14 章. 北京：中国财经出版社，2007。

注：由于马其顿农村金融体系的资料不详，所以没有在此列出比较。

表 4-13　农村小型金融组织案例比较

项目	孟加拉国 GB	印度尼西亚 BRI-UD	美国社区银行	英国 Aspire	马其顿 ACDF
组织模式	非政府组织、会员制组织	正规金融股份公司，但国家控股	正规金融	私人社区合伙组织	政府组织
资金来源	主要是自有资金，部分类扶贫开发基金会资金注入	自有资金	自有资金	资助方资助资金	财政部类扶贫开发基金资金注入（80%）转贷；PFIs 自有资金（20%）
组织构成	总行、分行、支行、营业所四级	办公室、分支行和零售机构	分支机构数量少，大多是独立银行	独立机构	ACDF 是财政部下的一个组织，有 12 个 PFIs 参与（10 家银行，2 家房屋储蓄机构），ACDF 与 PFIs 间是协议合作关系
目标市场（对象）	农村穷人，主要是妇女	中低收入群体	城镇与农村的中低收入群体	城镇与农村的中低收入企业主	农村贫困的农户与企业主

项目	孟加拉国 GB	印度尼西亚 BRI-UD	美国社区银行	英国 Aspire	马其顿 ACDF
贷款期限	一般为 52 周	3、4、6、9、12、18 个月不等	灵活	灵活（根据顾客需要而裁定）	
贷款利率	高于商业银行利率，低于民间高利贷利率	30%～35%	市场利率	第一笔利率 19.5%，多次贷款后会下降到 16.6%	基本生产贷款项目，银行 4.0%，房屋储蓄机构 6.0%；农业加工和出口贷款项目，银行 5.0%，房屋储蓄机构 6.5%
还贷规则	每周	每月等额	灵活	灵活	灵活
是否是联保小组贷款	第一代 GB 是；第二代 GB 不是	否	否	否	否
是否要抵押	第二代 GB 无	250 美元以下无抵押；250 美元以上要抵押	是	否	各 PFIs 自行制定抵押政策，不统一
是否强制贷款人储蓄	是	动员但不强制	否	否	否
是否吸收贷款人以外的储户存款	是	是	是	否	是
是否提供非信贷服务活动	有	是	是	是	是
是否财务可持续	是	是	是	否	是

4.2.1　国外农村小型金融组织创新与风险控制的共性特征

尽管 5 个案例分别来自经济发展程度不同的国家，组织模式等均有所不同，但是在其经营过程中还是很多相似之处。

1. 目标人群

从目标市场来看，这 5 家金融组织都是针对穷人（尤其是农村贫困人口）开展业务的，扶贫是其经营目标之一。

2. 经营产品

在贷款产品种类方面，5 家金融组织都主要提供小额信贷产品，贷款额度小，部分对小企业主有较大额的贷款。在存款储蓄业务方面，只有 Aspire 不开展吸收存款的业务，其他金融组织均开展了存款储蓄业务，但是 Grameen Bank 是强制贷款人储蓄。

3. 贷款利率

在贷款利率规定上，案例中的金融组织倾向于采取市场化的贷款利率，但又普遍高于一般商业银行利率，只有马其顿的 ACDF 与 PFIs 做了利率上限的协议，而且其协议利率比较低。

4. 是否采取小组联保贷款形式

目前 5 家金融组织均没有采用小组联保发放贷款的形式，值得一提的是，Grameen Bank 在 20 世纪 90 年代后期也取消了其标志性的小组团体贷款方式。

5. 提供非信贷服务活动

5 家金融组织均开展信贷储蓄之外的活动，主要是对客户或潜在客户进行金融、信贷、健康卫生、文化教育等方面的知识讲座和技能培训，在有一定文化基础的地区有的还开展研讨会，其目的是联络客户与机构间的感情，巩固客户关系，发展其他客户，还能提高客户的文化素养，培养其风险意识，督促其按时还款，并增加他们走出贫困的信心。

6. 风险管理

首先，5 家金融组织为尽可能降低风险管理的成本，都聘用当地居民为职员，以更直接地获取借款人的信息，避免信息不对称下的逆向选择。其次，5 家金融组织都通过信息管理系统对贷款人进行监测，对于逾期拖欠贷款实行贷款追踪，逾期拖欠款实行罚款等措施。最后，5 家金融组织都设置了风险内控部门，客户信息分析或贷款信息分析部门分析贷款风险，配合审计部门，通过还贷率、拖欠天数等指标监控风险。其中 Aspire 还建立了一个由有一定技能的金融界、银行业、商业和社区志愿者组成的委员会，监督 Aspire 的运行。

4.2.2　国外农村小型金融组织创新与风险控制的差异分析

上述五国案例中的农村小型金融组织的组织模式和结构及资金来源、目标市场、贷款业务、风险管理、贷款的抵押政策等方面又各有差异性。

1. 组织模式和结构及资金来源

美国的社区银行和印度尼西亚的 BRI-UD 是完全商业化模式的正规金融, 其资金也是银行自有; 孟加拉国的 Grameen Bank 和英国的 Aspire 属于非政府组织, Grameen Bank 的资金大部分是自有资金, 还有部分来自于各种扶贫开发基金会, 但是 Aspire 的资金全靠私人资助方的资助; 马其顿的 ACDF 是比较特殊的一种农村金融组织, 它是财政部建立的, 实属政府组织, 但是将政府与各类国家扶贫开发基金注入的资金由 PFIs 转贷给贷款人实行商业化运作。Grameen Bank 有总行、分行、支行、营业所四级组织, 层次分明, 体系比较健全; BRI-UD 则只有办公室、分支行和零售机构三级组织; 大部分的美国社区银行和 Aspire 都是独立机构, 没有分支机构, 层次简单; 而 ACDF 与旗下 12 家 PFIs 是合作关系, 无隶属关系。

2. 目标市场

虽然这 5 家金融组织都是针对穷人开展业务的, 但是都不完全是针对农村人口, 如美国社区银行与 Aspire 这种完全商业化运作的金融组织中, 城镇中的普通居民（穷人）和小企业主也是其客户。

3. 贷款期限规定

5 家金融组织贷款期限规定差异较大, 有数月的（如印度尼西亚 BRI）, 有固定为一年的（如 Grameen Bank 一年分 52 周偿还）, 也有根据顾客需要灵活裁定的（如美国社区银行与英国的 Aspire）。但总体上都不长, 一般不超过 1 年; 贷款利率普遍高于一般商业银行利率, 但马其顿的 ACDF 与 PFIs 做了利率上限的协议, 从协议利率看, 比较低。

4. 贷款抵押规定

在贷款抵押上, 一般非常小额的贷款是没有抵押的, 额度稍大的贷款需要抵押物, 如印度尼西亚的 BRI 以 250 美元作为规定是否需要抵押的界限。有的金融组织完全无抵押, 如 Aspire 根据贷款人的品质、现金流等来评估其贷款资格, 完全不需要抵押物, 另外, 第二代 Grameen Bank 贷款也不需要抵押。

5. 财务是否可持续

从 5 个案例来看, 到目前只有英国的 Aspire 的财务没有实现可持续性, 并在经营几年后被逼中止经营, 被其他机构接管。其他几个案例中农村金融组织都能盈利, 且实现了财务的可持续性。

4.3　国外农村小型金融组织创新与风险控制的经验

通过对五个国家农村小型金融组织案例陈述和比较，可总结出各个典型案例的经验和教训，以为我国农村小型金融组织创新与发展提供有益的参考。

4.3.1　金融组织创新模式多样化

（1）孟加拉国乡村银行 Grameen Bank 实行层级组织结构、分层级管理方式。银行分为总行、分行、支行、营业所四级，每个营业所再管理 120～150 个中心。6～8 个贷款联保小组构成一个中心，贷款人内部民主选举出小组长和中心主任，小组每周召开例会，中心每半个月左右召开一次例会，贷款人参加周例会的考勤结果与未来的贷款额度挂钩。

（2）印度尼西亚 BRI 在组织模式方面有其独特的形式。BRI 是股份有限责任公司，组织体系由雅加达总办公室、区域办公室、分支行或农村银行、零售机构四级组成。其中，地市下的分支行和农村银行是同一机构的两个不同部分，在服务对象和运营模式上均有所不同，二者的运营均由区域性办公室进行监督。这种分级管理的组织模式，能够将 BRI 信贷服务深入群众，促进农村小型金融组织的发展。

（3）美国社区银行推出创新的组织模式。社区银行实行扁平型的组织结构，大多为独立机构，无分支机构。在这种独立组织下，软信息如借款人的人品、性格、家庭历史、家庭成员、个人日常开销、企业管理能力、与供应商和经销商的关系等，也使得社区银行在审核小企业贷款申请时能更好地判断，而不是基于标准的信贷评分模型所借助的硬信息，如公司的财务报表和信贷历史等，更加符合小额贷款的普通市民和小企业主的实际情况。

（4）Aspire 组织规模虽小，但其组织结构轮廓分明、职责明确，报告程序、信息与工作流程及职责描述都非常清晰，建立起一系列组织治理的基础体系。且志愿者委员会对 Aspire 的目标、战略及使命都非常了解，会定期审查融资和管理信息，同时 Aspire 有两位专业技能娴熟，且经验丰富的信用委员来核准贷款。由其组成的信用委员会的主要工作是核定贷款申请的标准。

（5）马其顿的 ACDF 组织模式非常特殊。以政府名义组建，但是引入 PFIs 与 ACDF 达成协议，将从 ACDF 贷款取得的资金与自己的资金再贷给其目标客户，再进行市场化运作，将政策金融与商业化金融很好地结合起来，既达到政府对发展农村经济和农村扶贫的意图，又将资金通过商业化的私营金融组织，转贷到目标市场中的市场规范运作。这就是马其顿农业微型金融服务组织独特的运作方式。

　　综上可见，上述五国农村小型金融组织的组织形式是有显著区别的，有的是扁平化的，有的是股份制的，有的是层级化的。无论是什么样的组织形式，都是在结合本国国情基础上进行组织结构创新的，目标是有助于提高农村小型金融组织的运行效率。

4.3.2　服务目标始终锁定小微经济主体

　　（1）孟加拉国乡村银行 Grameen Bank 立足本国国情，服务目标有很强的针对性。从一建立就在农村全面开展小额信贷业务，贷款给农村贫困家庭和个人，尤其是妇女（约占 95%）。贷款主要用于大米加工、畜牧和传统工艺等。Grameen Bank 为贷款者提供了优秀的信贷服务，除此之外，其提供的金融知识讲座、卫生知识培训、文化知识普及等非信贷服务活动，也增强了穷人对贷款、信用的认识，提高了信用文化素质，强化了他们走出贫困的信心。

　　（2）印度尼西亚的 BRI-UD 组织服务目标明确，主要服务对象是中小农户个人而非小组。普通农贷主要投向中低收入者，基本排除高收入的 10% 和最穷农户的 30%，其中 25% 是妇女。BRI 还参与印度尼西亚政府的农村增收项目（P4K），向生活贫困线以下无地者、小渔民和边缘小农等提供无抵押、利率较低的团体贷款。

　　（3）美国社区银行服务目标明确。银行目标人群定位于经济中的弱势群体，即社区普通居民、中小企业和农户，这个群体被正规大银行或其他金融组织排斥，但又存在融资需求。社区银行主要满足位于社区内的企业和居民的信贷需求，推动当地经济的建设和发展。

　　（4）英国的 Aspire 组织将服务目标锁定在那些难以从银行获得贷款的个体经营户、微型企业主（雇员少于 10 人）。其大部分顾客都经营着典型的邻里商业，且其大部分顾客都生活在贫困地区，他们不愿意或无法接触正规银行的融资。但是，从总体上看，与英国的其他地方相比，北爱尔兰的小企业主规模本身就很小，因此，Aspire 的目标市场范围是很窄的，导致真正的市场值比之前的预计值小了很多。

　　（5）马其顿的 ACDF 组织贷款对象为农民个人、农村家庭、基本农业生产、农业加工、农业出口等农村发展项目。其成立的主要目的是，为农业金融服务项目和农业发展国际基金转贷款进行财务管理，其信贷的目标市场是农村，再融资的主要信贷产品也是针对农业的。2003 年 10 月～2012 年 12 月，ACDF 有 5501笔贷款共 6700 万欧元，其中 56% 贷放给了基本农业生产，38% 用于农业加工业，还有 6% 用于支持农业出口活动，ACDF 的各项小额贷款成功到达了小规模、资产贫乏的农户手中。在 ACDF 再融资经营中，有 3700 万欧元投资于基本农业生产。这些政策对促进马其顿农业发展起到了显著的促进作用。

可见，无论是哪个国家的农村小型金融组织，其服务对象基本都坚定地锁定在农业、农村和小微企业等小微经济主体上，始终不会发生服务目标的偏离。

4.3.3　金融服务创新活动频繁

（1）孟加拉国的 Grameen Bank 不断创新其产品服务。从最早提供生产性贷款到提供消费性贷款及人性化多种消费贷款，不断满足客户随生活水平和生活环境变化而产生的新需求。从第一代 GB 的团体贷款、贷款利率、贷款期限、还款方式固定到第二代 GB 以灵活为主的改变，从单纯的强制储蓄到多种储蓄产品的改变，都体现出了其创新的可持续性。

（2）印度尼西亚人民银行为适应本国国情不断进行金融创新。从最初为水稻集约耕种进行贴息贷款，到在 BRI 内部成立乡村信贷部，进行商业化转型，由单纯的发放扶贫贷款逐步发展为商业化运作的微型金融组织，BRI 的金融创新使其成为农村小型金融组织发展的典范。同时立足本国国情和金融政策的变化，BRI 设计出了多样化的贷款产品、波动的贷款利率和灵活的贷款期限设计与还款机制，这些金融创新服务都充分体现其有较强的金融创新意识与能力。

（3）美国社区银行不断对其金融服务创新进行改革。拓展关系型贷款，强调处理软信息，提供量身定做的金融产品和服务，逐步完善存款保险制度，均体现了美国社区银行为适应本地金融需求和时代发展而做出的积极改变。

（4）英国的 Aspire 组织在金融创新方面一直推陈出新。如实行更加现实与符合当地文化的无抵押个人贷款，主要以贷款人的人格品行、现金流为贷款资格申请标准，体现出机构的灵活性和人性化。贷款实行逐步提高额度的方式，先从小额高息尝试放贷，在之前按期及时足额还贷基础上，多次提高贷款额度并降低利率放贷，培养贷款人的还贷信用意识。贷款期限灵活，根据顾客需求裁定，体现其需求导向型的经营理念。

（5）马其顿的 ACDF 组织的创造性主要体现在与 PFIs 的合作上。其与 PFIs 达成协议，将二者资金由 PFIs 再贷款给客户，在 PFIs 有利率上限的规定下，允许 PFIs 再做灵活的贷款政策。PFIs 承担了贷款所有的风险，同时 PFIs 间的竞争让其贷款条件如利率、还贷期限、抵押物及费用都变得更加合理。

可见，在农村小型金融组织发展中，经营创新是组织发展的生命线。上述五国农村小型金融组织，都始终按照客户对象的需求特征及其变化情况，积极创新信贷业务，以降低信贷风险。

4.3.4　政府强力扶持是基础

（1）孟加拉国的 Grameen Bank 获得了政府强有力的支持。政府为该机构制定了相关法律法规，并在资本充足率、税收等方面给予了部分优惠，这些政策为 Grameen Bank 更健康地发展提供了更好的环境与法律支持，降低了环境风险。

（2）印度尼西亚的 BRI 全部资金均来源于政府。BRI 是股份有限责任公司，但其全部股份为国家所有，是印度尼西亚的五大国有银行之一，资金来源有政府作其强大后盾。BRI 内部建立乡村信贷部，进行商业化转型，印度尼西亚政府也一直对其进行政府补贴，大力扶持其发展，直到第 5 年 BRI 开始盈利，才不再提供政府的补贴。政府的强力支持为 BRI 发展提供了强大保障，为其成为农村金融组织典范做了坚实的铺垫。

（3）美国社区银行在发展过程中得到政府的有力扶持。20 世纪末，《小企业就业保护法》（Small Business Job Protection Act）颁布，对于某类型的小公司（即总部位于美国，且合伙制企业中股东人数不超过 75 位的企业）提供税收优惠政策，且社区银行股东相对集中，因此能够获得税收优惠。这为社区银行的发展提供了良好的外部条件。

（4）英国的 Aspire 组织得到了政府的制度支持。第一次世界大战后，英国政府开始重视农业生产，对农业进行保护和支持，并专门设立了农业信用调查委员会，调查农业长短期信用及信用合作履行情况，之后颁布了旨在为农民使用土地而提供贷款的农业信用法，几经修改后，在 1928 年颁布了《新农业信用法》。自此，英国正式建立了系统的农村金融体系。此后，英国政府为了在农村金融中实现调控与监督，又设立一部分由政府主导的农村信贷联合会，以略低于商业银行的利率开展贷款。此外，各地还设有其他金融组织办理各种农业贷款。

（5）马其顿的 ACDF 组织获得政府强有力的政策、资金等扶持。2007 年年初，ACDF 面临再融资资金不足的挑战，幸运的是，马其顿政府深知 ACDF 为农业部门提供的低利率小额贷款在农村发展进程中有重要的作用，于是政府再次决定补充 ACDF 基金（主要来源于 IFAD I 和 IFAD II），并从两个世界银行私人部门发展贷款（PSDL I 和 PSDL II）PSDL I 和 PSDL II 中调用了周转资金。

可见，无论是哪个国家，政府在农村小型金融组织创新发展中，都发挥了不可替代的支持作用。这些支持作用主要是向农村小型金融组织提供制度法律保障、资金支持、财政补贴、税收优惠和金融监管等。没有政府的强力支持，农村小型金融组织是不可能得到创新和发展的。

4.3.5　资金来源有一定保障

（1）孟加拉国 Grameen Bank 资金来源广泛且充足。Grameen Bank 的雏形是穆罕默德·尤努斯于 1976 年在孟加拉国的 Jobra 村开创的微型金融实验项目。这一项目获得了孟加拉国中央银行、国有银行、福特基金会等机构的支持。并在发展中 Grameen Bank 改制成为独立法人机构，其股份的 95% 由借款人持有，5% 由政府持有。同时，Grameen Bank 要求按贷款额收取 5% 的费用及贷款人每周强制储蓄，并将这些资金作为小组基金、紧急基金和风险基金。广泛的资金来源均为孟加拉国 Grameen Bank 的发展提供了坚实的基础。

（2）印度尼西亚 BRI 资金来源单一但有保障。BRI 是由政府全权控股的有限责任公司，其资金全部来源于政府资金，在其发展过程中也一直接受政府补贴。充足的政府资金来源有力地保障了 BRI 健康有序发展。

（3）美国社区银行一般以银行控股公司的成员银行形式出现，股权结构简单，人数较少且大多为当地居民，完全没有政府资金扶持。同时，社区银行大多是吸收社区内企业和居民的存款。这种关系型的组织方式所汇聚的资金来源数量虽少，但能尽可能地避免逆向选择与道德风险问题，减少信息不对称，也不失为一种可供借鉴的方式。

（4）英国的 Aspire 组织完全依靠外部资助者的资金，不吸收存款，对机构财务的可持续性造成了极大的危害。外部资助的中断影响贷款的发放、贷款人的信用及职员的大量流失，而且外部资助决策的时滞性也会导致临时性的中断。不吸收储蓄存款则没有充分利用当地贷款人员的资金资源，失去筹集贷款资金的良机，影响其经营。

（5）马其顿的 ACDF 组织的资金有政府资金的基本保障，国家和国际各类贷款项目和基金会的资金补充，加上 20% 的 PFIs 的自有资金，资金来源比较充足。这充分体现了政府、其他组织与市场化金融组织均对 ACDF 组织提供了有力的资金保障。

综合来看，资金来源有保障是农村小型金融组织创新发展的基石。上述五国农村小型金融组织的资金来源都在不同程度上将吸收贷款人的存款作为后续资金来源，稳定了信贷资金；同时，一些机构还得到了社会机构和政府的资助，也为其可持续经营提供了强有力的保障。可见，政府适当放松管制，广泛挖掘资金来源渠道，是农村小型金融组织创新和可持续发展的重要条件。

4.3.6　注重风险防范和分担

（1）孟加拉国 Grameen Bank 高度重视风险防范和分担。第一代 GB 模式中，

Grameen Bank 采取小组信贷、连带责任、同伴压力、社会处罚、整借零还等措施，有效防范可能出现的贷款风险。同时 Grameen Bank 要求按贷款额收取 5%的费用及贷款人每周强制储蓄，并将这些资金作为小组基金、紧急基金和风险基金。其中，风险基金是在发放贷款时扣留 5%的款项作风险储备，作为组员的违约、死亡或灾害的保险。

（2）印度尼西亚人民银行高度重视风险管理和控制风险。从创造性地聘用当地居民为职员以更深入地了解客户基本情况，一定额度以上贷款均需提供相应抵押物，到层层审核筛选借款人，乡村信贷部实行贷款准备金制度，再到收取还款保证金，采取按月收息、分批分期收回贷款的方法，均体现了印度尼西亚人民银行高度重视风险管理，且采取适合本国国情的方法控制风险。

（3）美国社区银行在风险管理方面一向倚重关系金融技术，并在特定领域如信用卡、农业贷款和消费信贷等项目上发挥了独特优势，这使得社区银行的坏账损失（核销率）全面低于大型银行。

（4）英国的 Aspire 通过信贷程序把关，并在内控、外控方面采取必要措施，实施贷款的风险管理。其信用分析系统是通过对财务和非财务信息的分析，决定一个贷款申请是否有资格接受信用贷款。信用委员会通过债务偿还比率和其他工具指标，把握借款者的还款潜力和能力。一旦贷款出现拖欠的状况，会被快速追踪到，且不会放松支付原则或将其放入软贷款基金。

（5）马其顿的 ACDF 组织在风险控制方面要求 ACDF 和 PFIs 两级都必须严格审核把关。ACDF 有权持续监控顾客的业绩以决定它的贷款是否用得恰当，是否符合其标准、政策与程序。ACDF 规定 PFIs 用 ACDF 资金放贷不能超过 PFIs 总贷款资金的 80%，其余 20%的贷款资金是 PFIs 自己的资金，以此作为 PFIs 要求其贷款者及时还贷的动机制衡。另外，ACDF 再融资贷款的所有信贷风险都由 PFIs 承担，即使有贷款者违约，PFIs 还是要全部还给 ACDF。

综上可见，上述五国农村小型金融组织在创新和发展中都把风险控制放在重要地位，但控制方法有所差异，有些是注重利用金融技术分析手段，进行全程监控，降低信息不对称程度；有些是通过建立风险储备基金，或进行借款人的强制储蓄等方式。因此，风险防控方法多种多样。农村小型金融组织只有根据经验的累积，不断探索利用各种有效的风险防范技术，才能逐步建立起与自身资源禀赋相适应的风险防控体系。

4.3.7　强化内部人力素质提升

（1）孟加拉国的 Grameen Bank 在提高内部人力素质方面，重视人力资源开发，通过定期培训提高职员的知识技能和实践能力，培养了一大批素质和效率高的职员，在第二代 GB 中还引进了绩效奖励制度，激发职员的工作积极性和潜能。

（2）印度尼西亚 BRI 高度重视人力素质。在员工招聘过程中，BRI 通常会青睐于本地居民，且有一定职业经验的从业人员，同时 BRI 在印度尼西亚设立多家培训中心，提供新员工培训、升职培训、新规定培训等，且每名员工一年要专门培训两次。这些措施均有利于人力素质提高，以更好地为客户服务。

（3）美国社区银行在强化人力资源方面，主要是建立常态化的培训机制、工作研讨机制，以提高员工的工作技能。同时，员工通常是本社区的成员，社区银行通常也鼓励员工积极参与社区各种技能培训活动，与社区客户建立亲密稳定的人际关系，从而稳定银行的客户群。

（4）英国的 Aspire 组织在工作目标和业绩评价机制方面，对每个职位都有工作说明，并在人事培训上花了不少时间。对于放贷员，Aspire 主要重视培训他们在商业评估、现金流分析、品质分析、与贷款人对贷款期限及条件进行谈判、辅佐顾客、管理还款和违约补偿等方面的能力，其一系列的政策和程序都考虑了独立审计与风险控制的问题。因此，Aspire 具有高强度人际关系交往、团队工作与多水平小型团队的特性。所以，对职员的投资、培训和政策的制定是非常关键的。可以说 Aspire 在人事方面的政策、程序、培训和实践都是相当优秀的。

（5）马其顿的 ACDF 组织在人力资本方面的开发措施基本与英国 Aspire 组织类似。

可见，人力资本是农村小型金融组织创新和发展的战略性资源，是最活跃、最积极的因素。要促进农村小型金融组织内部创新，关键在于提高组织内部员工的文化素质和技能水平，尤其是要提高领导集团和员工的经营管理能力，这是国外农村小型金融组织多年来积累的重要经验。

4.4　国外农村小型金融组织创新与风险控制对中国的启示

国外农村小型金融组织创新与风险控制的基本经验，对我国农村小型金融组织创新与风险控制主要有以下几个方面的启示。

4.4.1　农村小型金融组织应坚守服务"三农"和"财务可持续"双重目标

农村小型金融组织要坚定其"发展农村经济和扶贫"的目标，同时也要把"财务可持续性"作为基本目标。农村小型金融组织是通过金融机制解决农村弱势群体的生产、投资、消费中资金紧缺或冗余资金无处投资的问题，虽然政府有政策优惠倾斜意图，但其不是慈善机构，因此，仍然要把"财务可持续"作为其经营目标，并坚定地实现它。英国的 Aspire 后期被接管，也是因为其财务的不可持续性，这可能影响其发展农村经济和扶贫的基本目标。而财务的可持续性主要依靠增加资金来源、减少成本和风险来实现，这些均需要我国农村小型金融组织在未来的发展中做出更多努力，将经营目标锁定在服务"三农"和实现"财务可持续"上。也许这两个目标本身是有矛盾的，这就需要农村小型金融组织从多方面努力。例如，加强内部经营和管理创新、业务创新，不断降低成本和风险，同时积极争取政府和社会力量的支持，在外部政策、制度、资金、风险分担上得到广泛资助。

4.4.2　农村小型金融组织应实现资金来源多元化

经比较研究发现，上述五国农村小型金融组织案例都反映出其资金来源不单一，有的以自有资金为主，有的以政府资金为主。但是，国际援助、社会捐赠、扶贫基金、风险基金等的投入，也是这些小型金融组织发展所必需的。虽然这当中均存在某些不稳定因素，如 Aspire 资助人的反悔、中断资助，影响其自立性，但是，这毕竟是农村小型金融组织应当极力争取的一个重要来源。因此，对我国而言，村镇银行、小额贷款公司、农村资金互助社不仅应开办借款人强制储蓄业务，而且也应该根据农民、农村企业和小企业主对储蓄流动性、提取习惯等特殊需求，设计不同的储蓄产品，保证贷款资金的充足性。另外，加大国有商业银行对农村小型金融组织的贷款力度，设立小额信贷投资基金，或者进行债权股本投资，都是增加其资本金的有效途径。在农村小型金融组织发展走上正轨，在农村甚至附近城镇地区建立起品牌、形成一定影响力且市场环境成熟的条件下，政府应该适时放宽融资政策，为农村小型金融组织从事境内合法合规债权股权融资创造良好的政策法律环境。

4.4.3　政府扶持是农村小型金融组织可持续发展的保障

1. 政府扶持是重要保障

虽然目前农村小型金融组织都有向商业化转型的趋势，但毕竟农村还是国民经济和社会发展中最为薄弱的环节，农户仍是主要的贫困弱势群体，政府的扶持显得尤为重要。政府的扶持方法，一方面是资金的注入，另一方面是税收（费用）政策的优惠。政府资金大力度地注入主要在农村小型金融组织建立运行早期，以协助金融组织有能力积极研发信贷产品、促进机构自身顺利运行，保证业务的稳定性。政府的资金注入方式既可以是财政直接拨款，也可以是扶贫或农村开发基金及接受的国际援助等。在金融组织正常运转并实现收支平衡时，再逐步减少资金注入力度。纵观美国、英国、印度尼西亚等农村小型金融组织的创新发展，政府对农村小型金融组织都给予了财政补贴、税收优惠等措施，此举有利于减少其经营成本和风险。

2. 依靠央行的征信系统信息

在条件成熟后农村小型金融组织之间再进行金融联结，建立信息共享平台，实现信息互联互通，此举解决了农村小型金融组织获取农户信息难、成本高的问题，是降低信息不对称程度的重要手段。

4.4.4　农村小型金融组织需要向市场化方向发展

1. 农村小型金融组织需要向商业化运作转型

只有商业化运作才能激发农村小型金融组织对市场需求的适应性和创新性。根据小额信贷单笔金额小、客户分散、放贷员人力不足等造成的交易成本高的特点，适当提高利率，略高于普通商业信贷市场利率，保证其能在赤贫地区小额信贷仍有利润，维持其财务可持续性，提高其积极性。

2. 不能忽视市场营销的作用

由于金融和其他产品或服务不同，其特性容易产生以自我为导向的销售模式，而不是主动推向市场。因此，金融营销在城市的金融组织起步晚，而在农村金融领域更缺乏市场营销，即便建立了农村小型金融组织，也不为农户或企业认识或深度了解，无意中限制了其目标市场。所以，应学习 Aspire 的经验，积极主动地进行市场营销，让更多的潜在客户了解农村小型金融组织及其产品和服务，可以更好地打开并拓展农村微型金融服务市场。

4.4.5　农村小型金融组织防范风险需加强金融创新

1. 实行在一定小额范围内无抵押的灵活授信政策

考虑到某些农户的贷款额度非常小，办理抵押会增加其评估成本的因素，可实行在一定小额范围内无抵押的灵活授信政策。但是，要通过贷款人品行、现金流、资产状况及贷款用途等指标，对借款人的申请资格进行严格审核。

2. 注重提供非信贷服务

农村小型金融组织关于金融知识、生产知识、健康卫生和文化知识等方面的培训，有利于鼓励有共同利益诉求点的农户组成自助组，定期召开例会，成员互通信息、交流经验。政府也可以通过举办基础金融知识讨论会和发放金融手册，来推动微型金融在农村地区的普及，提高农户参与农村微型金融的积极性。在提高农户生产技能、增强脱贫致富信心的同时，也能降低小额信贷违约风险，从而有效防范各种微型金融风险，维护农村小型金融组织的稳健经营，进而推动微型金融的可持续发展。

4.4.6　农村小型金融组织发展需要加强人力资本积累

人力资本是农村小型金融组织创新与风险控制最核心的资本。农村小型金融组织应高度重视人力资源管理，引入激励竞争机制。其中，农村小型金融组织聘请当地居民为职员是很好的选择，此举缩短了了解客户信息的时间，但同时要重视对这些职员提供各种专业技能培训，以提高其专业素养。此外，为了减少培训成本，金融组织之间可以进行合作，共同组织定期或不定期的职员基本技能培训、经验交流。而在本机构内部的分支行、营业所等，不同层次组织可以进行人才流动履职，引入竞争机制。岗位晋升不论资排辈，而以业绩为考核指标，激励有为青年积极上进，不断积累而形成良好的农村小型金融组织的企业文化。

4.4.7　农村小型金融组织风险防范需建设农业保险体系

我国应加强政策性保险公司的建设，增强国有控股商业保险公司自身的支农责任，加大该类保险公司对县级以下保险事业发展的支持力度，强调专业性农业保险公司要发挥其服务"三农"的作用。引导农民、农村企业出资建立适应"三农"发展的农村保险互助合作社、村镇保险公司等新型农村保险机构，采取相关优惠政策鼓励各类保险公司到农村建立分支机构，建成多样化、多层次、覆盖面广的中国农业保险体系。农村小型保险机构是农村保险体系的重要组成部分，农村小型保险机构的创新发展，不仅是农业发展的客观需要，也是农村小型信贷机构健康发展的需要。农村小型保险机构的发展，可以通过为农民提供风险补偿，为农村小型信贷机构分担大量信贷风险，从而降低农村金融风险。因此，发展农村小型保险组织具有"一箭双雕"的作用。

第5章 中国农村小型金融组织发展与服务现状考察

作为我国农村金融组织体系的重要组成部分，农村小型金融组织是在传统的农村金融组织体系基础上，通过不断进行组织创新、业务创新而发展起来的。而农村金融组织体系是指一切为农业和农村经济服务的金融组织及其金融活动的总称，它以农村货币流通与信用活动实现统一为其形成标志，又以二者的相互渗透及向证券、信托、保险等新领域的不断拓展为其显著的发展特征。农村金融组织体系的健康发展，是一个农村金融组织与农村经济组织在信用交易与信用合作中实现互利双赢的过程。本章将着重考察中国农村金融组织体系的演变历程和农村小型金融组织发展与服务供给现状，并对中国农村经济发展中的农村金融缺口进行分析，以便为中国农村小型金融组织的创新寻求现实的需求证据。

5.1 中国农村金融组织体系的演变历程

5.1.1 "大一统"农村金融组织形成：1952～1978 年

新中国成立不久后，中央政府开展了合作社和土地改革运动。为了扩大生产，农民对资金需求的意愿越来越强烈，即使有些农民能够通过私人借贷得到一些资金支持，但大量的资金缺口问题仍普遍存在。为解决这个难题，中央政府指出要在全国范围内开展试点工作，筹划组建农村信用合作社。中国人民银行于 1954 年 3 月底召开了第一届全国农村信用社合作会议，再一次确切表明要坚定不移地走合作社的道路。自此以后，农村信用社迎来了快速发展的历史阶段。1954 年年底，全国农村信用社发展到 12.6 万个，70%左右的乡建立了农村信用社，而且成立不久的农村信用社，其合作原则也得到充分体现。

为了进一步加快农业生产的发展，国家决定增加对农业合作化信贷资金的支持，因而于 1955 年 3 月批准成立中国农业银行，而且将其定位为中国人民银行总行的一个直辖行。其主要职责是通过对农村信用社指导，从而使中央对农业的信贷做到专项专用及对农村剩余资金做到物尽其用和广泛动员的效果，但由于其管理权限和业务开展方向与中国人民银行混淆，1957 年 4 月中央决定撤销中国农业银行。

中国农业银行成立之后，农村信用社的工作由其组织执行（农村信用社工作的重要方针仍由中国人民银行决定）。1955 年 9 月，成立不久的中国农业银行开始对农村信用社进行大力整顿。部分农村信用社的民主管理工作与自愿原则及社员股东权利都在不同程度上受到破坏和侵害。在 1957 年中国农业银行被撤销后，农村信用社成为中国人民银行在基层的分支机构。然而，此后在全国范围内爆发了"大跃进"和"文化大革命"，"合作升级"也如火如荼地开展着，并以此来强化农村信用社集体财产性的结构；随后两次将农村信用社的人、财、权下放生产大队管理，两次又收回银行管理[①]。这样，农村信用社从创社之初的农村合作金融组织变成了国家基层机关在农村的融资工具。这一时期的农村金融组织，实际上是以农村信用社为支点，中国人民银行统揽了城乡所有金融业务的"大一统"式的农村金融组织。

5.1.2　多元化农村金融组织业态开始形成：1979～1993 年

1976 年"文化大革命"结束，我国政治经济生活逐步恢复正常。1978 年，国家率先在农村对土地实行家庭联产承包责任制和进行农产品价格改革，极大地提高了农民生产的积极性，与此同时，乡镇企业开始大量出现。为适应快速发展的农村经济，1979 年 2 月，中国农业银行正式复牌，并且规定将它作为农村信用社的上级机构。中国农业银行由于业务范围扩大，又集国家对农村的财政拨款、商业贷款及农村信用社管理于一身，成为农村金融的主导力量。随着国家的各项发展事业逐渐步入正轨，农村经济也开始复苏，经过一段时期的发展也取得了巨大的进步。

经过第一阶段、第二阶段的改革与调整之后，我国农村金融组织得到了快速发展，1986 年年底，中央决定在邮政企业的业务中增设邮政储蓄业务；逐渐放开了对农村民间信用的管制，允许民间自由借贷，积极兴办农村保险事业，允许探索多种形式的投融资发展模式。同时，各大银行也扩大了进入农村金融市场的步伐，部分保险公司、财务公司也开始入住农村，多元化农村金融组织业态开始形成。

5.1.3　农村金融组织商业化转型和走向垄断：1994～2002 年

20 世纪 90 年代以来，农村金融市场的发展环境也有了巨大改变。由于一些乡镇企业和国有企业实行民营化，私营企业快速发展，农村劳动力要素市场基本

---

① 第一次下放是在 1958 年，1959 年收回；第二次于 1969 年下放，1977 年又将农村信用社的资金使用、人员编制等纳入国家计划，实现了第二次收回，并一直持续到 1984 年。资料来源：尚明. 2000. 新中国金融 50 年. 北京：中国财政经济出版社.

实现自由化，信息技术的进步和相关法律的完善等，使农村金融组织也发生了比较大的改变。1993 年 12 月，国务院明确做出"中国农业银行转变为国有商业银行"的决定，中国农业银行开始向国有商业银行转轨。1994 年，中国农业发展银行正式成立，专门履行从中国农业银行分离的政策性职能，承担农业政策性金融服务。与此同时，《国务院关于金融体制改革的决定》的发布，标志着农村商业性金融与农村政策性金融的分离。至此，我国农村金融组织体系初步形成了以商业性金融、政策性金融和合作性金融为基础、分工合作的体系格局。

此阶段的农村经济得到了较快的发展，但为了使其更上一层楼，中央决定整合和理清农支力量，确定各农村金融组织的支农地位，国务院于 1996 年 8 月出台了《国务院关于农村金融体制改革的决定》，逐步将农村信用社从中国农业银行中脱离出来，组建了省级农村信用联社。同时，为了加快专业银行向商业银行的转型，将各专业银行办成真正的国有商业银行，中国工商银行、中国农业银行、中国银行、中国建设银行等四大国有银行相继淡出农村金融市场，中国农业发展银行成为专门从事与农产品发展相关的政策性银行。四大国有商业银行的大面积撤出，使农村信用社逐渐确立了在农村金融市场中的垄断地位。

5.1.4　农村金融组织市场化改革与创新：2003 至今

1. 传统农村金融组织商业化与市场化：2003 至今

2003 年以来，我国农村市场经济体制逐步发展和完善，但农村经济受城镇化和工业化的影响加大，中央决定加快建设社会主义新农村，但资金要素非农化明显，农村金融市场的资金供给相对短缺。为此，21 世纪以来，中央就致力于对农村金融组织体系进行深化改革，传统的农村金融组织也进入了商业化和市场化改革的重要阶段。2003 年以来，国家从未中断对农村信用社进行改革。2003 年 6 月，国家出台《国务院关于印发深化农村信用社改革试点方案的通知》，再次鼓励农村信用社的改革与创新。该方案要求各地农村信用社，要不断明晰产权，强化约束机制，自担风险，提升服务质量，并决定在江苏、重庆等 8 个省市率先进行农村信用社改革试点工作。2004 年 8 月，将试点地区扩大到另外 21 个省区市。而开始 2006 年年底的海南省农村信用社改革是在全国范围内全面开展农村信用社改革试点工作的重要标志。自 2010 年开始，银监会制定实施的相关制度办法，要求有条件的信用社要逐步推进将资格股向投资股转化，并要求开始组建股份制的农村信用社和筹建农村商业银行，同时指导农村信用社引进新的优质合格股东，引进先进的公司管理方法。到目前，我国农村信用社已演变成三种组织形式：农村股份制商业银行、农村合作银行、农村信用社。

为了让农村金融组织更好地服务于"三农"，2006 年以来，国家加快推进了农村金融改革。以此为契机，中国农业银行先后进行了一系列的改革创新。2006年1月，中国农业银行按照国有商业银行改革的统一部署和"一行一策"的要求，积极创造条件，进一步做好股改基础工作，加快股份制改革步伐。2007年1月，全国金融工作会议明确了中国农业银行要"面向三农、整体改制、商业运作、择机上市"的改革原则，并要求中国农业银行要强化为"三农"服务的市场定位和基础责任，实行整体改制。2007年6月中国农业银行新一届党委组成，制定了金融服务总体实施方案，于当年10月在福建、湖南、吉林、四川、广西、甘肃、重庆、安徽等地开展服务"三农"试点工作分行启动试点，并于2008年3月成立了专门的"三农"业务部。2008年10月，国务院通过了《农业银行股份制改革实施总体方案》。中国农业银行于2009年下半年完成上市的技术性准备工作，2010年7月正式上市，至此，中国农业银行的股份制和商业化改革暂时告一段落。

2006年3月，经银监会批准邮政储蓄开始开办小额质押贷款业务，发展适应农村经济的信贷品种，以此来弥补农村信贷资金的相对短缺。2007年3月，中国邮政储蓄银行在北京正式挂牌成立，从而让邮政储蓄体制改革取得质的进步。中国邮政储蓄银行在广大农村地区拥有至少3.6万个营业网点，因此它对农村金融网点空缺起到了较好的补充作用。

作为我国唯一一家农业政策性银行，中国农业发展银行的改革与创新，对农村经济的发展尤为重要。2004年以来，中国农业发展银行业务范围逐步拓展，经银监会批准，中国农业发展银行的业务范围逐渐扩大，由原来的粮食收购贷款业务扩大到加工企业贷款业务、农业科技贷款、农村基础设施建设贷款、农业综合开发贷款、农资贷款业务。目前中国农业发展银行已形成了以粮棉油收购信贷业务为主体，农业产业化信贷、农业和农村中长期信贷为两翼的新业务格局。2011年初，中国农业发展银行从探索多元化经营、实现长期可持续发展的战略角度考虑，决定开展投资业务，成立投资部筹备组，并将投资业务定位为农业政策性自营性业务。2012年农业发展银行正式成立了投资部，进军直接投资和资产证券化等金融领域，这不仅意味着中国农业发展银行的商业化程度进一步提升，也意味着中国农业发展银行在综合金融业务的道路上大步迈进。2014年9月，国务院第63次常务会议审议通过了中国农业发展银行改革实施总体方案。中国农业发展银行制定实施了"两轮驱动"业务发展战略，重点支持粮棉油收储和农业农村基础设施建设，为维护国家粮食安全、促进城乡发展一体化做出了不可替代的重要贡献。

2001年，我国成为世界贸易组织的成员，根据相关农业协议要求，我国对农村金融的"改头换面"趋势已不可改变，而且这些年来也取得了长足的进步和丰硕的成果。但传统农村金融组织商业化与市场化的道路还很漫长，还必须再接再厉不断改革创新。

2. 农村小型金融组织创新与形成：2007 年至今

受孟加拉国小额信贷试验和普惠金融理念的影响，2006 年以来，中国也加快了农村小型金融组织的创新试点和推广。2006 年 12 月，银监会出台了相关文件，降低了对农村地区银行业金融组织的准入门槛，将村镇银行、信贷公司、农村资金互助社纳入新型农村金融组织的试点范围，首批选择了内蒙古、四川、吉林、甘肃、湖北和青海六省区的农村资金互助社、村镇银行、贷款公司等新型农村金融组织进行试点。此后，小额贷款公司也被纳入了试点范围。2007 年 1 月，银监会发布了《村镇银行管理暂行规定》，使村镇银行管理正常化和制度化。同时，银监会发布的《农村资金互助社管理暂行规定》明确了农村资金互助社的成立条件和日常管理办法。

此外，中国人民银行和科学技术部等政府部门从信贷支持、股权融资支持等多角度，积极支持农村科技创业，为农村科技创业提供了有力的金融保障。2010年，科学技术部、中国人民银行、银监会等印发《促进科技和金融结合试点实施方案》，在农村地区有效推动了金融支持农村科技创业；2014 年，中国人民银行会同科技部、银监会、证监会（中国证券监督管理委员会的简称）、保监会①（中国保险监督管理委员会的简称）和知识产权局等六部门，联合发布了《关于大力推进体制机制创新扎实做好科技金融服务的意见》，对金融支持农村科技创业做出了全面部署，这意味着我国农村金融组织创新不仅在组织结构和治理上，而且在服务业务导向上，实现了全方面的改革创新突破。

5.2　中国农村金融组织体系的现实特征

要有针对性地促进农村金融组织创新，首先需要弄清农村金融组织体系发展的现实特征。总体来看，目前中国正规的农村金融组织体系主要由传统的农村金融组织和新型的农村金融组织两大类别构成。

5.2.1　传统的农村金融组织体系

1. 传统农村金融组织体系构成及组织特征

从合规性来看，我国现实农村金融组织体系包括正规金融组织和非正规金融

---

① 2018 年 3 月，根据第十三届全国人民代表大会第一次会议批准的国务院机构改革方案，将中国保险监督管理委员会的职责整合，组建中国银行保险监督管理委员会；将中国保险监督管理委员会审慎监管基本制度的职责划入中国人民银行；不再保留中国保险监督管理委员会。

组织两种类型。其中，正规金融组织主要是由传统的商业性金融组织、政策性金融组织、合作性金融组织和新型的农村金融组织组成的。而非正规金融组织是以自发的、分散的民间借贷为主，包括合会、小部分当铺、私人借贷等，两者共同构成了中国特色的农村金融组织体系。

传统正规金融组织具体包括中国农业银行、中国农业发展银行、农村信用社、农村合作银行、农村商业银行和中国邮政储蓄银行，其主体是中国农业银行、中国农业发展银行、农村信用社、中国邮政储蓄银行四大正规金融组织，通过这四个金融组织，中央实施对农业的资金供给和信贷支持政策。

1）中国农业银行

中国农业银行是四大国有银行之一，也是新中国成立后设立的第一家国有银行。在过去几十年的改革和发展中，中国农业银行经历了从国有专业银行到国有独资商业银行，再到国有控股商业银行三种组织形式的转变，直到 2010 年中国农业银行成功上市，成为具有现代公司治理特征的商业银行。中国农业银行以"面向'三农'、服务城乡、回报股东、成就员工"为使命，具有分支机构多、电子化网络化覆盖率高及金融产品多样化的特点。其业务范围广泛，业务种类齐全，本外币业务结合，能够办理国内、国际通行的各类金融服务业务。但随着商业化和股份制改革，其支农功能弱化，去农化趋势明显，无论是资本、机构还是工作人员都大量撤离农村。截至 2002 年年初，包括中国农业银行在内的四大国有商业银行基本取消县一级分支机构的放贷权，共撤并约 3.1 万个县及县以下营业网点。

2）中国农业发展银行

中国农业发展银行是我国唯一的一家农业政策性银行，主要职责是，按照国家的法律、法规、方针和政策，以国家信用为基础，向社会筹集资金，承担国家规定的农业政策性金融服务业务，代理财政支农资金的拨付，主体业务为国家粮棉购销储、农业产业化经营、农业农村基础设施建设等提供优惠利率信贷支持。作为农村金融的重要补充，中国农业发展银行的成立标志着政策性金融和商业性金融的分离，使之各司其职，分工明确，更好地为"三农"服务，更好地执行国家对农村的农业政策。

3）农村信用社

农村信用社作为农村合作性金融组织的主体，其职责是动员农村闲散资金，为农业农村提供信贷支持，促进农业生产和农村经济社会健康发展，并支持各种形式的合作经济和社员家庭经济，为"三农"发展提供更好的金融服务。农村信用社由农民和农村其他个人筹资联合组成，以互助为宗旨，充分体现其合作性的特点。农村信用社在全国农村地区分布范围广，覆盖大多数的村镇，是支农的主力军。2003 年以来，股份制改革后的农村信用社成为"自主经营、自我约束、自我发展、自负盈亏"的市场主体,使其服务"三农"的能力进一步提高。但其金融产品及资金筹集渠道单一,与"三农"所需金融服务脱节,最终会影响其支农绩效和可持续发展。2013 年,农村合作金融组织坚持"成熟一家,组建一家"的原则,积极推进农村信用社改制组建农村商业银行或农村合作银行。截至 2015 年,农村信用社共有法人机构 34 909 家。

4)中国邮政储蓄银行

中国邮政储蓄银行是在原邮政储蓄体制的基础上组建的,并于 2007 年 3 月正式挂牌成立。中国邮政储蓄银行继承了原国家邮政局、中国邮政集团公司经营的邮政金融业务。除了经营一些传统的业务外,中国邮政储蓄银行还经营投资和理财业务,并不断创新金融品种,如小额信贷、个人商务信贷、存单质押贷款等信贷业务。经过多年的发展,中国邮政储蓄银行的网点建设不断扩大、业务范围不断扩充、服务质量不断提高,并充分依托和发挥邮政网络优势,完善城乡金融服务体系,为基础性金融和广大人民群众服务,使中国邮储银行成为农村金融体系的重要组成部分。

5)政策性农业保险

政策性农业保险是为了防范因自然灾害和意外事故造成对种植业、养殖业的经济损失而提供的一种成本保险制度。其作用渠道是通过政府提供的保费补贴等政策扶持来稳定农民的收入,是金融支农的重要组成部分,对农村经济的稳定发展有着不可忽视的作用。政策性农业保险创新了政府救灾方式,提高了财政资金使用效益,而且农业保险也属于世界贸易组织所允许的支持农业发展的"绿箱"政策。2004 年,国家要求加快发展农业保险,在保监会牵头下,全国相继诞生了一些农业保险公司,并在安徽、湖南等九个省区市开展农业保险试点。中央财政对农业保费的补贴极大地鼓励了农业保险的发展。近年来,政策性农业保险保持了强劲的发展势头,保险的范围扩大、品种增多,保费收入逐年增加,从 2006 年的 8.46 亿元增长到 2014 年的 325.7 亿元,但由于其发展模式不成熟,与农村实际情况契合不完善,且现阶段的农险保费高、赔付少,出现很多农民不愿参保的尴尬局面。

6)农村商业银行

农村商业银行是在有条件的农村信用社的基础上,通过股份制改革后成立的银行性金融组织,与农村信用社有着本质上的区别。截至 2014 年年末,全国农村信用社资格股占比已降到 30%以下,已组建约 303 家农村商业银行、约 210 家农村合作银行。农村合作银行的资产总额已占全国农村合作金融组织资产总额的41.4%。然而,由于改制后的农村商业银行奉行"安全性、营利性、流动性"经营理念,与农业本身所固有的长期性、高风险性、弱质性的特点相悖,改制后的农村商业银行,其业务定位方向从服务农业变为工商业,新型农村商业银行涉农贷款比例、农村客户不断下降,脱农现象严重。

2. 传统农村金融组织信贷约束强化

为了调查了解农村信贷约束情况，本课题组于 2014 年 6~10 月在重庆、四川、贵州、云南、浙江、山东、江苏等省的 26 个乡（镇），对农村经济主体的信贷约束情况进行了问卷调查。调查对象包括农户和新型农业经营主体，发放问卷 1500 份，收回问卷 1385 份，剔除无效问卷，得到有效问卷 1130 份。调查发现，虽然农村商业性金融组织仍有一部分扶贫、农业综合开发的专项贷款，但由于其以商业化为导向，涉农贷款业务全面收缩，县级以下的营业网点遭到撤并，农户从中国农业银行、农村商业银行、中国邮政储蓄银行及小额贷款公司借款的比例合计仅为 4.58%，充分说明农村商业性金融已脱离农户，支农作用日益弱化，信贷约束日益增强。

在很大程度上，检验农村金融组织运行成效，可以以农民有效的正常贷款需求能否得到满足为标准。虽然经过了一系列的金融体制改革，在为农民、农业和农村服务方面农村金融组织与之前比较取得了长足的进步，但农民"贷款难"的问题似乎依然没能得到彻底解决。就正规金融组织看，其贷款需要抵押及担保，且审核程序复杂。表 5-1 显示了样本地区农村经济主体从国家金融组织贷款难度。13.91%的被调查户认为从国家金融组织贷款很难，40.04%的被调查户认为比较难，33.48%的被调查户认为一般，7.53%的被调查户认为比较容易，只有 5.05%的被调查户认为非常容易。

表 5-1　样本地区农村经济主体从国家金融组织贷款难度统计

国家金融组织贷款难度	人数	比例/%
很难	157	13.91
比较难	452	40.04
一般	378	33.48
比较容易	85	7.53
非常容易	57	5.05

数据来源：根据本课题组微观调查数据整理。

调查发现，传统农村金融组织不愿意向农村经济主体尤其是农民发放贷款的原因是：第一，很多农户小规模种植，贷款需求不足，导致银行贷款无有效地支持对象。第二，由于农户贷款的额度相对较小，比较分散，加大了审查的工作量，而且贷款收益微薄，吸引力小，不能形成规模优势。由于对风险具有很强的抵抗性，贷款规模一般在 5 万元以下，最小的甚至仅为几百元。第三，农户和新型农业经营主体缺少有效抵押物。农户和新型农业经营主体可用于作为抵押担保的资产十分有限，主要是土地、林地和住房，而大多金融组织不愿接受土地、林地和住房资产作为抵押品，因为这些资产价值评估、流通转让、处置变现十分困难，因此，农户和新型农业经营主体难以获得金融组织产权抵押贷款。第四，必要的信贷激励机制缺乏。银行没有风险分担机制，担保、保险、财政介入较少，导致银行涉农贷款风险较大。因此，无论是农村信用社还是国有商业银行，都更愿意将贷款发放给城市工商企业，或者为了完成年度贷款任务向大型农业企业贷款，而不愿意向规模相对较小的农户和部分新型农业经营主体贷款，特别是在缺少利益激励机制时更是如此。

5.2.2　农村小型金融组织体系

传统农村金融组织出现金融供给的空缺，需要农村小型金融组织通过微型金融服务来满足农村金融需求。相对于传统的农村金融组织而言，农村小型金融组织具有独特优势：一是其运营成本低，需要的固定资金成本也较低；二是其低门槛的担保要求，借贷双方契约关系的维系往往是道德、伦理、传统或宗族等非正式制度；三是其在信息上与借款人较为对称，交易方的偿债能力、资金投向和项目前景等信息比较透明；四是其利率灵活多变，由借贷双方根据资金供求状况及人际关系的亲疏远近等自由确定；五是其交易的执行和保护依托社区法则。总之，农村小型金融组织内生性和自发性的特点，让它很好地契合了农民的需求。从总体上看，我国农村小型金融组织指 2005 年后新批准成立的农村金融组织，包括村镇银行、贷款公司、小额贷款公司、农村资金互助社（表 5-2）。

表 5-2　中国农村小型金融组织及其特征

组织机构	出资人	服务对象	注册资本金	治理结构
村镇银行	出资人多元化，由境内外金融组织、境内非金融组织企业法人和境内自然人共同出资	为当地的"三农"发展提供金融服务	在地（市）设立村镇银行，其注册资本不低于5000万元；县市一级设立，注册资本不低于300万元；乡镇一级设立，注册资本不低于100万元	只设董事会，并由董事会对高级管理层实行监督管理职能
贷款公司	由境内商业银行或农村合作银行全额出资	专门为县域"三农"发展提供贷款服务	注册资本不低于50万元	经营管理层主要由投资人直接委派，并实行监管职能
小额贷款公司	由企业法人、自然人和其他社会组织出资设立	服务"三农"和小微企业	注册资本不低于10万元	根据有限责任公司或股份有限公司的标准组建
农村资金互助社	由乡镇、行政村农村和农村小企业自愿入股组成	主要为社员提供存款、贷款和结算等业务	乡镇一级设立的注册资本不低于30万元；行政村一级注册资本不低于10万元	经营管理层主要由社员推举产生，并设立由利益相关者所组成的监事会

资料来源：原银监会等制定的《村镇银行管理暂行规定》、《关于小额贷款公司试点的指导意见》和《农村资金互助社管理暂行规定》。

2006 年 12 月，银监会发布了《关于调整放宽农村地区银行业金融机构准入政策，更好支持社会主义新农村建设的若干意见》，第一批次选择了 6 个省区进行农村小型金融组织创新试点，这些小型金融组织包括贷款公司、村镇银行、农村资金互助社等，而这 6 个省区分别是：内蒙古、吉林、甘肃、青海、四川和湖北。此后，银监会进一步将小额贷款公司纳入试点工作。2015 年，银监会发布《中国银监会农村中小金融机构行政许可事项实施办法》，进一步对农村中小型金融组织的设立等进行简政放权，降低了农村小型金融组织的审批门槛，并规定农村信用合作联社、村镇银行、贷款公司和农村资金互助社，以及由单一县（市、区）农村合作银行、农村信用社组建的农村商业银行由银监分局或所在城市银监局受理、审查并决定其筹建和开业申请。

1. 村镇银行

村镇银行是指在农村地区设立的，为当地农业农村发展提供金融服务的小型银行业金融组织。其机构绝大多数设置在县、乡、镇，根据《村镇银行管理暂行规定》，对符合条件的村镇银行的注册资本必须全部为实收资本，由发起人或出资人一次性缴足。村镇银行的业务除了传统的存贷业务外，还办理国内结算、票据承兑与贴现，并从事同业拆借、政府债券、保险业务及其他经银监部门批准的业务。根据中国银行业协会披露的数据，截至 2014 年年底，中国已组建村镇银行达到 1233 家，其中批准开业的村镇银行有 1152 家；村镇银行发放的各项贷款余额达到 4862 亿元，比上年增长 1234 亿元；其中，农户贷款余额达到 2111 亿元，小微企业贷款余额达到 2405 亿元，前述贷款占比累计达到 92.9%。目前，村镇银行已经遍及全国 31 个省区市，覆盖 1083 县（市），占县（市）总数的 57.6%。村镇银行的快速发展，有力地解决了农村地区金融网点覆盖率低、供给不足的问题。

2. 贷款公司

贷款公司是指在农村地区设立的专门为县域农业农村发展提供金融服务的非银行业金融组织。按规定，贷款公司的投资人必须是境内的商业银行或农村合作银行，且资产规模不低于 50 亿元；注册资本不低于 50 万元，且为实收的货币资本，要求由投资人必须一次性缴足。经各省银监分局批准后，可在县域内设立分公司。允许贷款公司办理各项贷款、票据贴现、资产转让、贷款项下的结算，和经过银监部门批准的其他资产业务。但是，贷款公司不得吸收公众存款。截至 2014 年末，我国已开业的贷款公司共 14 家。

3. 小额贷款公司

小额贷款公司是由企业法人、自然人和其他社会组织投资设立，以经营小额贷款为主要业务，公司以股份有限公司或有限责任公司等形式组建。小额贷款公司的注册资本必须全部为实收货币资本。按照《关于小额贷款公司试点的指导意见》（银监发〔2008〕23 号）的规定，小额贷款公司在坚持服务农业、农村、农民的原则下，本着"小额、分散"的原则，自主发放贷款，禁止进行任何形式的非法集资活动。截至 2014 年年末，全国共建小额贷款公司 8791 家，发放的贷款余额达到 9420 亿元，2014 年新增人民币贷款达到 1228 亿元，从业人员有 109 948 人。

4. 农村资金互助社

农村资金互助社是指经银保监会批准成立的，由乡镇、农民和农村小企业自愿入股组成，为社员提供存款贷款、结算等业务的社区互助性金融组织。它的主要优势在于对称的信息、较低的融资及运营成本和简便的手续流程等。根据《农村资金互助社管理暂行规定》，社员入股必须以货币出资。农村资金互助社的资金来源主要是：吸收社员存款、接受社会捐赠和向其他银行等金融组织借入资金；资金的用途是，为社员发放贷款。截至 2014 年年末，我国组建的农村资金互助社达到 49 家，且主要是小规模的，无法起到大的促进作用。比较来看，这些具有"草根特色"优势的农村小型金融组织，主要依托其天然贴近农民、农业和农村的特性，充分利用"熟人"的社区信息优势，来降低信贷交易的信息成本，保证农村借款主体获得信贷资金，从而有效增加农村信贷服务量。

一般说来，农村小型金融组织主要是补充正规金融组织服务的空缺，适宜在经济落后的地区发展，因而我国的农村小型金融组织一般也优先布局在中西部及老少边穷地区、农业主产区和小微企业聚集区，并且重点向乡镇以下延伸其服务网点。农村小型金融组织还需要坚持小额分散的原则，持续提高农户和小微企业贷款的比重。同时，需要加大民间资本的引入力度，不断完善其运营管理模式。《2014 年中国区域金融运行报告》数据显示，截至 2014 年年末，全国村镇银行、农村资金互助社、贷款公司、小额贷款公司数量分别达 1254 家、49 家、13 家和 8791 家。其中，地处中西部地区的农村小型金融组织占比达到 62%，直接和间接入股村镇银行的民间资本占比达到 71%，在各项贷款余额中，农户贷款和小微企业贷款合计占比超过 90%，可见，我国农村小型金融组织已成为服务农业、农村、农民和支持小微企业发展的生力军。

因此，从目前实施的效果来看，这些农村小型金融组织在一定程度上填补了试点农村地区金融服务的空白，有效扩大了金融服务的覆盖面。这些农村小型金融组织的实践经验，对于补充与完善农村金融服务体系，起到了一定的借鉴、探索和实验性作用。

5.2.3　农村非正规金融组织体系

民间金融也称非正规金融，是因为其金融活动不受政府批准与监管的限制，而游离于现行制度法规边缘、有别于正规金融的一种金融行为。亲朋好友和个人之间的借贷，私募筹集资金及企业之间的拆借等都是民间融资的根本表现。民间金融主要包括私人钱庄、合会、民间集资、高利贷等形式。有效的金融支持是解决"三农"问题的关键点。2011 年国际农业发展基金会的报告指出，我国农民来自非正规金融组织的借款，大约是来自正规金融组织贷款额的 4 倍。可见，农村非正规金融组织在支持我国农业农村经济发展中发挥了重要作用。

相关调查表明，全国中小企业的融资约有 1/3 来自民间金融。根据 2015 年中国人民银行的权威报告推算，到 2014 年，我国约有 22.3%的家庭有民间负债，与之相对应的是约有 166 万户家庭对外高息放贷，高息借贷的资金规模超过 7500 亿元，户均借出款余额约为 45 万元，年利率平均为 36.2%。与正规的国有银行相比，一些民间金融组织的不良贷款率水平并不高。与正规金融组织较发达的地区相比，正规金融组织不发达的地区的民间借贷比例较高，所以民间金融一定程度上填补了正规金融的空缺。

综上所述，目前我国农村金融组织主要有农村信用社、农村商业银行等（表 5-3），它们之间是分割与互补的关系，共同作为农户和农村企业的资金可获取来源。

表 5-3　我国农村金融组织运营的现实特点

金融组织与融资	主要资金来源	主要资金投放	其他特点
中国农业发展银行	吸收企业存款发行金融债券	粮棉油收购贷款、农业基础设施贷款、新农村建设贷款等	利率较低，实行优惠利率
中国农业银行	居民储蓄存款企业存款同业拆借	较大型企业、长中短期农业贷款	利率一般，贷款按程序审批和监管
农村信用社	居民储蓄存款	乡镇企业、农业大户、个体工商户、中短期贷款为主	贷款利率可浮动，有长期历史信誉，贷款需抵押担保
农村商业银行	居民储蓄存款定期为主集体资金	个体工商户、村集体企业、农业大户、短中长期均有	利率较高，贷款需要抵押担保

续表

金融组织与融资	主要资金来源	主要资金投放	其他特点
中国邮政储蓄银行	吸收储蓄存款企业存款	中短期贷款、服务"三农"和小微企业	利率为商业信贷利率，需要抵押担保
农村小型金融组织	股金、社会捐赠	农业、农村、农民	利率较高
民间自由借款	农户及其他个人	农户及其他个人	不付息或利率较低，以亲情、友情作担保，无须抵押，灵活方便快捷
高利贷	私营业主	农户、个人；村集体、个体工商户、小企业	利率更高，无须抵押，灵活方便快捷

5.3　中国农村经济发展中的金融服务现状考察

5.3.1　传统农村金融组织的金融服务现状

1. 中国农业银行的金融服务

农村商业性金融是自主经营、自负盈亏、独立核算的企业主体，是按照《中华人民共和国商业银行法》和《中华人民共和国公司法》设立的，能够吸收公众存款、发放贷款、办理结算的法人实体。其经营目标是追求经济利润的最大化。农村商业性金融是我国农村金融组织体系的重要组成部分。中国农业银行作为农村组织金融体系中最为重要的商业性金融组织，一直根据中央的农业政策坚定不移地把服务"三农"作为全行各项工作的重中之重。截至 2014 年年底，中国农业银行涉农贷款余额 2.38 万亿元，比年初增加 2688 亿元，增速为 12.73%。近年来，中国农业银行对"三农"的服务现状主要表现在以下方面。

首先，积极启动实施"三百行动"，择优支持 100 家国家级农业产业化龙头企业、100 家大型县域商品流通市场和 100 个旅游行业重点县。加快县域特色产品创新，推出农村土地整治贷款、城镇化建设贷款和龙头企业核心经销商预付账款融资，创新国家储备粮食代收代储企业短期流动资金贷款、"粮捷贷"和"奶源贷"等分行区域性产品，积极开办生态移民扶贫贷款、应收账款质押贷款、政府融资增信业务、再保理等业务。截至 2014 年年末，县域公司存款余额为 15 015 亿元，贷款（不含票据贴现）余额为 17 371 亿元。

其次，积极响应十八大对农业现代化的号召，支持现代农业发展。主要表现在中国农业银行对农业科技和现代种业的支持、对新型农业经营主体的支持、对农业产业化龙头企业的信贷支持等。例如，在农业科技浸入支持方面，截至 2014 年年末，中国农业银行已为全国 100 多家农业科技创新企业提供信贷支持，为 52 个国家现代农业示范区提供了信贷、结算、代理等多元化的金融服务，与全部 65 家国家级农业科技园区建立了合作关系，实现了科技金融服务的全覆盖。在对农业现代化金融支持方面，2014 年中国农业银行对全国 140 万专业大户（家庭农场）开展普查，建立了新型农业经营主体客户库，择优提供金融支持。截至 2014 年年末，共支持专业大户、家庭农场等新型农业经营主体 14 万户，年末存量客户为 8.7 万户，贷款余额为 174 亿元，较上年末净增 66 亿元。

再次，扩大金融支农的范围，提升金融支农的功能。主要表现在中国农业银行对粮农的支持、对春耕备耕的支持、对乡村建设的支持等方面。在对粮农的支持方面，中国农业银行为粮食生产企业和粮农提供全方位金融服务，创新了不少贷款业务品种，如农户小额贷款、农村家庭消费贷款和生产型贷款、家庭农场和专业大户专项贷款等产品，创新性地推出了第三方保证担保、财政惠农直补资金担保等抵押担保融资方式，支持广大粮农积极扩大农业种植面积。支持"美丽乡村"建设，围绕乡村人居环境建设、当地支柱产业的发展、重大农业基础项目建设、农民消费升级等领域开展金融服务，积极挖掘有效金融需求，推进农村经济社会发展和农民生活环境改善。

最后，中国农业银行一直致力于探索创新农村中间业务。近年来，中国农业银行一方面大力发展惠农卡、农户贷款和代理新农保、新农合等业务，另一方面又着力加强了农村金融服务渠道的建设。通过在农村地区布放转账电话、刷卡机（point of sale terminal，POS 机）等电子设备，为农民提供转账、消费和小额取现等金融服务，有效地缓解了服务渠道不足的瓶颈。中国农业银行的数据显示，截至 2014 年年末，中国农业银行在全国范围内共设立服务点 65 万个，在县域以下农村地区布放电子设备 122.7 万台，电子设备行政村覆盖率为 75.2%。代理涉农财政补贴、农村公用事业收费等其他涉农代理项目 6471 个，较上年末增加 3992 个。

2. 农村信用社的金融服务

2003 年 6 月，国务院发布《深化农村信用社改革试点方案》（国发〔2003〕15 号），提出"花钱买机制"的改革思路，对全国农村信用社进行了全面改革。而此时的国有商业银行正纷纷撤销县域内分支机构，农村信用社成为农村金融服务的主力军，承担着"一社支三农"的重担。农村信用社改革十余年来取得了阶段性的成果，其存贷款余额和盈利能力都有显著的提高，不良贷款大量减少，大大降低了系统性金融风险。

农村信用社全面改革以来，全国农村信用社的存贷款业务顺利开展，但是存贷差^①逐年扩大。由图 5-1 可见，其存款余额和贷款余额从 2002 年末的 19 875.47 亿元和 13 937.71 亿元增长到了 2014 年年末的 66 539.53 亿元和 42 480.65 亿元，分别增长了 2.35 倍和 2.05 倍。但同时，其存贷差额从 2002 年的 5937.76 亿元扩大到 2014 年的 24 058.88 亿元，增长了 3.05 倍，快于存款余额与贷款余额的增长速度。从农村吸收存款，是农村信用社运营资金的主要来源渠道，但是，从资金来源与运用的对称性来看，农村信用社从农村吸收的存款资金数量要远大于向农业、农村、农民投放的信贷资金数量，农村信用社存贷差逐年扩大，成为农村资金非农化的主要渠道。

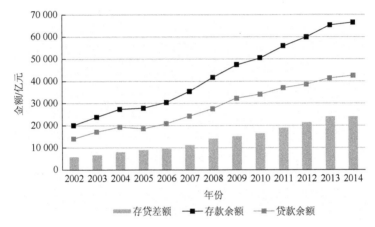

图 5-1　2002～2014 年全国农村信用社存贷款余额及存贷差变化情况

数据来源：2003～2015 年历年的《中国金融统计年鉴》

农村信用社近年来涉农信贷投放力度提高，其支农能力不断增强。图 5-2 显示，2007～2014 年农村信用社的贷款业务中涉农贷款一直保持在 67% 左右，涉农贷款余额在 2014 年年末为 70 695 亿元，是 2007 年的 20 849.95 亿元的 3.39 倍。在涉农贷款农村贷款中，农村信用社发放给农户的贷款比例偏大，2007 年农户贷款余额为 11 654.92 亿元，到 2014 年达到 33 889 亿元。2014 年全国农村信用社发放农户贷款的农户数达 4236 万户，平均每户贷款余额 8.0 万元，比 2013 年年末提高 1.3 万元；同时，农村信用社、农村商业银行、农村合作银行发放的小微企业贷款余额为 3.74 万亿元，同比增长 19.6%，高于同期全国金融机构发放的小微企业贷款增速 4.1 个百分点（中国人民银行农村金融服务研究小组，2015）。

① 银行存贷差是检测信贷歧视性的重要指标，可以理解为农村信用社从农村吸收但未贷向农村的资金相对数量。

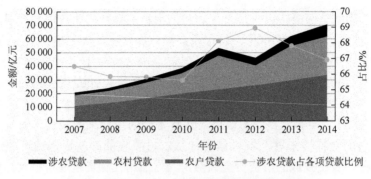

图 5-2 2007～2014 年农村信用社涉农贷款状况

数据来源：《中国农村金融服务报告 2014》；由于农村信用社贷款 2006 年及以前的统计分类为农业贷款、乡镇企业贷款等，而以农村贷款为统计口径开始于 2007 年，为了数据说明的统一性，本处数据取 2007～2014 年相关数据

农村信用社多年的改革使其经营状况得以改善，其资产质量逐年提升，有利于控制金融风险。由表 5-4 可知，全国农村信用社不良贷款比率近年来不断降低，2003 年年末为 29.37%，到 2010 年下降至 5.6%，2014 年末该值为 3.8%；其中五级不良贷款余额，2014 年年末为 3998 亿元，为 2006 年年末的 54.56%。农村信用社涉农不良贷款余额在 2010 年年末为 3069.46 亿元，2012 年与 2014 年年末均为 2433 亿元，没有出现增长的趋势。但是从各类金融机构发放涉农贷款所发生的不良贷款中，农村信用社占比较重，2010 年各类金融机构涉农不良贷款余额中农村信用社涉农不良贷款占 63.78%，超过一半以上，之后该情况有一定的改善，到 2012 年该比例降低至 56.93%，2014 年年末该比例为 43.06%。

表 5-4 农村信用社不良贷款情况

年份	不良贷款比例/%	四级不良贷款		五级不良贷款		农村信用社涉农不良贷款		
		余额/亿元	不良贷款率/%	余额/亿元	不良贷款率/%	贷款余额/亿元	同比增长率/%	占各类金融组织涉农不良贷款的比例/%
2002		5147.14	36.93					
2003	29.37	5059.90	29.45					
2004	23.1	4514.76	23.1					
2005	14.8	3255.47	14.8					
2006	13.73	3032.72	11.56	7327.29	27.93			
2007	9.3	2810.37	8.96	6595.97	21.04			
2008	7.9	2965.00	7.96	5938.95	15.94			
2009	7.4	3483.60	7.41	5093.10	10.84			

续表

年份	不良贷款比例/%	四级不良贷款		五级不良贷款		农村信用社涉农不良贷款		
		余额/亿元	不良贷款率/%	余额/亿元	不良贷款率/%	贷款余额/亿元	同比增长率/%	占各类金融组织涉农不良贷款的比例/%
2010	5.6			4204	7.41	3069.46	15.3	63.78
2011	5.5			3540	4.51			
2012	4.5			3648	5.46	2433	−8.2	56.93
2013	4.1			3723	4.1			
2014	3.8			3998	3.8	2433	−1.9	43.06

数据来源:《中国农村金融服务报告 2014》和 2003～2014 年中国人民银行发布的历年第四季度《中国货币政策执行报告》。

　　农村信用社在推进产权制度改革过程中,不断完善法人治理,其基层服务能力得以提高。2002 年其法人机构数量为 2450 家,到 2014 年减少至 1483 家(图 5-3)。2003 年银监会发布《中国银监会办公厅关于推进农村信用社以县(市)为单位统一法人工作通知》,之后全国各地实践统一法人工作,统一法人农村信用社从 2002 年的 94 家增加到 2014 年的 1484 家。农村信用社的营业网点近年来萎缩,截至 2014 年,全国有农村信用社营业网点 42 201 个,同时,从业人员也在不断减少,从 2002 年的 628 154 人下降到 2014 年的 423 992 人。尽管农村信用社的机构网点在减少,但仍然是我国农村地区机构网点分布最广的中小金融组织,在维持我国农村金融稳定发展、提高农村金融支农服务能力、推动社会主义新农村建设中发挥了重要作用。

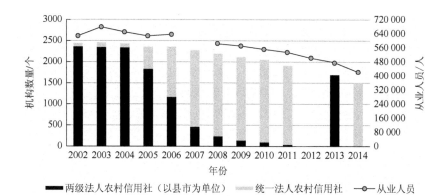

图 5-3　2002～2014 年农村信用社法人机构及从业人员数量

数据来源:《中国农村金融服务报告 2014》和 2003～2014 年历年《中国金融年鉴》

3. 中国农业发展银行的金融服务

由于农业具有周期长、风险大、收益小的特征，政府不得不通过相关政策来支持农业发展，并需要借助政策性金融来支持农业和农村经济发展。由于通过现有的市场经济不能保证农业较好发展，农村政策性金融作为市场不足的补充，是保护农业发展的有效手段。中国农业发展银行作为农村政策性金融组织，承担着我国农村政策性金融的主要职能。其实，最初国家是为了保证对农产品收购管理政策的实施才成立中国农业发展银行，其收购资金实行封闭管理。成立了 20 多年的中国农业发展银行，以执行中央政策为导向，积极服务"三农"，特别是 2004 年以来，中国农业发展银行积极响应中央政策，不断拓展支农新领域，强化支农新功能，形成了多方位、宽领域的支农新格局。数据显示，截至 2014 年年末，在中国农业发展银行组织体系中，共有 31 个省级分行、303 个二级分行和 1991 个营业机构，服务网络遍布中国；在职员工 5 万多人，贷款余额超过 2.8 万亿元，政策性金融服务覆盖"三农"各个领域，在农村金融发展中发挥了重要的作用。具体说来，中国农业发展银行服务"三农"在三个方面得到了体现。

首先，中国农业发展银行对粮棉油收购的支持。中国农业发展银行始终将粮棉油收储作为其基本职责，保证国家粮食安全和社会的稳定。截至 2014 年年底，全年累计放款 14 303.3 亿元。其中，累计发放粮棉油收储贷款 5000.4 亿元，支持收购的粮食占商品粮的 65% 左右；累计发放棉花收购贷款 501.4 亿元，支持收购的棉花占总产量的 50% 以上；累计发放油料收储贷款 209.8 亿元。除此之外，中国农业发展银行还积极配合国家的农产品储备调控，保证重要农资和农产品的稳定供给，在一定程度上维护了市场的稳定。

其次，中国农业发展银行对农村基础建设的支持。为推进城乡一体化、建设新农村、改善农村生产生活条件，自 2007 年以来，中国农业发展银行开发了以农村水利建设和新农村建设为主的信贷产品。截至 2014 年年末累计发放贷款 1.5633 万亿元，支持基础建设项目 10 606 个。在新农村建设中，主要支持农户集中住房建设和农村土地整治。截至 2014 年年末，新农村建设贷款累计发放 8719.47 亿元，支持基础建设项目 4579 个。其中，支持复垦土地累计达到 75.98 万亩（1 亩约为 666.7 平方米），新增耕地 94 万亩；新建农民集中住房区累计达到 1157 个，支持新增农民住房面积达到 13 477.41 万平方米，支持农村危房改造面积达到 3194 万平方米，累计惠及农户 114.38 万户。

最后，中国农业发展银行对农业产业化和农业科技的支持。中国农业发展银行重点支持一批有潜力、有影响的农业产业化龙头企业和积极支持农业科技研发。截至 2014 年年末，全年累计发放粮棉油产业化龙头企业和其他企业贷款

802.52 亿元，贷款余额 833.84 亿元，支持客户 1439 家；累计投放农业科技贷款 102.55 亿元，支持企业 248 家，为农业产业化和现代化农业的推动起到了积极的促进作用。

5.3.2　农村非正规金融组织的金融服务现状

在改革开放以前，国家是严令禁止民间金融的，将非正规的信贷交易视为非法，民间也很少有农户需要大量资金，所以非正规金融活动也较少。改革开放以后，国家在农村实行家庭联产承包责任制，农业生产的目的变成了既满足国家也满足农民自己的需求，与此同时，一些乡镇企业悄然兴起，农村经济活动开始变得活跃，必然会对金融产生强烈的需求。但是，正规金融的支农作用没能充分发挥。与之相反的是，农村非正规金融在经历了几个曲折的发展后，快速占据了较大的农村金融市场份额。

初期的农村民间金融无论是在经营规模还是在覆盖范围上，都是比较小的，主要表现为向亲朋好友的互助借贷，以及在个体或集体企业的内部集资等。在之后的十几年间，中国农村非正规金融进入发展的黄金阶段，其活跃度和范围都得到了极大提高，对农村地区的经济发展影响逐渐增大。但进入 20 世纪 90 年代中期后，国家采取高压态势，严厉取缔和打压农村非正规金融[1]，导致大量非正规金融活动立即转入地下，逐渐发展成为"地下金融组织"。

在农村经济领域中，非正规金融有着广泛的影响。以 1993～2002 年为例，农业部国家观察点的统计资料（表 5-5）显示：从非正规金融借贷资金来源看，东部、中部、西部的民间借贷均以私人借贷为主，全国平均高达 70% 左右。但区际差异十分明显，东部地区对私人借贷的依赖程度最大，最高年份高达 84.18%，中部地区次之，西部地区最小。农户从正规金融组织借款的比例并不高，在 20%～30% 范围内，正规借款比例最高年份也只有 29.59%，因而农村非正规金融不仅活动范围广，而且对农村社会经济影响比较大。何广文（1999）针对全国 7 省的 21 个县市的 365 个农户（涉及东部 122 户、中部 145 户和西部 98 户）的个案调查结果表明，1996～1998 年，私人信用是农户取得借款的主要途径，而且来自非正规信贷的融资规模占其所有借款总量的比例超过 70%，这一比例高于农户从农村正规金融部门的借款所占比例。

---

① 资料来源：1998 年，中国人民银行出台《整顿乱集资乱批设金融组织和乱办金融业务实施方案》；1999 年，国务院发布 3 号文件，正式宣布全国统一取消农村合作基金会；2002 中国人民银行发布《中国人民银行关于取缔地下钱庄及打击高利贷行为的通知》；等等。

表 5-5　1993～2002 年不同区域农户借贷渠道及行为

区域	年份	年内借款金额/元		借贷资金来源比例/%				借贷资金用途比例/%		
		户均	人均	银行	基金会	私人	无息	生活	生产	农业
全国	1993	840.05	186.68	21.52	4.40	72.28	60.89	40.81	59.19	26.27
	1995	1 090.85	249.62	24.13	5.50	67.86	51.86	45.92	54.08	36.36
	1996	1 307.32	301.92	25.46	3.70	69.00	51.57	53.03	46.97	31.09
	1997	1 229.96	287.37	23.89	2.90	70.43	54.15	59.69	40.31	28.25
	1998	1 319.47	311.20	20.95	3.45	73.96	49.56	54.10	45.90	31.69
	1999	1 446.02	343.47	24.54	3.44	69.36	61.31	55.88	44.12	22.66
	2000	1 467.11	353.47	29.59	0.41	68.34	52.23	44.34	55.66	23.29
	2001	1 485.04	362.18	29.20	0.79	68.70	49.20	44.49	55.51	23.80
	2002	1 421.23	347.48	26.09	0.50	71.83	53.29	47.49	52.25	32.57
东部	1993	1 195.22	274.76	12.18	4.70	81.28	56.21	37.49	62.51	16.47
	1995	1 507.82	356.46	14.58	7.57	73.71	37.78	42.28	57.72	41.77
	1996	1 716.03	407.61	22.31	2.85	72.55	45.14	50.82	49.18	34.90
	1997	1 505.24	362.71	13.49	1.88	81.78	52.36	63.44	36.56	25.15
	1998	1 753.76	427.75	13.61	1.34	84.18	45.02	52.92	47.08	25.13
	1999	2 038.27	497.14	20.89	3.75	72.59	46.27	54.03	45.97	19.14
	2000	1 948.71	468.63	26.98	0.20	71.33	46.88	45.54	54.46	25.30
	2001	2 187.32	548.37	38.30	0.02	70.71	43.19	43.20	56.80	25.59
	2002	1 781.66	448.96	19.11	0.20	78.17	44.07	46.61	53.39	31.16
中部	1993	586.55	133.31	26.02	1.43	70.90	70.32	49.48	50.52	33.17
	1995	881.29	207.85	29.34	2.42	67.42	70.54	52.79	47.21	22.89
	1996	1 037.47	247.61	24.37	3.26	71.64	60.05	61.06	38.94	27.52
	1997	1 163.84	279.77	26.59	3.55	69.31	59.84	59.59	40.41	28.31
	1998	1 084.01	263.75	19.99	2.54	76.72	56.58	61.22	38.78	26.29
	1999	1 105.05	271.51	19.98	2.01	76.57	58.92	60.55	39.45	22.52
	2000	1 070.83	266.27	21.11	0.40	76.56	66.71	54.86	45.14	27.31
	2001	961.89	242.20	17.80	0.16	81.38	64.80	56.92	43.08	26.79
	2002	1 179.57	296.32	23.63	0.29	75.44	70.29	54.48	45.52	39.76
西部	1993	701.12	144.26	38.24	7.11	52.74	63.15	38.60	61.40	43.17
	1995	811.65	170.51	40.77	4.99	53.31	65.14	44.52	55.48	39.86

区域	年份	年内借款金额/元		借贷资金来源比例/%				借贷资金用途比例/%		
		户均	人均	银行	基金会	私人	无息	生活	生产	农业
西部	1996	1 121.62	238.14	33.79	6.17	57.69	54.88	46.97	53.03	26.98
	1997	942.26	203.07	42.23	4.02	47.10	45.82	51.49	48.51	33.40
	1998	1 108.91	241.07	36.62	8.82	50.24	49.88	46.74	53.26	48.36
	1999	1 135.81	248.54	39.84	4.73	51.31	52.66	53.83	46.17	31.37
	2000	1 290.85	296.22	48.46	0.97	48.76	40.99	26.26	73.74	14.17
	2001	1 326.13	300.05	42.57	3.01	51.74	41.58	34.67	65.33	19.04
	2002	1 314.42	300.45	40.03	1.22	57.55	47.09	41.69	58.31	27.61

资料来源：①1993~1999 数据根据中共中央政策研究室、农业部农村固定观察点办公室编的《全国农村社会经济典型调查数据汇编：1986~1999 年》整理计算，中国农业出版社，2001 年出版。②2000~2002 年数据来自成思危主编的《改革与发展：推进中国的农村金融》第三章"我国农户的储蓄及借贷行为分析"，经济科学出版社，2005 年出版。

　　基于正规金融在农村经济中差强人意的表现，2004 年中央一号文件明确提出，对于那些有条件的地方，应鼓励通过吸引社会资本和外资，在严格监管、有效防范金融风险的前提下，积极兴办一些多种所有制的金融组织，让其直接为"三农"服务。但时至今日，在农村经济中真正起着重要作用的却是非正规金融。国际农业发展基金会的一份数据表明，在中国与正规金融市场相比，农户从非正规金融市场的贷款规模大约是前者的 4 倍。

　　本课题组在 1130 份有效的样本调查户中，根据被调查者的家庭人均纯收入分组，分为最高财产组、中间财产组和最低财产组，其中最低财产组的农户家庭人均纯收入为 2300 元以下，中间财产组家庭人均纯收入为 2300~10 000 元，最高财产组家庭人均纯收入为 10 000 元以上。调查结果见表 5-6。可见，不同收入结构的农户在借款时的选择也不同，随着农户收入的提高，其借款构成中，非正式借款的份额逐渐减少，正式借款所占比例逐渐增加。

表 5-6　农户对信贷市场的参与结构　　　　　　单位：户数

财产分组	人数	没有借款	仅有正式借款	仅有非正式借款	两种借款都有
最高财产组	114	56	33	6	19
中间财产组	803	85	58	9	651
最低财产组	213	89	28	45	51

数据来源：根据本课题组微观调查数据整理。

5.4 中国农村经济发展中的农村金融缺口分析

农村金融缺口可以用农村金融资金的实际融量[①]与农村金融资金的理论融量的差额来反映。理论融量实际上是农村经济发展对农村金融资金的理论需求量，实际融量实际上是金融组织对金融资金的实际供给量，所以首先对我国农村金融资金的理论需求量和实际供给量分别进行测算。

5.4.1 简单再生产条件下的金融资金需求量测算

人们的剩余财产越来越多，就产生了实物与货币的交换关系。在简单的生产力下，可以用"一对一"来形容这时实物规模与货币金融资金的需求规模，即有多少规模的实物资产，就需要有多少规模的货币资金与之相匹配，此时的资金需求量与实体经济总规模的比率为 1，即此时的金融资金需求量的理论极限值。根据戈德史密斯（Goldsmith，1969）的金融结构理论，对金融资金需求量与经济总量的相关关系建立如下金融资金需求量模型：

$$F = K \cdot G \tag{5-1}$$

式中，F 表示金融资金需求量；K 表示经济对金融资金需求系数；G 表示经济总量，即国内生产总值。

若将我国 2000～2014 年相关经济数据代入式（5-1），就可以得出表 5-7。由表 5-7 可知，随着我国农村经济规模的不断扩大，理论上我国农村经济发展对金融资金的需求量扩大，从 2000 年的最小值 3.37 万亿元增长到 2014 年的最大值 17.54 万亿元。

表 5-7　简单再生产条件下的中国农村金融资金需求量　　单位：亿元

年份	农村生产总值（G_1）	经济对金融资金需求系数（K）	农村金融资金需求量区间值（F_1）
2000	42 100.45	$0.8 \leqslant K \leqslant 1$	$33\ 680.36 \leqslant F_1 \leqslant 42\ 100.45$
2001	45 137.66	$0.8 \leqslant K \leqslant 1$	$36\ 110.13 \leqslant F_1 \leqslant 45\ 137.66$
2002	48 922.82	$0.8 \leqslant K \leqslant 1$	$39\ 138.26 \leqslant F_1 \leqslant 48\ 922.82$
2003	54 068.05	$0.8 \leqslant K \leqslant 1$	$43\ 254.44 \leqslant F_1 \leqslant 54\ 068.05$
2004	63 228.09	$0.8 \leqslant K \leqslant 1$	$50\ 582.47 \leqslant F_1 \leqslant 63\ 228.09$
2005	72 954.25	$0.8 \leqslant K \leqslant 1$	$58\ 363.40 \leqslant F_1 \leqslant 72\ 954.25$

① 田力等（2004）指出，金融融量是金融的融通量、容纳量，是一个国家或一个地区在一定的条件下金融的最大或最适容纳规模量。

年份	农村生产总值（G_1）	经济对金融资金需求系数（K）	农村金融资金需求量区间值（F_1）
2006	81 995.45	$0.8 \leqslant K \leqslant 1$	$65\,596.36 \leqslant F_1 \leqslant 81\,995.45$
2007	100 415.28	$0.8 \leqslant K \leqslant 1$	$80\,332.22 \leqslant F_1 \leqslant 100\,415.28$
2008	117 828.84	$0.8 \leqslant K \leqslant 1$	$94\,263.07 \leqslant F_1 \leqslant 117\,828.84$
2009	974 84.08	$0.8 \leqslant K \leqslant 1$	$77\,987.26 \leqslant F_1 \leqslant 97\,484.08$
2010	109 748.00	$0.8 \leqslant K \leqslant 1$	$87\,798.40 \leqslant F_1 \leqslant 109\,748.00$
2011	130 539.17	$0.8 \leqslant K \leqslant 1$	$104\,431.34 \leqslant F_1 \leqslant 130\,539.17$
2012	147 628.63	$0.8 \leqslant K \leqslant 1$	$118\,102.90 \leqslant F_1 \leqslant 147\,628.63$
2013	162 685.70	$0.8 \leqslant K \leqslant 1$	$130\,148.56 \leqslant F_1 \leqslant 162\,685.70$
2014	175 377.67	$0.8 \leqslant K \leqslant 1$	$140\,302.14 \leqslant F_1 \leqslant 175\,377.67$

注：农村生产总值根据 2001～2014 年《中国金融年鉴》、国家统计局和乡镇企业有关数据整理得出。农村生产总值（G_1）= 第一产业增加值 + 乡镇企业增加值。经济对金融资金需求系数（K）栏中的 0.8 是美国经济学家戈德史密斯计算的 1963～1993 年欠发达国家的平均值，同期发达国家的比率为 2.2，比较发达国家的比率为 1.6。

5.4.2　扩大再生产条件下的金融资金需求量测算

随着生产力的发展，市场经济运行变得复杂，金融资金需求量与经济总量为 1 的比率不能满足经济发展对扩大再生产的现实要求。这是因为：第一，从金融工具上讲，货币资金不仅实现了质的转变，经济的货币化程度显著提高，货币的功能更加多样化，还实现了量的飞跃，货币的层次更加复杂。第二，就货币流通而言，现代金融组织通过自身的乘数作用，可以使社会金融的实际贷款量出现倍数放大。因此，扩大再生产条件下的金融资金需求模型就扩充为

$$F = (K + K_1 + K_2 + \cdots + K_n) \cdot G \qquad (5\text{-}2)$$

式中，K、K_1、K_2、…、K_n 分别表示经济商品化、货币化、金融化程度加深过程中的不同层次的金融资金需求系数。将我国 2000～2014 年的相关经济数据代入式（5-2），就可以得出表 5-8 所示的 2000～2014 年各年的农村金融资金需求量理论值（F_2）。由表 5-8 可见，在扩大再生产条件下，我国农村金融资金需求量理论值由 2000 年的 57 256.61 亿元增长到 2014 年的 338 478.91 亿元。

表 5-8　扩大再生产条件下的中国农村金融资金需求量理论值　单位：亿元

年份	国内生产总值（G）	全国金融资金需求量（F）	经济对金融资金需求系数（K）（$K=F/G$）	农村生产总值（G_1）	农村金融资金需求量理论值（F_2）（$F_2 = G_1 \times K$）
2000	99 214.55	134 610.30	1.36	42 100.45	57 256.61
2001	109 655.17	158 301.90	1.44	45 137.66	64 998.23

年份	国内生产总值（G）	全国金融资金需求量（F）	经济对金融资金需求系数（K）（K = F/G）	农村生产总值（G₁）	农村金融资金需求量理论值（F₂）（F₂ = G₁×K）
2002	120 332.69	185 007.00	1.54	48 922.82	75 341.14
2003	135 822.76	221 222.80	1.63	54 068.05	88 130.92
2004	159 878.34	254 107.00	1.59	63 228.09	100 532.66
2005	184 937.37	298 755.70	1.62	72 954.25	118 185.89
2006	216 314.43	345 603.60	1.60	81 995.45	131 192.72
2007	265 810.31	403 442.20	1.52	100 415.28	152 631.23
2008	314 045.43	475 166.61	1.51	117 828.84	177 921.55
2009	340 902.81	606 225.01	1.78	97 484.08	173 521.66
2010	401 512.80	725 851.83	1.81	109 748.00	198 643.88
2011	472 881.60	851 600.01	1.80	130 539.17	234 970.51
2012	519 470.10	974 148.80	1.88	147 628.63	277 541.82
2013	568 845.21	1 106 524.98	1.95	162 685.70	317 237.12
2014	635 910.00	1 228 374.81	1.93	175 377.67	338 478.91

注：国内生产总值（G）、全国金融资金需求量（F）、农村生产总值（G₁）根据 2001～2014 年《中国金融年鉴》和《中国统计年鉴》有关数据整理得出；其中，全国金融资金需求量（F）等于全国金融资金供应量，并用广义货币量（M₂）代替；农村金融资金需求量理论值（F₂）以全国经济对金融资金需求系数为参数计算得出。

5.4.3　对农村金融资金理论需求量理论值的修正

在我国现实的农村经济融资中，除了金融部门外，与实体经济部门相对应的还有家庭部门、财政部门、在开放经济条件下的国外资本的净流入。因此，修正后的农村金融资金需求量模型应该包括以下四部分：对金融部门金融资金的需求量、财政部门的资金供给量、家庭部门私人资本的净流入量和国外资本的净流入量。因此，修正后的农村金融资金需求量理论值应为

$$F = (K + K_1 + K_2 + \cdots + K_n) \cdot G - G_1 - G_2 - G_3 \qquad (5\text{-}3)$$

式中，G_1、G_2、G_3 分别表示财政部门的资金供给量、家庭部门私人资本的净流入量及国外资本的净流入量。将经过计算和推算出来的相关经济数据代入式（5-3）可得出表 5-9 的修正数据。由表 5-9 可知，我国农村金融资金需求量的理论修正值由 2000 年的 54 995.57 亿元增长到 2014 年的 317 398.78 亿元。

表 5-9　中国农村金融资金理论需求量理论修正值表　　　　单位：亿元

年份	农村金融资金需求量理论值（F_2）	财政部门的资金供给量（G_1）	家庭部门私人资本净流入量（G_2）	国外资本净流入量（G_3）	农村金融资金需求量理论修正值（F_3）
2000	57 256.61	1 231.54	919.2	110.3	54 995.57
2001	64 998.23	1 456.73	1 333.6	155.1	62 052.8
2002	75 341.14	1 580.76	1 809.3	233.7	71 717.38
2003	88 130.92	1 754.45	2 254.4*	295.4*	83 826.67
2004	100 532.66	2 337.63	2 714.8*	365.6*	95 114.63
2005	118 185.89	2 450.31	3 167.6*	431.6*	112 136.38
2006	131 192.72	3 172.97	3 624.2*	499.7*	123 895.85
2007	152 631.23	3 404.7	4 078.9*	566.7*	144 580.93
2008	177 921.55	4 544.01	4 534.6*	633.4*	168 209.54
2009	173 521.66	6 720.41	4 989.8*	700.7*	161 110.75
2010	198 643.88	8 129.58	5 445.5*	768.2*	184 300.6
2011	234 970.51	9 937.55	5 900.8*	836.3*	218 295.86
2012	277 541.82	11 973.88	5 891.7*	853.7*	258 822.54
2013	317 237.12	13 349.55	5 941.3*	872.5*	297 073.77
2014	338 478.91	14 173.83	6 015.1*	891.2*	317 398.78

注：G_1 为政府对农林水事务的支出，数据根据 2001～2015 年《中国统计年鉴》得出。G_2 和 G_3 根据田力等的《中国农村金融融量问题研究》得出，带*号数据是推算得出。

5.4.4　中国农村金融资金的实际供给量

这里通过三个部分来描述和测算农村金融实际供给量：一是通货货币的金融供给量；二是信用货币的金融供给量；三是资本货币的金融供给量。按照田力等（2004）测算农村金融实际融量的方式，将农村金融实际供给量分为通货货币的金融供给量、信用货币的金融供给量和资本货币的金融供给量三个部分。其中通货货币的金融供给量用农村现金流通量测算，信用货币的金融供给量用农村各类贷款总额测算，资本货币金融供给量用农业类股票市值测算（表 5-10）。从数据上可以看到农村金融实际供给结构中，通货货币的金融供给占据最主要的地位，其次是信用货币的金融供给，资本货币的金融供给是最为薄弱的。

表 5-10　中国农村金融资金的实际供给量　　　　　　单位：亿元

年份	农村现金流通量	农村各类贷款总额	农业类股票市值	农村金融资金实际供给量（F_4）
2000	25 255.09	10 949.8	336.6	36 541.49
2001	27 886.86	12 124.5	1 600	41 611.36
2002	30 406.04	13 698.8	1 291.3	45 396.14
2003	36 898.14	16 072.95	1 090	54 061.09
2004	41 319.6	17 912.31	781.4	60 013.31
2005	47 632.34	19 494.73	658.9	67 785.97
2006	55 169.96	19 430.19	1 093	75 693.15
2007	63 596.35	20 849.95	2 322.7	86 769
2008	72 139.25	24 531.37	1 212.3	97 882.92
2009	90 618.13	30 918.66	2 275.2	123 811.99
2010	107 563.75	23 466.6	3 030.3	134 060.65
2011	116 036.56	28 342.3	2 245.7	146 624.56
2012	118 123.23	29 124.8	2 021.2	149 269.23
2013	119 412.14	28 987.2	2 112.4	150 511.74
2014	120 103.12	24 525.0	1 854.1	146 482.22

注：农村现金流通量 = M_2（农村）= M_0（农村）+ 农村存款，其中 M_0（农村）由 M_0（全国）的 70%估算，农村存款 = 农业存款 + 农户储蓄。农村各类贷款 = 农户贷款 + 农村企业及各类组织贷款，农业类股票主要由 32 股农业类龙头股票的市值总和进行测算。其中，M_0（农村）指农村中流通的现金；M_0（全国）指全国流通的现金；M_2（农村）指农村的广义货币量。

数据来源：由 2001～2015 年的《中国农村金融服务报告》和《中国金融年鉴》得出。

5.4.5　中国农村金融资金供给缺口估算

通过对比分析可以得出：我国农村经济中出现了显著的金融缺口。通过表 5-11 可以清楚地得到具体的缺口数值。由表 5-11 看出，2000～2014 年，我国农村金融缺口逐渐增大，在 2014 年达到 170 469.43 亿元，农村金融资金缺口率为 116.3755%。金融缺口的出现会触动经济体内部的自我平衡机制的运行，为了弥补这个缺口，其他新鲜资金力量如民间资本主导的非正规金融和地下金融活动便会乘虚而入，满足农村经济发展的不同资金需求，直到农村市场的金融需求达到饱和状态。

表 5-11　中国农村金融资金供给缺口测算

年份	农村金融资金需求量理论值（F_2）/亿元	农村金融资金需求量理论修正值（F_3）/亿元	农村金融资金实际供给量（F_4）/亿元	农村金融缺口1($DF_1$①)/亿元	农村金融缺口2($DF_2$②)/亿元	农村金融缺口差率(DF_2/F_4)/%
2000	57 256.61	54 995.57	36 541.49	20 715.12	18 454.08	50.501 7
2001	64 998.23	62 052.8	41 611.36	23 386.87	20 441.44	49.124 7

年份	农村金融资金需求量理论值（F_2）/亿元	农村金融资金需求量理论修正值（F_3）/亿元	农村金融资金实际供给量（F_4）/亿元	农村金融缺口1(DF_1)[①]/亿元	农村金融缺口2(DF_2)[②]/亿元	农村金融缺口差率(DF_2/F_4)/%
2002	75 341.14	71 717.38	45 396.14	29 945	26 321.24	57.981 2
2003	88 130.92	83 826.67	54 061.09	34 069.83	29 765.58	55.059 2
2004	100 532.66	95 114.63	60 013.31	40 519.35	35 101.32	58.489 2
2005	118 185.89	112 136.38	67 785.97	50 399.92	44 350.41	65.427 1
2006	131 192.72	123 895.85	75 693.15	55 499.57	48 202.7	63.681 7
2007	152 631.23	144 580.93	86 769	65 862.23	57 811.93	66.627 4
2008	177 921.55	168 209.54	97 882.92	80 038.63	70 326.62	71.847 7
2009	173 521.66	161 110.75	123 811.99	49 709.67	37 298.76	30.125 3
2010	198 643.88	184 300.6	134 060.65	64 583.23	50 239.95	37.475 5
2011	234 970.51	218 295.86	146 624.56	88 345.95	71 671.3	48.880 8
2012	277 541.82	258 822.54	149 269.23	128 272.59	109 553.31	73.393 1
2013	317 237.12	297 073.77	150 511.74	166 725.38	146 562.03	97.375 8
2014	338 478.91	316 951.65	146 482.22	191 996.69	170 469.43	116.375 5

① $DF_1 = F_2 - F_4$；②$DF_2 = F_3 - F_4$。

5.5　中国农村小型金融组织创新的现实需求

自党的十七届三中全会提出建立现代农村金融制度、鼓励农村金融组织创新以来，我国农村金融组织得到了快速发展，一些农村小型金融组织，主要包括村镇银行、小额贷款公司、农村资金互助社等，迅速出现在我国广大农村地区，为农村地区的经济发展提供了大量的资金支持，在一定程度上解决了我国一度实行"重城市、轻农村"的金融政策所遗留下的"历史问题"、缓解了城乡贫富差距。为了更好地解决此类问题，对政府和小型金融组织的要求提高了，只有时刻明确特定区域市场的实际经济情况，才能更好地贴近市场，才能更好地对症下药。只有这样，政府才能有效地实现宏观调控目标，金融组织才能有效地实现盈利目标，才能保证经济的持续稳定发展。遗憾的是，我国目前的农村小型金融组织没能很好地把握这一方向，亟须对现行的组织架构进行创新，以解决目前我国农村经济发展的金融瓶颈。这一需求可从以下三个方面进行说明。

5.5.1　农户对农村小型金融组织创新的现实需求

近年来，在中国人民银行、银监会等部门和多项政策的支持下，金融支持"三农"发展的力度持续加大。中国人民银行发布的《2014 年金融机构贷款投向统计报告》称，截至 2014 年年末，全部金融机构本外币农村（县及县以下）贷款余额为 19.44 万亿元，同比增长 12.4%，增速比上年年末低 6.5 个百分点，全年增加 2.45 万亿元，同比少增 4408 亿元。农户贷款余额为 5.36 万亿元，同比增长 19%，增速比上年年末低 5.4 个百分点，全年增加 8556 亿元，同比少增 338 亿元；农业贷款余额为 3.4 万亿元，同比增长 9.7%，增速比上年年末低 1.9 个百分点，全年增加 3065 亿元，同比少增 422 亿元。但这一串数据后面所隐藏的真相让人担忧。有研究显示，这些贷款有很大一部分最终没能进入真正急需的农户手中。这些金融组织为了盈利，将资金贷放给当地的房地产企业，以及一些以购房为投机途径的业主，对农村地区资金进行动员和吸收，造成了大量农村资金向城市和工业部门流失。在利益"裙带关系"比较严重的农村地区，得到高质量贷款的往往是在当地比较有势力、有背景的人，但他们对贷款的渴望程度远远低于有经营需求的一般农户，且有的将所贷的资金转入非正规金融组织，或转发高利贷以获得更大的利益，这类"灰色操作"严重降低了支农金融资金的效率。目前，在各种惠农金融组织进入农村后，还存在着贷款的"马太效应"，即越有钱，越能贷到更多的款，反之，如果没有钱，就贷不到款，这会加剧农村地区的贫富差距。由于无法从正规金融组织获得贷款，农户被迫将贷款需求更多地转向非正规金融组织，如民间借贷、地下钱庄等。中国家庭金融调查与研究中心的调查数据显示，截至 2013 年，我国农村地区家庭部门中，有正规贷款的家庭比例为 14.1%，略低于全国家庭正规贷款比例 15.1% 的平均水平。但农村有民间借款的家庭比例为 43.8%，远高于全国有民间借贷家庭比例 34.7% 的平均水平，农村家庭参与民间借贷市场的比例不仅高，而且民间借款占债务总额的比重也较大。农村家庭债务总额中，有 64.6% 的债务来自民间借款，远远高于全国家庭债务民间借贷占比 32.0% 的平均水平，见表 5-12。

表 5-12　中国家庭债务中的民间借款

项目	民间借款/万元	民间借款占比/%
农村	3.65	64.6
全国	4.15	32.0

数据来源：甘犁.中国农村家庭金融发展报告（2014）.成都：西南财经大学出版社，2014。

农户高比例的非正规金融组织信贷，映射出目前我国农村地区对正规贷款的需求十分旺盛，据 2013 年 CHFS 调查数据计算，在农村地区，有正规信贷需求的农村家庭占比为 19.6%，高于城市 17.2% 的比例。从贷款的各种用途来看，在农村地区，24.4% 的农业家庭有农业生产信贷需求（其中，低收入农业家庭有农业生产信贷需求的比例达到 52%），30.4% 的工商业家庭有工商业经营信贷需求，23.7%

的有房家庭有住房信贷需求，21.4%的有车家庭有汽车信贷需求，均高于全国同类需求水平。以上数据表明，在当前我国农村金融资金需求旺盛、金融服务供给严重不足的情况下，加快我国农村小型金融组织创新，具有现实紧迫性和必要性。

5.5.2　农村小型金融组织自身对创新的现实需求

面对金融需求差异大，抵押担保制度不完善的农村金融市场，农村金融组织在农村金融产品和服务方面进行了一些有益的探索，但依然远远不能满足农村经济主体多样化、多层次的信贷需求。在经济进入新常态下，我国农村小型金融组织的经营遇到了极大的挑战：第一，资金的来源匮乏，农村小型金融组织的主营业务是信贷业务，农户的储蓄存款主要决定了对"三农"资金的满足程度，但小型金融组织由于受到自身和外界条件的限制，往往资金严重匮乏。例如，相关法律规定，小额贷款公司只能放款，不能吸收存款。《农村资金互助社管理暂行规定》规定，农村资金互助社的资金只能来源于社员存款或社会捐赠，以及向其他金融机构的借款。农村在外务工人员基本没有将自己工资收入存入小型金融组织等原因，也引起了小型金融组织资金来源的匮乏。第二，信誉度和社会知名度低。相对于四大国有银行及其他大型商业银行，农村小型金融组织的发展历程比较短，人们对其并不是很信任，对其信誉情况持怀疑态度。第三，尚未形成成本优势。农村小型金融组织的规模较小，其运营成本相比大型金融组织来说应该低，但农村小型金融组织运营体系与大型商业银行执行统一标准，没有根据自身实际情况制定相应的标准，这无疑加大了运营成本。第四，专业人才匮乏。作为新生金融力量的农村小型金融组织，在不断发展过程中离不开专业的、高端的、综合的人才，但现实是由于农村小型金融组织自身规模和待遇等方面的劣势，很难吸引优秀人才，这种落后的人力资本结构在很大程度上阻碍其快速发展。可见，以上农村小型金融组织发展瓶颈，迫切需要对农村小型金融组织进行创新。

5.5.3　政府对农村小型金融组织创新的现实需求

由于农村小型金融组织的特殊性，当其面临经营困境或破产时，往往会有无偿资金注入以弥补其亏损，会造成这些企业对政府的过度依赖，这样会增大组织内部人的道德风险，导致经营者努力程度下降，会将其引入"高风险—低效率—等待外部援助"的错误经营理念道路上，这种错误理念一定要进行整治。各种小型金融组织的地位也不合理，如将小额贷款公司定义为非金融组织的"企业法人"，并规定只贷不存，这在我国根本得不到很好的发展；将农村资金互助社定义为企业法人，但农村资金互助社致力于社员之间的相互救助，只在社员内部开展金融活动而不能向一个开放性市场提供金融服务，也不像企业那样把盈利作为首要目标；把村镇银行定义为独立的企业法人，但又要求其致力于"三农"服务，这两者在经营方向上自相矛盾，政府需对其进行合理的定位和改造，使其营利性和服务性完美地结合起来，从而达到持续性发展的目标。可见，从政府管理的角度来看，为了促进农村小型金融组织可持续发展，也需要对农村小型金融组织的管制政策进行创新。

第6章 中国农村小型金融组织发展的问题分析

创新发展农村小型金融组织，是一个不断探索与总结的过程，需要总结和借鉴早期农村小型金融组织发展过程中的成功经验或失败教训。同时，对于现实中的农村小型金融组织，需要不断地分析这些组织发展中存在的问题，剖析其产生的根源，才能为下一步改革与创新提供实证依据。本章的主要任务就是运用案例研究方法，研究我国农村小型金融组织发展中存在的问题，并探究其中的原因，以便为后续农村小型金融组织创新提供经验证据。

6.1 中国农村小型金融组织发展的成效与经验：温州案例

6.1.1 温州农村小型金融组织创新的现状考察

众所周知，我国民营经济最发达的地方非温州莫属。在温州不仅民间金融活跃度高，而且民间资金充裕。但出现了大量民营企业资金链断裂，不少企业家"跑路"的现象。因此，2012年3月28日，国务院针对温州经济发展中遇到的"融资难"的瓶颈，决定在浙江省温州市设立金融综合改革实验区（简称温州金改）。中央希望通过温州金改来规范民间金融的发展，促使其提升对当地实体经济的服务能力和水平，同时也将其作为"先遣军"，为我国其他地区金融改革和经济发展提供重要的探索经验。温州市政府以国务院确立的金融综合改革十二项主要任务为指导，经过两年多的发展，对温州地区小型金融组织进行了创新，并取得一定的成果，实现我国金融改革的多个首创。

1. 农村小型金融组织创新

自2012年金融改革试验以来，温州成立了民间借贷登记服务中心，该中心为民间借贷双方的直接交易提供登记和公证等综合性服务。此外，温州还建立了具有地方特色的6家民间资本管理公司，率先开展私募业务，增强其资金实力，首创的"幸福股份"和"蓝海股份"就是典型的范例。温州通过民间借贷的公开运作，引领民间资本进入公共基础设施建设，率先发行的小额贷款公司定向债和地级市保障房非公开定向债，拓宽了小额贷款公司资金来源。与此类机构配套的专业服务机构，如投资咨询公司、融资担保公司、会计事务所、律师事务所等共同进驻，更是有利于逐步引领民间借贷走向阳光化、规范化、合法化的道路。此外，还成立了 12 家民间借贷备案登记服务网点，新增 16 家保险机构，推动 9 家保险机构改建升格和 4 家证券机构升格，新设立村镇银行 25 家，组建了 7 家农村商业银行和 3 家社区银行，建立了 44 家小额贷款公司、25 家农村资金互助会、24 家小微企业专营银行，成立了商业保理公司、中小企业票据服务公司等新型服务小微企业机构；成立了温州金融资产交易中心，为金融国有资产、金融不良资产、信贷资产、信托产品、债权、私募股权、标准化金融产品及金融衍生品在内的各类金融资产流动提供一个有效渠道；还获批建立了 1 家民营银行，这些小型金融组织创新，极大地拓宽了民营资本的投资渠道。从 2012 年开始，温州市试点推进了"生产合作、供销合作、信用合作"三位一体的农村信用互助合作工程，建立了农村信用互助会，并实行"组织封闭、对象封锁、上限封顶"的融资管理原则，在一定程度上缓解了"三农"融资难题，克服了温州市农村金融网点覆盖率低、供给不足的问题。资料显示，目前温州市共设立了 32 家农村信用互助会，会员总人数达到 18 441 人，入社资金总规模达到 2.67 亿元，累计投放互助金贷款 3281 笔，金额达到 6.44 亿元（卓尚进和沈杭，2014）。同时，温州市还依托瑞安马屿农村资金互助会，创建了以农民互助互济、共同抵御风险为目的的农村保险互助社，以构建多层次的农村风险保障体系，规避农村存在的各种风险。

2. 农村小型金融组织监管机制创新

2013 年 11 月，浙江省通过了全国首部民间融资地方性金融法规——《温州市民间融资管理条例》，并于 2014 年 3 月 1 日正式施行。之后温州市率先启动了地方性金融非现场监管系统，成立了首个地级市人民银行的征信分中心，出台了关于进一步深化社会信用体系建设的意见，建立了金融仲裁院、地方金融管理局、金融犯罪侦查支队、金融法庭等监管与司法体系。此类法律法规的颁布和监管机构的建立，增加了资金的投资保障。这些通过对普惠制金融的探索而建立的机构和颁布的条例，从一定程度上缓解了温州中小企业融资难的窘况，稍微缓解了温州地区比较严重的"两难两多"（中小企业多、融资难；民间资本多、投资难）问题。但是，由于很难打破既得利益格局，温州金改对小型金融组织的创新力度还远远不够，相关机构放开的力度还不够，一些民营企业家和金融组织正在发起建立小额贷款公司、信托公司、融资性租赁公司、保险公司等，但大部分仍停留在材料申报（且申报的手续繁多，整个申报过程的时间成本、资金成本高）和积极筹备阶段，没有形成一定的规模效应。改革过程中敢拼、敢闯的"温州精神"体现得还不够明显，相关机构怕"犯错"以至不敢放手一搏。另外，一些温州金改领导班子成员的高端人才离开，也对小型金融组织的持续性发展带来了考验。总之，温州农村小型金融组织的创新还任重道远。

6.1.2　温州农村小型金融组织运营的状况与特点

温州农村小型金融组织运营方面体现了以下几点特征。

1. 政府引导，多方联动

温州金融体制改革期望解决温州"两难两多"困境的同时，为我国其他地区的金融改革进行经验探索。中央全面深化改革领导小组针对怎样解决"温州困境"提了一个大体的方向、一个笼统的框架。顶层设计方案的出台，对改革的进行起到了一个很好的引导作用，在总体方向的引导下，相关部门勇于开展底层创新，根据实际情况探索具体、切实可行的操作手段。所以小型金融组织在经营过程中也是在不断进行业务探索。在探索中，由于经营的需要，逐步配套建立了以地方为主、地方和中央相互联动的监管体系，防止出现金融监管的真空现象；多方共同努力完善金融产品体系、监管体系、信用体系，为民间金融规范化运作奠定了基础。

2. 业务"本土化"和"惠民化"

温州农村小型金融组织一直在致力完成自己的使命，在结合温州当地的实际情况下提供相应的金融产品和服务。没有照搬一般金融组织的运营模式，没有实行"一刀切"的管理方法，做到了立足本土，因地制宜。运营的民间借贷服务中心、民间资本管理公司，成为中小企业与民间资本投资对接的金桥，让更多的民间资本服务于实体经济。小额贷款公司对"温州困境"的改良做出了重要的贡献。当小微企业出现融资困难时，小额贷款公司通过走进小微企业实地考察，对企业贷款人家庭进行深入调查，以获得真实情况、真实数据，然后进行全面评估，最后根据相应的情况扮演"雨天送伞"的角色，缓解企业燃眉之急，且尝试着给产业链的上下游贷款，既解决了小微企业的实际困境，也让贷款更加安全，与企业共成长；小额贷款公司支持"三农"发展，服务"草根经济"，由于传统金融组织对"三农"的贷款额度有限，一些小额贷款公司主动上门为农户提供服务，且提供优惠的贷款利率。为了更好地服务"三农"，小额贷款公司将公司总部单一营销转变为网点联合营销的经营模式，增加支农服务网点，重视当地农村情况，聘请对当地比较熟悉、有信贷经验的人员以减少信息不对称风险。温州的产业在地域上有鲜明的块状结构特征，与之相适应，小额贷款公司也"因地制宜"地开展了区域性经营。这种立足为当地行业提供金融服务的市场细分，不仅有助于产业集群的中小企业成长，也有利于小额贷款公司错位发展,从而实现小额贷款公司在不断实践中走出一条适合自己发展之路。推出的"幸福股份"和"蓝海股份"成功地将民间资本引入公共基础设施建设,更是体现了"本土化"和"惠民化"的特征。

3. 民间融资利率市场化

温州金融改革的主要成果之一,就是成功发布了区域性民间融资综合利率指数——温州指数,它是由温州市人民政府主办,通过温州市人民政府金融工作办公室对近 400 个监测点的"收入方监测"和"支出方监测"的信息采集、审核后,根据德尔菲法计算而得,具体包括"温州民间融资综合利率指数"(温州地区)和"温州中国民间综合利率指数"两个板块。其大小完全由民间信贷市场的供求关系决定,标志了民间融资利率"市场化"的形成。

6.1.3　温州农村小型金融组织运营的成效

温州农村小型金融组织经过两年多的运营取得了一定的成效。

1. 引导民间融资规范化、阳光化

自从金融改革试点以来,温州市不断致力于将民间借贷由"地下"引到"地上",出台并实施了《温州市民间融资管理条例》,推进了民间融资的备案管理,管理条例自 2014 年 3 月 1 日实施以来,全市共备案民间借贷 1998 笔,累计达到 30 余亿元。民间借贷服务中心的服务实现了全覆盖,并推广到全国 20 多个地市,至 2014 年年底,该中心累计登记民间借贷资金的需求总额达到 95.08 亿元,成交总额为 34.19 亿元,场内借贷成功率达到 35.96%。同时,温州市还鼓励民间资本参与温州银行的增资扩股,以及温州农村信用社的股份制改造,两年多来金融组织吸引民间资本入股金额高达 133 亿元,比温州金融改革前增长了 43.8%,至 2014 年年底,民间直接融资规模增加了 411.5 亿元。

2. 创新、拓展和应用资本市场工具

截至 2014 年 4 月 4 日,温州市创新开展了小额贷款公司的定向债试点,备案金融达到 4 亿元,已发行定向债 5000 万元。率先开展了民间资本管理公司的私募融资,募集的 3 亿元定向债资金投资到了特定的项目,并参与化解银行业金融组织的不良贷款近 10 亿元。创新发行"幸福股份"2 期和"蓝海股份"1 期,共达到 33 亿元。保障房项目定向债务融资,首期拟发行 36 亿元。同时,开展了未上市公司的股权、产权、矿业权、不锈钢大宗商品等要素交易,建设了金融资产交易中心。通过上述资本市场运营,更好地激活了当地的民营经济。

3. 推动实体经济发展

2012 年以来，温州市正规金融组织创新推出了 80 多种金融产品，专门服务于小微企业，涉及金额达到 700 多亿元。以 2013 年为例，正规金融组织支持小微企业新增 5.6 万户，小微贷款新增额度达到 288 亿元，比上年增长 83 亿元，增长率达到 40.5%；2013 年年末，小微贷款的平均利率为 7.45%，累计下降了 1.35 个百分点；正规金融组织的金融服务网点新增 85 个，实现乡镇（街道）平均拥有金融服务网点 12 个。同时，正规金融组织积极发展出口信用保险、国内贸易信用险、小额贷款保证保险等业务，利用保险工具进一步深化了对小微企业的金融服务。证券机构也积极服务中小企业的股改和定向增发。这一系列措施有力地支持了温州市的民营经济，使温州的地区生产总值增长率由 2012 年的 6.7% 提升到 2013 年的 7.7%，做到了"引民资之水灌溉实业之田"。

6.1.4　温州农村小型金融组织运营的不足

温州小型金融组织在运营过程中，也存在着改革还不到位的情形。

1. 企业借款难和民众投资难的现象依然存在

通过对温州企业家的采访来看，他们中有很大比例的企业主认为"融资难、融资贵"的问题不仅没有得到根本解决，甚至融资更加困难了。特别是中小企业，在企业间联保、互保的问题爆发后，小型金融组织对企业的贷款门槛更高了，对一些企业进行了大量的"抽贷"，其结果是压缩了企业获得贷款的空间。对于小资产、规模又不大的中小企业来说，想要进行直接融资变得更加困难，陷入了"信用基础越弱，就越贷不到款，越贷不到款，融资的成本就越高"这样的一个咒圈。而对于那些本来就盈利状况好、信用水平高的企业来说，无论是通过直接融资还是通过间接融资，它们都拥有更好的融资环境，进而导致小型金融组织难以吸引大量的民间资本。据不完全统计，温州民间资本超过 6000 亿元，且每年以 14% 的速度增长，大大降低了这部分资金的效率。

2. 改革理念未全面落于实处，信用危机未很好消除

一些很好的改革想法还漂流在空中，没有得到很好的实现，没有具体化，没有根据实情很好地落地生根。这是由多方面的原因造成的，如当地的投资软环境比较差、管理部门的"小鬼难缠"、高端金融人才的流失等。另外，其运作过程中的监管力度也不够，导致普遍存在企业失信问题、担保公司大面积倒闭问题、互保联保失败问题。据相关媒体报道，2013 年，浙江全省法院共受理了企业破产

案件 346 件，同比上升 145.07%，破产企业债务总额达 1595 亿元，比 2012 年的 243 亿元增长了近 6 倍。其中，发生在温州的企业破产案就有 198 起，占全省的 57%。而且据业内人士透露，2014 年的情况比 2013 年还要严重。这给温州小型金融组织的运营带来了巨大的考验。

6.1.5　温州农村小型金融组织运营的经验与启示

温州市人民政府金融工作办公室对温州地区小型金融组织进行综合改革，对其进行两年多的不断探索创新，在重点项目推进方面取得了一定的突破。在对其顶层设计方面进行探索的同时，小型金融组织自身不断创新，适应其运作的各种配套体系（监管体系、信用体系等）有条不紊地推出。在两年多不断探索过程中，根据当地市场的实际情况和相关需求，推出了许多金融改革试点，已经或将来可以在全国复制推广。其中，民间借贷服务中心、民间资本管理公司、温州指数、民间借贷地方监管体系建设、信用体系建设五个项目已经在全国复制试点。《温州市民间融资管理条例》的实施，极大地促进了温州民间借贷的规范化、阳光化。相继推出的民间资本管理公司私募融资、小额贷款公司定向债、"幸福股份"发行、农村资金互助会、农村保险互助社、社区银行体系、农村普惠金融、金融风险防范、不良资产处置机制等一批改革试点项目，待进一步深化完善后，可在全国进行复制和推广。温州农村小型金融组织创新和运营的经验，可为我国其他地方的改革提供很好的参考。通过温州农村小型金融组织运营所得的启示有以下几个方面。

1. 设法解决农村小型金融组织的资金来源难题

为了解决小微金融组织资金来源不足的问题，温州率先试点允许小额贷款公司发行定向债 4 亿元，为补充小额贷款公司的资本金提供了新的渠道，有助于提升小额贷款公司服务"三农"的能力。

2. 充分尊重市场

任何一项改革成败的关键，并不在于设立了多少监管部门、金融组织，不在于从中央要到了多少生杀大权，而是看有没有尊重市场，温州地区在上演一场没有剧本的戏，各方必须尊重市场这个"导演"的调配、安排，很好地完成其给出的任务，才能上演一台经典的大戏。所以，应根据市场的需要创新出多层次金融组织，以满足多元化的投资需求和多样化的融资需求。相关部门应松绑手中的权力，尊重温州民间的创新意识和主观能动性，真正的改革绝对不是"管"出来的，而是"放"出来的。

3. 避免金融自我膨胀，大力发展实体经济

近年来在温州地区从事金融炒作的人占了不少比例，在这种情况下一定要清晰地认识到过度金融炒作的危害，特别是近年来人们纷纷把资金投入房地产，把温州地区的房价炒得很高，过度的泡沫经济对经济的健康运行带来巨大的威胁。金融组织的使命应是服务实体经济，金融组织应通过自己的平台将民间资本集结起来，以推动实体经济的发展。金融的发展离不开实体企业的大力支撑，所以应大力引入实业人才、实业企业，避免"炒作经济"，实现虚拟经济和实体经济协调健康发展。

温州农村小型金融组织运营的创新在饱受争议中前进，很多人对其产生的效果尤为失望，但是像这种创新型改革是一个系统、长期的过程，是一个在不断犯错中逐步成长的过程，是一个难以攻坚的任务。温州金融改革不是以改革为目标和终点，而是为我国其他地区的改革"探路"，是着力于探索一条与我国民营经济发展相适应的金融制度。

6.2　中国农村小型金融组织发展的问题诊断

6.2.1　资金来源渠道狭窄

银监会公布的数据显示，截至 2014 年年底，全国共组建 10 107 家农村小型金融组织（含筹建和开业），其中，包括 1254 家村镇银行、13 家贷款公司、49家农村资金互助社、8791 家小额贷款公司。这些数据显示，近年来各种农村小型金融组织增长势头迅猛，已成为农村金融领域不可忽视的力量。与此同时，农村小型金融组织发展过程中，普遍面临着资金短缺、资金来源渠道狭窄的问题。

金融组织主要是高负债经营，即自有资本占运营资本的比例不高。因此，资金来源多样化是发展的必要条件。村镇银行是唯一能对外吸纳存款的农村小型金融组织，村镇银行虽然可以吸收存款，但数量有限，这缘于村镇银行成立的时间短，尚处于起步阶段。尽管农村小型金融组织自成立以来也做了大量宣传工作，但认同度仍低，信誉积累薄弱，农民存款还是偏好农村信用社、中国邮政储蓄银行等传统金融组织，农民不放心把钱存入村镇银行，严重影响了存款总量和投资者的参与度。然而，上有中央明文禁止的小额贷款公司和贷款公司不得以任何方式吸收公众存款，下有监管部门对其融资扩股的许多限制，无疑让本就资金来源渠道狭窄的小额贷款公司和贷款公司变得雪上加霜，以致这类金融公司后续发展资金严重不足。可以用"有心无力"来形容小额贷款公司和贷款公司面临的困窘，无资可贷的它们，对于巨大的市场需求只能望洋兴叹。

中国人民银行、银监会在 2008 年下发的《关于小额贷款公司试点的指导意见》中明确指出，小额贷款公司主要资金来源为股东缴纳的资本金和捐赠资金，不吸收公众存款①。这使得小额贷款公司的资金规模受到制约，尤其在紧缩的货币政策下，信贷市场更是供不应求，很多小额贷款公司出现了"无钱可贷"的窘境。从全球范围来看，小额贷款公司普遍的净资产债务比为 3.2，而中国试点的小额贷款公司净资产债务比仅为 0.01②，远远低于国际平均水平，几乎全部为持有人的资本。这表明我国小额贷款公司的外部融资渠道并不畅通。农村资金互助社仅仅能从社员内部吸收存款，范围也极其狭小（参见案例 1 和案例 2）。

案例 1：广西田东县农村小型金融组织资金严重不足③

在田东县，已经开业的农村小型金融组织虽然只有 3 家，但却面临着资金短缺的困窘。例如北部湾村镇银行，因为其营业网点只设在县域，所以对各村镇居民存款的吸收较为困难。数据显示，2010 年加上 5000 万元的注册资金，其可用资金量只有 1.9 亿元。这就是说北部湾村镇银行 2010 年全年才吸收存款 1.4 亿元，可见资金短缺问题十分严重。从另外两家农村资金互助社来看，由于人们还不够了解，参股社员较少，注册资金十分有限。以鸿祥农村资金互助社为例，2010 年社员股本金、吸收存款，以及从商业银行的融资和其他银行捐赠的资金，合计可用营运资本仅有 114.29 万元，距离社员提出的 200 万元的信贷资金需求量相去甚远，其中 2010 年吸收的农民存款也只有 1.35 万元。可见，资金稀缺已成为农村小型金融组织的主要困难。

案例 2：四川省广元农村小型金融组织资金来源匮乏④

四川省广元银监分局的调查结果显示，农村资金互助社、村镇银行、贷款公司的存在和发展，在一定程度上解决了农村金融服务不足、机构覆盖面低的问题。而发展农村小型金融组织的主要目的，就是激活农村金融市场，依靠引进竞争机制，提升金融服务水平和效率，以期使它们能更好地为"三农"提供各种金融服务。但农村小型金融组织发展的瓶颈在于资金来源匮乏。例如，四川省广元市的农村资金互助社资金来源主要是：财政资金、社会捐赠资金，小额信贷管理模式采用短期、小额贷款，整贷零还，连续滚动放款。该模式操作管理成本过高，很难实现自身可持续发展。

全国政协经济委员会"农村金融与小城镇建设"专题组，于 2011 年 4 月中旬

---

① 资料来源：张琴，赵炳奇.2006.从农村金融需求的视角看农村金融改革. 软科学， 20（2）：88-91。
② 资料来源：高晓燕，惠建军，马文赫.2010. 略论小额贷款公司所遇困境与可持续运营. 现代财经，（6）：10-14。
③ 资源来源：《农村金融时报》2011 年 10 月 31 日的文章"新型农村金融机构发展瓶颈亟待突破 小金融机构窘境"。
④ 资源来源同上。

和 7 月上旬分别赴重庆彭水、石柱和山东临沂、东营等地进行了实地调研，并起草了《〈关于大力发展农村金融、加快推进小城镇建设的若干意见〉的调研报告》（下称《报告》）。《报告》显示，我国村镇银行等农村小型金融组织总体表现为数量少、实力弱、服务能力不足。截至 2011 年 5 月底，山东省村镇银行存款余额仅为 33.03 亿元，贷款余额仅为 29.69 亿元。至 2011 年 3 月底，已开业的 150 家小额贷款公司累计发放贷款只有 118.65 亿元[①]，平均每家小额贷款公司累计发放贷款只有 7900 万元，服务能力严重不足。

从村镇银行来看，经营状况明显好于小额贷款公司。银监会提供的数据显示，截至 2014 年年底，全国已组建村镇银行 1233 家，其中批准开业的有 1152 家；负债总额为 6847 亿元，占 26%；各项存款余额为 5808 亿元，占 25%；资产总额为 7973 亿元，占 27%；各项贷款余额为 4862 亿元，占 34%，其中，农户贷款余额达 2111 亿元，小微企业贷款余额达 2405 亿元，"两小"贷款占比达 92.9%。但是，随着经济进入新常态，小额贷款公司由于没有存款资金来源，多数股东资金链断裂，陷入流动性困境，因而相继选择了从小额贷款公司抽走资金，使得小额贷款公司经营更是雪上加霜，难以为继，最终导致大批小额贷款公司破产倒闭。据本课题组 2015 年 10 月在重庆、四川等地对 38 家样本小额贷款公司的调查发现，有 60%以上的小额贷款公司处于破产边缘，真正能够盈利的小额贷款公司不足 10%。

6.2.2　财务与管理制度不健全

目前，我国农村小型金融组织的运行机制还不完善。虽然我国先后颁布了《村镇银行管理暂行规定》、《关于小额贷款公司试点的指导意见》和《农村资金互助社管理暂行规定》等行政规章，但是，农村小型金融组织在制度建设上依然漏洞较多。例如，内部制度建设不完善、监管制度不具体、内部风险控制机制缺失、管理层权责不清晰等[②]。例如，目前农村资金互助社并无相关政策制度对其日常经营管理进行规范，而颁布的《农村资金互助社管理暂行规定》也只规定了机构设立、股权设置、机构变更与终止等方面的内容。目前虽然一些小额贷款公司建立了公司治理结构，设立了股东大会、董事会、监事会和总经理，但是，大部分小额信贷机构并没有建立现代公司的管理制度和治理机构，没有聘请职业经理人管理公司，股东担任经理时没有将所有权和经营权分离，事实上造成高度集权的家族企业式运作。制度上不健全无疑给相关监管部门带来了不小的困难，留下了监管的漏洞，不利于这些小型金融组织的健康运行和风险管控。

---

① 资料来源：牛建宏. 2011. 加快小城镇建设亟须构建农村金融体系. 人民政协报，2011-11-01。

② 资料来源：王怀勇，曹琳. 2012. 论新型农村金融组织市场退出的法律监管. 西南政法大学学报，14（3）：85-92。

　　本课题组于 2014 年 6～10 月在重庆、四川、贵州、云南、浙江、山东、江苏等省市选择了 246 家样本农村小型金融组织进行了问卷调查。对农村小型金融组织制度健全情况调查的结果统计见表 6-1。目前几乎还有 30%左右的农村小型金融组织缺乏健全的管理制度，尤其是缺乏健全的公司章程，会计制度不健全，给公司治理留下了巨大漏洞。制度不完善导致农村小型金融组织的运营不规范，这既不利于农村小型金融组织抵御风险能力的增强，也无助于农村金融生态环境的优化。其主要表现在：一是没有建立有效的金融监督制衡机制，利益相关者未能充分行使监督检查权；二是农村小型金融组织与其他职能部门未能协调合作，至今未建立起完备的农村企业及农户的信用信息库，不能给管理提供便利；三是授信额度方面变动较大，没有充分根据客户的收入状况与信誉度制定授信标准。

表 6-1　农村小型金融组织制度健全情况调查统计表

制度项目	金融组织数量/家	所占比例/%
有健全的公司章程	138	56.23
有健全的会计核算制度	193	78.61
有严格的信贷风险责任制	185	75.34
有严格的考核制度	167	68.12

　　资料来源：经本课题组调查计算整理获得。

6.2.3　金融服务对象定位不清晰

　　农业、农民、农村是农村小型金融组织的主要服务对象，服务对象的明确对农村小型金融组织发挥作用至关重要。然而，在农村小型金融组织发展决策咨询过程中，更多的是政府和专家学者的论调，忽略了农民的主体地位。董丹丁（2013）的调查显示，遵化市农村小型金融组织存贷款比例长期徘徊在 40%左右，2013 年遵化市农业基础设施的金融资金投入基本属于空白，农户信贷满足率不足 10%，单一的资金供给与多元化的农村资金需求形成了鲜明的真空地带，农村小型金融组织对"三农"的支持力度严重不足[①]。导致这一现象的主要原因是，农民没有太多机会表达自己的想法和需求，更没有提出自己建议的渠道和机会，这使得农村小型金融组织的服务对象往往脱离农民，农民主体地位缺失，不能针对性地解决农民融资难问题。中国人民银行研究局编写的《中国农村金融服务报告 2010》中，

---

① 资料来源：董丹丁. 2013. 对新型农村金融组织发展状况的调查与思考. 河北金融，（4）。

对我国农户贷款覆盖面的调查结果显示，全国 2.2 亿农户中，有小额信用贷款或联保贷款余额的农户数只有 7134 万户，占农户总数的 32.31%[①]，表明农户小额信用贷款占农户的覆盖面不超过 1/3。

农村小型金融组织是为"三农"提供服务的金融组织，事实上其主要信贷对象是贷款金额较大、信用度较高、还款能力较强的中小企业和出口企业，服务农民的贷款占贷业务的比例极低。这从农村小型金融组织设立位置上即可看出，除农村资金互助社是设立在村一级外，村镇银行和小额贷款公司均设立在城区或郊区比较富裕的地方，不是向"农村"发展，而是有向"城市"发展的趋势，本来农村小型金融组织的规模就小，辐射范围有限，面向的市场又集中在县城，那么农户的主体服务地位必然受到威胁，所享受的服务也有限。

本课题组对重庆、安徽、河北、云南等十省市的 246 家农村小型金融组织的贷款去向做了统计，整理结果如图 6-1 所示。由图 6-1 可知，农村小型金融组织对中低收入农户贷款占比很低，只有 5.69%；对高收入农户贷款占比达到 34.55%，大多数贷款主要投向了农村优质企业、城镇经济主体和熟人主体，表明农村小型金融组织贷款非农化现象十分严重，并且关系型贷款现象比较明显。

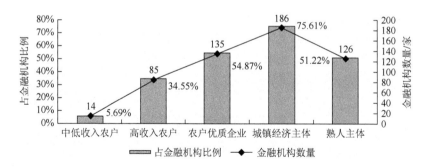

图 6-1　农村小型金融组织贷款去向统计图

6.2.4　从业人员业务素质不高

当前我国农村小型金融组织的从业人员素质普遍偏低，从业人员队伍整体水平不高，缺乏高素质、复合型管理和技术人才，从业人员创新有待加强。尽管按照《村镇银行管理暂行规定》，大部分村镇银行的高级管理人员素质较高，但从业人员通常是在当地聘任的。这些从业人员大体可分为以下两类：一是新聘任上岗的应届毕业生，从业经验缺乏；二是由发起方金融组织往各地调配的资深从业人

① 数据来源：《中国农村金融服务报告 2010》。

员。这类人员虽然从业经验丰富，但是对当地情况不熟。这些人员大多学历低，缺少银行基层工作经验，不能严格按金融业务要求进行规范化操作，金融风险管理的意识淡薄，能力不足，这使得农村小型金融组织的从业人员整体素质相对较低，专业知识匮乏，业务经验不足。

这里以庆阳市为例。近年来，农村小型金融组织的业务量不断加大，但是，农村小型金融组织成功招聘引进的大中专毕业生人数少，无法改善农村小型金融组织的文化结构和知识结构，无法提升农村小型金融组织业务营运水平，同时也成为农村小型金融组织创新与发展的重要制约因素。截至 2011 年 9 月，庆阳市农村小型金融组织达到 194 家，从业人员为 1400 人。其中，高管人员达到 196 人，占从业人员总数的 14%。虽然高管人员的文化程度从表面看 70%以上基本达到大专以上文化水平，但是，这些文化层次中，真正全日制脱产学习金融、会计、计算机知识的高管人员寥寥无几，基本上都是函授的第二学历[①]。因此，学历层次低、管理水平不高，是农村小型金融组织普遍面临的突出问题。此外，新型农村金融组织多设立在金融覆盖面较小的偏远地区，很难吸引高学历人才，而且大多数农村小型金融组织缺乏比较完善的人才引进激励机制。如果农村小型金融组织的工资等待遇低于其他金融组织，则难以吸引完全称职的金融专业人才。这里选取李瑾等（2013）根据对陕西岐山县、渭南县、安塞县、洛南县和宁夏同心县的走访调查所统计出的村镇银行的学历情况（表 6-2）。由表 6-2 可知，村镇银行从业人员学历主要是大专和本科，小额贷款公司从业人员的学历主要是大专，农村资金互助社从业人员的学历主要是高中及以下。

表 6-2　样本农村小型金融组织从业人员学历情况

农村小型金融组织名称		本科及以上		大专		高中		初中及以下		样本总数
		人数	占比/%	人数	占比/%	人数	占比/%	人数	占比/%	
村镇银行	岐山硕丰	4	11.8	23	67.6	7	20.6	0	0	34
	安塞农银	7	41.2	5	29.4	5	29.4	0	0	17
	安塞建信	10	66.7	5	33.3	0	0	0	0	15
	洛南阳光	6	37.5	10	62.5	0	0	0	0	16
小额贷款公司	渭南海博	2	22.2	6	66.7	1	11.1	0	0	9
	渭南航海	2	22.2	7	77.8	0	0	0	0	9
	渭南国欣	2	22.2	5	55.6	2	22.2	0	0	9
	渭南信达	3	20	12	80	0	0	0	0	15

---

① 资源来源：庆阳市政府金融办，2011 年。

续表

农村小型金融组织名称		本科及以上		大专		高中		初中及以下		样本总数
		人数	占比/%	人数	占比/%	人数	占比/%	人数	占比/%	
资金互助社	同心上河湾村	0	0	0	0	1	12.5	7	87.5	8
	同心金家井村	0	0	0	0	0	0	10	100	10
	同心新华村	0	0	1	12.5	2	25	5	62.5	8
	同心王团北村	0	0	0	0	3	37.5	5	62.5	8

资料来源：李瑾，罗剑朝，王佳楣. 新型农村金融组织政策支持问题研究. 财会月刊, 2013（14）：56-59。

6.2.5　业务违规经营严重、流程不规范

1. 农村小型金融组织信用风险问题突出，违规经营严重

在信贷支农服务中，农村小型金融组织的信贷主要投向种植业和养殖业，这两个产业对自然条件的依赖性强，一旦农民受到自然灾害，农产品歉收，自然农民收入减少，很难归还贷款，造成坏账损失大。

2. 信贷操作流程不规范

农村小型金融组织服务是面向广大农民群众，该客户群体普遍文化程度不高，对金融没有多少认知度，他们的风险意识和信用意识就更为淡薄，而部分农村小型金融组织为获得更多客户，常常进行一些非正规的业务流程，又没有群体对这种违规操作进行投诉，短期盈利的目的反而助长了不正之风。例如，贷款人在提出贷款申请时，由于缺乏完整的农户信用信息库和可行的信用评级办法，农户有可能对可抵押资产的数量和真实性造假，也可能通过办理贷款的人员进行造假，致使其今后在还款过程中，无法拿出足够的资金偿还贷款时，对农村小型金融组织形成损失（参见案例 3 和案例 4）。全国政协经济委员会"农村金融与小城镇建设"专题组曾于 2011 年赴重庆彭水、石柱和山东临沂、东营等地进行了实地调研，其调研报告《关于大力发展农村金融、加快推进小城镇建设的若干意见》显示，目前重庆和山东等地，尝试将农村土地承包经营权、宅基地使用权及房屋所有权、林地使用权等用于贷款抵押，在有关法律尚未修改的情况下，实际上处于违法操作的尴尬境地。调查发现，一些银行在推行"三权"抵押贷款发放中，也存在借款人违约后，抵押资产难以处置变现的风险[①]。

---

① 资料来源：牛建宏. 2011-11-01. 加快小城镇建设亟须构建农村金融体系[N]. 人民政协报，（B02）。

案例 3：湖北中银富登村镇银行造假案[①]

湖北中银富登村镇银行行长因涉嫌诈骗 1.2 亿元潜逃引发业内外广泛关注，该行涉嫌违规担保、诈骗等违法行为，涉案金额 1.2 亿元，行长厉明忠曾多次为相关企业担保，帮其从小额贷款公司贷款 500 万元到 800 万元不等。同时，还在当地私售年化收益率达 16.8%的"理财产品"。根据中银富登村镇银行的规定，只能向客户发放不超过 300 万元的贷款，否则必须转交给中国银行做。而厉明忠帮多家企业担保，甚至承诺解决超过 300 万元的贷款金额。2009 年厉明忠就已经承包了谷城县南沛陶瓷厂，这明显同《中华人民共和国商业银行法》相违背。然而，厉明忠的行为并没有在中银富登村镇银行的干部选拔、任命、审计等流程中被查出，使其顺利得到"行长"身份。同时，任职期间，厉明忠的违规行为也未在案发前被发现或制止。

案例 4：农村小型金融组织的创新与构建需谨慎[②]

近年来，苏北的一些城市争相发展农村资金互助社，有些县市基本形成"一镇一社"的格局。然而，2011 年下半年一些农村资金互助社相继发生倒闭、挤兑风波。首先是 2012 年 10 月下旬，连云港市灌南县的 4 家农民资金互助合作社，有 2500 多名储户的存款资金，累计 1.1 亿元被挪用，导致这 4 家农村资金互助社对农民的资金无法兑现。事后，因资金链断供，该农村资金互助社理事长曾试图卷款潜逃。灌南县公安局提供的资料显示，灌南县 4 家农民资金互助合作社都是由江苏龙城集团董事长王明龙一手策划成立的。他买通了当地 4 个农民，并用他们的身份证及户口本出资注册了 4 家农村资金互助社。互助社通过虚拟假借款合约，伪造账目，但实际上却悄悄地将钱以 4 分的月息转入龙城集团挪作他用，其行为属于非法吸储。这 4 家农村资金互助合作社"高进"更"高出"，存款年利率达 15%，贷款年利率近 50%。2012 年年末，在盐城射阳县，因当地一家担保公司倒闭，吸收储蓄资金约 4000 万元的陈洋农民资金互助合作社遭遇社员的存款挤兑，由于需要兑付的金额巨大，在兑付了数百万元资金后，该社一度宣布停兑。被立案调查、停止营业的还有南京高淳区砖墙镇农民资金互助社，2013 年 7 月，该互助社吸收了 300 多户的储蓄存款，共有 3200 万元的资金无法兑付。

6.3　中国农村小型金融组织发展问题的成因分析

6.3.1　经营环境的制约

首先，农业的弱质性是影响农村小型金融组织发展的制约因素之一。农业不

---

① 资料来源：张艺良.2012-12-24.利用村镇银行行长身份违规担保诈骗 1.2 亿元[N].农村金融时报。
② 资料来源：白田田，秦华江，陈刚.2013-07-04.农民资金互助社频现倒闭挤兑风波[N].经济参考报。

但底子薄弱，而且经常饱受市场风险和自然灾害的折磨，先天不占优势、后天又命途多舛决定了它弱质性和落后性的悲惨命运，要提高农业产量和质量就变得无比艰难。具体而言，农业的弱质性主要表现在：第一，长周期性，较长的生产周期往往导致农产品的供给调整滞后于市场；第二，双风险性，即自然风险和市场风险，农业抵御自然灾害的能力极其低下，抗击市场风险冲击的能力差；第三，低收益性，由于农业的投资回报率低，且极不稳定，市场在优化资源配置时，会将优质的资金和人才等要素由农业向外流出。然而，事实是农业与农村的各项建设事业需要大量资金支持，资金外流不仅使"三农"的发展受限，也使得农村小型金融组织的发展失去推动力量。

其次，对以扎根农村，服务"三农"为主要目标的农村小型金融组织而言，想像商业银行那样获得高额存款是不可能的。这是由它们所处的环境和服务对象决定的，它们所服务的环境是经济比较落后的县域农村地区，服务的客户群体是收入水平普遍不高的农民。他们本来闲置资金较少，放在农村小型金融组织储蓄的就更少了，导致它们吸收的存款量十分有限。所以要保证农村小型金融组织的可持续发展并不是一件容易的事。

最后，农村小型金融组织尚处于起步阶段，对农民来说还是新鲜事物，社会认知度不高，导致大多数农民对其信誉程度持怀疑态度。以村镇银行为例，对衡山县一乡镇 100 户居民的调查显示：80%的居民认为，村镇银行是"杂牌子"，担心钱存进去打水漂，因此不愿意将钱存进村镇银行；37%的居民表示，更愿意将钱存到国有商业银行，这样会更有保障；43%的居民表示，更愿意将钱存入实力较强的农村信用社，仅有 10%的居民认为，愿意支持村镇银行的发展。由此可见，村镇银行的信誉度不高，吸收存款极其困难。

6.3.2 政策与制度不完善

1. 财务与管理制度不健全

目前中央没有颁布相关法律来使农村小型金融组织规范发展，这就使得无论是个人还是单位，在从事农村金融活动时，不得不面临一些潜在的法律风险。中国人民银行对农村小型金融组织的支农再贷款政策也未落实。农村信贷的特点是风险较大，对应的却是收益较低，市场经济条件下，需要必不可少的政策支持和法律法规的约束。实际工作中，农村小型金融组织的一些重大经营活动决策权，还是集中在发起人或高级管理人员手中，容易发生委托代理现象；另外，由于组织规模一般较小，一般采用扁平式组织架构，常常是一人身兼数职，管理制度形同虚设，权力过于集中，不利于完善制度。

2. 农村信用评级制度缺失

由于没有系统的、完善的、可靠的信用评级体系对农村地区的融资项目进行评价，农村小型金融组织缺乏与传统农村金融组织竞争的实力，承贷主体大部分缺乏有效的担保和可变现的抵押，使贷款风险系数变大，贷款不确定的因素增多，会给农村小型金融组织违规经营带来可乘之机。

3. 农村小型金融组织退出机制不完善

村镇银行退出市场的内容在《村镇银行管理暂行规定》第六章中有所体现，主要对监管主体、监管方法、相关标准和退出方式做了规定，其在全面性和具体性方面都有所欠缺。小额贷款公司由于尚未获得银行业金融组织的地位，在市场退出时，主要遵照《中华人民共和国公司法》和《中华人民共和国企业破产法》等法律法规的规定（王怀勇和曹琳，2012）。

4. 制度上的原因导致资金来源狭窄

根据银监会制定的《关于加强村镇银行监管的意见》，村镇银行不得跨县（市）吸收存款和发放贷款，其发展的市场范围仅限制在一个县域。另外，农村资金互助社不得向非社员吸收存款，小额贷款公司不得吸收存款，等等，都直接影响农村小型金融组织的资金来源。根据中国人民银行和银监会发布的《中国人民银行 中国银行业监督管理委员会关于村镇银行、贷款公司、农村资金互助社、小额贷款公司有关政策的通知》（银发〔2008〕137 号）的规定，村镇银行的存款利率实行上限设置，贷款利率实行下限设置。这就意味着村镇银行的存款利率最多按基准利率执行，与同业竞争相比无优势，贷款利率设置下限也在一定程度上阻碍了潜在的客户前来贷款。

6.3.3　业务规模的限制

农村小型金融组织业务发展规模受限，遇到资金来源短缺的瓶颈，资金的限制主要还是源于其自有资本较少。国家为了鼓励农村小型金融组织的发展，放低了其准入门槛，国家规定村镇银行的注册资本一般不低于 300 万元，与其他商业银行相比实在太少，小额贷款公司的注册资本原则上不低于 50 万元，农村资金互助社的进入门槛就更低了，一般只有 20 万元左右，自有资本限制了其发展，进而限制了吸收资金的能力[①]，资金实力不强导致支农功能受到影响（参见案例 5）。过低的准入门槛不仅削弱了其资金实力，也不利于防范和抵御金融风险。此外，很多农村小

---

① 资料来源：李静. 2011. 我国新型农村合作金融组织发展问题与建议. 时代金融，（21）：116。

型金融组织受到业务规模的限制，为了节约组织运营成本获取更高收益，简化运营操作步骤，不严格遵守组织结构和内部管理制度，还会引发更多的违规经营现象。

案例 5：制约村镇银行发展的主要原因①

调查发现，限制村镇银行发展的主要瓶颈在于它是地方性小法人机构，自有资金较少，规模十分有限，给农民一种不安全感，导致其吸收农民存款的能力弱，再加上村镇银行业务单一，而且很多村镇银行设在县城，基层网点也较少等问题，就导致了村镇银行的发展受限。例如，浙江龙泉民泰村镇银行于 2011 年 10 月开业，注册资金为 5000 万元，由浙江民泰商业银行与龙泉市 14 家非金融组织企业法人共同发起组建成立。截至 2013 年 5 月底，浙江龙泉民泰村镇银行的存款余额达到 2.8 亿元，而贷款余额只有 2.2 亿元，存贷比约为 80%。据该行员工反映："有存才有贷，存款都没有多少，也就不要妄谈能贷款了。""目前在运行中的银行网点只有 1 个，存款客户感觉非常不方便。""我们更多的是要通过客户经理的人脉来吸收存款，现在很多村镇银行的存贷比都超过 100%，我们这家村镇银行的情况还算是比较好的，存贷比也差不多达到 80% 了，按存款准备金 13% 来算的话，如果吸收存款有问题，村镇银行是客观存在着一定的流动性风险的。"

此外，本课题组对全国 246 家样本农村小型金融组织从业人员规模的调查结果显示（表 6-3），从业人员在 10 人以下的农村小型金融组织有 91 家，占样本总数的 36.99%；从业人员在 11～20 人的农村小型金融组织有 79 家，占样本总数的 32.11%；从业人员在 21～30 人的农村小型金融组织有 17 家，占样本总数的 6.91%；从业人员在 31～40 人的农村小型金融组织有 32 家，占样本总数的 13.01%；从业人员在 41 人以上的农村小型金融组织只有 27 家，占样本总数的 10.98%。可见，无论是农村小型金融组织的业务规模，还是其人员规模都普遍偏小。

表 6-3　农村小型金融组织从业人员数目统计

从业人员数/人	农村小型金融组织数量/家	占样本农村小型金融组织的比重/%
10 人以下	91	36.99
11～20 人	79	32.11
21～30 人	17	6.91
31～40 人	32	13.01
41 人以上	27	10.98
合计	246	100.0

资料来源：经本课题组调查数据计算整理。

---

① 资料来源：谷力，王月金. 2012. 村镇银行的"小尴尬"[EB/L].http://star.news.sohu.com/20120727/n349169935. shtml. 2012-07-27.

6.3.4　缺乏严格的内外部监管措施

大多数农村小型金融组织没有严格设立内部监管部门，也没有从组织外部聘请监督机构，缺乏监督，就会出现内部人员操作失控的现象，出现部分管理者或者大股东高度集权，产生大量的内部关系人贷款或关联方贷款，出现违规经营，使经营风险扩大。

农村小型金融组织不仅缺乏自身监控，外部监管也缺乏规范性（参见案例6）。农村小型金融组织大多在乡镇和农村地区，而相关的监管机构却大多设在市县地区，一般离农村地区较远，银监机构的监管和实地调查难以持续，给农村小型金融组织一种"天高皇帝远"的感觉，有时候违规经营也会变得肆无忌惮，给违规经营者缝隙可钻，导致非农贷款比例大，等等。并且大多地方一般实行分别监管，即不同的监管部门监管不同的农村小型金融组织，如各地银保监会负责监管村镇银行，当地政府金融办负责监管小额贷款公司。由于各自实行着不同的监管标准，其监管的效果和程度有所不同。李瑾等（2013）在渭南市金融工作办公室了解到，渭南市各区县金融工作办公室监管人数少、专业素质参差不齐是主要问题，有的还因为人手不足导致金融工作办公室监管工作无法连续有效地进行，监管部门的工作重心集中在事前监管，缺乏事后及时有力地监管[①]。

案例6：农村小型金融组织外部监管机制缺失[②]

2010年10月，江苏连云港市灌南县出现4家农民资金互助社关门事件，导致2500户村民1.1亿元存款不知所踪。灌南县委农村工作部是直接监管部门。调查发现，4家农民资金互助社存在大量违法违规行为，如幕后老板非法吸储挪用资金、非法造假注册身份、造假借款人和会计账本、利用超高利率吸储等。然而，这些非法违规行为均未被监管部门发现，表明监管出现了漏洞，甚至是监管部门不作为。有分析指出，正是因为缺乏监管机构严格的监管，才导致互助社被不法分子当作吸收股金和农民闲散资金的通道，不仅扰乱了金融秩序，也使农民贷款难的局面难有改观。

可见，无论是外部监管还是内部管控，并没有根据农村小型金融组织自身特点来制定与之相适应的监管体系和方式，现有监管还只是将其他金融组织的监管模式粗糙地复制过来。这样的监管方式明显不够灵活，要么管得过严，要么管得过松，不利于农村小型金融组织的可持续发展。

---

① 资料来源：李瑾，罗剑朝. 2013. 新型农村金融组织政策支持问题研究. 财会月刊，（14）：56-59.
② 资料来源：刘康亮. 2012. 江苏4家农民合作社停业 村民上亿存款不知所踪[EB/OL].http://jingji.cntv.cn/2012/10/23/ARTI1350974556495478.shtml. 2012-10-23.

第7章　中国农村小型金融组织发展风险及其控制

1998 年亚洲金融危机之后，金融风险逐渐引起人们的高度重视。目前我国农村小型金融组织包括村镇银行、小额贷款公司和资金互助组织等，并以村镇银行为主，在农村金融组织体系中大致占 26.3%。农村小型金融组织的快速发展，虽然在一定程度上满足了农村金融服务需求，但是积累的金融风险也在不断增加，在一些地方严重影响了农村金融的稳定和可持续发展。因此，2012 年，温家宝总理多次强调，既要积极培育农村小型金融组织，也要有效防范和及时化解潜在的金融风险；2014 年中央一号文件指出，"完善地方农村金融管理体制"，"鼓励地方建立风险补偿基金，有效防范金融风险"；2014 年银监会发布的《关于加强农村中小金融机构服务体系建设的通知》中也指出，农村中小金融机构要注重强化市场约束，根据分支机构的不同种类，分别建立统一规范的营业信息公示制度，提升市场形象，保障金融消费者知情权，有效防范声誉等金融风险。由此可见，农村小型金融组织的风险问题受到了中央政府和相关监管机构的高度重视。农村小型金融组织风险主要来自运营管理，而不是组织创新环节。本章将着重对农村小型金融组织的风险控制策略进行研究。

7.1　中国农村小型金融组织发展的风险表现

农村小型金融组织，因在解决广大农民特别是贫困农户难以获得金融服务等问题上具有突出功效，其一经产生就在全球范围内得到迅速推广。在分散状态下，农户贷款需求具有单笔信用规模小、缺少抵押物和担保等特点，同时外部冲击对农户收入影响较大，因此商业性金融组织出于对利润的追求往往将农户贷款需求排除在外。农村小型金融组织提供的服务可以帮助那些因为缺乏金融资源，或者由于外部冲击而暂时陷入困境的农村居民渡过难关，维持其生产活动的开展，同时具有平滑消费和增加收入的功效。也正是由于小型金融组织具有此种优势，所以它被引入中国来解决农村贫困和农村金融服务短缺问题。从 20 世纪 90 年代开始，农村小型金融组织在解决中国农村贫困，以及农村资金短缺等方面发挥了重要的作用。在组织形式上也从小额信贷扶贫社发展到了村镇银行、小额贷款公司及农村资金互助社等。但是，经济的发展永远摆脱不了风险的影响，农村小型金融组织也同样面临着各类风险因素的困扰。回顾中国农村金融的整个发展历程，农村金融风险一直是制约农村金融发展最重要的因素。目前，我国农村小型金融组织面临的风险主要来源于两个方面：一是外部环境风险，二是内部经营风险。其中，外部环境风险主要是：农业生产风险、农村经济金融发展失调、地方政府行为不规范。内部经营风险主要是：农村小型金融组织自身的脆弱性、法律地位不明确、内部治理结构不完善等（何大安，2009）。

7.1.1　农村小型金融组织发展的外部环境风险

1. 农业生产经营特性所产生的风险

农业生产是经济再生产过程与自然再生产过程的有机统一，这一双重的生产特性决定了农业的发展始终面临着自然风险和经济风险的干扰。因此，无论是在发达国家还是在发展中国家，农业风险问题一直是影响农业农村发展和农民收入快速增长的重要因素。农村小型金融组织的服务对象主要是"三农"，由于农村小型金融组织的经营环境客观上存在多重风险，这会传递给农村小型金融组织，并带来巨大的经营风险。由于我国经济发展仍处于社会主义初级阶段，农业是国民经济的基础性产业。截至2014年，在全国就业人口中，农业劳动力占比仍高达33.6%，因此，农业的健康发展，对国民经济的稳定可持续发展具有重要的战略意义。然而，我国自然灾害发生较为频繁，农业基础设施仍然比较落后，农业增产不增收现象时有发生，使得农业风险成为制约我国农业发展的重要因素。

表7-1显示的是我国农业自然灾害受灾面积的情况，从2000～2014年的数据可以看出，我国每年的农业受灾面积平均有0.4亿公顷，近年来占总播种面积的比例虽然有所下降，但仍然偏高。其中，农业成灾面积占农业受灾面积的比例大约为50%。在农业的受灾面积中，绝大部分灾害都是由于水灾和旱灾带来的。可见，自然灾害带来的风险，给我国的农业发展带来了巨大的损失。有资料显示，自然灾害对我国农业所造成的直接经济损失占农业GDP的比例平均超过3%，而这一比例在美国大约为0.6%，日本大约为0.8%（谢家智，2009）。从发达国家农业发展变迁的历史过程来看，依靠政府直接或间接地提供农业保险，可以减少农业灾害对农业发展的影响；而且政府提供农业保险，还能够有效地促进农业经营者的农业投资，稳定农业生产；还可以将农业信贷风险降低到一定程度，从而提高银行信贷支农的积极性（Townsend and Yaron，2001）。但由于我国政策性农业保险起步较晚，农业保险制度不健全，无法为农业农村经济发展提供有效的保险保障。中国人民保险集团股份有限公司近年来支付的洪灾等自然灾害的赔付金与灾害造成的经济损失之间的比例约为1：100，而欧洲却

达到 1:5（谢家智，2009）。因此，由于农业发展本身的风险性，为了降低农村小型金融组织的运营风险，需要在大力发展农业保险的基础上，使农村小型金融组织的信贷风险得到有效控制。

表 7-1　2000～2014 年我国农业自然灾害受灾面积情况　单位：×10³ 公顷

年份	农作物播种面积	受灾面积	成灾面积	成灾面积占受灾面积比例/%	成灾面积占播种面积比例/%	水灾		旱灾	
						受灾面积	成灾面积	受灾面积	成灾面积
2000	156 299	54 688	34 374	62.9	22.0	7 323	4 321	40 541	26 784
2001	155 707	52 215	31 793	60.9	20.4	6 042	3 614	38 472	23 698
2002	154 635	46 946	27 160	57.9	17.6	12 288	7 388	22 124	13 174
2003	152 414	54 506	32 516	59.7	21.3	19 208	12 289	24 852	14 470
2004	153 552	37 106	16 297	43.9	10.6	7 314	3 747	17 253	8 482
2005	155 487	38 818	19 966	51.4	12.8	10 932	6 047	16 028	8 479
2006	152 149	41 091	24 632	59.9	16.2	8 003	4 569	20 738	13 411
2007	153 463	48 992	25 064	51.2	16.3	10 463	5 105	29 386	16 170
2008	156 265	39 990	22 283	55.7	14.3	6 477	3 656	12 137	6 798
2009	158 613	47 214	21 234	45.0	13.4	7 613	3 162	29 259	13 197
2010	160 674	37 426	18 538	49.5	11.5	17 525	7 024	13 259	8 987
2011	162 283	32 471	12 441	38.3	7.7	6 863	2 840	16 304	6 599
2012	163 415	24 960	11 470	46.0	7.0	7 730	4 140	9 340	3 510
2013	164 626	31 350	14 303	45.6	8.6	8 760	4 860	14 100	5 852
2014	165 446	24 891	12 678	50.9	7.7	4 718	2 704	12 272	5 677

资料来源：根据《中国统计年鉴》（2015）整理。

2. 农村经济金融发展失调的风险

一般来说，发展中国家普遍存在实物资本短缺和贫困现象，纳克斯提出了贫困恶性循环论，认为阻碍发展中国家发展的关键因素是资本的匮乏。尤其是在我国的农村地区，农村生产力发展水平低下，导致农民收入增长缓慢，因而来自农业的资本积累程度并不高，只是农民进城带来的劳务收入增长加快，使近年来农村储蓄水平出现了上升势头。但农业生产力水平低下，农业经营风险大，储蓄向农业投资转化的机制不畅，使得农业生产中面临严重的资本短缺问题。因此，建立有效的农村储蓄向投资的转化机制，促进农村地区资本的形成，是打破贫困恶性循环的关键。进入 20 世纪 90 年代以后，农村金融与农村经济的关系基本处于恶性循环状况，直接表现为"农村经济低水平徘徊→农村金融运行面临外部环境的约束→农村金融逐步脱离农村经济发展→农村经济发展日益缺乏金融支持→农村金融与农村经济的关系落入相互制约"（温涛，2005）。因此，在农村金融与农村经济发展失调的背景下，加之自身的资金实力较弱，农村小型金融组织经营的成本高，经营风险增大。

3. 地方政府行为不规范的风险

财政分权改革后，我国地方政府具有巨大的发展地方经济的冲动。地方政府在促进城镇化、工业化和发展经济过程中，需要大量的财政金融资金。由于地方财源不足、财力有限，许多地方的财政预算仅能满足其机构的基本运转支出，因而地方本级财政预算支出基本无法满足其巨大的建设资金需求。因此，地方政府往往采取非经济的手段来干预和影响金融组织，促使金融组织发放贷款，以满足当地经济发展对资金的巨大需求。这种状况在我国农村地区同样存在，地方政府对金融系统干预行为的不规范，会直接导致大量的经济风险转嫁到农村金融组织。在现实条件下，绝大多数农村小型金融组织抵御风险的能力比较弱，因而政府的干预行为必然会制约农村小型金融组织的健康发展。

财政分权下地方政府经济发展的竞争加剧，加之长期以来中央政府对地方政府的考核以经济发展作为核心指标，因此，当农村小型金融组织的放贷决策目标与地方政府的经济发展目标相悖时，地方政府就会采取行政手段，对农村小型金融组织的信贷决策进行干预。此外，目前地方政府的巨额债务也是形成农村小型金融组织风险的重要原因。截至 2013 年年底，国家审计署公布的数据显示，全国政府性债务超过 20.6 万亿，债务率为 113.41%。为了弥补巨大的财政收支缺口，地方政府必然会设法向金融组织借新债还旧债，从而维持政府的日常开支。可见，地方政府的不良干预，使得农村小型金融组织无法独立地决策，决策不自主及政府债务的转嫁，使得农村小型金融组织的经营风险不断上升。

7.1.2　农村小型金融组织发展的内部经营风险

农村小型金融组织的经营目标是，在保证自身财务可持续性的前提条件下，向农村小型经济主体提供各类小额贷款服务。为了实现这一目标，农村小型金融组织的首要任务是实现风险的有效管理。它们内部经营管理中面临的风险主要有以下六种类型，这些风险使得农村小型金融组织具有极高的脆弱性。

1. 信用风险

农村小型金融组织在运营中面临的首要风险是信用风险。信用风险又称违约风险，是指交易对手未能按照契约约定履行其中义务而造成经济损失的风险，也就是受信人没有履行还本付息的责任而导致授信人的实际收益与预期收益发生偏离的可能性。农村小型金融组织与农村借款主体之间存在严重的信息不对称，同时信用约束机制薄弱，成为农村小型金融组织信用风险产生的重要原因。目前，我国农村小型金融组织主要采取"三不要"的运行模式，即在发放贷款的时候，"不需要抵押、不需要担保、不需要规范的会计报表"，仅以农村的经济发展基本数据及贷款人的自身发展情况作为信用提供的依据。然而，农村小型金融组织的资金需求者，一般是"三无"的小型企业或者农户，即没有过往的信用记录，没有完善的财务报告及产业发展可供评估，没有相关的专业评估组织提供评估服务。因此，小型金融组织在向农村小型经济主体和农户提供贷款的时候，很难获得信贷客户的真实信用情况。即使有一些农村小型企业具有相关的信用记录，但目前我国多数农村小型金融组织的账户系统、信贷管理系统、征信系统都未能与中国人民银行联网，也无法查询相关信用信息。同时，高额的信用调查跟踪成本，信用约束机制薄弱，也加剧了农村小型金融组织与借款主体之间的信息不对称程度。在信息不对称的条件下，农村小型金融组织难以获得农村借款主体的真实信息；当农村小型金融组织开展小企业和农户信用贷款业务时，在"三不要"运营模式与"三无"借贷者的条件下，没有可以改善借贷双方信息不对称的抵押物或质押物，加之信用约束机制严重缺失，农村小型金融组织必然会面临巨大的信用风险。目前，海南省正在积极建设农村信用体系，计划到 2020 年实现全省家庭企业信用信息采集和查询服务全覆盖①，以便于农村小型金融组织能够根据农户信用信息做出有效的发贷决策，降低信息不对称风险。因为在农村资金互助社社员之间、社员和农户之间大多具有亲缘、地缘关系，成员之间交往密切，信息完全对称，信用约束机制较强。因此，相对而言，在农村小型金融组织中，农村合作性金融组织（如农村资金互助社）受到信用风险的影响较小。通过贷前详细审核和贷后密切监控的方式，农村资金互助社在开展社员信用贷款时，能够把信用风险降到最低程度（鲁朝云和廖航，2009）。

2. 流动性风险

流动性风险是指农村小型金融组织在应对存款提取或发放贷款等日常经营活动中发生支付困难的可能性。从农村小型金融组织的设立条件可以看出，农村小型金融组织自身资金实力较弱，且从成立之初就受到一系列制度如不允许吸收存款、限制市场范围的拓展等的约束，从而使其流动资金隐藏潜在的风险（王修华等，2010）。因此，2014 年银监会指出，要进一步提高民间资本对农村小型金融组织的参与程度，扩大其经营资金来源。从偿债能力的角度来看，农村小型金融

---

① 资料来源：海南省人民政府于 2016 年 8 月发布的文件《海南省人民政府办公厅关于推进普惠金融发展的实施意见》（琼府办〔2016〕215 号）。

组织的流动性风险主要来自两个方面：一是储户向村镇银行和农村资金互助社等吸收存款类组织，集中提出提款要求时会产生流动性风险；二是农村小型金融组织发放贷款的期限与从其他组织拆借资金的期限不匹配时，也会带来流动性风险。由于资金拆借现象在农村小型金融组织并不普遍，所以这里只讨论第一种情形。第一，农村小型金融组织受经营规模、政策支持、资本实力等因素的约束和严格的地域限制，资金供给者和资金需求者均为相同群体，使得农村小型金融组织很容易受到农村某些特定事件的影响。例如，当储蓄主体与贷款客户均为柑橘经销者，由于柑橘生产具有较强的季节性，那么可能会在柑橘成熟的秋季出现纷纷提款和贷款的现象。此时，农村小型金融组织因其资金实力有限而难以应付储户大规模提款需求，很容易形成流动性风险。例如彭建刚等（2008）认为，农村小型金融组织面临的主要风险就是资金来源的匮乏，即资金吸收困难的风险。第二，目前我国的农村小型金融组织尚处于起步发展阶段，农民对农村小型金融组织的信任度仍不高，尚处于观察阶段，一旦听到任何不利于农村小型金融组织经营的消息，势必产生"羊群效应"，发生大规模存款挤兑现象。第三，农村小型金融组织（向其他金融组织）的拆借资金能力弱，导致其日常运营中面临着较大的流动性风险。综上可见，农村小型金融组织面临的流动性风险既具有内生性，又具有外生性。

3. 经营风险

经营风险是指农村小型金融组织面对自身的经营范围、经营条件和经营环境，在经营过程中因经营不善等原因发生损失的可能性。农村小型金融组织日常经营活动主要表现为吸纳存款和发放贷款，金融产品较为单一。其信贷资金发放又主要以短期小额信贷为主，贷款分散，难以形成规模效应，这无疑增加了贷款的运营成本和经营风险。农村小型金融组织的人才储备不足，缺乏具有创新意识和经营能力的金融人才，难以有效满足农村经济主体对管理人才的需求。另外，农户贷款的抵押资产主要是房屋或农林畜牧渔等农产品，但这些抵押物的价值难以进行有效评估，也很难得到金融组织认可，加之农村缺乏专门为农户服务的担保机构，导致农户或企业在贷款时难以提供有效的可抵押资产，这不仅制约了农村经济主体的贷款需求，阻碍了农村经济的发展，也使得农村小型金融组织在发放贷款过程中面临较大的经营风险。在内部经营管理方面，由于农村经济的商品化、货币化、金融化水平较低，农村小型金融组织的资产结构单一，使其经营范围受到极大的限制。信贷资产基本是农村小型金融组织最主要的资产，在其利润构成来源中，由贷款产生的利息收益提供了90%以上的利润（郭福春，2007），同时，农户贷款缺乏抵押品，容易出现法律判决无法有效执行的问题，这也使得资产结构单一的农村小型金融组织经营风险加大。

4. 操作风险

操作风险是指农村小型金融组织的内部员工，由于业务操作流程有误，或外部环境事件所导致的，直接或间接损失的操作流程风险。具体来说，农村小型金融组织的操作风险主要来源于以下几个方面（鲁朝云和廖航，2009）。首先，农村小型金融组织具有扁平化的管理结构。相比大型金融组织一般采取科层管理模式，农村小型金融组织没有一套成熟的操作风险管理机制，也没有对应的经验可以借鉴，造成了业务操作人员难以识别业务控制重点，加大了操作风险发生的概率。其次，农村小型金融组织具有本地化的组织架构。村镇银行和小额贷款公司大都是在本地招募其前中后台的工作人员，经过一段时间培训后便上岗从业，究其原因，一方面是为了降低经营成本，另一方面则是为了便于开展本地业务，而这些没有经过专业化教育的员工合规操作意识差、风险意识淡薄，由于与本地居民关系密切，容易产生以感情代替内部控制制度，形成大量的"人情借贷""关系贷款"，使得贷款经办人员的贷款操作环节上所建立的监督机制形同虚设。当前农村小型金融组织中的员工主要由公司职员、退伍军人和应届毕业生构成，员工整体缺乏从业经验和专业知识，其业务技能和风险防控能力有待增强，严重制约了农村小型金融组织的发展。再次，农村小型金融组织的业务管理松散化。为了尽快达到自身业务的盈亏平衡，并及时应对同行业竞争，农村小型金融组织的放款流程会相对灵活，以实现其信贷业务的快速发展，这难免会埋下操作风险的隐患。最后，农村小型金融组织的管理部门监督不力，也容易产生操作风险：一是农村小型金融组织尤其是村镇银行成长很快，前些年有大量的小型金融组织在当地工商部门注册，并提前开展信贷业务，但当时尚未得到银监局的批准，这种情况在小额贷款公司中居多；二是各地地方政府、中国人民银行、银监局对农村小型金融组织的监管分工不明确，相互推诿，出现了监管真空的现象；三是不少农村小型金融组织地处偏僻山区，监管力量难以到达，以致监督出现不及时、无法到位的情况。

5. 法律风险：法律地位不明确

农村小型金融组织面临较大的法律风险，主要表现在以下三个方面。

第一，《关于小额贷款公司试点的指导意见》将"小额贷款公司"定义为法人企业，但属于非金融类机构，同时，对其经营的业务范围进行了严格的限制。小额贷款公司在日常经营中只能发放贷款，不能吸收存款。这种经营定位和业务范围的限制，非常不利于小额贷款公司的健康发展。小额贷款公司不能吸收存款，资金来源就没有保障，进而使得业务无法扩张，流动性风险就会生成。当客户存在较大的贷款需求时，小额贷款公司就容易形成流动性风险。

第二，《农村资金互助社管理暂行规定》把"农村资金互助社"定义为法人企业。无论是从发达国家的发展经验来看，还是从我国自身的实际情况来看，这种定位都不适合当前我国农村经济形势的发展。农村信用合作组织成立的初衷就是帮助那些被正规金融组织信贷所排斥的资金需求者，农村资金互助社成立的目的在于信用互助合作，而不是追求利润最大化，它只能在社员之间提供资金融通业务。所以，将"农村资金互助社"定义为法人企业，由于其本身资金实力较弱，为开放性的农村金融市场提供金融服务，会增加其运营的风险。同时，农村资金互助社承担税收负担的能力也极其有限，并不适宜以纯粹的市场主体进行法律定位（刘国防，2010）。

第三，《村镇银行管理暂行规定》将"村镇银行"定义为法人企业的同时，又规定它是为"三农"发展提供金融服务的银行业金融组织。这种规定自身存在着内在的矛盾，作为法人企业，追求利润最大化是其根本的目标，它有作为市场主体独立决策、自主选择市场空间配置信贷资源的权力。而作为为"三农"发展提供金融服务的机构，它所承担的又是政策性的发展目标，容易承担过多的社会责任而影响其业务发展的财务可持续性。因此，村镇银行的企业属性和市场属性定位模糊，容易导致其业务经营范围混乱，不利于其稳健经营，从而加大村镇银行的经营风险。

6. 内部治理风险：治理结构不完善

银监会发布的《关于做好 2014 年农村金融服务工作的通知》中指出，要健全农村中小金融组织的公司治理及运行机制。而农村小型金融组织的经营特点是，经营低成本化与市场范围的本地化。例如，村镇银行和小额贷款公司的从业人员主要是从本地区招聘的，而农村地区受教育的水平较低，多数没有经过金融专业的学习、教育和训练，金融风险管理意识淡薄。同时，多数从业人员之间具有亲缘关系，容易弱化贷款过程中的监督机制。农村资金互助社的业务操作人员是由社员集体推荐的，使其容易出现"精英控制"的问题。此外，村镇银行被委派的员工一般来源于大型银行的基层组织，而基层组织的员工缺乏对风险的控制能力。虽然从组织形式上看，农村小型金融组织都是按现代企业制度的要求建立的，但现实中农村小型金融组织普遍存在着从业人员"一人多职"的现象，导致内部管理混乱，容易引发内部控制的风险。

7.2　中国农村小型金融组织发展的风险特性和影响

7.2.1　农村小型金融组织发展的风险特性

自 2006 年政府对农村金融实施新政策以来，农村小型金融组织得以快速发展，但在发展中，小型金融组织自身的特殊情况及其所存在的外部环境，使得其运营风险不单具有一般金融风险的特征，还具有其个体的风险特性（李盼盼和王秀芳，2010）。

1. 发展风险与收益的逆向变动

我国农村金融活动常常出现资本高投入与低回报并存的异常状况，即风险与收益存在逆向变动现象（李盼盼和王秀芳，2010）。农村金融市场的不完善及受到政府的严格监管是形成这种局面的主要原因。实际上，为了提升自身的盈利水平与市场竞争力，农村小型金融组织往往可能对信用程度较高、信用风险较小的贷款实行高利率，这通常以农村居民贷款为主；对某些风险较大的贷款需求，由于遭受行政压力或者迫于人情关系，反而提供更加优惠的利率，大量贷款利率与风险水平倒挂的现象使得农村小型金融组织风险与收益逆向变动日趋严重。

2. 内部风险具有较强隐蔽性

一般说来，金融风险往往隐藏在金融组织日常的经营行为中，金融组织潜在的金融风险，通常须经正规审计后，并通过公开信息披露，才有可能被人们发现。但农村小型金融组织的经营管理、制度和操作流程往往缺乏规范性和透明性，社会审计监督机制缺位，导致其经营风险具有很强的隐蔽性。同时，我国的农村小型金融组织虽然定位为市场经济条件下的自主经营、自负盈亏、独立核算的企业，但其业务经营还受到地方政府的强力支持，以政府信用作为后盾，即便发生挤兑危机，或者贷款风险危机，政府也可能提供帮助以渡过难关。这就势必导致农村小型金融组织对其经营风险缺乏警惕性，使得风险对外暴露的机会大大减弱。

3. 发展风险具有相对独立性

农村小型金融组织的机构规模较小，受到地域条件的约束较重，金融组织之间关联不密切，因此，引发大范围系统性风险的可能性较小，这使得农村小型金融组织的发展风险具有独立性。这种独立性不仅表现在农村地区内部，而且表现在城乡之间的相对独立性上。由于城市和农村各自拥有一套相对独立的金融组织体系，城市金融组织在农村地区设置的营业网点较少，农村小型金融组织也很少在城市地区开展业务。这种隔离的城乡二元金融组织体系使得农村小型金融组织的金融风险在传导上具有很大困难。所以，农村小型金融组织发展的风险必然会表现为区域性和独立性的特点。

4. 发展风险具有严重的后果性

当前，我国农村小型金融组织缺乏破产实施的有效条件，农村小型金融组织经营失败后，其金融风险得不到及时释放，反而长期累积。同时，根据法律规定，在金融组织的破产清算中，小额储户的存单必须优先得到偿付。由于我国农民的收入普遍处于较低水平，农民的风险承受能力较弱，农村小型金融组织（如村镇银行）所吸纳的存款大部分为小额存款，一旦农村小型金融组织破产倒闭而无法对农村储户进行债务偿付时，将导致严重的社会影响，甚至引发不可预测的社会动荡。

7.2.2　农村小型金融组织发展的风险影响

随着经济活动的商品化、货币化程度不断加深，金融逐渐成为现代经济社会的核心。农村小型金融组织的创新发展在一定程度上满足了农村经济活动的融资需求（温涛，2005；陶雪飞，2014），使得农村地区的资本匮乏得到了一定程度的缓解，促进了农户和小型企业的生产及农村经济的发展。但农村小型金融组织存在内部经营风险和外部环境风险，不仅会妨碍其自身的财务可持续性，而且会产生多方面的负面溢出影响。概括说来，农村小型金融组织发展风险的负面影响主要表现在以下几个方面。

1. 阻碍农村金融发展

农村小型金融组织成立的主要目的就是满足"三农"发展的资金需求、完善农村金融组织体系。而当前农村小型金融组织积累的风险问题，使其形成了大量的不良信贷资产。在农村小型金融组织自身资金实力严重不足的情况下，再加上内在的运营风险管理体制不健全，自成立以来尤其是经济新常态以来所集聚的大量不良资产难以自我消化，产生了流动性风险，进而影响到业务的可持续发展。资料显示，目前我国农村小额金融组织的数量在整个农村金融组织体系中，占据了 26.3%，是中国农村金融组织系统的重要组成部分。因此，当农村小型金融组织出现大范围的经营风险时，必然会导致农村金融组织系统运行不畅，影响农村地区的资金供给，同时还会严重制约中国农村金融体制改革进程，也阻碍农村金融的持续健康发展。

2. 制约农村经济增长

贫困恶性循环论指出，资本匮乏是中国农村地区经济落后的一个重要因素。中国农村小型金融组织积累的风险问题如果得不到及时化解，必然会导致农村地区小微信贷需求无法得到有效的满足。由于农户和小微企业没有正规金融组织的有效抵押物，在农村小型金融组织"无抵押、无担保"贷款运行模式下，农村小型金融组织便成为农村中小企业和农民获取资金的重要渠道（周月书等，2013）。本课题组调查发现，我国经济新常态以来，川渝地区有 1/3 的小额贷款公司已经破产，另有 1/3 的小额贷款公司处于破产边缘，只有 1/3 的小额贷款公司基本处于正常经营状态。为了降低经营风险，当前农村小型金融组织往往采取限贷的政策，而小微企业自身的资金流动性较差。当出现资本匮乏时，那些风险抵抗力较弱的小企业必然会面临破产。此外，农村小型金融组织的"非有效供给"导致的金融服务功能错位，使得农村资金流失的规模也在不断扩大，农村地区的投融资转化机制更加不畅通，以致可用于"三农"发展的资金严重不足，使得农民收入增长更加艰难，农村经济发展更加迟缓，最终使得农村地区的经济发展长期陷入贫困的恶性循环之中。

3. 威胁国民经济的稳定

农村小型金融组织是中国农村金融组织系统的重要补充。当前我国农村金融组织系统的信贷资金主要是通过中央银行再贷款和金融组织向农村吸收储蓄存款形成的，农村金融组织系统的发展与国家整体金融发展息息相关。农村小型金融组织的信用链条发生断裂，就会导致整个金融组织系统的信用链条不稳定，对整体金融组织体系健康运行造成巨大的冲击，这是局部金融风险向全局金融风险传递的一个重要表现。同时，如果农村小型金融组织的风险问题长期存在，那么，农村经济发展中的资金短缺也得不到有效缓解，农业现代化进程也难以顺利推进。农业是国民经济的基础。当农业和农村得不到有效的金融资金支持时，就会导致国家粮食安全出现问题，农村产业结构就得不到及时调整和优化，农村经济就不可能得到健康发展，进而威胁国民经济的稳定。

7.3　中国农村小型金融组织发展风险的生成机制

7.3.1　农村小型金融组织发展风险的内部生成机制

1. 信息不对称引发信用风险

农村小型金融组织在发放贷款时，农村小型金融组织与农村借款人之间所掌握的信息是不对称的。相对金融组织而言，借款人对于自身的项目前景、经营能力和水平、未来还贷能力等信息有充分的了解，而这些信息对于农村小型金融组织而言，却是单向的，且不透明的，据此与借款人签订的贷款合同，会使农村小型金融组织处于信用信息掌握的劣势地位（聂勇和黄江涛，2012）。信息不对称问题会引发贷款人的道德风险和金融组织的逆向选择，进而形成农村小型金融组织的信用风险。道德风险是指经济活动参与者通过做出不利于他人的行动方式，以最大限度地增进自身效用的行为，而给他人增加了风险。逆向选择是指信息不对称所造成的市场资源配置扭曲的现象。

1）处于信息优势的借款人易出现两个道德风险

两个道德风险如下：一是在贷前为了获得农村小型金融组织信贷支持，只向农村小型金融组织披露部分私人信息而隐匿关键私人信息。如果披露全部私人信息则达不到金融组织信贷条件，从而无法得到贷款，只披露部分信息则刚好达到信贷条件而轻松地得到金融组织贷款。但是获得的贷款又是在全部私人信息作用下使用的，因而无法达到偿还贷款条件的经济效益，于是贷款最终违约概率被提高。二是在贷后为了获得较高的投资回报率，借款人违背贷款合约，将信贷资金投放到具有更高风险的项目或滥用贷款，资金安全得不到保障，由此增加农村小型金融组织的信用风险。借款人贷后产生道德风险的根本原因在于：资金具有内在的流动性，难以有效区分放贷资金的使用方式，无法全面掌握信贷资金的使用状况。借款人一旦获得资金使用权，则会以自我利益最优化为原则来使用其信贷资金，这可能会诱发借款人违背与农村小型金融组织签订的契约，将使得信贷资金的使用最终会偏离农村小型金融组织的预先估计，并使其预先估算的风险失真，进而出现信贷风险失控（冀婧，2013）。而更深层次的原因在于：建立在人际关系基础上的农村乡土文化，与建立在商业契约基础上的农村小型金融组织经营文化之间产生了内生性的冲突（冀婧，2013）。对于贷款后期形成的道德风险，农村小型金融组织通常会采取限定借款人的信贷额度加以限定。但是，农村小型经济主体从事的农业及农业衍生品加工等产业在运营过程中出现的系统性风险较高，导致信贷风险不确定性也较大。在特定的风险诱因下，借款人的贷款额度就会十分容易地突破其有效的还款能力，从而加剧农村借款人在贷后出现道德风险的可能性。

2）农村小型金融组织易出现逆向选择风险

一方面，农村小型金融组织只在掌握借款人部分私人信息条件下就草率地做出信贷决策，就会出现逆向选择风险。因为借款人的完全信息是达不到贷款条件的，正确决策是不放贷，而在部分信息条件下做出的贷款决策必然是错误的，是一种逆向选择。另一方面，农村小型金融组织通过设置较高的贷款利率，或提高信贷条件，以剔除其所认为的劣等借款人，也会诱发对候选借款人的逆向选择风险。因为农村经营业绩良好的借款人，恰恰其信贷需求较小；而经营业绩不好的借款人，其信贷需求反而较大。越是经营风险较大的企业，其贷款意愿越强，难以受到高贷款利率的影响，其信息隐匿动机与其信贷风险呈现高度的正相关关系。同时，相比城镇企业，农村企业的财务数据质量更加低劣，因而信息不对称诱发的逆向选择风险比城镇企业高。虽然农村小型金融组织可以通过加强信息甄别机制来降低逆向选择风险，但是，农村小型金融组织信贷支持的对象主要是农村贫困人口和小微企业，这些企业经营规模小、经营业务繁杂、财务账目及报表不规范，导致金融组织信息甄别成本较高。此外，农村小型金融组织对特定类型的借款人设定贷款上限，也会面临两难选择：贷款上限过高，将降低农村小型金融组织的信贷风险控制成效；而贷款上限过低，则会束缚农村小型金融组织的业务扩张能力，减少客户对象，并降低经营利润率（冀婧，2013）。

2. 农村产业链同质性诱发流动性风险

现行法律法规对农村小型金融组织规定了其运营业务范围，其仅服务于所在地农村经济主体，而农村经济主体的经营活动相似程度较高，资金需求时间和频率具有高度的一致性，因此容易引发农村小型金融组织的流动性风险。例如，农村经济主体从事的经营活动大多建立在与当地农产品及其有关的种植业、养殖业及加工业等所构成的产业链基础之上，而农产品的生产、养殖、加工具有显著的季节性和一致性特征，小型金融组织所面对的所有贷款对象的生产经营活动高度雷同，使得他们的信贷需求都处于同一个时期，而吸收存款的对象也主要是当地农户和农村企业，他们取得收入和形成存款的时间也都在同一时期。因此，农民和乡镇企业对农村金融组织的贷款需求较为集中，一旦回到生产投资季节，所有的客户同时产生了较大的资金需求，要么同时集中向农村小型金融组织贷款，要么同时向农村小型金融组织提取存款，从而使农村小型金融组织的支付风险增大。可见，农村小型金融组织客户存贷在时间和数量轴向上的非均衡性，是诱发流动性风险的重要原因。

3. 农业农村经济比较优势缺失引发经营风险

农村小型金融组织属于农村社区金融组织，其经营范围和环境被限定于服务农业农村。农村经济是以农业及其附属产品经营为主体的经济，农产品的生产、加工、销售、储藏等环节中，农产品的生产是基础，农产品加工是关键，农产品附加值绝大多数来源于加工环节。但现实是农村小型金融组织的绝大多数客户是经营农产品初级产品的农户。而生产环节形成的初级农产品不仅价值低，而且要受自然和市场风险双重约束，是自然再生产与经济再生产的有机统一，因而其产量和价格很不稳定，导致经营初级农产品的农户和农业企业比较优势严重不足：一方面，一旦遇到自然灾害，农产品产量就会大幅度下降，甚至颗粒无收，此时，向农村小型金融组织贷款的人就会因未获得预期农业收入而陷入无力还贷和非有意违约的境地，农村小型金融组织经营风险就会形成；另一方面，即便遇到风调雨顺，农产品产量大幅度增加，也因农产品需求弹性小，农产品价格下跌而出现"谷贱伤农"，农产品价格下跌不仅会伤农户，而且会伤农村小型金融组织。一旦农产品价格下跌，农民预期收入就会下降，进而威胁农村小型金融组织贷款资金安全。加之农产品生产市场是一个接近完全竞争的市场，即便有某些优质农户会在短期获得超额利润，但是在市场自由进出调节机制作用下，农产品生产市场中农户的经济利润最终会趋于零而出现市场均衡，这就决定了农业农村的比较优势始终低于城镇的工业和第三产业。服务对象即农业农村比较优势不足的外部经营环境，必然会诱发农村小型金融组织的经营风险。

4. 决策与内控失误引发操作风险

农村小型金融组织操作风险主要来源于业务决策、人才素质、内部控制三个方面：其一，农村小型金融组织的信贷决策权经常遭到政府的不良干预。调查发现，一些地区基层政府及乡镇领导经常直接决定农村小型金融组织的资金流向，却不为信贷资金的安全性和收益性负责。这就明显地背离了信贷风险防范的客观规律，增加了信贷资金的操作风险（李义奇，2010）。其二，农村小型金融组织高素质的金融管理人才极度缺乏。农村小型金融组织竞争离不开人才的竞争，而农村小型金融组织难以吸引高素质金融人才到此就业，严重制约了农村小型金融组织的业务发展；而造成农村小型金融组织人才匮乏的主要原因是其缺乏吸引高素质金融人才的软硬件条件。农村小型金融组织现有的从业人员金融素质低，无疑增加了业务操作失误的风险。其三，内部控制制度不健全，使得农村小型金融组织为拓展本地业务，以强化自身生存能力的需要，注重使用具有当地丰富人脉关系的工作人员，并用人情关系的亲密度评价模式来替代金融组织的内部风险控制模式，使得农村小型金融组织信贷业务的内部风险控制严重失范。从业务经营管理层面上看，人脉关系丰富的金融从业者会采取相对灵活的贷款流程。这有利于扩大农村小型金融组织的业务发展规模，提升其与同业的竞争实力。但是，这种依靠人脉关系控制风险的业务发展模式，也更容易埋下后期信贷违约的巨大风险。

7.3.2　农村小型金融组织发展风险的外部生成机制

1. 二元经济金融结构加深了外部环境风险

中国长期以来的抑制制度，使得"二元结构"体制无论是在中国的经济发展还是金融发展中都普遍存在。在这种"二元结构"的体制背景下，整体金融发展会对农村经济的发展产生"结构性"的抑制,从而导致农村经济发展缓慢（温涛,2005）。而农村经济长期处于低水平,又对农村金融的深化产生了抑制性作用。这种由"二元结构"体制带来的经济与金融之间的相互制约直接导致了农村小型金融组织外部环境风险的生成。

中国的金融发展不仅没有促进农民收入增长,相反,对农民收入增长还起到了抑制作用（温涛,2005）,从而导致城乡差异进一步扩大,并进一步加深了中国"二元结构"体制,"二元结构"成为农村小型金融组织外部环境风险生成的重要原因之一。但这并不是否定中国的金融发展战略,中国的金融发展对经济发展来说是至关重要的,应该在金融发展的过程中,防止结构和功能性的失衡,加强对农村小型金融组织外部环境风险的控制,减少其发生的可能性,使之更好地服务于农村经济的发展。

2. 农村经济与农村金融的恶性循环加剧了外部环境风险

农村经济发展水平较低从而约束了农村金融的发展,这也是农村小型金融组织风险外部风险产生的原因之一。没有发达的农村经济,农村小型金融组织就失去了其服务的对象及动力。然而,中国的农村经济与非农经济乃至国民经济相比,其发展始终处于落后的局面,截至 2013 年,中国的农业产值仅占国内生产总值的10%。农村小型金融组织也由于农村经济的欠发达而无法形成健康的发展环境,这就使得农村小型金融组织为了自身的发展而不得不"功能异化",即以农村金融的形式存在,却从事着非农产业的业务,转而向城市的经济发展服务,也就使得农村小型金融组织的资金不断地由农村流向城市。

据报道,海南省 2014 年前五个月的涉农贷款量呈现负增长趋势,这与国家要求增加农村资金投入、加快农村地区经济建设的政策是相背离的。由于农村经济与农村金融的发展无法相互适应与协调,农村金融外部环境风险的产生也就无法避免。其作用的路径可以表示成:农村经济处于低水平状态→城乡经济效益差距明显→农村金融成长根基不牢→农村金融自身功能异化→农村金融资源短缺和外流的困境加剧→农村经济、金融陷入相互制约的恶性循环→农村金融外部风险不断积聚与扩散。

因此,如果农村经济发展水平无法得到改善,城乡"二元结构"体系长期存在,农村的经济和金融发展就无法脱离相互制约的困境,农村小型金融组织的外部环境风险也就无法避免。银监会公布的《关于完善和创新小微企业贷款服务提高小微企业金融服务水平的通知》中指出,要降低小微企业的融资成本,促进其健康稳定发展,切实做到小微企业的贷款风险管理;努力使金融能够更好地为经济发展服务。

7.4　中国农村小型金融组织发展风险的识别和预警

在风险识别之前，首先是对风险信号的采集、监测。而在风险信号的采集、监测之前，需要确定风险监测的指标体系。传统的金融风险识别和预警方法主要分为景气指数法、指标体系评分法和模型法三种，无论哪一种方法，都需要建立一个良好的风险监测的指标体系，对指标体系的构建而言，指标的选取是非常关键的，好的监测指标可以客观有效地反映金融组织在运营中的优点与不足，而如果监测指标选取不得当，就无法有效地反映金融组织的真实运营情况，从而会对风险控制的后续步骤产生很大的影响。

7.4.1　农村小型金融组织发展风险的识别指标体系

我国理论界对农村金融组织风险的度量和指标体系的构建进行了深入的研究。仇焕广等（2003）根据农村信用社风险状况，提出了衡量农村金融风险的指标体系。2004 年 1 月，银监会制定并下发了《农村合作金融机构金融组织风险评价和预警指标体系（试行）》，该指标体系包括 6 大类、22 项具体指标。刘进宝和何广文（2009）基于金融风险管理理论，对农村中小型金融组织的风险进行了系统分析，构建了内部风险度量模型，确定了 16 项具体指标来衡量流动性风险和信用风险。既有的指标体系没有充分考虑农村小型金融组织运营风险的特殊性，因此，本书在借鉴这些研究成果的基础上，有针对性地设计农村小型金融组织运营风险评价指标体系，就显得十分必要。

1. 农村小型金融组织发展风险预警指标体系构建原则

在选取金融风险的监测指标时，应遵循以下原则：该指标具有估计金融风险概率的作用；该指标在金融风险发生前具有可比性；该指标可定量评估金融风险；该指标在历次的金融风险评价过程中可信度较好。被誉为国际金融业神圣公约的《巴塞尔协议》选取的监测指标对金融组织指标的选取树立了典范，《巴塞尔协议》将资本充足率、资本扣除限制、风险资产覆盖范围、杠杆率、流动性作为主要的监测金融组织运营的指标。而作为世界上最为完善、最为先进的金融风险预警系统，美国联邦储备体系的预警系统 CAEL 系统以资本充足性（capital adequacy）、资产品质（asset quality）、获利能力（earnings）及流动能力（liquidity）作为金融组织日常运营的监测指标。我国的农村小型金融组织的运营起步很晚，也不具有很大的规模，应该说可以值得借鉴的历史经验不多，在这样的情况下，就需要更多地借鉴其他国家或地区农村小型金融组织关于风险指标确定方面的经验，再从实践的基础上根据检测指标确定的标准，进而确定一套适合中国农村小型金融组织的风险监测指标。根据国际经验，我国农村小型金融组织运营风险预警指标体系构建应坚持以下三个原则：一是规范性原则。即各项指标符合新《巴塞尔协议》规定，具有明确的内涵，并能与国际接轨，便于国际交流。二是针对性原则。指标体系构建要与农村小型金融组织所设业务的实际情况相匹配，须具有针对性。三是可操作性原则。指标体系的构建还要满足单项指标的易得性和可测性，力求大部分指标信息可以通过公开发布的数据资料获得，使指标体系能够有效地被运用于风险评价中。

2. 农村小型金融组织发展风险指标体系构成

农村小型金融组织由于至今没有接入中国人民银行支付系统，因而很少有系统性金融风险发生，大多数风险为非系统性风险。非系统性金融风险是指由于某种特殊因素的变化，对农村小型金融组织业务经营中造成资金资产损失的可能性的个体性风险。主要包括：信用风险、流动性风险、经营风险、操作风险等。根据农村小型金融组织风险指标体系选取原则及其实际的风险状况，参考理论界已有的度量指标，设计只反映内部经营风险的指标体系，见表 7-2。

表 7-2　农村小型金融组织内部运营风险指标体系

风险类型	变量序号	预警指标	指标定义	安全区间
信用风险（U_1）	U_{11}	不良贷款比率	不良贷款/各项贷款×100%	≤10%
	U_{12}	不良贷款损失预计比率	不良贷款预计损失额/各项贷款期末余额×100%	≤5%
	U_{13}	不良贷款预计损失抵补率	(呆账准备＋呆账准备借方发生额)/(不良贷款预计损失额＋呆账准备借方发生额)×100%	≥30%
	U_{14}	对最大一户贷款比率	对最大一户贷款余额/资本总额×100%	≤30%
	U_{15}	对最大十户贷款比率	对最大十户贷款余额/资本总额×100%	≤150%
流动性风险（U_2）	U_{21}	备付金比率	备付金/各项存款×100%	≥5%
	U_{22}	资产流动性比率	流动性资产/流动性负债×100%	≥60%
	U_{23}	存贷比率	贷款总额/存款总额×100%	≤75%
经营风险（U_3）	U_{31}	资本充足率	资本净额[①]/加权风险资产总额×100%	≥8%
	U_{32}	核心资本[②]充足率	核心资本/加权风险资产总额×100%	≥4%
	U_{33}	自有资金比率	自有资金/总资产×100%	≥4%
	U_{34}	拆入资金比率	拆入资金/各项存款×100%	0%
	U_{35}	资产利润率	实际利润总额/资产平均余额×100%	≥1%

续表

风险类型	变量序号	预警指标	指标定义	安全区间
经营风险（U_3）	U_{36}	利息回收率	(本期利息收入＋本期表内应收利息增加额)/(本期利息收入＋本期表外应收未收利息借方发生额)×100%	≥95%
	U_{37}	各项资金损失率	非人为操作资金损失额/总资产×100%	≤5%
	U_{38}	存款增长率	当年新增存款总额/上一年存款总额×100%	≥10%
操作风险（U_4）	U_{41}	部门业务损失事件数目	业务部门损失事件合计数	0%
	U_{42}	部门业务损失比率	业务部门事件损失额/总资产×100%	≤5%
	U_{43}	内部控制制度	健全性、有效性	优

资料来源：刘进宝，何广文. 中国农村中小型金融机构风险度量管理研究. 北京：中国农业出版社，2009；管七海，冯宗宪. 我国商业银行非系统金融风险的度量及预警实证研究. 经济科学，2001，23（1）：35-46；银监会.《农村合作金融机构风险评价和预警指标体系（试行）》（2004）。

①资本净额＝核心资本＋附属资本－扣减项。
②核心资本＝实收资本＋股本金＋资本公积＋盈余公积＋利润分配。

农村小型金融组织运营风险指标体系包括 4 大类共 19 个具体指标。其中，信用风险一级指标包括 5 个二级指标，分别是不良贷款比率、不良贷款损失预计比率、不良贷款预计损失抵补率、对最大一户贷款比率、对最大十户贷款比率，以揭示农村小型金融组织运营面临的安全环境和信用风险；流动性风险一级指标包括 3 个二级指标，分别是：备付金比率、资产流动性比率、存贷比率，以揭示农村小型金融组织运营面临的流动性状况；经营风险一级指标包括 8 个二级指标，分别是：资本充足率、核心资本充足率、自有资金比率、拆入资金比率、资产利润率、利息回收率、各项资金损失率、存款增长率，以揭示农村小型金融组织运营的资本金、运营资金筹措、经营业绩等状况；操作风险一级指标包括 3 个二级指标，分别是：部门业务损失事件数目、部门业务损失比率、内部控制制度，以揭示农村小型金融组织运营面临的操作风险状况。

3. 农村小型金融组织运营风险指标预警区间及分值设定

参照中国银行业监督管理委员会 2004 年发布的《农村合作金融机构风险评价与预警指标体系（试行）》，并结合农村小型金融机构风险管理的实际情况，设定各指标的安全区间、预警区间和风险等级等，详见表 7-3。同时，对四大类风险指标按照重要性程度设定了评分值。其中信用风险共 30 分，其不良贷款比率、不良贷款损失预计比率、不良贷款预计损失抵补率、对最大一户贷款比率、对最大十户贷款比率等五个 2 级指标分别设定 7、7、7、4.5 和 4.5 分。流动性风险共 20

分，其备付金比率、资产流动性比率、存贷比率等 3 个二级指标分别设定 8、6、6 分；经营风险共 35 分，其资本充足率、核心资本充足率、自有资金比率、拆入资金比率、资产利润率、利息回收率、各项资金损失率、存款增长率等 8 个二级指标分别设定 7、3、2、3、7、7、3、3 分。操作风险共 15 分，其部门业务损失事件数目、部门业务损失比率、内部控制制度等 3 个二级指标分别设定 5、5、5 分。各风险等级按指标变化区间设定，以≤或≥对应的值确定其最终等级，分 A、B、C、D 四个风险预警等级，等级越低，风险越高，E 级为最高级，称为风险损失级，无法挽回，在表 7-3 中没有反映。

表 7-3　农村小型金融组织内部运营风险指标体系预警区间与分值设定

风险类型	变量序号	预警指标	安全区间	评价分值	预警区间	风险等级 A	B	C	D
信用风险（U_1）	U_{11}	不良贷款比率	≤5%	7分	5%～50%	3%	10%	20%	30%
	U_{12}	不良贷款损失预计比率	≤5%	7分	5%～30%	3%	10%	15%	20%
	U_{13}	不良贷款预计损失抵补率	≥30%	7分	30%～0%	30%	25%	20%	15%
	U_{14}	对最大一户贷款比率	≤30%	4.5分	30%～70%	25%	35%	45%	55%
	U_{15}	对最大十户贷款比率	≤150%	4.5分	150%～350%	140%	180%	220%	240%
流动性风险（U_2）	U_{21}	备付金比率	≥5%	8分	5%～0%	6%	4%	3%	2%
	U_{22}	资产流动性比率	≥60%	6分	60%～10%	60%	45%	35%	20%
	U_{23}	存贷比率	≤75%	6分	75%～100%	75%	80%	90%	100%
经营风险（U_3）	U_{31}	资本充足率	≥8%	7分	8%～0%	11%	9%	7%	5%
	U_{32}	核心资本充足率	≥4%	3分	4%～0%	5%	3.5%	2.5%	2%
	U_{33}	自有资金比率	≥4%	2分	4%～0%	4%	3.5%	2.5%	2%
	U_{34}	拆入资金比率	0%	3分	0%～10%	0%	3%	5%	8%
	U_{35}	资产利润率	≥1%	7分	1%～0%	1.2%	0.8%	0.6%	0.4%
	U_{36}	利息回收率	≥95%	7分	95%～55%	96%	80%	70%	60%
	U_{37}	各项资金损失率	≤5%	3分	5%～30%	4%	10%	15%	20%
	U_{38}	存款增长率	≥10%	3分	10%～0%	12%	8%	6%	4%
操作风险（U_4）	U_{41}	部门业务损失事件数目	0	5分	0～50	0	5	10	20
	U_{42}	部门业务损失比率	≤5%	5分	5%～30%	3%	10%	15%	20%
	U_{43}	内部控制制度	优	5分	优以下	优	良	中	及格

资料来源与说明：同表 7-2。分值设计参考银监会《农村合作金融机构风险评价与预警指标体系（试行）》(2004)设定的标准。风险等级中各具体值是极值，前以≤或≥为准，在表中省略。

7.4.2 农村小型金融组织发展风险的信号采集和识别

1. 农村小型金融组织发展风险的信号采集

指标体系确立之后，就可以开始风险信号的采集与处理工作了。通过对金融组织运营的动态监测，获取关于金融组织日常运营中反馈出来的信息，以及对金融组织经营未来趋势的预测信息。在得到这些信息之后，再对获取的信息进行处理：确定的指标体系往往包括定性的指标部分和定量的指标部分。所以对于信息处理的第一步是对信息进行分类，分为定性信息与定量信息。在完成分类之后，对于定性信息，只需要将搜集而来的信息所反映出来的性质和所确定的监测指标进行对比，就可以判断金融组织运营的情况；而对于定量的信息，则需要进行进一步的处理。通过对定量信息的计算，得出各指标的变动情况，还可以将得到的信息编制成各项指标变动率的时间序列。在剔除季节变动要素和不规则变动要素之后，可以得到调整后的时间序列资料，作为风险识别和预警的重要依据。在把搜集而来的信息进行了定量和定性处理之后，将处理以后的信息通过定期或不定期的报告或者报表形式输出，并在第一时间传递到农村小型金融组织的风险预警部门，风险预警部门会根据所得到的报告或者报表，对农村小型金融组织的风险情况进行识别与预警。

2. 农村小型金融组织发展风险的识别

风险识别是指在各种风险发生之前，对风险的类型及其产生的原因进行分析判断，以便对风险进行计量和控制。金融组织的风险控制部门对金融组织在运行过程中所产生的风险进行控制和识别，并对产生风险的根源进行判断。准确判断金融组织风险类型，并正确寻找风险产生的根源，是金融风险识别的基本要求。风险识别是风险控制的最基础的阶段，是对风险的定性分析，也是整个风险管理的基础。它是风险控制最根本的工作，风险识别做得好不好、正确与否对整个风险控制的过程至关重要，如果风险的识别出现问题，那么作为整个风险控制过程的风险度量与评价，以及接下来的风险预警、风险处置都将出现问题，可谓牵一发而动全身。

根据金融风险识别的定义可以得到金融风险识别大致分为两个关键环节，一是判断金融风险的类型；二是寻找金融风险的根源。准确判断金融风险类型是金融风险识别的关键，金融风险的类型比较复杂，主要有市场风险、信用风险、行业风险、流动性风险、人事风险、自然灾害或其他突发事件、股票投资风险及法律、法规或政策风险。同时，金融风险有可能是以单一的风险形式出现，也有可能是复合的形式，如金融风险有可能是单一的人事风险，也有可能是单一的自然灾害或其他突发事件风险；还有可能以市场风险与行业风险结合的形式出现。同样的道理，既然风险类型可能是单一的、复合的，那么对于引起金融风险的原因而言，同样有可能是单一的或者复合的。从以上的分析也可以看出，金融风险的原因和金融风险的类型是紧密联系的。对于我国的农村金融组织而言，主要面临的金融风险分为经营利润率过低、资本充足率过低和不良资产率过高三方面。

　　对于风险的识别，根据风险指标可以划分为定性和定量两种，对于定性指标，可以直接根据定性指标的性质判断它们的风险状况；对于定量指标，目前绝大多数金融组织采取的都是临界值法。即对于监测指标，都设置了一个临界值或者一个临界区间，同时也会对各个指标划分区间以后进行等级评定，以确定该指标的运营等级。在农村小型金融组织的风险控制部门得到关于风险监测的报告或报表之后，就可以根据事先确立好的临界值或临界区间对农村小型金融组织的风险情况进行识别。如果报告或报表中的指标数值远远低于临界值，就说明该金融组织运营良好，不需要对其发出预警；如果指标数值在临界值附近，那么风险控制部门就需要注意，报告所对应的金融组织很有可能已经出现了风险或者处于发生风险的临界状态。这时就需要对该组织进行仔细检查，以确定其现在的运营情况：如果运营情况正常，就无须发出预警，如果仔细检查之后确实出现了风险，就需要立即发出预警，并制定相应的解决方案；如果报告中的指标数值远远超过临界值，那么该金融组织很有可能已经发生了金融风险，应该立即发出预警，然后在最短时间内对其进行考察，再根据情况的严重程度，划分风险等级，进而制定出解决方案。值得指出的是，虽然把指标的临界值作为判断农村小型金融组织的一个标准，但是也应该考虑它的局限性，指标可以大致反映农村小型金融组织的经营状况，但是它不是判断金融组织运营情况的唯一标准，因为金融组织具体的经营情况会随实际的经济情况而不同，指标并不能反映金融组织运营的全部信息，具体的经营情况还需要将金融组织实际的运营情况、现场检查情况、历史经验等因素综合起来考虑。

7.4.3　农村小型金融组织发展风险的预警

　　金融风险预警是以现实中的金融业务活动为预警对象，在相关的经济和金融理论的指导下，采用一系列的科学预警方法、技术指标体系及预警模型，通过对金融业务活动的运行全过程进行监测，并根据所获得的监测结果发布相应的金融预警决策。对于风险预警，首先要有正确的认识，风险预警应该是以防范于未然为己任，也就是在金融风险发生之前就通过风险控制部门对风险指标与实际情况进行严密的分析，然后对存在隐患的金融组织发出预警信号，并根据分析结果，找出金融组织经营的问题，制定相应的解决方案，尽最大可能阻止金融风险的发生，而不是在金融风险发生之后，再对金融组织进行救助。金融风险预警需要做的是事前防范，防止金融风险出现，而不是事后处理。金融风险预警这个环节是整个金融风险控制中最为核心、最为重要的一个环节，是整个风险控制的中枢。它扮演的是"保健医生"的角色，为金融组织的运营进行日常的服务和诊断，并根据诊断结果做出相应的判断，针对存在的问题提出解决方案，以促进金融组织良好运转；而不是"救火队员"的角色，在火灾已经发生之后，再赶去火灾现场救火。在明确了风险预警的核心思想之后，对农村小型金融组织的风险预警大致流程进行梳理。对于整个风险预警的流程，国内外许多专家学者都做过研究，综合各家观点，本书把农村小型金融组织的风险预警的流程分为预警目标设立、风险状况判断与预警决策制定三个部分。

1. 农村小型金融组织风险预警目标设立

风险预警目标是这个预警流程中的风向标，它对整个风险预警流程起着指导作用。农村小型金融组织首先是金融组织，它有着金融组织的经营目标，也就是营利性、安全性、流动性的"三性合一"，对于金融组织而言，追求利益最大化是其最终极的目标，因为资本天生而言就具有逐利性。但是在金融组织追逐利益最大化的同时，也需要保持自身的安全性和流动性，否则金融组织的正常运营就会被破坏，从而不能实现盈利这个最基本的目标。同时，如果金融组织过于注重安全性，那么流动性和营利性也会受到损失。三者相互制约、相辅相成、缺一不可。但是作为一个需要帮助农村金融和经济发展的金融组织，农村小型金融组织也有着除了营利性、安全性和流动性之外的目标，那就是对农村金融和经济的扶植，这里简称支农性。鉴于农村小型金融组织这一特殊的使命，在金融风险预警的过程中，应该将对农村金融和经济的扶持，考虑到金融风险预警的过程中。农村小型金融组织的目标除了具有多元性之外，在不同的时期也可能其侧重点不同：如在成立之初，会比较注重支农性这一目标，而随着时间的推移，农村小型金融组织的经营会更加趋于常态化，那么就会更加注重营利性。各个时期的目标不同，也对不同时期的风险预警提出不同的要求。

综上所述，农村小型金融组织的目标既包括传统金融组织的营利性、安全性和流动性，还包括对农村金融和经济的扶持力度，也就是支农性，是一个四位一体的综合目标。同时，由于时期不同，农村小型金融组织的经营目标也会随之发生变化。

2. 农村小型金融组织风险状况判断

在风险控制部门得到农村小型金融组织传输过来的报告之后，风险控制部门就需要对报告进行仔细的分析，再加上对经济环境、社会环境、政治环境等指标体系外的风险因素分析，从而对农村小型金融组织的风险状况做出判断，以确定是否需要发出预警。对指标体系之下的风险预警而言，针对农村小型金融组织不同的经营目标，根据表 6-2 和表 6-3，可以设置不同的反映指标，对我国农村小型金融组织创新和发展进行风险状况的判断。

1）反映营利性的指标

资产利润比例（c_1）和资本收益率（c_2）是国际上常见的反映金融组织营利性的指标。其中，c_1 = 利润总额/资产总额×100%，其中 c_1 的标准值大于等于 1%。预警临界值为 0.75%，c_1 越大，则金融组织的营利性能越好；当 c_1 在 0.75%附近或者小于等于 0.75%时，风险控制部门就应该引起注意，这时金融组织的经营也许已经出现问题或者将要出现问题的可能性比较大。对 c_2 而言，c_2 = 当期收益/资本总额×100%，c_2 的标准值大于等于 20%，c_2 越大，则金融组织营利性越好，c_2 的预警临界值为 15%，当 c_2 在 15%附近或者小于等于 15%时，金融组织就有可能处在问题状态或即将处在问题状态。对于中国农村小型金融组织而言，自有资本不足是一个比较普遍的问题，所以在实际风险控制的过程中可能会出现资产利润比例和资本收益率偏高的问题，在实践中两者的预警临界值均采用国际上通用的数据，这就需要在实践以后再得出一个适合中国国情的预警临界值。

2）反映安全性的指标

资本充足率指标中资本充足率（c_3）和核心资本充足率（c_4）是《巴塞尔协议》中对金融组织安全性检测的重要指标，也是国际上公认程度最高的两个指标。c_3 用于测度农村小型金融组织资本的规模和实力，体现了农村小型金融组织抵御资本风险的能力，也是监控和衡量资本风险的主要指标，能够大致反映农村小型金融组织的整体健康水平。c_3 = 资本总额/权重风险资产总额×100%，根据《巴塞尔协议 I》制定的标准，c_3 必须大于等于 8%。2013 年颁布的《巴塞尔协议Ⅲ》规定，到 2019 年之前，资本充足率加资本缓冲要从现在的 8%上调至 10.5%。c_4 指包括实收资本、资本公积、盈余公积和未分配利润在内的核心资本外风险加权资产总额之比。按照《巴塞尔协议 I》的要求，c_4 不能低于 4%，而《巴塞尔协议Ⅲ》则进一步要求在 2015 年以前 c_4 从 4%上调至 6%，过渡期限为 3 年。

除了资本充足率之外，反映信用风险的指标不良贷款余额、不良贷款率、不良资产率等，反映市场风险的指标累计外汇敞口头寸比例、利率风险敏感度、投资潜在损失率等都是反映金融组织经营安全性的重要指标。

3）反映流动性的指标

比较常用的反映金融组织流动性风险的两个指标是流动性比例（c_5）和存贷比例（c_6），其中 c_5 = 流动性资产/流动性负债×100%，该指标反映的是金融组织满足客户随时提现的能力，c_5 的标准值大于等于 25%，但是预警临界值为 30%，如果小于等于该值，说明银行的流动性和支付能力较差，风险控制部门需要引起注意。c_6 = 各项贷款余额/各项存款余额×100%，；该指标反映了金融组织对营运资金的总控制能力，超过规定的风险预警值时，说明金融组织处于超负荷经营状态。c_6 的标准值小于等于 75%，预警临界值是 70%，当 c_6 大于等于 70%时，说明金融组织处于超负荷运营状态。

4）反映支农性的指标

现在国际上暂时还没有较为通用的反映支农性的指标，但是从农村小型金融组织的使命来看，我国可以考虑将以下指标纳入支农性的评价指标中：农民金融需求的满足程度、农民人均获得贷款的金额、农民获得贷款占总人数的比例等。

3. 农村小型金融组织风险预警决策制定

在风险控制部门接收到来自农村小型金融组织的报告之后，应当立即对报告进行分析，如果指标的值非常正常，就说明该金融组织运营良好；如果指标的值与预警临界值相差不大，或者已经进入预警范围但是超过预警临界值不多，则需要注意该金融组织的运营情况，在经过实际调查之后，再决定是否对该金融组织发出预警；如果指标的值已经远远超过临界值，就说明该金融组织出现经营问题的可能性非常大，则应立即对该金融组织发出预警。

值得注意的是，上述指标虽然采用国际上较为通用的反映金融组织经营状况的指标，但是作为农村小型金融组织，由于自身的经营目标与一般的金融组织有所区别，并且经营目标也会随着经营阶段的不同而发生变化，所以风险控制部门在进行风险预警时，也应该随机应变、灵活机动，根据各个时期农村小型金融组织的经营目标来调整自己的预警决策。例如，在成立初期，可以适当放松对营利性的要求，而在经营步入正轨之后将营利性标准提高到正常水平。此外，风险控制部门在对金融组织的风险状况进行度量时，也切忌死搬教条，需要结合具体的经济、社会和政治情况进行综合的分析。这些指标的预警临界值只是国际通用的标准，对于中国的农村小型金融组织而言有可能发生变化，并且预警临界值也并非唯一的、正确的判别标准，具体经营情况也需要结合除预警指标之外的经济、社会条件进行分析。总之，预警指标可以作为衡量农村小型金融组织的重要标准，但不是唯一参考。

7.4.4　农村小型金融组织发展风险的评估方法

尽管农村小型金融组织运营风险可通过若干指标表现出来，但当对若干农村小型金融组织进行运营风险综合评价并排序时，就需要运用恰当的方法进行评估。具体说来，农村小型金融组织运营风险评估可以选用以下几种方法。

1. 巴塞尔协议方法

为了加强全球银行业机构风险监管，1975 年 2 月，西方国家代表在瑞士巴塞尔召开了关于成立"巴塞尔银行监管委员会"的国际会议，与会的国家代表分别来自比利时、加拿大、法国、德国、意大利、日本、卢森堡、荷兰、瑞典、瑞士、英国和美国，会议通过了关于成立"巴塞尔银行监管委员会"的决议，该委员会于 1988 年公布了《关于统一国际银行资本计量与资本标准的国际协定》（*International Convergence of Capital Measurement and Capital Standards*），简称《巴塞尔协议Ⅰ》。在此基础上，1996 年又推出了《资本协议关于市场风险的补充规定》，1998 年出台了《有效银行监管的核心原则》，之后巴塞尔银行监管委员会不断完善与调整该协议，并分别于 2004 年和 2010 年公布了《巴塞尔协议Ⅱ》与《巴塞尔协议Ⅲ》。

《巴塞尔协议Ⅰ》的核心内容是在计算银行风险资产规模的基础上，规定银行资产与加权风险资产的比例必须达到 8%（其中核心资本不低于 4%）。

《巴塞尔协议Ⅱ》中风险度量内容在上述规定的基础上有了进一步发展：一是扩大了风险度量的内容，基本涵盖了银行经营所面临的风险，包括信用风险、操作风险和市场风险。二是增加了可供选择的风险度量方法。《巴塞尔协议Ⅱ》提供了三种可供选择的方法，即标准化法、基础的内部评级法（internal rating based approaches，IRB）和高级的 IRB 方法体系，主张以内部评级为基础的方式来衡量风险资产，从而确定和优化资本配置。IRB 方法根据违约概率、给定违约概率下的损失率、违约的总敞口头寸（违约风险值）、期限等四个因素来决定一笔授信的风险权重。IRB 按复杂程度分为初级法和高级法。按照内部评级法的规定，银行在银行账户风险分类的基础上，通过标准参数或内部所确定的风险要素，计算出银行所面临的风险。这些风险要素指的是：违约概率、违约损失率、违约风险值、期限。IRB 方法的主要目标是使资本配置更加精确，与银行内部的风险更加匹配。

《巴塞尔协议Ⅲ》规定，在 5 年内全球各商业银行必须将一级资本充足率的下限从 4%上调至 6%，过渡期限为 2013 年升至 4.5%，2014 年为 5.5%，2015 年达到 6%。目前这一目标已基本实现。同时，《巴塞尔协议Ⅲ》还规定，将普通股最低要求比例从 2%提升至 4.5%，过渡期限为 2013 年升至 3.5%，2014 年升至 4%，2015 年升至 4.5%。这一目标值目前也已基本实现。截至 2019 年 1 月 1 日，全球各家商业银行必须将资本留存缓冲率提高到 2.5%。另外，该协议维持目前资本充足率 8%不变；但是，对资本充足率加资本缓冲，该协议要求在 2019 年以前要逐步升至 10.5%。最低普通股比例加上资本留存缓冲比例，在 2019 年以前由目前的 3.5%逐步升至 7%。《巴塞尔协议Ⅲ》对一级资本提出了新的限制性定义，只包括普通股和永久优先股。除了这些最低资本要求外，《巴塞尔协议Ⅲ》还做出了监管部门的监督检查和以信息披露为核心的市场约束的规定[①]。这三大支柱无疑为农村小型金融组织风险度量与管理提供了重要的方法思路。

2. 美国骆驼评级方法

1978 年，美国货币监管局、联邦存款保险公司和联邦储备体系一制定了金融组织评级标准，建立了商业银行全面检查、评定登记的制度，核心是骆驼评级法，为实现银行风险评级和掌握银行所有的重大财务、业务和守法情况，建立了一个总体评价框架。该制度的建立，有利于全面综合反映金融组织的营运风险状况。

骆驼评级法主要包括五个方面内容：资本充足率、资产质量、管理能力、盈利水平和流动性，简称 CAMEL，骆驼评级法分为五个评估等级。第一级表示银行经营业绩超出平均水平。第二级表示银行经营业绩保持平稳，在平均业绩水平之上。第三级表示银行经营业绩低于平均水平，不符合监管要求但也未达到危险的边缘。第四级表示银行经营业绩已经远低于平均水平，营运水平较差。第五级表示银行经营业绩水平已经下降到了极限，需要尽快采取补救措施，否则将会迫使银行倒闭。借鉴骆驼评级方法，可以对农村小型金融组织面临的综合风险等级进行评定，并进行分类管理和挽救。

3. 模糊综合评判方法

模糊综合评判方法，是用单因素的隶属函数，来表示某个因素对评判对象的影响；然后，利用加权方法，综合各个因素对评判对象的影响，最终得到关于该评判对象的综合评判的一种评价方法。具体方法（王珍，2006；李盼盼和王秀芳，2010）有以下几步。

第一，建立金融风险评判因素集。对于某一金融业务系统，设有 n 个评判因素，如 U_1、U_2、$\cdots$、U_n，则评判因素集合记为：$U = (U_1、U_2、\cdots、U_n)$。例如，农村小型金融组织运营风险的评判因素集合为 $U =$（信用风险、流动性风险、经营风险、操作风险）。

第二，建立金融风险评语集。风险评语集是对评判对象可能出现的各种评价结果组成的集合。假设每个评价指标的评语为 V_1、V_2、$\cdots$、V_m，则风险评语集合记为：$V = (V_1、V_2、\cdots、V_m)$。对于农村小型金融组织运营风险，其评语集的集合可以为：$V =$（基本稳定、低风险、中等风险、高风险）。

---

① 参阅 http://www.bis.org/press/p100912.htm。

第三，建立风险权重集。风险权重集记为：$W = (W_1、W_2、\cdots、W_n)$。农村小型金融组织的经营风险权重集的确定，可以采用层次分析法（analytic hierarchy process，AHP）。在层次分析法中，一级指标的各项指标 U_i（$i = 1、2、3、4$），对目标层的风险权重分别为 $W_1、W_2、W_3、W_4$（$0 \leq W_i \leq 1$，$\Sigma W_i = 1$），则一级指标权重集 $W = (W_1、W_2、W_3、W_4)$，在二级指标中，各指标对其对应的指标权重集则为 W_{ij}。

第四，单因素模糊评价。风险评语集中的 m 个等级，可看作 m 个模糊集合。对于单项指标的评判，实质就是要计算该项指标隶属于各个评价等级的程度，即隶属度问题。确定隶属度的方法有两种：一是隶属函数法；二是模糊评议统计法。这里介绍隶属函数法，来确定隶属度。对于任意一个实际值 X_i（$i = 1、2、\cdots、n$），可以通过与其对应的评判等级的标准值 $A_i、B_i、C_i、D_i$（$i = 1、2、\cdots、n$）相比较，得出该实际值对应于某一评判标准等级的隶属度（ξ）。

（1）当 $A_i > D_i$，且 $X_i > A_i$ 时，则其隶属度：$\xi_A = 1$，ξ_A 为实际值 X_i 属于标准值 A 的隶属度；

（2）当 $A_i < D_i$，且 $X_i > A_i$ 时，则其隶属度：$\xi_D = 1$，ξ_D 为实际值 X_i 属于标准值 D 的隶属度；

（3）当 $A_i < X_i < B_i$ 时，则隶属函数为：$\xi_B = |X_i - A_i| \div |B_i - A_i|$ 和 $\xi_A = |B_i - X_i| \div |B_i - A_i|$，且有 $\xi_A + \xi_B = 1$。ξ_B 为实际值 X_i 属于标准值 B 的隶属度，ξ_A 为实际值 X_i 属于标准值 B 的隶属度。

第五，确定模糊关系矩阵。根据指标的实际值在各标准值的隶属度，来确定单因素模糊关系评判矩阵 R_i。其中，$R_i = (r_{i1}、r_{i2}、r_{i3}、\cdots、r_{in})$，为第 i 个因素 U_i 的单因素评价，所以，r_{ij} 表示第 i（$1 \leq i \leq m$）个因素 U_i，在第 j（$1 \leq j \leq n$）个评语 v_j 上的频率分布。一般将其归一化，使之满足 $\Sigma r_{ij} = 1$。然后，由单因素评判矩阵，确立一个综合评价矩阵 $R = (R_1、R_2、\cdots、R_m)$。

第六，合成得到模糊综合评价结果。

$$Y = W_t \circ R = (y_1、y_2、\cdots、y_n)$$

式中，$\circ$ 为模糊合成运算符号。该式表明，Y 是权数分配模糊子集（W_t）和模糊关系矩阵 R 的合成。对 Y 作归一化处理，$Y = (y_1 / \Sigma y、y_2 / \Sigma y、\cdots、y_n / \Sigma y) = (y^1、y^2、\cdots、y^n)$。

第七，金融风险等级评分。将金融风险评语等级论域 $V = (v_1、v_2、v_3、v_4)$ 中的各等级，按照对事物状态的关注程度，分别将 10 赋予基本稳定状态，40 赋予低风险状态，70 赋予中等风险状态，100 赋予高风险状态，则风险等级评分为：$S = y^1 \cdot 10 + y^2 \cdot 40 + y^3 \cdot 70 + y^4 \cdot 100$。

4. VaR 方法

VaR（value at risk）方法，称为风险价值模型，是指在正常的市场运行条件下，某一金融资产或证券组合的最大可能损失。风险价值是一种利用统计思想，对金融风险进行估值的方法。它最早起源于 20 世纪 80 年代，相比于传统的金融风险管理模型，它作为一种市场风险评估和管理的工具，具有更高的实用价值[①]。这种模型用数学公式可以表示为

$$P(\Delta P \Delta t \leqslant -\text{VaR}) = 1 - a \qquad (7\text{-}1)$$

式中，P 表示资产价值损失小于可能产生的损失上限的概率值；ΔP 表示某一金融资产在某一持有期 Δt 的价值损失额；VaR 表示给定置信水平 a 下的风险价值，即可能的损失上限；a 表示给定的置信水平。

VaR 的计算方法主要有三种：一是参数模型（parametric model）法；二是历史模拟法（historical simulation approach）；三是蒙特卡罗模拟（Monte Carlo simulation）法。

参数模型法是一种常用的 VaR 值估计方法。它利用证券组合的价值函数，与市场因子间的近似关系和市场因子的统计分布，来简化计算 VaR 值。计算方法主要有四种，即投资组合法、资产标准化法、Delte-类模型分析法、Gamma-类模型分析法。这四种方法的共同特点是，均假设金融资产具有正常的收益率，并把 VaR 值看作投资收益率的标准误差。

相比参数模型法，历史模拟法的计算强度更大。它不需要对金融资产收益率的分布做出任何假设，主要依赖过去一段时间内的资产组合收益的频率分布，找到在历史上一段时间内的平均收益，以及在给定置信水平下的最低收益水平，来估计 VaR 值。因而该方法采用的是全值估计法。

而蒙特卡罗模拟法，则是一种基于大量事实，以表示影响投资组合未来价值的变动，来计算 VaR 的估计值。它依赖于计算机进行统计推断。与历史模拟法不同的是，该方法允许用户修改未来的运算模式（周才云，2013）。

于是，根据 Bacmann 和 Gawron（2004）的理论假设，记 X_1、X_2、X_3、$\cdots$、X_n，X_n 是分布函数为 $F(x) = P(X_i \leqslant x), x \in R, 1 \leqslant i \leqslant n$ 的同分布随机变量，X_i 代表各种所需研究的风险变量。风险变量 X_i 是超过某一设定的较高的门限值 g 的分布函数，可用广义帕累托分布（generalized Pareto distribution，GPD）函数 $\text{GPD}_{\varepsilon,\beta}$ 表示，则有

$$\text{GPD}_{\varepsilon,\beta}(y) = \begin{cases} 1 - \left(1 + \dfrac{\varepsilon}{\beta}y\right), & \varepsilon \neq 0, \beta \geqslant 0 \\ 1 - e^{-y/\beta}, & \varepsilon = 0, \beta \geqslant 0 \end{cases} \qquad (7\text{-}2)$$

式中，ε 表示决定分布形状的参数；β 表示附加参数。当 $\varepsilon > 0$ 时，GPD 为普通帕

---

① 资料来源：周晔. 2010. 金融风险度量与管理. 北京：首都经济贸易大学出版社：36-38。

累托分布，普通帕累托分布在较长时间内，被精算数学作为巨额损失模型进行估算。当 $\varepsilon=0$ 时，普通帕累托分布为指数分布。当 $\varepsilon<0$ 时，普通帕累托分布为帕累托II型分布。有了分布函数，VaR 的估计值 $\widehat{\text{VaR}}$ 为

$$\widehat{\text{VaR}} = g + \frac{\hat{\beta}}{\hat{\varepsilon}}\left\{\left[\frac{n}{N_g}(1-\alpha)\right]^{-\varepsilon} - 1\right\} \tag{7-3}$$

虽然VaR广泛应该于市场风险的度量，但是VaR无法表示在市场出现异常波动时可能导致的巨大损失，因此Artzner（1997，1999）指出可以用期望损失（expected shortfall，ES）弥补VaR的不足，ES是指超过VaR那部分损失的期望。设定 X 是一个随机变量，代表给定的资产损益，则

$$\text{ES}_a = \text{VaR}_a + E\left[X - \text{VaR}_a \middle| X > \text{VaR}_a\right]$$

所以 ES_a 的估计值 $\widehat{\text{ES}_a}$ 表示为

$$\widehat{\text{ES}_a} = \frac{\widehat{\text{VaR}_a}}{1-\hat{\varepsilon}} + \frac{\hat{\beta} - \widehat{\varepsilon_g}}{1 - \widehat{\varepsilon_g}} \tag{7-4}$$

式中，n 表示观察值个数；a 表示显著性水平；g 表示设定的门限值；N_g 表示 n 个观察值中大于 g 的个数。

VaR 方法已被国内学者（周晔，2010；温红梅和韩晓翠，2011）广泛应用于农村金融市场风险的评价中，对农村小型金融组织风险的评价也适用，但由于目前我国农村小型金融组织业务经营不规范，样本容量小，可以采用 VaR 的方差-协方差模型（周才云，2013）进行结果运算。计算公式和研究假设如下。

设资产组合的初始价值为 W，持有期末的期望收益为 R，R 的数学期望和标准差为 μ 和 σ，在给定的置信水平 α 下，资产组合的最低价值为 $W^* = W(1+R^*)$，其中，R^* 表示对应的收益率。则有

$$\text{VaR} = E(W) - W^* = -W(R^* - \mu) \tag{7-5}$$

在收益变化服从正态分布的情况下，R^* 的推导如下：

由 $P(R<R^*) = PR - \mu(\sigma < R^* - \mu)\sigma = 1-\alpha$，可知

$$R^* - \mu\sigma = \beta R^* = \mu + \beta\sigma \tag{7-6}$$

式中，β 表示各种置信水平所对应的临界值。将式（7-6）代入式（7-5），可以得到式（7-7）：

$$\text{VaR} = E(W) - W^* = -W(R^* - \mu) = -W(\mu + \beta\sigma - \mu) = -\beta\sigma W \tag{7-7}$$

5. 综合评分法

综合评分法就是参照银监会制定的《农村合作金融机构风险评价和预警指标体系（试行）》，设计农村小型金融组织风险预警指标体系，并根据大类风险指标给定

分值，总评分为 100 分。然后将 100 分值在各大类风险按重要性程度进行专家评分分解，再将各部分分值分配到各大类指标具体指标上，同时设定各具体指标风险等级。最后就各指标进行评分，并加总就可以得到农村小型金融组织的风险水平。这种方法简便易行，原银监会已将该方法运用于评价农村合作金融组织的风险之中。

综合评价每年进行一次，根据年度会计报表和补充数据报表数据计算指标值和分数，进行评级。以法人为单位进行评价；评价时，只对定量指标进行计分，评级标准为：综合得分在 81 分（含）以上的为 A 级，72 分（含）至 81 分的为 B 级，63 分（含）至 72 分的为 C 级，54 分（含）至 63 分的为 D 级，40.5 分（含）至 54 分的为 E+级，27 分（含）至 40.5 分的为 E 级，27 分以下的为 E–级。

7.5　中国农村小型金融组织发展风险的控制与处置

7.5.1　农村小型金融组织发展风险控制目标

促进农村小型金融组织持续健康发展，是农村小型金融组织风险控制的总目标。但总目标需要通过具体目标来实现。根据农村小型金融组织发展要求和风险特征，其具体防控目标应包括以下三个方面。

1. 安全性

资金安全是维持农村小型金融组织正常运营的基本前提，资金安全性受到威胁，小型金融组织则难以实现可持续经营与发展。一方面，农村小型金融组织没有像其他大型农村金融组织那样有广泛而稳定的存款来源和借款渠道，其资金来源渠道十分狭窄，主要依靠在农村吸收少部分存款，而且小额贷款公司还不允许吸收存款，资金主要来源于吸收的股金。因此，如果在营运中不保证资金安全，就可能导致农村小型金融组织经营水平下降。另一方面，农村小型金融组织所能吸收到的存款只限定在社区范围内，而且绝大多数来自低收入农户家庭，一旦农村小型金融组织经营水平下降，不稳定性增加，势必会影响相关储户存款的安全性和生活的稳定性。因此，农村小型金融组织运营风险控制的首要目标是确保营运资金的安全。

2. 赢利性

农村小型金融组织是一类特殊的金融企业，追求利润最大化不仅是其作为理性经济人的根本要求，也是其实现财务可持续性的物质基础和根本保障。否则，农村小型金融组织就无法持续经营，最终失去支持"三农"的能力。因此，为了保证农村小型金融组织可持续经营，维护良好的农村金融生态体系，农村小型金融组织运营风险控制的基本目标是，要确保有合理的赢利空间。

3. 适应性

农村小型金融组织的根本任务是服务"三农"，支持农村经济建设，推动农业发展，因此，其运营风险控制要与农业农村经济发展程度相适应。这就要求在充分考虑农村小型金融组织运营风险控制要求的同时，又要关注农业和农村经济的可持续发展。否则，就会造成农村小型金融组织的发展与农业农村发展的不协调，加大农村小型金融组织的营运风险，当其经营风险积累到一定程度时，就会爆发局部性的金融危机。

7.5.2　农村小型金融组织发展风险控制工具

一般说来，农村小型金融组织经营风险所采用的控制工具主要有以下几方面。

1. 制度工具

制度法规是规范农村小型金融组织合法、合规经营的根本保障，是避免农村小型金融组织产生机会主义行为的基础。通常这些制度法规包括：农村小型金融组织运营与管理条例，农村小型金融组织的破产条例、农村产权抵押制度等。

2. 政策工具

政策工具主要包括财政政策和货币金融政策。从财政政策来看，政府可使用税收优惠、财政贴息、资本金补助等财政政策工具，对农村小型金融组织的成本进行调节，以鼓励其降低经营管理中的风险；货币金融政策可使用定向再贷款、定向降低存款准备率、利率市场化及接入支付系统、征信系统等工具，对农村小型金融组织的运营资金、外部环境进行调控，促进农村小型金融组织可持续经营。

3. 避险工具

为了降低农村小型金融组织的信用风险，政府还可以使用农业保险机制和农业灾害补偿基金，为农村贷款人规避生产中的风险；使用农村担保机制，规避农村小型金融组织在贷前环节信息不对称的风险；还可以使用农村私募股权基金联合支持机制，提高贷款人资本结构和管理水平，降低农村小型金融组织支持"三农"的风险。

4. 外监工具

农村小型金融组织营运风险的控制需要坚持外部监管与内部控制相结合的原则。而依靠政府金融监管部门，加强外部金融监管，是降低农村小型金融组织营运风险的基础。外部监管工具包括准入监管、业务合法合规监管、退出监管、现场检查和非现场检查等。

5. 内控工具

内部工具主要是通过建立农村小型金融组织的内部控制制度规避其内部操作风险。通过会计、审计、监察等内部控制手段，严格监督风险控制部门负责人对各项风险管理规章制度的实施，将制定的风险管理措施落到实处。农村小型金融组织风险管理部门负责人需要进行定期或不定期的风险排查。一旦发现风险，应及时反馈，并采取相应的预防措施。风险控制人员通过风险预警指标监测内部风险状况，评估风险管理效果，并根据实际情况采取相应处置措施。如果风险管理与预先目标出现较大偏差，风险管理负责人就要深入分析风险形成的原因，并根据具体情况完善风险管理方案。

6. 贷款技术创新

团体贷款由农民自发组成贷款小组，贷款不要求抵押担保，而是通过成员之间互相监督的机制促成贷款成员之间承担连带担保责任，这一机制有利于刺激贷款成员履行还款职责。动态激励包括重复博弈和贷款额度累进制度。重复博弈是指如果借款人能够按约还款，以后更容易再借款，否则不能再借。如果按时履约还款以后能借更多贷款则为累进制度。分期还款是将贷款分几期进行归还，有助于贷款机构现金管理，实现早期预警。担保替代的形式主要有"强制储蓄"和"小组共同基金"，也可以是不受法律保护的不动产或者是可以预期的未来收入和现金流。这些都可以起到相互担保、相互保险的作用，有利于规避农村小型金融组织的信用风险。

7.5.3　我国农村小型金融组织发展风险的处置思路

风险处置是指在风险已经发生的情况下，通过采取一系列措施，对发生的风险进行补救或者做最终的处理。对农村小型金融组织的风险处置，大致可以分为两种情况。一种情况是金融风险已经发生，但是金融组织暂时还能够维持经营，如果有良好的补救措施，金融组织可以继续维持经营甚至恢复到正常经营的水平，在这里称为"有药可救"型；另一种情况是金融风险已经达到非常严重的程度，金融组织无法维持经营，只能考虑善后处理，在这里称为"无药可救"型。

1. "有药可救"型

对于"有药可救"的农村小型金融组织，通常可以考虑采取以下处理措施：

第一，最后贷款人方式。中央银行作为最后贷款人，对出现问题的金融组织提供贷款，以帮助其渡过难关。对于这种方式，需要对金融组织的问题情况进行分析，如果只是暂时性的流动性困难，那么中央银行可以直接通过贴现窗口提供贴现或者通过债券回购的方式进行帮助。如果遭遇系统性金融风险，那么中央银行可以通过公开声明或者在征得国务院同意后进行紧急货币发行以对其提供短期融资支持，助其渡过难关。第二，引入存款保险公司制度，维护银行信用，稳定金融秩序。各类存款性金融组织合作建立一个保险机构，并以自身存款额度为限，缴纳相应比例的保险费，一旦成员机构发生经营危机或破产倒闭时，存款保险机构能向其提供财务救助或直接向存款人支付部分或全部存款，以减少金融组织的损失，保护存款人利益。这一形式在发达国家非常普遍。1933 年，美国国会通过了《格拉斯-斯蒂格尔法》，该法律明确提出美国政府应建立联邦存款保险公司，次年联邦存款保险制度在美国建立。联邦存款保险公司向储户提供了担保：银行无论发生什么情况，储户在该银行的 10 万美元以内的存款都可以得到足额偿付。储户有了足额的存款保险的保障，即使他们担心银行的健康程度，也不必赶赴银行提款，因为无论发生什么，其存款的价值都会保持不变。在存款保险公司成立之前的1930～1933 年，每年破产银行的平均数目超过 2000 家，而在 1934 年联邦存款保险公司成立之后，一直到 1981 年，平均每年破产的银行不超过 15 家。1971 年，日本政府通过了《存款保险法》，并采取强制性的方式让金融组织加入存款保险体系。1974 年至 1986 年末，日本存款保险机构提供的每个账户的最高保险金额由最初的 100 万日元提高至 1000 万日元，保险费率为 0.012%。到了 1992 年，随着金融组织倒闭数目的增加，日本政府随即宣布将给予金融组织合法的存款百分之百的保护。在非常时期，它可以向日本银行借款的最高限额是 5000 亿日元。以上两种方式是对于"有药可救"的金融组织采取的较为常用的救助方式。除此之外，还有制定收入维持协议援助、设计净值证明书援助、实施资本金延缓方案等救助方式。

2. "无药可救"型

对于这一类农村小型金融组织，处置方式就是责令其退出金融市场。而对于金融组织的退出机制，大致分为以下几种情况：第一，收购，即金融组织经过监管部门的批准，采取出资的方式，按照法定程序，对一家或几家问题金融组织进行收购，并取得所有权的交易行为；第二，合并，即一家或几家金融组织经过监管部门批准，通过法定程序组成单独一家金融组织的交易行为；第三，破产，即金融组织被司法机关责令停止一切相关的经营活动并退出市场的方式，该方式有利于减轻最后贷款人和监管部门的负担，但是处理不好会造成市场的动荡；第四，撤销，即金融组织由于经营不善等原因导致资产损失严重，且没有其他金融组织收购或兼并的情况下，金融监管部门强制其退出的方式，撤销强调了行业主管部门在金融组织市场退出过程中所具有的主导地位。

值得注意的是，收购与合并两种退出形式相对来说能够较好地保护存款人的利益，不易引起社会动荡，问题金融组织也能通过这两种形式实现损失最小化。而对于破产和撤销而言，在我国尚未建立存款保险制度的情况下，这两种形式会极大地损伤存款人对整个金融体系的信心，也极有可能引发金融恐慌等更严重的不良后果，甚至是社会动荡。所以，这两种退出形式在中国农村金融领域有着非常大的局限性。

7.5.4　"大数据"在农村小型金融组织风险控制中的应用

前文的金融风险控制，都是从农村小型金融组织的角度来分析的，而金融组织绝大部分时候是在与客户进行业务往来，归根到底，绝大部分金融风险是在与客户的业务往来中产生的，以下从农村小型金融组织与客户发生业务往来的角度谈一谈对金融风险的控制。不可否认，随着互联网日益深入每个人生活的各个环节，我们已经进入或者正在进入"大数据时代"，而伴随着支付宝、人人贷等互联网金融方式的出现，互联网金融已经成为不可逆转的潮流。在互联网时代，我们是否也可以构想将用户网络金融数据与用户日常网络消费情况数据结合起来，将"大数据平台"（即基于"网银数据"＋"电商数据"的一个"大数据平台"）与农村小型金融组织创新的风险控制结合起来？

1. "大数据"分析应用于农村小型金融组织风险控制的优势

将"大数据平台"和农村小型金融组织创新结合起来作为基础条件，即互联网必须普及到农村，2013 年 8 月农村互联网普及率为 6.3%，而到 2017 年 6 月这个比例已经增长 4.4 倍，达到 34%，但是比城镇互联网普及率 69.4%低 35.4 个百分点[①]。但是，根据国务院 2013 年印发的《"宽带中国"战略及实施方案》，2020 年，固定宽带家庭普及率达到 70%，行政村通宽带比例超过 98%。如果按照这个速度发展，中国农村的宽带普及率在目前的基础上将会极大提升，互联网普及到农村这一情况将会在较短的时间内成为现实。而根据互联网购物的发展趋势来看，随着中国农村宽带入户情况的改善，中国农村的网购消费必将呈现更快速的增长态势。而在目前，京东、阿里巴巴、当当等各大电商也已就农村市场的开拓与发展展开了激烈争夺。在基础条件满足以后，相对于传统的风

---

① 资料来源：中国互联网络信息中心（CNNIC）于 2017 年 8 月发布的第 40 次《中国互联网络发展状况统计报告》。

险控制模式，基于"大数据平台"的风险控制方式有哪些优点及会面临哪些问题呢？

1）规模优势

基于"大数据平台"的新型农村金融组织可以将海量的用户信息通过"云计算"技术集中在一起处理，这无疑发挥了互联网金融的规模效应，相比于传统的金融组织，大大地降低了人力成本、时间成本、信息处理成本等多项成本。在风险识别方面，新型农村金融组织可以为用户建立一个个人档案，再通过和电商合作，形成一个用户信用数据与网络消费数据的数据共享平台。在这个共享平台上，农村小型金融组织能够获得用户的网络消费数据，相比于传统农村金融组织，这些数据可以为农村金融组织提供更多有效的、量化的信息，通过建立模型，或者直接根据数据就可以对用户的风险情况进行识别与监测。而基于"大数据平台"的农村金融组织无疑比传统的农村金融组织拥有更大的数据和信息优势，可以做到比传统的农村金融组织更加有效。同时，网络有利于农村金融组织突破地域等条件的限制，扩大其组织经营活动的深度和广度，这对于农村金融组织而言，是一个极大的促进因素，互联网边际成本递减，用户越多，成本越低，甚至趋近于零。而传统的金融组织没有边际成本递减的优势，互联网这一规模优势也有望打破金融领域的"二八定律"，缓解目前我国所存在的金融抑制较为严重的状况，真正实现普惠金融的愿景。

2）时效性、连续性、全面性

完整的风险识别和预警过程需要对风险信号进行持续性的监测。传统的金融组织对用户的信息了解程度往往来自于客户自己提供的一些财产证明、抵押证明。这些数据提供的信息往往不是连续的，它是一种静态数据，金融组织不能根据这些证明对客户的风险情况进行实时与动态跟踪和监测，在全面反映客户的实时风险情况方面有很大的局限。"大数据平台"会根据用户的网络消费情况与信用情况实时地更新用户的个人档案，保证了数据的连续性和时效性。基于"大数据"平台的用户数据首先是实时的，并且是连续的，相比于传统的金融组织在全面了解客户信息的方面显然更具有优势，通过对客户信用情况、消费情况的实时的、连续的掌握，可以更加全面有效地对客户的风险情况进行识别和监测。在对数据充分利用和全面分析的基础上，对客户的金融风险状况进行更为有效的控制。作为互联网金融的代表，基于大数据体系和信用体系发展起来的阿里小微金融业务的坏账率不到 1%，远远低于传统商业银行的坏账率。而原银监会提供的数据显示：农村商业银行的坏账率是各类商业银行中最高的，长期在 1.5% 以上，这无疑为新型农村金融组织的风险识别和监测敲响了警钟。如果可以将建立在大数据体系和信用体系基础上的阿里小微金融模式成功地移植到新型农村金融组织中，那么必将使新型农村金融组织的风险控制能力产生质的飞跃。

3）更强的可操作性

传统的金融风险识别和预警方法主要分为景气指数法、指标体系评分法和模型法三种。这三种方法都需要一些定性数据，同时还需要一些定量数据，根据这些定性或者定量的数据，建立适当的风险识别和监测模型。但是传统的金融组织在搜集数据的能力方面无法与"大数据平台"相比拟，因而传统金融风险识别和预警方法在实际操作时受数据的限制非常大，导致其可操作性大为下降。而"大数据平台"无疑可以很好地解决这个问题，它可以为新型农村金融组织提供海量的定性和定量数据，进而保障传统的金融风险识别和预警方法具有更强的操作性。例如，更多的定性和定量数据可以为景气指数法提供更多景气指数数据或经济因素数据；也可以为指标体系评分法提供更多的指标数据；也可以为模型法提供更多自变量和因变量数据。大数据不但可以改善金融风险控制的可操作性，甚至可以期待在大数据的背景下发展出比传统金融风险识别和预警方法更为便捷和更为实用的方法。

2. "大数据"分析应用于农村小型金融组织风险控制的障碍

虽然可以预见"大数据平台"为新型农村金融组织带来诸多方便，甚至使其产生质的飞跃，但是也应该考虑，在互联网时代，将大数据体系和信用体系结合起来构建的新型农村金融组织会面临哪些问题。

（1）信息不对称的情况

众所周知，金融风险产生的很大一部分原因是信息不对称，虽然"大数据平台"的构建可以为新型农村组织提供海量的数据，在很大程度上消除信息不对称的情况。但是这样结果产生的前提是客户提供的数据是真实的，如果客户提供的数据不是真实的，那么就有可能产生网络金融诈骗、违约、非法集资等现象，进而大大地增加了金融风险。如何有效甄别客户提供的信息的真实性及如何减少客户提供虚假信息的机会是新型农村金融组织建设应该考虑的问题。

（2）安全性

"大数据平台"无疑为金融组织、电商及客户提供了非常大的便利，是一个多赢的结果。但是如果"大数据平台"的数据被窃取，也会给三方带来极大的危害。所以保障大数据的安全性是重中之重。

（3）监管

监管是金融风险控制永远绕不开的话题，如果没有有效的监管，那么"大数据平台"的运行有可能失控。但是也应该首先为监管做一个准确的定位，本书认为，监管不可或缺，但是不应该过度干预"大数据平台"的运营，只能在规定的监管范围内行使监管权力，充当"守夜人"的角色，而不能对"大数据平台"进行过多的干预。"大数据时代"已然到来，也会逐渐成为主流，对于这样的发展趋势，需要的更多的是支持，而不是遏制。

7.6　中国农村小型金融组织创新风险控制：温州案例

2012 年 4 月 26 日，温州市首个"民间借贷登记服务中心"正式挂牌开业。该机构主要承担为民间资金出借方和资金需求方提供一系列专业化的融资服务，通过引进融资中介机构为供需双方搭建一个配对平台，同时也提供专业的公证、评估服务，使融资过程中的风险尽可能地降低。

7.6.1　温州民间借贷登记服务中心基本情况[①]

根据温州市人民政府《关于开展民间借贷登记服务中心试点的实施意见（暂行）》，"民间借贷登记服务中心"是经过温州市人民政府批准，允许在特定的区域内为百姓办理借贷提供综合性服务的有限责任公司或股份有限公司。该中心的主要职责是，在法律法规规定的范围内，发布一些借贷信息，进行资产评估和登记，从事公证、结算、法律咨询等业务，并受法律保护。

温州民间借贷登记服务中心注册资本为 600 万元，由 14 家法人和 8 位自然人投资设立，经营范围涉及信息登记、信息咨询、信息发布和融资对接服务等。温州民间借贷登记服务中心将民间借贷的交易信息进行登记备案，而资金供需双方可以通过服务中心中的融资中介机构发布信息，而这些中介机构根据供需要求去寻找合宜的供需双方来安排他们进行面对面的探讨交流，如果双方达成借贷交易，中介机构就从中收取中介费。在借贷双方完成资金转账后，借贷双方需要提供银行转账凭证、借贷合同等文件，到登记中心备案登记，登记的内容包括借贷双方信息、借贷期限、利率、担保措施和违约责任等内容。

登记中心只是一个平台，旨在为供需双方提供规范的借贷合同，并在律师、公证处、会计师等专业机构的协助下，把民间借贷的合法性及风险控制在合理范围，它本身不用承担交易风险。

7.6.2　温州民间借贷登记服务中心运行现状[②]

温州民间借贷登记服务中心已成为在全国对民间借贷管理的一种可复制的模

---

① 资料来源：解亮. 2012. 浙江省内首个民间借贷平台即将在温州试营业. 中国经济网[EB/OL].http://www.ce.cn/macro/more/201204/11/t20120411_23231564.shtml. 2012-04-11.

② 资料来源：叶檀. 2014. 温州民间借贷中心为何不成功. 浙商网.http://biz.zjol.com.cn/system/ 2014/12/01/020386728.shtml. 2014-12-01；温州网 - 温州商报. 2013. 温州民间借贷服务中心负重前行. http://finance.66wz.com/system/2013/04/26/103624461.shtml. 2013-04-26.

式。这种模式逐渐开始在温州各县（市、区）及全国铺开。除了温州已开设鹿城、苍南、平阳、乐清、瑞安、永嘉、文成等 7 个民间借贷服务中心，鄂尔多斯、长沙等国内多个城市纷纷参照"温州模式"，建立起民间借贷中心。

借贷服务中心的出现，使得温州"熟人借贷"开始向更理性的市场借贷转变，借贷行为走向正规化。借贷中心使信息更对称、更透明，高利贷失去了生存空间，民间借贷的资金链也不像以前那么脆弱。借贷中心的规范化运作开始产生示范效应，温州民间借贷利率逐渐走低（图 7-1）。但是，其在起步阶段发展比较缓慢。该中心于 2012 年 4 月 26 日正式营业，但直至 2014 年 3 月 1 日《温州市民间融资管理条例》正式实施，其登记工作才逐步走向正轨。

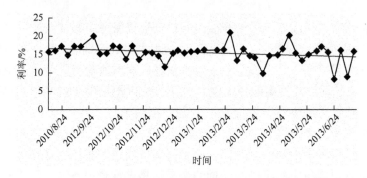

图 7-1　温州民间借贷服务中心 2012～2013 年每周利率走势[①]

2014 年 3 月 1 日至 11 月 17 日，温州共备案民间借贷 4463 笔，总金额 55.51 亿元。据温州市人民政府金融工作办公室披露的数据，条例实施之前登记的只有 30 多亿元，合计有 80 多亿元。根据《温州市民间融资管理条例》规定，"单笔借款金额三百万元以上的"、"借款余额一千万元以上的"和"向三十人以上特定对象借款的"都应将合同副本报送地方金融管理部门或者其委托的民间融资公共服务机构备案。据估计，目前温州民间借贷总量已超过 800 亿元，即有超过九成的民间融资没有登记；而在已登记的民间融资中，大约 50% 的民间借贷没有登记融资用途。在这种情况下，实际上仍然没有使民间借贷完全"阳光化"，登记的缺失，使得民间借贷登记服务中心难以发挥作用。

7.6.3　温州民间借贷登记服务中心风险控制[②]

和民间金融的"人情借贷"不同，在温州民间借贷登记服务中心通过上述融

---

① 数据来源于温州民间借贷服务网（http://www.wzmjjddj.com/news/bencandy.php？fid＝97&id＝1085），其中 2013 年 8 月至 2013 年 12 月数据缺失。

② 资料来源：温州民间服务借贷网（http://www.wzmjjddj.com/）。

资中介机构完成的民间借贷往往是与陌生人发生借贷关系,为了保证资金安全,登记中心采取了一系列措施来对借贷行为中的风险进行控制。

1. 建立民间信贷征信系统

温州民间借贷服务中心引入了中国人民银行的征信系统,是全国唯一一家进入中国人民银行征信系统的非银行机构。只有经过当事人的授权,才可以直接在中心窗口查询个人征信情况,查询的内容包括借款人在全国范围内的贷款及信用卡透支的信用记录,为借贷双方提供可靠的信用价值参考。如果发现有不良记录的,再融资难度将会增加。

2. 审核融资中介机构的入驻资格

登记服务中心要严格控制入驻的融资中介机构,并且设立了两条禁令:一是决不允许触碰借贷双方的资金;二是中介机构不用承担资金的交易风险。这样规定的目的是,防止中介机构可能出现的违规操作,确保借贷双方的资金直接结算,减少冗杂的中间环节,杜绝服务中介在操作中借此机会赚取"利息差"的可能。

3. 要求资金需求方提供抵押物

在资金配对的过程中,中介机构会根据资金提供方的要求,敦促资金需求方提供房产抵押或担保证明,以尽量减小双方的借贷风险。房产或汽车通常作为一次或二次抵押,并且办理他项权证给资金提供方,以保证出资方的资金安全。中介机构在进行资金配对的时候,需要对资金需求方进行资格审查,防止资金需求方出现违规行为。如果资金需求方出现了违约情况,中介机构就要帮助出资方处理对方的房产或车产等,把资金还给出资方。目前,该登记中心已与工商、车管、房管和公管处等部门联网合作,在资金借贷时可直接在登记中心进行股权质押、知识产权质押、设备抵押、汽车抵押、房产抵押、出租车经营权证质押借贷等业务,在办理登记时间上大大缩短,促进了资金的快速配对。

7.6.4　温州民间借贷登记服务中心风险处置

登记中心通过与法院合作为民间借贷双方提供了司法保障,具体措施有如下几种。

(1)借贷双方一旦在中心备案,若发生诉讼纠纷,法院可以认定权利人提供的相关材料具有证据效力。

(2)经中心备案登记的,可经过法院的"绿色通道",即做到"快立、快审、快执、快结"。

（3）经中心备案登记由当事人签署的"送达地址确认书"，其作用在于如产生纠纷，一方当事人无故不到、回避或下落不明，诉讼副本和判决书无须进行公告送达，可减少两次公告送达近 5 个多月的时间，直接进入快速审理程序和快速执行程序。

（4）凡在中心备案登记签署的且经公证机关强制执行的条款，双方当事人都必须严格遵守，如果有一方不遵守合同，法院可对公证机关出具的强制执行效力证书予以确认，并直接进入执行实施阶段，无须进行诉讼环节。

第8章　中国农村小型金融组织创新的机制培育

2007 年以来，银监会逐步放宽了对农村金融市场的准入条件，启动了一系列以扶农支农为目的的金融体系改革，鼓励金融组织积极设立各类农村小型金融组织，以缓解中国农村地区存在的金融组织网点少、信贷供给不足等问题，这种自上而下的金融改革虽然有利于健全和完善农村小型金融组织体系，但在一定程度上也制约了其组织创新机制。本章对中国农村小型金融组织创新机制进行研究，旨在促进农村小型金融组织健康成长[①]。

8.1　中国农村小型金融组织创新的市场准入与退出机制

农村小型金融组织创新机制的最终目标是提高农户信贷资金的可得性，为农村提供优质高效的金融服务。通过完善的市场准入机制与高效的市场退出机制，使农村金融市场形成数量充足、结构合理、公平高效的农村金融组织体系，提高农村金融市场的有效竞争和资源配置效率。

8.1.1　农村小型金融组织创新的市场准入机制

市场准入机制是指政府或其授权的金融组织规定公民或法人进入农村金融市场从事金融产品的生产、经营活动所必须满足的条件和必须遵守的制度与规范的总称。农村金融组织市场准入标准的制定，有助于排除在资质上不符合标准的农村金融组织，保持合理产业分工水平与布局，避免市场的恶性竞争和资源浪费。因为标准的不确定很有可能导致农村金融组织数量扩张过于盲目，而过度的金融产品创新也可能加剧金融风险，不利于政府对农村金融市场实施宏观调控手段。因此，对农村小型金融组织设定相应的市场准入标准将会有效地降低农村小型金融组织破产或经营失败的发生率，同时防止不稳定因素跟随金融主体进入农村金融市场。但是对于农村小型金融组织市场准入条件的限制过于严苛或宽松，都会阻碍农村金融市场的创新性发展。从各国对金融组织的市场准入规定来看，常见

---

① 本章所指的农村小型金融组织，主要是具有独立法人资格与较高自主决策权，以县域或县域中的部分乡村为其经营范围，并接受相关部门监管的农村金融组织。主要包括村镇银行、农村资金互助社、小额贷款公司、担保公司、保险公司、小额信贷扶贫机构等。

的金融市场准入制度主要有：最低注册资本限制、业务范围限制、规模经济等经济准入制度及政策法规限制、资本投入主体限制等非经济准入制度。一般情况下，市场准入机制的限制程度越高，农村小型金融组织机构的准入率就越低，低准入率容易造成农村金融市场上出现寡头垄断行为，处于垄断地位的金融组织为了获取超额利润，将在市场上获得的垄断优势转化为金融产品的定价优势，最终损害了消费者的合法权益。此外，农村金融市场垄断格局的出现，往往引起农村金融市场主体缺乏金融产品创新的动力和服务增值意愿，因此，过高的农村金融市场进入条件会对农村金融市场形成一定的负面效应。因此，农村小型金融组织的准入机制必须考虑农村金融市场的发展需求与农村经济增长的实际情况，科学设定和调整农村小型金融组织的市场准入制度，尽可能地为符合市场准入标准的金融财团和社会资本参与农村金融市场建设和运作当中，形成有效合理的农村金融市场内部竞争局面。同时，也应该保证农村金融市场进入条件有适当难度，让部分不良企业能够知难而退，农村小型金融组织创新的市场准入机制的基本内涵包括以下四个方面。

1. 农村小型金融组织市场准入机制的时机选择

对于农村小型金融组织市场准入的开放时机应充分考虑宏观经济形势和未来经济目标的实现形式。具体准入时机主要考量以下两个方面：一是准入时机选择要与政策指向相一致。在中央一号文件连续十年聚焦"三农"的宏观政策背景下，农村金融作为现代农村经济的核心，在稳定县域经济、服务"三农"、缓解农村融资难和担保难问题、增加就业等方面至关重要，为解决农业进入的高投入、高成本、高风险等问题，中国政府提出要在稳定、完善、行之有效政策基础上，支持金融财团和社会资本参与农村金融市场建设和运作，大力提高农村金融服务质量，以保证"三农"发展，早日实现全面建成小康社会宏伟目标。二是准入时机选择要与农村经济的发展协调一致。现阶段，为保证经济的可持续增长，亟须加大民间投资和扩大消费需求，通过培育农村小型金融组织的创新性发展，为农村和农户提供便利实惠的金融服务。

2. 农村小型金融组织市场准入的协调控制机制

为使市场化内生力量推动农村金融市场完善，农村小型金融组织无论是设立还是退出都应建立相应竞争机制。俄罗斯曾在市场准入机制缺失的情况下，全面放开金融市场的准入条件，导致金融投机行为盛行，对该国的金融体制造成了严重的破坏。我国台湾地区也如此，没有建立金融组织准入规章，造成金融过度，银行不惜降低授信标准以达到招揽顾客的目的，由此引发该地区中小商业银行的挤兑风潮。因此，鉴于上述历史经验，对中国农村小型金融组织的培育应当是一个循序渐进的过程，对农村小型金融组织的市场准入，特别是社会资本设立的村镇银行、资金互助合作社、小额贷款公司等应持审慎态度，严格控制放开速度，使不良风险降到最低，大力提高监管水平，推进农村金融市场高效、有序发展。

3. 农村小型金融组织市场准入的门槛设置机制（发起人资格规定）

农村小型金融组织的设立，是伴随着农村经济发展的实际情况及政府根据农村金融环境特点主张以金融组织支持"三农"的方式而逐渐出现的。作为新兴的农村金融组织，其发起人的主体资质对于保持小型农村金融组织运营稳健性具有至关重要的作用。银监会发布的《中国银行业监督管理委员会关于调整放宽农村地区银行业金融机构准入政策更好支持社会主义新农村建设的若干意见》及《中国银监会关于鼓励和引导民间资本进入银行业的实施意见》中有关村镇银行的最大股东或唯一股东的相关规定，以及由银行业金融机构担任主发起人的贷款公司的股东必须为境内商业银行或农村合作银行等规定，没有充分考虑民间资本的意愿，会抑制农村金融组织创新的积极性，难以满足"三农"对信贷的需求。因此，农村小型金融组织的市场准入标准应遵循"低门槛，严监管"的原则。只有真正建立在低门槛基础上的农村小型金融组织准入体系机制才能鼓励更多的社会资本进入农村金融市场，为农村经济建设提供更多的金融支持。此外，建议进一步放宽农村小型金融组织市场准入门槛，允许自然人或者机构作为发起人设立该类金融组织，既发挥了民间金融的支农优势，又可通过将其纳入监管体系而大幅降低农村金融风险。

4. 农村小型金融组织市场准入的内部人控制风险防范机制

农村小型金融组织的内部人控制风险是指社会资本在组织中占有的股份过大，从而造成股权过于集中，有可能导致少数人或企业控制农村小型金融组织，产生内部人控制的风险。《中国银保监会农村中小金融机构行政许可事项实施办法》[①]对单个自然人、单个境内非银行金融机构及非金融机构在农村中小金融机构中投资入股的比例均做了规定[②]，但仅仅对单个股东的参股比例加以限制不能

---

① 《中国银保监会农村中小金融机构行政许可事项实施办法》（中国银监会令 2015 年第 3 号），根据 2018 年 8 月 17 日《中国银保监会关于废止和修改部分规章的决定》修正。

② 《中国银保监会农村中小金融机构行政许可事项实施办法》规定：单个自然人及其近亲属合计投资入股比例不得超过农村商业银行股本总额的 2%；单个境内非银行金融机构及其关联方合计投资入股比例不得超过农村商业银行股本总额的 10%。并购重组高风险农村信用社组建农村商业银行的，单个境内非银行金融机构及其关联方合计投资入股比例一般不超过农村商业银行股本总额的 20%，因特殊原因持股比例超过 20% 的，待农村商业银行经营管理进入良性状态后，其持股比例应有计划地逐步减持至 20%；单个境内非银行金融机构及其关联方合计投资入股比例不得超过农村商业银行股本总额的 10%；单个自然人、非金融机构和非银行金融机构及其关联方投资入股比例不得超过村镇银行股本总额的 10%，职工自然人合计投资入股比例不得超过村镇银行股本总额的 20%；单个农民或单个农村小企业向农村资金互助社入股，其持股比例不得超过农村资金互助社股金总额的 10%。

有效杜绝多家股东结成联盟、共同参股行为的发生，即不能完全防范内部人控制风险。因此，更好的做法应当是明确规定农村小型金融组织最好由 10 个以上近似股东组成，且最大股东出资比例不能超过一定限额，如不能超过 8%，此外，对前 10 位股东的占股比例采取一定限制，如不能超过 50%，从而降低内部人共同控制的风险。

8.1.2　农村小型金融组织创新的市场退出机制

1. 农村小型金融组织的市场退出机制类型

市场退出机制是针对有经营困难的农村金融组织的缓冲与调节机制，这些金融组织由于违反了法律法规、公司规定的章程而必须选择退出市场，也可能是由于不能按时偿还到期债务而必须进行破产清算。健全农村小型金融组织退出机制，有助于缓冲部分农村金融组织的破产倒闭对农村金融体系乃至整个农村经济运行所造成的严重影响，因此，对退出机制"度"的控制显得尤为重要。此外，根据不同的标准，可以将农村小型金融组织的市场退出机制划分为如下类型。

（1）根据市场主体退出的主动程度分为主动型市场退出机制和被动型市场退出机制。主动型市场退出是指金融组织根据章程规定的事由及竞争需要，主动请求丧失金融组织法人主体资格并退出农村金融市场。被动型市场退出是指农村金融组织在经营业绩不佳的情况下，被债权人、金融监管部门或司法机关判定退出农村金融市场。

（2）根据市场退出方式分为自由型市场退出机制与保护型市场退出机制。自由型市场退出机制指的是农村金融组织一旦符合退出条件，就依照法定程序退出农村金融市场。但是实践证明，金融市场上不存在完全的自由退出机制；保护型市场退出机制则站在金融组织的角度，对退出持否定态度，坚决采取对金融组织的保护措施，如日本曾宣称其国内 20 家大型金融组织不会倒闭，这就是典型的保护型市场退出。

（3）根据市场退出的内容分为组织的市场退出和业务的市场退出。组织的市场退出是指农村小型金融组织从市场的竞争中退出的情况，同时还可以进一步划分为金融组织非法人组织的退出和法人组织的退出；业务的市场退出是指农村小型金融组织出于竞争的需要或法律监管的客观要求取消或退出某项原有的业务。

2. 我国农村小型金融组织创新的市场退出机制

农村小型金融组织创新的市场退出机制基本包括以下内容。

1）最后贷款人制度

最后贷款人制度在政府的支持和引导下，主要用于弥补由于市场失灵所造成的流动性危机。旨在稳定市场参与者信心，帮助农村金融组织化解流动性风险。最后贷款人制度是中国人民银行对问题银行实施有效救助的手段之一，对陷入流动性危机的银行给予贷款和资金上的支持，其内容主要有：对问题银行提供流动性的信用救助，提供信用支持时的增资扩股及对农村小型金融组织的接管和重组等。结合最后贷款人制度的内涵与理论基础及目前发达金融国家的成功实践经历，可以从以下几个方面进一步完善该制度：首先，消除农村金融组织对中国人民银行最后贷款人制度的过度依赖心理。在事前阶段严格保密可纳入中国人民银行援助的标准，同时向市场释放信号，说明无论农村金融组织规模大小都存在退出市场的可能性；在事中阶段可参考如巴塞尔银行监管委员会所倡导的针对商业银行的部分标准进行管理；在事后阶段，向公众充分披露最后贷款人相关救助信息，以加大公众对政府的信心。其次，构建信息交流的机制。参照国际经验，中国人民银行、银保监会、证监会及财政部之间可以签订一个理解备忘录，来对各方的职责范围、合作方式、信息交流及共享机制等重大事项做出详细规定，其作用主要在于不仅能重申相关法律法规，还能进一步明确各方权利及义务，加强各方信息交流，这是一种比较经济的可行之法。最后，要改变中国人民银行在最后贷款人制度运用上的"有求必应"，最后贷款人制度或政府扶持资金的适用对象应做到客观公正，并在具体操作中明确中国人民银行与银保监会的权责范围，避免发生监管权利碰撞或者权利架空的现象。

2）存款保险制度

存款保险制度的主要目的是保障金融组织的存款安全，同时保证金融体系的平稳运行，其主要方式是要求所有存款性金融组织按照各自存款数额的比例缴纳保险费，建立专门的存款保险准备金，一旦参保金融组织出现危机或面临破产清算时，存款保险机构则运用存款保险准备金为其代偿一部分公众存款，这种制度有利于保障存款人的权益。由于道德风险的存在，存款保险制度的设计必须科学合理从而达到减轻农村小型金融组织所承受风险的影响。由于保险范围、保险额度和保险费率是存款保险制度设计的关键要素，且对农村金融组织风险较为敏感，如果偏离最优设计路径，往往会出现道德风险加大的问题，影响存款保险制度的有效运行。具体做法应考虑以下三点：首先，存款保险范围决定着存款保险制度的成员资格，成员越多，则可征收的存款保险费用的数量就越大。因此，对于保险范围的确定主要注意以下两个方面的内容，一是参保农村小型金融组织的范围，二是存款保险覆盖账户的类型。其次，各国存款保险制度的实践表明，存款保险限额的设置是存款保险制度的重要组成部分，不但能保障大多数存款人根本利益，还能使存款人在做出存款决策时更加谨慎，从而在一定程度上发挥存款人的市场约束作用。对于保险限额的确定主要注意三个方面的内容：一是存款保险限额的确定要以保障大多数人的利益为根本目标；二是增强存款人对农村金融组织的信心，维护金融市场的稳定；三是减轻农村小型金融组织的负担。最后，存款保险制度的核心要素是存款保险费率的设定，合理的保险费率能够大幅降低道德风险问题发生的概率，从而减少农村小型金融组织为寻求高额利润而不惜承受高风险的概率。在风险差别费率的制定上，主要包括两种方式：一是期望损失定价法，该方法是一种依据金融组织各项财务指标进行评定的方法，主观性较强；二是期权定价法，该方法是在坚实的理论基础和丰富的技术经验之上产生的，现在主要使用这一方式来评价存款保险费率。

3）破产清算制度

破产清算制度是农村小型金融组织市场退出的最后环节，指该组织被宣告破产之后由清算组织接管该组织，对破产财产进行清算、评估、处理和分配。清算过程的严格执行有助于减少农村小型金融组织逃避债务行为，利用有效的资产拍卖或转售提高债务清偿率。处置不良资产的做法主要分为两种方式：一是个别农村小型金融组织出现问题后，由该金融组织和存款保险公司共同商定不良债权清收和资产处置方案，由保险公司对倒闭农村金融组织的不良资产和债权债务关系进行处置。二是对农村小型金融组织的不良资产，可以由政府成立专门的资产管理机构，对不良贷款进行统一管理和处置，常用的方式有贷款重组、将不良资产证券化等，多管齐下进行处理。

8.2　中国农村小型金融组织创新的政策支持机制

为促进农村小型金融组织的健康发展，中央人民政府、银保监会、中国人民银行等相关管理机构相继出台了一系列详细的支持政策，形成了初步的政策支持机制。

8.2.1　农村小型金融组织创新的财政支持机制

改革开放以来，中国财政对城市重大项目的资金支持远远超过在农村地区投入的比例。虽然现阶段财政支持政策逐步扩展到农村金融市场，但仍存在临时性限制及受惠面较小的局限，因此，应进一步加大农村小型金融组织的财政支持力度，充分发挥财政资金支农的杠杆作用。

（1）逐步建立以市场为导向、政策调控为重点的城乡金融资源分配体系。政府应充分运用宏观调控职能弥补市场失灵，统筹城乡金融市场发展。由于农村小型金融组织处于高风险、高成本的经营环境中，对农村小型金融组织的涉农业务，财税部门可以制定有针对性的税收优惠政策，从而降低农村小型金融组织的成本支出，调动农村小型金融组织支持"三农"的积极性，为农村信贷资源的有效配置奠定制度基础和政策保障。其具体做法主要有以下三个方面：一是积极探索有利于农村小型金融组织发展的财政扶持政策。例如，可以在农村小型金融组织发展初始阶段，财政部门或中国农业发展银行通过软贷款的方式对农村小型金融组织给予必要的信贷援助和利息补贴支持政策；赋予农村小型金融组织一定的惠农政策代办权，发挥其主体作用，促进农村新型金融组织增收。二是积极出台扶持农村小型金融组织快速发展的减、免、缓等税收优惠政策，为促使农村小型金融组织更好地服务于"三农"，中国税务部门在制定相关税收政策时，应免除农村小型金融组织的营业税、降低所得税、缓缴部分税种，从税收角度推动农村小型金融组织快速发展。三是按照信贷资金投向"三农"的层次高低给予不同程度的税收优惠。

（2）合理运用财政补贴政策，加大对农村小型金融组织的扶持力度，为其成长创造良好的市场环境。农业本身的特性决定了农村金融的特殊性，如果照搬商业金融的经营管理模式，会造成农村金融市场失灵等问题，因此，政府需发挥其职能作用，对农村小型金融组织进行直接补贴。这里的财政补贴是指对农村小型金融组织支持农村经济发展的政策性借贷行为的一种补贴形式，其主要目的是引导金融资源进入经营效益相对低下的农村领域，财政对农村小型金融组织的支持和保护措施主要通过资金注入、信贷补贴、债务担保、直接拨款等方式。一是资金注入制度，该政策是目前发达国家最常用的财政支持政策之一，也是政府发挥公共财政最基本的职能之一，这些资金既可以源于财政的有偿拨付，也可以由财政直接转移支付。二是信贷补贴制度，主要是指当财政难以满足农业现代化进程中的信贷需求时，除了运用直接贷款，财政通过信贷补贴的方式，鼓励农村小型金融组织低于市场利率向农业生产者提供各种低息贷款。通过信贷补贴制度，政府能有效引导社会资金流向，对农村金融市场进行宏观调控。三是债务担保制度，发挥政策性农村金融担保机构的功能。对农村金融发展提供各种形式的债务担保，鉴于农业收益低、风险高等特性，国家通过债务担保的方式鼓励各金融组织向"三农"提供信贷资金。四是直接拨款制度，是指在"三农"发展进程中，当某些建设项目无法由企业或组织独立完成时，政府为推动农村经济发展，直接发放贷款，把金融资源引向某些特定项目，如发放较低利率的长期贷款用于农业基本建设、开垦及救灾等项目。

8.2.2　农村小型金融组织创新的金融支持机制

由于现阶段农村正规金融组织供给严重不足，金融服务缺位现象严重，多元化的农村小型金融组织参与到农村市场中，开放农村金融市场的同时，更能保证农村经济的快速稳定发展。因此，为促使农村小型金融组织的创新发展，金融支持政策应以农村小型金融组织为政策支持对象，加强农村信用体系建设、农村信贷担保制度、农村保险制度及农产品期货交易制度等金融支持制度的建设，有助于优化农村金融的市场环境，为农村小型金融组织的良性发展创造有利条件。

1. 加强农村信用体系建设

加强农村信用体系建设是社会主义市场经济体制建设的重要组成部分。中国农村金融市场存在高风险、低收益等特性，且农村金融的服务对象主要以农户和农村中小企业为主，业务范围小、分散程度高，信贷活动的展开缺乏相应的保护措施，伴随着市场风险、管理风险、道德风险的无法预料与抗衡，因此，为有效防范和管理这些风险，就必须加强农村信用体系建设，使农村小型金融组织的资金安全得以保障，从而创造稳定的金融发展环境和良好的金融发展秩序。其主要做法是：首先，加快"信用村、信用镇"建设，"信用村、信用镇"的建设将进一步营造出重信用、讲诚信的社会风气，不但为农村小型金融组织信贷决策和政府部门高效履职提供了重要的信息共享平台，而且有力地促进了农民信用意识提高，增强农村小型金融组织支农信心；其次，建立有效信用评级体系，利用专业化的信用评级机构对农村小型金融组织的资信水平进行综合评价；再次，建立信用信息共享机制，以有效降低农村小型金融组织的经营风险；最后，以诚信为主题建立良好的宣传和引导机制，政府应充分利用各种媒体工具增强农户和农村中小企业的信用意识和信用观念，推动建立良好的农村信用环境，同时，对失信行为给予相应的处罚，提高失信成本，为农村小型金融组织的运营提供一个良好的信用环境。

2. 实施定向扶持农村小型金融组织创新发展的货币政策

为了支持各类金融组织开展各类信贷业务，可供选择的货币政策工具有公开市场业务、再贴现率、法定存款准备金。在我国，建议运用再贴现率和公开市场业务这两种货币政策工具来调节中国农村经济与农村金融市场的有效运行。这是因为，一方面，中国人民银行适当降低对农村小型金融组织的再贴现率，以达到农村金融市场实现货币供应量多倍增加的目的。且该政策扶持对象主要是一些具有支农意愿的小型金融组织，对这些组织使用优惠政策，弥补其资金缺口，旨在增强其支农实力，稳定其支农意愿。另一方面，通过公开市场业务政策，允许某些农村小型金融组织（如村镇银行、农村资金互助社）自由买卖国家发行的政府债券。当农村小型金融组织经营状况较好、资金富足时，可以提取一部分资金用于购买风险较低的政府债券并获取债券收益，当资金不足、信贷业务受限时，又可以通过向中国人民银行抛售政府债券来弥补所需资金，从而提高农村小型金融组织资金的流动性，其信贷能力得到了显著增强。同时，为了解决农村小型金融组织规模小、资金实力弱、运营风险较大等问题，可以根据其流动性比率、资产收益率、不良贷款率、规模大小、所处的地域等实际情况，建立有层次的货币信贷政策，如建立差别化的存款准备金和再贷款利率。此外，还可以实行单独的利率政策，提升小额贷款公司的利差水平从而覆盖风险，进而降低融资门槛，扩大信贷供给面。

3. 完善农村政策性金融支持机制

政府对农村政策性金融支持不足，中国农业发展银行政策性金融功能不断弱化，在农业基础设施建设、扶贫开发等支农建设方面存在缺位的现象，迫使商业性农村小型金融组织承担大量的政策性金融业务，其经营风险不断增加，经营效率大大降低，严重阻碍了农村小型金融组织的发展。因此，各级政府应充分整合"三农"资金投入，合理区分国家必需的财政投入和国家予以补偿的财政投入，明确国家政策性银行——中国农业发展银行的职能定位，形成农村政策性金融与商业性金融组织分工明确、各司其职的农村金融体系，共同促进"三农"事业发展。具体做法有：政府向中国农业发展银行等有政策性金融业务的机构提供贴息资金和呆账损失弥补，满足"三农"建设所需资金；加快涉农政策性金融组织的改革，完善涉农政策性金融组织运行机制，不断扩大其业务范围和服务领域，辅助农村小型金融组织的业务开展，充分发挥其支农、助农的政策性职能。

4. 加强对农村金融消费者权益的保护

加强农村金融消费者权益保护，是维护农村金融稳定、提升涉农金融服务质量的重要内容。要充分保护金融消费者权益，加强制度和组织机构建设。金融消费者权益保护工作涉及"一行两会"间，以及多个政府部门间的协调机制，因此需要加强各部门之间的配合，共同做好对县域和农村居民等弱势群体的金融服务。

8.2.3　农村小型金融组织创新的产业支持机制

农村小型金融组织服务的对象是农业和农村，因此其创新发展离不开农业现代化发展的支持。现代农业作为转变农村经济发展方式的重要举措，意味着农业生产要实现由粗放型向集约型的转变，建立农村产业基地，实现农业产业化，推动建立农产品品牌，增加其附加值。因此需要在促进第一产业和第二、三产业协同发展的基础上，为农村小型金融组织奠定良好的创新条件，从而打破农村长期存在的金融抑制局面。

1. 农业生产与经营的规模化

事实证明，以往的小农生产模式不但不能稳定农产品市场价格以增加农民收入，而且不利于实现农业生产的机械化、现代化。因此，需要在农村地区开展农户之间的生产合作，将众多农户的土地集中起来，组成农业生产合作社。这样有利于采用大型的现代化机械设备进行生产，实现规模化生产。通过机械化的操作，可以明显增加农业产出，降低单位产出的生产成本。在这一过程中，通过加入"绿色元素"，还可以提高农产品的附加值。与此同时，通过延长农业生产产业链，形成产供销一体的农业产业化模式，有利于提高其市场竞争力，稳定农产品市场价格，规避销售过程中的风险，改善农村小型金融组织的产业经营环境。

2. 农业生产的科技化与智能化

应当加大对农村科技推广的投入，提升企业的技术水平，将科学技术有效地与企业生产能力结合起来，实现企业生产过程的科技化与智能化，减少企业人员成本支出，提升企业生产效率，提高产成品质量，减少单位能耗，实现从高投入—低产出的传统发展模式到低投入—高产出的现代化产业发展模式的转变。在农业产业化发展过程中，鼓励经营较好的企业扩大其生产规模，延伸产业链条，组建一体化的产业基地，培育出区域内的龙头企业，从而带动其他企业的发展，并鼓励企业不断地创新，发挥其优秀示范的作用。可以就地利用农业生产品及农作物秸秆等材质进行生物科技及新能源等绿色产业的开发，将资源更好地利用起来。

3. 三大产业联动与协调发展

鼓励高新技术企业在农村地区设立商业性的技术创新推广服务中心，引进大量高水平知识分子针对农村实际情况进行技术创新及设备改良，并通过教育或实地指导的方式，对创业企业（或农户）进行高新技术应用指导教育，帮助他们掌握先进设备的使用方法，提高农业生产者生产的科学技术水平，促进农村第一、二产业的发展。同时，这类服务中心也可以同时进行优良农作物品种及先进生产设备的营销推广。依靠技术的传播来增添农村经济发展的动力，进而推动农村现代服务业的发展，实现农村地区的就地城镇化，全面改善农村金融生态环境。

8.3　中国农村小型金融组织创新的动力机制

中国农村金融市场的垄断经营与竞争不足使得农村金融服务水平效率不高，使得农村经济发展迟缓，同时抑制了小型农村金融组织的创新与发展，因此，为农村金融市场注入竞争动力刻不容缓。

8.3.1　农村小型金融组织创新的需求引导机制

需求引导是指金融市场可以真实识别和反映信贷市场的农村企业或农户的资金需求，并通过市场信号（如利率与流动性的变化）传递给金融组织，再通过产品创新、组织供给和结构优化来满足农村企业和农户的信贷需求。需求引导机制就是借助未被管制的利率和流动性的信息，真实地去反映信贷市场上农村企业或农户的实际需求，并通过适当市场组织形式和市场结构予以满足，纠正村镇银行和农村信用社在市场选择中存在的"错配"问题。村镇银行和农村信用社等金融组织应充分收集与农村金融市场有关的各类信息，全面了解农村金融市场需求的状况和未来发展趋势，设计出与消费者需求相匹配的金融产品，更好地满足农村金融需求的多样性。金融组织必须适应当前农村企业和农户信贷需求的变化，从金融消费者的角度深刻了解其偏好，并结合农村企业和农户对农村金融服务的需求内容，根据不同主体的偏好制定和退出具有差异性的金融产品和服务项目。长期以来，我国农村金融市场的需求主要由农村信贷和农业信贷两种方式来满足，一些创新性的金融产品，如农业保险、产品期货、农业租赁等还没有实现规模化的有效供给。通过优化农村需求结构及农村信用工具供给，为农村小型金融组织提供必要的市场激励，从而起到增强农业竞争力的作用。

8.3.2　农村小型金融组织创新的市场竞争机制

市场体系由市场中众多买方和卖方组成，各个市场主体在市场交易中的地位、作用及其相互关系构成各类特定的市场结构。根据市场竞争与垄断程度的不同可以把市场结构划分为完全竞争市场、垄断竞争市场、寡头垄断市场、完全垄断市场四种类型（丁忠民，2008）。对四种市场结构的对比分析表明，其中效率最高的是完全竞争市场结构，此时资源配置效果和社会福利都达到最优。我国大多数农村地区经济发展比较落后，传统农业生产对于资金需求额度少，只需少数的金融组织提供服务就可以满足农户的信贷需求，致使我国农村金融体制呈现出结构单一、高度集中的"大一统"为主的垄断银行体制的特点。在这种体制下，金融竞争受到行政力量的约束，金融垄断经营由此形成，缺乏竞争使得银行业务处于低效率运作中。因此，必须保持充分的市场竞争，以提高农村金融资源的配置效率。将竞争机制引入农村金融市场的同时，需要建立一个规范有效的市场竞争秩序以保障农户的资金需求得到充分满足。各类农村小型金融组织都应当在法律授权的经营范围内展开竞争，坚决不予从事法律法规禁止运营的各项业务，不断加强农村金融组织内部"防火墙"系统建设，同时对农村金融组织的违规行为及时予以纠正。农村信用体系作为农村经济的重要组成部分，通过规范有序的市场竞争，将金融资源从盈余转向短缺，从低效转向高效，通过各种方法，使金融资源的供给尽可能满足农村企业及农户们的信贷需求，以此繁荣农村经济。

8.4　中国农村小型金融组织创新的法制保障机制

在市场经济运行中，农村金融市场法律法规的建设，是农村小型金融组织开展各项业务的有效制度保证。例如，美国农业信贷组织机构的成立得益于《联邦农业信贷法》和《中间信贷法》两部法律，而法国的《土地银行法》则是农业信贷体系建立的基本依据，印度地区农村银行的建立，也是源自建立地区农村银行的法令。因此，完善的市场法律规范是农村小型金融组织各司其职，实现自我发展的良性循环的前提条件，农民也只有在这种规范的市场法制条件下才能真正从中受益。

8.4.1　加强农村信用法制建设

信用制度不规范是制约农村金融组织发展的突出问题，虽然中国已确立了市场经济中的有关信用的基础性法律制度，如《中华人民共和国信托法》、《中华人民共和国合伙企业法》和《中华人民共和国中小企业促进法》，但完整的信用法律体系尚未建立起来。因此，中国政府应积极出台缺失的信用法律法规，完善现有与农村信用环境建设相关的法律法规。具体做法如下：一方面，参照西方国家已有的、成熟的信用法律法规体系，他山之石，可以攻玉；另一方面，应尽快修改和完善现有法律法规，针对现行农村信用体系建设问题，从制度上予以纠正。加强信用立法的同时，政府及各个部门应做到有法必依、执法必严、违法必究。通过农村信用体系法治建设，将行政处罚和刑事责任有机结合，依法追究破坏农村金融信用关系相关部门及人员的刑事责任，加大违约成本。同时，通过加大司法保护力度，大力维护好农村小型金融组织的合法权益。

1. 健全农村信用管理的规制

由于农村金融市场的特殊性,仅仅单纯地依靠农户及其组织诚实守信的道德规范是不能拥有一个完善的农村社会信用体系的,更重要的是在农村经济主体(农户、家庭农场、农民专业合作社、农业产业化龙头企业等)与农村小型金融组织之间构建一整套完善的法律、准则及制度等,以确保二者之间的信用关系。虽然《中华人民共和国民法通则》和《中华人民共和国合同法》等法律中明确规定诚实守信的法律原则,《中华人民共和国刑法》中也对诈骗等犯罪行为做出明确规定,但这些对农村金融市场小额信贷违规管理不足以形成强有力的法律规范和约束,严格的失信警示和惩罚约束机制的严重缺失,致使涉农贷款承担了巨大的风险,与此同时,其收益与其所承担的风险是不匹配的,这一情形严重打压了农村小型金融组织支农贷款的热情。因此,应健全农村信用管理的法律法规,对农村中小企业信用、个人信用、小型金融组织信用及政府信用进行规范管理和约束,完善农村信用体系建设,但考虑到农村经济金融市场的特殊性,建议不同地区结合实际推出具有地方特色的征信管理条例或办法,不断优化当地金融生态环境。此外,由于农村金融案件一般具有小而多的特点,建议在执法程序上,建立一种与农村金融案件相适应的简易执法程序,在加大打击农村金融犯罪力度的同时,也不断提高处理金融犯罪的效率。

2. 完善有关农村小型金融组织信用的法律法规体系

虽然目前中国部分经济发达地区已出台相关地方性法规,但企业信用管理方面的法律体系至今仍处于探索阶段,应加快制定和健全与农村小型金融组织信用管理相关的专门性法律法规的步伐。一是修改和完善现行有关农村小型金融组织信用的法律法规体系,包括修订民法中有关金融组织信用行为的法律法规;经济法中有关企业信用行为的法律法规,如进一步完善《中华人民共和国商业银行法》和《中华人民共和国消费者权益保护法》,出台农村金融法等适应农村市场经济发展的法律法规;加大《中华人民共和国刑法》中有关农村金融组织信用行为的法律惩罚规定,如在《中华人民共和国刑法》中增加对逃避债务范围的规定。二是确立农村信用中介机构的法律地位,信用中介机构的发展和壮大对中国农村信用体系的建立和完善至关重要,因此必须尽快立法,确立农村信用中介机构的法律地位,明确规定其市场准入程序和信用评价功能,同时加大惩罚和制裁农村信用中介机构越权行为的力度。此外,还应健全农村金融信用法律法规体系。由于目前中国与农村金融信用制度建设密切相关的法律法规缺失,且现有相关维护农村金融秩序的法律法规存在实际可操作性不强等问题,中国农村金融体系建设的规范性、完整性受到很大程度的制约,并直接影响包括农村金融市场在内的市场经济的有效运行。因此，应专门制定维护农村金融债权的相关法律，把有关债权保护等问题在民法及相关法律中予以明确规定，制定对非法侵占、欺诈等恶意背信行为实施严厉惩罚的规定。

3. 制定和完善个人信用法律法规体系

完善的法律制度是良好信用制度的坚强基石，也是维护信用制度的手段，更是完善个人信用法律法规体系的有力保证。目前，中国个人信用方面立法比较欠缺，仅出台了部门地方性条例，因此，应尽快出台相关法律法规，在全国范围内统一个人信用管理制度。具体做法是：首先，鉴于全国性个人信用立法尚未起步，可以先制定一些具体、可操作性条例，时机成熟后，进一步完善并上升为法律条文，为征信机构开展各项工作提供各项法律法规依据；其次，对现行法律中有关个人信用条款进行修改、完善和补充，制定包括个人信用制度管理法、个人财产破产法等法律法规，为个人信用制度的建立提供法律基础。此外，考虑到农村小型金融组织的服务对象是广大农民群众及由农户组成的组织，其信用消费意识比较淡薄，建议有关部门制定信用消费法及其他有关信用消费的法规及其实施细则，建立科学有效的个人征信体系，逐步建立起完善的个人信用法律法规体系。

8.4.2 创新农村产权抵押制度

农村产权抵押制度的缺失造成农民的不动产虚化、动产虚置。"三权"资产抵押由于缺乏相应的制度设计，造成"三权"虚化，无法发挥其应有的融资功能。活体资产抵押制度不健全，活体资产抵押的评估、监管、处置也没有相应的制度设计，造成动产虚置。例如，畜禽养殖企业拥有市场价值相对较高、易处置、易变现的活体畜禽资产，如果能够实现动产抵押，将大大增加养殖企业的融资可得性。以重庆恒都农业集团有限公司为例，该企业已成长为中国乃至亚洲最大的肉牛养殖企业，流动资金需求量巨大，企业肉牛存栏量近6万头，存栏价值6亿元左右，因活体资产不能抵押，无法有效发挥其融资功能。因此，创新金融组织抵押担保物制度设计显得尤为重要。

首先，要继续探索"三权"的价值实现形式。中国部分省（自治区、直辖市）政府虽然出台了"三权"抵押贷款制度的相关办法和文件，同时省（自治区、直辖市）高级人民法院也出具了与之匹配的司法保障意见，但除林权抵押贷款得到法律规制支持外，农村土地流转经营权抵押、居民房屋抵押等依然存在较大的法律漏洞。金融组织在开展农村金融业务过程中面临不少顾忌和担忧。因此，建议进一步完善相关法规，为促进农村金融发展奠定良好基础。其次，创新涉农贷款活体资产抵押方式。加大对动产担保抵押的制度创新，放宽动产担保抵押的范围，将活畜、活禽、活鱼等饲养动物及五谷杂粮、蔬菜、水果等农作物纳入担保抵押范畴，使之都可以作为动产进行融资，由此设计出以农村活体资产作为担保抵押的融资形式，同时在保险、资产评估、监管、处置中形成一套完善的制度，让活体资产充分发挥活力，让动产完美蜕变。最后，建立动产抵押贷款稽核、监管体系。由政府、中国人民银行、银监局主导，多个金融组织共同参与，建立起完善的动产抵押贷款稽核、监管体系，控制风险，减少损失。另外，为充分解决县级地区农民创业融资难的问题，可以参考重庆设计的财政补贴资金账户质押贷款办法，从而拓宽农户创业融资需求渠道。

8.5　中国农村小型金融组织创新的监管与控制机制

金融业是一个高风险行业，具有内在不稳定性和脆弱性，如果没有科学的监管制度，不仅将使金融市场陷入无序竞争的混乱状态，还会对经济的健康发展、社会和谐稳定造成巨大危害。特别是在逐步放宽农村金融市场准入制度后，农村金融市场不断完善，呈现出多元化发展的格局，业务范围拓宽，金融产品创新速度加快，竞争日渐激烈，在农村金融制度体系中，农村金融监管与控制机制的地位和作用日益凸显。目前，中国农村小型金融组织创新的监管机制主要有外部监管和内部控制两个方面。

8.5.1　农村小型金融组织创新的外部监管机制

由于现阶段中国农村金融风险防范监控体系不严密，金融监管水平落后等原因，我国农村小型金融组织内部控制能力较弱。所以，中国应在坚持金融市场分业监管格局下，尽快构建各大监管机构之间有效的协调机制，逐步完善农村小型金融组织的外部监管机制。

首先，须加强中国人民银行、银保监会、证监会等监督管理机构间的合作，在明确各自监管职责的同时，积极建立适合彼此的协调机制和监管制度。一是监管机构充分协作的必要性。通过监管机构合作监管，不仅能使金融监管机构及时、准确、全面地获取金融运行的第一手金融信息，提高农村金融监管决策的科学性，增强农村金融监管的针对性，还可以通过监管机构的有效合作，防止农村金融组织为规避金融监管采取违规操作，随意转移金融资产，造成不良影响。二是农村金融监管的适应性、前瞻性及区域性。在充分肯定目前金融监管机构充分协作的必要性与合理性的前提条件下，也应当将目光放长远，做好应对新形势的各项准备工作，迎接新时期我国农村金融发展面临的各项挑战，力争在激烈的竞争环境中逐渐形成有中国特色的农村金融监管制度。应深入研究近期中央一号文件中关于农村金融改革发展方向的内容，确保农村金融监管具有适应性、前瞻性及区域性。此外，在保证金融监管既符合国际惯例又具有区域特点的前提下，不断完善相应的监管体系、模式及手段等，在条件成熟时，实现中央银行的货币政策职能和银行监管职能相分离，使目前这种中央银行、银保监会、证监会分业监管的模式得以改变，逐步走向统一，实现由一个监管机构替代多个监管机构的金融监管局面，为农村小型金融组织提供高效的金融监管服务，在全国范围内逐步形成统一监管标准，防止监管冲突或资源浪费，并努力提升监督标准、监管范围及监管程序的透明度，提高监管质量和效率。

其次，要充分发挥中国农村小型金融组织的行业监督作用。现阶段农村金融业存在监督不力的状况，建议建立农村金融行业监督管理委员会，对村镇银行、贷款公司、担保公司、小额贷款公司、资金互助合作社等不同主体提供的不同金融服务，进行专项分类管理，成立相应的监督机构，并由地方金融办或银保监会统一领导、分工协作。细化各类监督机构的行业规章和具体职能，并对各类农村小型金融组织相对应的监督机构的权力、义务和职责权限等逐一界定。具体分析我国农村小型金融组织的现实状况，明确各类行业监督的职能范围，使其行业监督职能在县域农村金融市场更好地发挥作用，真正触及县域农村金融市场，为农村小型金融组织的发展壮大做出应有贡献。

最后，充分发动社会公众的力量，加快社会监督机制的形成。一是通过设立一批正规的、具有相当规模的会计、审计及资产评估中介机构，充分利用社会会计和审计等中介力量对农村小型金融组织进行监督管理。农村小型金融组织为得到农户和涉农组织及中央银行对其良好的信誉和业务形象的信任，定会加强管理、诚信经营。二是逐步完善农村小型金融组织信息披露制度，扩大信息披露的范围，提高信息披露的质量，增强其信息披露的主动性，使其在农村金融监管体系中发挥其应有的作用。实践证明，只有通过发挥各种社会组织的监督作用，提高农民群众及涉农组织的金融权利意识，充分调动社会公众的舆论监督作用，才能实现对农村小型金融组织的外部监督。

8.5.2　农村小型金融组织创新的内部控制机制

目前中国农村小型金融组织的内部监管机制不完善，面临的各类经营风险相对较高，因此，仅有外部的监管制度不足以使农村小型金融组织规避所有的金融风险，建议建设一个具有透明度的内部监管体系，该体系不但能提升农村小型金融组织经营质量，还能防范由监管寻租引起的监管腐败等问题。建立内部控制机制包括以下内容。

1. 积极培育诚信敬业的内部控制文化，提升农村小型金融组织从业人员的综合素质

从业人员的综合素质在良好的企业文化氛围中更容易得到提高，能更好地将员工的个体行为与企业的制度规定有机结合起来，能够有效降低道德风险发生的概率。因此，农村小型金融组织应不断修订和完善从业人员培训方式、人才管理方式及选人用人机制，以提高农村金融组织从业人员职业道德素质为核心目标，逐步建立起人力资源管理体系，通过多层次全方位的培训，营造公平、平等、择优的用人环境，建立健全对从业人员尤其是管理人员和决策人员的考核、任用、监督管理等制度，着力打造一支思想先进、业务素质过硬、管理能力强、有战斗力的农村金融从业人员，从根本上解决农村小型金融组织内控机制建设中的"人"的问题。

2. 建立和完善科学有效的内部监督机制

一是农村金融风险的事前防范。事前防范必须坚持三个原则：体制牵制原则，明确划分上下级机构之间、相关部门之间、岗位之间的职责，建立职责分离、横向与纵向相互监督制约的机制；程序牵制原则，具体分析各个业务流程环节的不同特点，安排与之相匹配的专业人员，通过业务流程设计与人员匹配，使不相容的职务相分离；责任牵制原则，针对不同的工作岗位赋予其适当的责任与职权，明确其工作任务，将责任进行适当分离，使各个岗位之间做到相互配合、相互促进、相互制约。二是农村金融风险的事中控制。以规范化、监督制约、授权分责、账务核对、安全谨慎为原则建立严格的会计管控机制，强调会计审核，以保证财会信息的完备性、准确性、真实性和有效性。三是农村金融风险的事后监督和纠正。相关部门积极投入到事后监督与调查的制度建设中，使有关问题有制度可依，同时以教育、示范、监督与技术控制等方式避免内外部欺诈现象的出现。

3. 构建一个及时可靠的信息传递体系

充分沟通各部门之间的业务信息，加强对各部门之间的信息交流和传播机制的建设，建立有效的沟通渠道，保证信息传递渠道畅通无阻，确保有关人员及时掌握必要信息。此外，通过建立信息交流制度，共享信息，为内部控制体系各要素的运转提供有效的信息支持，以便及时发现内控过程中的问题并采取有效的补救措施，保证内控目标的实现（王长虹，2002）。

第9章 中国农村小型金融组织创新的模式设计

农村小型金融组织创新模式的选择，既关系着农村小型金融组织的成长路径，又制约着农村经济和农业经济的发展。农村小型金融组织的创新模式并不是一成不变的，经济实力、基本国情、社会制度等各方面的不同，导致农村小型金融组织的创新模式也有所不同，探索农村小型金融组织创新模式，可以为我国农村小型金融组织创新模式的选择提供理论依据，本章从体制模式、组织模式和调控模式三个方面阐释我国农村小型金融组织创新的模式设计。

9.1 中国农村小型金融组织创新的体制模式

农村小型金融组织是农村金融体系的重要单元，它们行使着动员社会闲置资金、配置农村信贷资金、促进农村社会经济发展的重要职能。由于受自然环境、经济体制、社会文化因素的制约，农村金融组织的发育程度普遍较低，根据农村金融组织产生机理与职能定位的不同，本节从政府主导、市场导向和社会互助合作三种模式来阐释农村小型金融组织创新的模式设计。

9.1.1 政府主导的农村小型金融组织创新模式

政府主导的农村小型金融组织创新模式的基本假设之一就是市场失灵，即在某些地区或某些领域，市场机制无法有效地调节信贷资金的供求，农村金融组织的发育严重滞后和迟缓，在这种情况下，需要通过政府部门或准政府部门来推动农村小型金融组织的培育与创新，以解决农村地区信贷资金供给不足的问题。政府主导的农村小型金融组织创新模式的基本假设之二就是农户无法进入信贷市场，这主要是针对低收入阶层的农户而言，他们的财产积累极度匮乏，缺乏向银行借贷所需的合格抵押物，导致这部分农民被阻挡在农村信贷市场之外。在广大落后的农村地区，确实存在许多低收入的困难农户，而且农村地区的市场经济的发育水平还比较低下，正是基于上述基本假设，遵循政府主导的农村小型金融组织创新模式，可以达到事半功倍的效果，但需要强调的是，主张政府主导并不意味着政府部门垄断全部农村信贷市场，也不表明要排斥市场机制的作用，政府主导的农村小型金融组织创新模式是在一定前提下存在，在一定领域中运行的，它

在农村信贷市场有着特殊的市场定位与功能导向,它可以和市场主导的农村小型
金融组织共生、双赢。图 9-1 表示这一模式的运行机理。

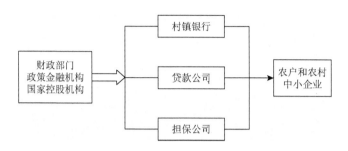

图 9-1   政府主导的农村小型金融组织创新模式

政府主导的小型金融组织创新模式的基本原理是借助政府部门或准政府机构
的力量对农村小型金融组织的设立、经营、管理做出约束和指导。其具体的操作
方式是:可以由财政部门以委托贷款的方式,将财政资金交由村镇银行、贷款公
司、农村资金互助社,这种方式可以扩大农村小型金融组织的资金来源,但资金
的用途与投向必须做出严格的规定和限制;也可以由国家政策性金融组织,如国
家开发银行、中国农业发展银行以控股方式向农村小型金融组织进行倾斜式的投
资,由这些政策性金融组织为农村小型金融组织提供必要的开业资本、人才队伍,
并吸收地方民间资本参股农村信贷机构;还可以由国家控股的机构,如国家控股
的商业银行(包括中国工商银行、中国建设银行、中国农业银行、中国银行)和
大型国有企业,以战略投资者的身份向农村地区投资,参股或控股农村地区的小
型金融组织,利用这些国有金融组织的管理经验、营销网络帮助农村地区的小型
金融组织开拓市场。在政府主导的农村小型金融组织创新的过程中,政策性金融
组织和国家控股机构应当是主要的推动者,因为他们有雄厚的资金实力和丰富的
从业经验。与此同时,要积极吸收当地的民间资本参与,发挥其本土资本的信息
优势。

政府主导的小型金融组织创新模式的基本要求有以下几点。

1. 清晰的金融产权关系

产权作为一种社会工具,依赖于完善的法律法规体系和强大的司法保障体系
等约束机制,没有强有力的司法保障体系,就不可能建立起清晰的产权关系。明
晰的金融产权关系能够降低农村金融组织的经营风险,增加投资者的投资信心;
在产权关系清晰的前提条件下,各类农村金融组织会对市场供求的变化做出适当
和适度反应,并采取相应的调节措施应对金融市场的变化,这种动态调整有助于

农村小型金融组织运营效率的提高。在产权清晰界定的前提下，各个经济主体在市场交换中的损益关系是可以预见的，农村信贷资金的配置结构会逐渐优化，农村信贷资金的配置效率会逐步提高。如果产权关系是模糊不清的，市场交易双方无法产生明确的市场预期，信贷资金的安全性会受到极大的影响，信贷资金在配置中就会产生扭曲。

2. 合理的政府边界

政府主导型的农村金融组织创新不意味着政府总是有效的，按照已有的政府干预的经验来看，政府干预应当限定在市场失灵和"自然垄断"领域，因此，有必要建立相关的法律法规，规范政府的干预范围，避免政府部门对金融市场发展与成长的过分干预，特别是要避免其对利率体系的过分干预，因为错误的价格干预易导致农村金融市场的积累和供给不足，农村金融市场陷入长期短缺状态。经典理论和实践经验表明，农村金融组织要实现长期均衡发展，仅仅依靠政府的干预与调控是不行的，政府也会出现失灵的状况，过度依赖政府干预不仅不能改善农村金融市场资源配置效率低的状况，而且可能将农村金融市场推向崩溃的边缘。

3. 科学的决策制度

由于政府部门在农村小型金融组织创新过程中起着统领全局的作用，政府部门必须全面了解农村地区的经济发展有多少金融需求，必须能够通过已有的各种经济信息对农村金融市场的发展做出科学的预测与决策，全面把握农村金融市场发展的大环境，明确农村小型金融组织创新的趋势，并为其创新发展提供长期有效的政策性建议。政府主导的小型金融组织创新模式面临的主要挑战是如何实现自身发展的可持续性。由于以财政资金或政府机构为依靠，政府主导的农村小型金融组织容易陷入正向激励不足的陷阱，只享受盈利福利，不承担亏损风险，农村小型信贷机构会忽视经营管理中存在的风险，缺乏持续提升信贷组织竞争力的动机。解决这一难题必须从两个方面对政府主导的农村小型金融组织进行约束，一是对政府主导的农村小型金融组织进行明确的市场定位。二是引入现代公司治理模式与机制。政府主导所建设和培育起来的农村小型金融组织创新模式在农村信贷市场中的地位是引导性和调节性的。引导性是指政府主导的农村小型金融组织主要起着引导社会信贷资金投向的作用，如国家农业政策重点支持的领域、部门、行业。鉴于农村地区的经济发展水平比较低，资本积累的规模相对较小，城市对农村经济的带动能力比较差，在建设农村小型金融组织体系的初级阶段，依靠政府主导的农村金融组织，可以在短期内产生强烈的示范效应，吸引和鼓励众多产业资本和民间资金踊跃进入农村金融市场，从而推动农村金融体系向更高级和市场化的建设阶段迈进。调节性是指政府主导的农村小型金融组织介入的领域具有市场失灵的特点。例如，在农业保险领域，受自然环境的制约，单纯依靠市场力量，无法满足当地农业生产对农业保险的强烈需求，因此通过政府主导的方式在农村地区设立农业保险公司，一方面，可以减轻农业自然灾害对当地农户的冲击，稳定农业生产水平；另一方面，政府部门的介入，可以迅速实现规模效益。此外，在农业产业升级过程中，需要大量的资本投入，而政府主导的小型金融组织创新模式，可以为农业现代化的发展提供最初的资本推动力。

推动现代公司治理机制在政府主导的农村小型金融组织创新中的应用是实现其可持续发展的另一个因素。特别是在政府主导的农村小型金融组织当中，要健全和规范公司的内部治理制度和外部治理机制，加强股东大会、董事会、监事会在农村小型金融组织的地位与作用，加强对管理者的责任约束，减少管理者和经营者的机会主义行为；引入现代的薪酬激励制度，激发公司各级员工的工作热情与积极性，创新农村金融组织的服务方式，增强客户的忠诚度，实现政府主导的小型金融组织创新模式的可持续性。

9.1.2 市场导向的农村小型金融组织创新模式

市场主导的农村小型金融组织创新配置农村金融资源的主要制度包括价格机制、供求机制、准入与退出机制、竞争机制等市场基本制度，与此同时，政府部门通过其产业政策、财政政策等宏观调控手段来弥补市场机制的不足。在该模式中，市场机制在农村小型金融组织创新与成长过程中的作用是基础性和根本性的，政府介入的基本原则与出发点是保护和放大市场机制的作用，而不是取代和扼杀市场机制的基础性作用与调节功能，政府可以通过组建政策性金融来弥补市场机制的缺陷。因此，在市场主导模式中，农村小型金融组织创新以需求引导为主、以内生为主，以政府外在供给和引导为辅。下面通过图9-2表述该模式的基本原理。

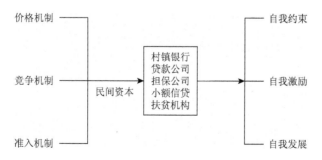

图9-2 市场主导的农村小型金融组织创新模式

市场主导的农村小型金融组织创新模式的基本原理是在农村小型金融组织创新的过程中,主要依靠市场经济的基本经济制度来约束农村小型金融组织的成长,它是一种组织自生长的发展方式。通过市场化准入与退出机制引导产业资本与民间资本进入农村金融市场,市场化的准入与退出机制就是基于公平、公开、公正的原则制定农村小型金融组织的准入规则,各种社会资本之间是一种平等竞争的关系,没有对特定经济形态的制度歧视,这是市场主导创新模式的关键,如果存在超经济规则的进入管制,农村小型金融组织创新的效率就会被大大削弱;该模式鼓励农村小型金融组织之间的公平竞争,这种竞争是基于产品结构、服务水平、风险管理、品牌形象的良性竞争,因为只有通过竞争,才能全面提升农村小型金融组织的经营效率与管理水平;不仅如此,该模式没有严格的价格管制,不对利率的形成机制进行行政干预或管制,信贷资金的供求双方根据市场变化、经济发展、风险溢价等因素确定借贷资金的价格,农村小型金融组织有充分的市场工具规避利率波动所产生的价格风险。市场主导的农村小型金融组织创新模式的重要特征就是农村小型金融组织是在上述市场机制的作用下实现自我约束、自我激励和自我发展。

市场主导的农村小型金融组织创新可持续发展的基本要求有以下几点。

1. 多元化产权主体

多元化的产权主体既是市场竞争的前提,也是市场竞争的结果,多元化的产权主体是同多元化的农村信贷资金需求相适应的,在市场主导的农村小型金融组织创新模式中,单一国有产权形式的农村金融组织体系已经无法充分有效地满足农村经济部门的资金需求,要求有多元产权形式的农村金融组织为之提供多样化的金融服务,因此多元化的产权主体结构适应了多种类型、多种层次农村信贷资金配置的需要(周一鹿,2010)。农村金融组织体系中存在政策性金融组织和小型商业性金融组织,其中政策性金融组织主要以国有及共有产权形式为主体,而小型商业性金融组织则主要是私有产权形式,前者主要提供公共金融服务,确保公共金融服务的可得性及低成本性,避免经济发展过程中的瓶颈制约;后者主要以盈利为目的,以市场为导向,能够有效提高资金的使用效率和流动性,引导农村金融资源合理配置,避免经济发展过程中的"搭便车"行为。

2. 协调的市场结构

实现资金融通是金融市场最基本的职能,将资金从盈余者手中转移到资金短缺者手中,实现资金的互通有无,金融市场在这之中起到了重要作用。按照金融中介机构的作用与特征,可以将金融市场分为两类,分别是直接金融市场和间接金融市场。直接金融市场主要是指资金短缺者直接从资金盈余者处获得资金需求的市场，其主要融资手段表现为股票和债券的发行。间接金融市场则是通过银行类金融中介机构获取资金的市场。通常二者的协调发展，既关系着农村小型金融组织的稳定与发展，又制约着农村经济的发展。就农村小型金融组织的创新而言，直接金融市场的健康发展为农村小型金融组织提供了更多的投资渠道，农村小型金融组织可以充分利用直接金融市场上的各种金融工具为农户提供丰富的金融服务。

3. 良好的市场环境

良好的市场环境对农村小型金融组织创新发展而言是不可或缺的外部要素，它包括良好的市场秩序、健全的法律法规、规范的金融监管。健全的金融法律法规既是金融市场环境净化的先决条件，也是农村金融市场健康发展的法律保障，农村金融组织的日常经营行为都受其约束，完善的法律法规能够为金融部门的活动树立行为标杆，尽可能地避免系统性的金融风险演化成金融危机，降低金融交易过程中的外部负效应，推进市场竞争的有序进行。良好的市场秩序是指在坚持平等互利的经营原则下，各类农村小型金融组织以合法经营获取商业利润，在追求自身利益最大化的同时，各机构能够明晰自己的责任与义务，注重商业道德与社会公德，从而使金融组织的运行机制是稳当的，相互之间的竞争是有序的，农村小型金融组织的发展是健康的。此外，金融监管部门和社会自律组织依据相关法律法规对农村小型金融组织创新行为予以恰当的监管，既能够及时防控金融风险，保持农村金融平稳发展，又能保持农村小型金融组织竞争活力，为农村小型金融组织创新模式发展创造优良的金融环境。

4. 金融安全网制度

由于中国农村金融市场仍然以间接金融为主，建立以存款保险制度为核心的金融安全网，对于保证农村小型金融组织体系的稳定与安全意义重大，它承担着稳定金融秩序、维护公众信心，防止危机向其他农村金融组织和整个金融体系扩散和蔓延的任务。由于市场主导的农村小型金融组织体系倡导和鼓励市场竞争，优胜劣汰的现象在所难免，金融安全网制度可以有效地缓冲农村金融市场中产生的非系统性风险，为农村小型金融组织的市场化创新提供有力的基本保障。

市场主导的农村小型金融组织创新模式适用工业化进程基本完成、市场经济体制比较成熟、民间资本雄厚的地区，自我约束、自我激励、自我发展的农村小型金融组织创新模式在农村金融市场中发挥着补充性作用，并承担着配置信贷资金、转化社会储蓄的职能和任务。

9.1.3　互助合作性农村小型金融组织创新模式

发展农业、农村经济是农村小型金融组织创新的最终目标之一。农村人口众多，农村地域辽阔，农户的个体经济规模较小，即便是正规金融组织的分布足够多、效率足够高，恐怕也难满足来自全体农户的所有信贷需求，斯蒂格利茨（Stiglitz，1981）就曾提出，即使信贷市场充分竞争，也会出现信贷配给的现象；因此，不仅要大力发展正规的农村金融组织，也要鼓励社会互助合作性农村小型金融组织的发展。互助合作性农村金融组织，就是在政府鼓励和支持下，农户或农户团体自愿组织和参与民间金融组织，它遵循自愿和非营利的基本原则。图 9-3 反映的是互助合作性农村小型金融组织创新模式的基本原理。

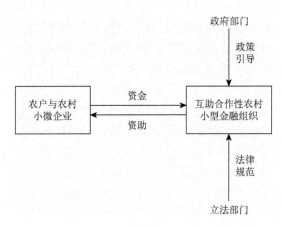

图 9-3　互助合作性农村小型金融组织创新模式

互助合作性农村小型金融组织是具有自助、互助、合作功能的农村信用组织，如农村资金互助社、农村信用社，这些组织在立法部门的法律规范下、在政府部门的政策支持下开展信用自助与合作。这一模式具有以下基本特点：一是组织成员之间的相互认同和相互依存。社会互助合作是人类社会赖以生存的最基本的观念和行为之一，互助合作性农村小型金融组织各成员之间信奉有福同享、有难同当的生活方式，这种生活方式会使农户个人产生对群体的认同感。二是资金互助合作的主要特征是自愿性和非营利性，其资金来源主要是社会捐赠、成员会费及政府适当的税收优惠。

互助合作性农村小型金融组织创新模式的主要优点体现在以下方面：一是具有较低的交易成本。互助合作性农村小型金融组织建立是源于农户或农村小微企业在市场竞争中的不利地位及市场中存在的信息不对称现象。一方面，由于信息不对称，农户和农村小微企业在与农村金融组织进行产品交易的过程中，经常产生较高的手续费和交易费，导致这些农户与小微群体的利润低于平均利润；另一方面，农户和农村小微企业往往缺乏合适的担保或抵押品来获得正规农村金融组织的信贷投资，即便是有条件获得，其繁杂的程序及审批过程，以及较高的交易成本，也极易挫败农户及小微企业的耐心与信心，因此错过二者加快发展的良机。而农村小型互助合作金融组织是社区个体之间的联合，各个成员之间的信用是其得以维系的关键，因此，农村小型互助合作金融组织能够以低于正规农村金融组织的交易成本向成员提供高质量的投融资服务。二是可以培育出真正意义的农村合作经济组织。从本质上看，各类农村合作组织的根本和基础是资金的互助与合作，而农村小型互助合作金融组织正是在自我发展、自我管制、政策支持等多重因素的推进下，依托血缘、地缘、亲缘关系逐步确立并发展壮大，基本是按照合作社的基本范式组建和运行的。

互助合作性农村小型金融组织创新模式的基本要求包括以下几点。

（1）互助合作性农村小型金融组织的建立应以血缘、地缘、亲缘关系为基础。由于地缘或亲缘关系，互助合作组织内成员间彼此了解，知己知彼，存在相互信任的前提，加之资金互助合作组织的建立，更加促进了成员之间共同的价值认同感，这样一个以信任为载体的信用共同体得以建立，而合理的教育与培训将使这个共同体更加团结与牢固，防止信用合作组织中出现内部人控制现象。

（2）资金一般只能在成员内部有偿使用。虽然互助合作社的建立，旨在为社内成员及所在社区居民提供最大限度的金融服务，拓宽社区融资渠道，提高成员及所在社区居民的福利水平，但互助合作并非慈善机构，因此互助合作性农村小型金融组织的成员必须通过有偿借贷的方式才能取得信贷支持，组织成员的借贷利率可以比照正规农村金融组织的借贷利率略低一些，一般不对外部人员或机构提供借贷，如确有必要，对外借贷的利率水平要高于内部成员的借贷水平。

（3）股金设置方式应充分体现互助合作的特点①。股金设置应当充分考虑当地农户或农村小微企业的实际情况，在民间资本比较雄厚的地区，股金设置应当以互助合作组织成员的流动股为主；在民间资本比较匮乏的地区，可以设立政府部门代持的国家股，国家股接受政府和社会对合作社支持资金，股金产生的收入主要用于合作社维持费用和公共积累或用于合作社成员的借款贴息。国家股不参与管理，实行政府和社会监督。要允许互助合作组织成员退股和增加股金，应建立随农户资金需求扩大而自动充实资本的机制。

---

① 银监会制定的《农村资金互助社管理暂行规定》和《农村资金互助社示范章程》对社员股金的设置是："单个农民社员或单个农村小企业社员入股金额不得超过本社股金总额的10%。"

（4）要有风险控制机制。为了避免重蹈历史上农村合作基金会的覆辙，农村小型金融组织应当建立必要的信贷风险防范机制，一方面，要加强对组织成员的风险意识与道德水准的教育，避免产生机会主义行为，对组织成员的借贷数额做出具体的限制性规定；另一方面，要减少政府部门不必要的行政干预，特别是不对互助合作性农村小型金融组织的资金用途做出具体规定。

互助合作性农村小型金融组织是植根于农村和农民的自发性金融组织，相对于农村信用社和其他正规农村金融组织而言更加了解农户，明白农户所需，信息优势明显。互助合作性农村小型金融组织成员内部的互助放贷行为，实际上也是一个信用筛选过程，那些不讲信用或者信用度较低的成员，自然会被筛选出去。在这种淘汰机制的作用下，互助合作农村小型金融组织还会逐渐演化成一个信用共同体。互助合作农村小型金融组织能够以较低的社会成本将民间资本转化成农村金融资本，扩大了农户资金融通渠道，克服了单户农户申贷能力不足、获得贷款难的问题。互助合作性农村小型金融组织作为一种完全自发的组织，它是政府主导和市场主导的农村小型金融组织的有力补充。

9.2　中国农村小型金融组织创新的组织模式

9.2.1　多元的微观金融组织

众多的农村小型金融组织是农村金融市场重要的微观主体之一，其组织模式和运行效率直接影响整个农村金融市场的成长，一个成熟完善的农村金融市场应该是由多元、互补的微观金融组织构成的，这也是中国农村小型金融组织创新发展的基本要求，这一要求体现在下述三个方面。

1. 股份制组织模式

股份制组织形式是村镇银行和农村贷款公司主要采取的组织形式，也是农村小型金融组织中最主要的微观金融组织模式。股份制是根据四权公平、相互制衡原则设计企业内部组织机构及运行机制。股份制企业治理结构的基础是产权制度，产权制度的安排决定着农村小型金融组织的组织结构及效率、交易行为及成本，激励与约束绩效。建立现代农村小型金融组织必须先明晰产权关系，特别是所有者与经营者的权利与义务关系。随着经济的发展，农村金融组织的经营业务日益广泛，所有者与经营者总是彼此分离，构建有效的权力制衡机制是维系所有者与经营者之间契约关系的纽带，理清农村小型金融组织所有者的财产所有权和企业经营者的剩余索取权之间的关系，才可以避免经营者追求个人利益最大化的短期行为。股份制农村小型金融组织的经营者必须按照委托代理合同的约定，为所有者努力工作，否则将会被淘汰；同样所有者也必须给经营者应有的报酬。明确划分股东会、董事会、监事会和经理各自的权力、责任和利益，形成股东的所有权、董事会的经营决策权、经理人员的经营管理权、监事会的监督权四方之间的权力制衡关系，确保农村小型金融组织的有效运作（丁亦农，2011）。不仅如此，股份制农村小型金融组织拥有更多的激励方式和创新手段。人是企业组织中最重要、最能动、最活跃的生产要素，对高层管理人员而言，报酬激励是最有效的激励方式，通过年薪制、股票期权制等赋予高层管理人员一定的企业控制权；对普通员工而言，将报酬激励和精神激励相结合，了解员工的心理状态，将员工的个人理想与企业发展的长远目标结合起来，激发员工工作的积极性。农村小型金融组织应当积极营造具有个性特色的现代企业文化，以良好的形象、优质的服务置身于社会与市场环境中。

2. 合作制组织模式

合作制金融组织也是我国农村金融市场中重要的微观组织之一。其强大的生命力和适应性使得它遍布世界各地。无论是经济发达国家还是经济欠发达国家，均有合作金融组织的身影。合作制组织从根本上来说，是一种提高社员的经济福利、实现成员之间互助互济的经济组织，对处于分散经营的农户而言，合作制是面对市场竞争的一个首要选择，它拥有独特的制度优势。合作制金融组织将劳动与资本有机结合，不同于传统资本雇佣劳动的企业运行模式；合作制金融组织将资本所有者、经营管理者和劳动者三重身份合为一体，将组织内部成员共同达成的信念为基础与目标导向，依靠一种特定的"团队精神"，建立起独具特色的非市场化的激励约束机制。由此可见，围绕合作金融组织的基本原则，构建新型的与中国农村经济发展和农村金融市场成长相适应的农村合作金融模式。在组建农村小型合作金融组织时，必须严格遵守国际通行的合作制的基本原则，合作金融组织的资本应当以参与者认缴的资格股金为主，服务对象主要是入股者，不以营利为最终的经营目标，而是以促进参与者的自身发展为主要发展目标，采取民主管理的方式，建立起所有者与经营者相互制衡的内部治理结构。通过建立存款保险制度为主的风险补偿体系，增强信用社系统的风险防范及化解能力，促进合作金融组织业务的健康有效发展。借鉴发达国家的管理经验，建立以各类基层合作银行和信用合作社为基础、区域性中心合作银行为纽带的多级法人制的统一合作金融系统。充分发挥市场机制作用，加大政策对农村小型合作金融组织的扶持力度，同时也应避免政府的过分干预，通过货币政策、财政政策等手段及合理的金融监管，采取风险可控、激励有效、协调配套的扶持措施，帮助其消化历史包袱，引导和激励其加大对于"三农"的支持力度，提高农村金融服务水平。完善与合作经济发展相配套的政策法规，改善合作金融的外部环境。

3. 股份合作制组织模式

股份合作制是将合作制的基本原则与股份制企业的治理结构相结合的一种组织模式。股份合作制作为一种组织创新，既保持了合作制的自愿性、互助共济性、民主管理性和非营利性的基本特征，又发挥了股份制的治理结构均衡的优点，最终实现合作制资本互助融资和股份制资本盈利的双赢局面。将部分农村小型合作金融组织的股份划分为资格股和投资股两种。资格股实行入股自愿、退股自由的原则，持有资格股的客户主要享受贷款优先权和利率优惠权；投资股则类似于股份公司中的普通股票，持股者可以获得投资收益。即资格股体现合作制，而投资股体现股份制。这一制度的优势主要表现为：第一，通过吸收的弱势农户入社，能确保他们获得较为优惠的金融服务；第二，富裕农户通过持有投资股而获取投资收益，参与农村小型合作金融组织的管理，提高农村小型合作金融组织的经营效率。应具体分析各地经济发展的实际情况，入股农村信用社的最低股金要坚持适度的原则，既要在大部分农户或小微企业能够承受的范围内，又不能过低，要保证农户或小微企业对该投入有足够的敏感度，使他们有动力去关心合作金融组织的经营状况。此外，针对自然人与法人的最低入股金额应当不同。在严格把关的情况下，允许对一定比例的贫困和弱势群体社员降低入股门槛，给其提供机会获得信贷资金，鼓励创新发展，提高其自力更生的能力。在产权制度的安排上，鼓励股份制改造在符合条件的地方开展；针对那些适合搞合作制又不具备股份制改造条件的地区，可以完善合作制，坚持实事求是的原则，切实从根本上解决本地农村金融困境。

9.2.2 自律的行业组织模式

行业自律组织是金融市场中非常重要的一级组织。在成熟的市场经济体制中，金融市场的整体组织架构呈现为由中央银行、金融组织、行业自律组织构成的"三位一体"状态，前者是外部对金融组织的管理监督与制约，后两者则是金融组织自身和金融组织之间的相互控制及约束，三者相互制约、相互促进，缺一不可。以合作金融组织较发达的德国为例，德国在1972年建立了大众银行和莱夫艾森银行联邦协会，该协会又与同时期成立的德国莱夫艾森协会和工商业合作总会一起，共同组建了德国合作业与莱夫艾森联合会，该会负责农村领域商品和劳务合作社。工商业合作总会主要负责城市领域工商业合作业和劳务合作社，莱夫艾森银行联邦协会除主要负责地方信用合作社、区域中心合作银行和德意志合作银行的业务监督、咨询与技术培训外，还负责德国21个邮政信贷协会、4个公务员银行、14个专业性合作金融组织、16个储蓄信贷银行及德国合作抵押银行、慕尼黑抵押银行、慕尼黑储贷银行及专业保险公司的业务咨询、技术培训与业务协调等工作。由此可见，在市场体制不够健全、市场体系不够完善的农村金融领域，建立自治程度高、行业威信好的行业自律组织显得尤为必要。一方面，我国的金融监控体系还很不完善，政府部门的金融监督与调控尚不能完全覆盖整个金融市场；另一方面，过度依赖金融组织的内部控制，容易出现金融风险的过度积累和释放，破坏金融秩序的稳定性。

在市场竞争中，市场主体在追求自身利益最大化的同时，也自觉遵守着促使金融市场持续发展的伦理底线，这种对交易规则的自觉遵守，就是自律管理。市场经济固然鼓励自由竞争，但要尽量避免恶性竞争，将自律管理引入农村小型金融组织的创新就是要通过行业自律来实现农村金融市场的良性竞争。自律管理实施的内部性，使其成为一种低成本维系交易秩序的机制，它的基本内涵可以通过图 9-4 表示。

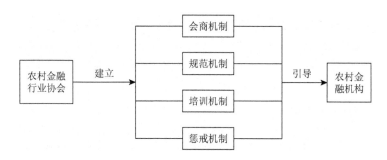

图 9-4　农村小型金融组织创新的行业自律机制

会商机制就是通过论坛、茶会的形式为农村小型金融组织之间的沟通架起一座桥梁，通过这一机制充分实现农村小型金融组织间的信息沟通，正确判断市场发展趋势，加强对困难金融组织的互助扶持工作，共同维护金融债权，同时推动整个行业的稳定发展。作为风险敞口较大的金融组织，要注意评估借款人的财务状况和产品市场潜力，定期召开会商，及时发现潜在的风险苗头，共同决定是否及如何给资金短缺的农村金融组织注资、封闭运作。可以先确定债权牵头银行，并由牵头银行负责监管资金的运行。同时，对于刻意推诿、拖延会商约定责任，甚至违背会商协议意见的金融组织要给予业内警告、公开谴责、实时督促等多项加强监管的措施。

农村金融行业协会必须制定一定的规章制度，这是银行业协会成功运作的关键要素，以保证其正常活动的进行和建设宗旨的实现，推进规范化和有序化运作。在规范会员行为方面包括综合性规范和惩罚规范。综合性规范主要是指编制行业协会章程以规范整个组织及运行，其常规内容主要包括协会目的、会员资格、入会手续及退会程序、官员资格、权利及任期等（黄亮，2006）。惩罚规范主要是对违反章程或行为规则的个体做出惩罚及如何惩罚的规定。行业协会成员相互发生争议或成员与协会发生争端时，应有行业仲裁庭等行业争端解决机制，以便循章办事，尽可能使行业内纠纷得到顺利、圆满的解决。

培训机制就是要建立一套制度化的员工培训计划，根据中国金融监管部门关于从业资格认证工作的要求，组织农村小型金融组织员工参加相关专业培训活动；针对本行业发展中的共性问题，通过员工教育培训活动来解决；通过金融论坛方式汇集会员的先进理念，共享工作经验心得；强调教育的重要性，不断提高从业人员的职业素质和道德素质，在人力资源方面为农村小型金融组织打下坚实基础。

惩罚机制是任何社会调控系统的重要架构，没有惩罚机制，社会运作便失去了依托和保障。

建立自律能力强的农村金融行业组织应当遵循以下基本原则。

第一，权威性原则。一方面，一个具有崇高威信的行业自律组织才有强烈的行业号召力，其制定的行业自律规则才有较强的引导和约束能力；另一方面，权威性强的行业自律机构在制定行业规则时，会更加关注金融发展的实际情况，在充分调研的基础上制定出来的各项规范和章程，更容易被各个金融组织接受和遵守。因此在组建我国的农村金融市场行业协会时，鼓励资金实力雄厚的大型农村金融组织作为行业协会的发起人和召集人，要尽可能地推选具有长期从业经验的能人和专家，承担行业协会的管理和组织工作，以加强对农村金融组织的管理与指导。

第二，普遍性原则。行业自律组织是会员机构的代表，参加行业协会的会员机构数量的多少决定着行业协会的自律性调节所产生作用的大小，普遍性原则要求参加行业协会的农村金融组织的数量要尽可能多，这样才能增加行业协会的代表性，政府部门应当给予入会机构以一定政策优惠，鼓励农村金融组织自愿加入各自的专业协会。

第三，统一性原则。为了维护市场秩序的稳定，引导各个会员机构展开有序的市场竞争，行业协会有权制定行业规章，在制定行业规章时，行业自律协会要充分研究《中华人民共和国商业银行法》《中华人民共和国证券法》《中华人民共和国保险法》等专业法规及国家行政机关的规章制度，在有利竞争和约束风险的基础上，确保行业规章与国家的法律法规保持一致。

9.3　中国农村小型金融组织创新的调控模式

我国的金融体制也在经历着迈向市场化的变革，在这场变革中，中国农村小型金融组织创新的外部环境也随之不断演变，面对和解决这一演变过程所产生的金融问题，是调控农村小型金融组织创新的首要任务。

9.3.1　以金融发展规划为先导

广义的规划是指面向未来的一系列思考、步骤与措施的总称。狭义的规划是指国家经济管理部门为实现某一既定目标而制定的经济和社会发展的战略、计划、方针和政策的总和。规划管理无论是对宏观经济管理部门，还是对微观经济部门都是非常重要的。科学的规划不仅是宏观经济部门实现有效管理所必不可少的，还是宏观经济管理部门十分重要的调控手段。充分发挥金融规划的先导作用，对于农村小型金融组织创新的意义是非常重大的。首先，它可以规范金融调控部门的调控行为。我国的农村小型金融组织是在转型经济体制的基础上逐渐成长和培育起来的，其间伴随着强制性变迁和诱致性变迁，而且这两种变迁呈现出交融的状态，只有当强制性变迁和诱致性变迁在时间和空间和谐互动时，政府的调控政策才能充分发挥作用；而科学的金融发展规划有助于金融调控部门预见金融发展和农村小型金融组织创新过程中可能产生的问题，并采取有针对性的调控政策，提高金融调控的效率。其次，它可以减少调控产生的社会成本。在转型经济体制的基础上的金融调控必然会导致社会各部间的利益碰撞和利益摩擦，科学的金融发展规划通过准确计量各部门的利益，可以减少不必要的决策失误而产生的政策动荡。由此可见，金融发展规划是金融市场调控的先导，金融调控部门在制定调控政策、选择调控工具时必须从金融发展规划出发，这样才能够减少调控政策的"漏损"，缩短调控政策的时滞，达到调控的预期效果。

基于金融发展规划在农村金融改革中的重要作用，金融调控部门在制定金融发展规划中应当遵循下述基本原则。

1. 面向未来的原则

金融发展规划是一个国家为了实现金融业发展的阶段性目标所制定的一系列战略、计划、方针和政策的总和。它的一个重要特点就是面向未来，是金融调控的核心指导思想。它要求制定金融发展规划的部门充分预见未来经济发展对农村金融发展所提出的要求，特别要预见农村经济发展对农村小型金融组织创新的基本要求。只有如此，短期的金融调控政策才不会和长期的金融发展规划相冲突，金融调控的效果才不会偏离预期目标。

2. 面向社会的原则

金融市场是为产品市场服务的，金融经济是为实体经济服务的，因此金融发展规划的指导思想必须同经济社会发展的终极目标相一致。我国现阶段的经济社会发展目标就是建设一个全面小康的和谐社会，全面小康的和谐社会要求彻底消除城乡差别、农民与市民差别，因此金融调控政策的设计就必须有助于减少城乡差异。坚持面向社会的原则就是要求金融调控部门全面考虑即将实施和将要实施的调控政策，应当强化农村小型金融组织的服务功能，而不是削弱其服务功能。

3. 一致性原则

从一定意义上讲，金融发展规划依附于国家的各项发展规划，因此金融发展规划要同国家产业发展规划、区域发展规划等战略规划保持一致，金融发展规划应当有助于产业发展目标和区域发展目标的尽快实现。以农业产业化目标为例，增强龙头企业在产、供、销和种、养、加一体化经营中的突出作用是农村金融市场着力的重点，凡是有利于此的农村小型金融组织的创新都应当是金融发展规划大力提倡和推广的。

4. 特色化原则

特色化原则就是要体现区域经济发展对金融服务的特殊要求，以国家的梯度发展战略规划为例，东部地区的农村小型金融组织的发展方向应与城市金融系统相融合，推动地方经济工业化程度的进一步提高；而农村小型金融组织的服务重心则是减少贫困人口的比例，提升农业产业的竞争力和抗风险能力。总之，在制定和实施金融发展规划时，必须对当前的经济运行状况和金融发展状况进行认真分析，对未来经济和金融发展有一个比较清晰的总体认知，从实际出发，面向未来，确保金融调控政策同国家产业政策和区域经济政策的协调一致。

9.3.2　遵循相机抉择调控规则

调控规则是指在金融政策实施期间事先确定并据以操作政策工具的程序或原则，它是由立法机构授予调控部门以特定的任务，事先制订社会公众所周知的确定规则，然后由调控部门遵照执行以完成其任务。关于应当制订和执行的调控规则，主要有两种类型，即单一调控规则和相机抉择调控规则[①]。单一调控规则认为相机抉择不一定会导致社会目标函数最大化，即使假定最初政府制定了它认为最优的调控政策，但在随后的时期内并不一定能使之停

---

① 规则之争最早起源于对货币政策规则的研究，货币学派主张"按规则行事"，而凯恩斯学派主张"相机抉择"。

留在最优状态，因为在新形势下，政府的调控政策可以随时改变，社会公众缺乏约束政府行为的能力，这种事先最优和事后最优之间的差异就会导致政策预期效果和实际效果的不一致性。而相机抉择调控规则认为，经济中存在很多不确定因素，这些因素会对总需求产生扰动，因此微观经济部门在运行中具有内在的不稳定性，如果顺其自然，就会产生频繁的繁荣与衰退的周期性波动，因此，政府必须借助能动的财政金融调控政策加以调节，使经济运行保持稳定。

对比分析单一调控规则和相机抉择调控规则，选择相机抉择调控规则更适合我国经济金融发展和农村小型金融组织创新的特点。首先，单一规则的理性预期假设过于苛严。由于市场竞争的不完全性，人们是不可能做到完全理性的，更多的时候是"有限理性"，原因在于人们获取的信息是有限的，同时在信息处理的过程中出现的能力差异也会影响人们的理性决策，在这种情况下，即使依照单一规则行事，也无法保证公众目标与政府目标的一致性。对于农村小型金融组织而言更是如此，广大的农村居民的教育程度和对金融政策的认知能力都是比较低下的，他们无法满足完全理性的基本假设。其次，经济与金融发展中的外部扰动因素是长期存在的。由于我国尚处于计划经济向市场经济转轨的进程中，制度变迁会频繁发生，市场环境也比较动荡，微观经济部门面临着诸多的不确定性，在这种情况下，发生经济波动和金融动荡的可能性比较大，加之整个社会的保障体系还不够健全，缺乏内在稳定机制，容易出现宏观经济的大起大落，因此相机而动的金融调控更能抑制经济波动和金融风险的放大。最后，相机抉择调控规则具有一定的比较优势。相机抉择调控规则可以根据经济扰动的性质特点选择调控所需的政策工具，因此具有单一规则所不具有的灵活性，当它遇到不利的供给波动或者意外的需求波动时，能够迅速、灵活地调整政策，以缓解不利冲击可能带来的危害。这一优势在多变的市场环境中更容易体现出来，它更能够实现多重均衡的政策目标。

农村小型金融组织创新是一项系统性工程，它需要一个稳定运行的内部结构和外部环境，因此完善农村金融组织创新所需的调控机制就显得非常必要。金融创新必然会产生一些经济扰动，这些经济扰动一部分为非系统性扰动，另一部分为系统性扰动。前者主要表现为个别行业的资产负债状况恶化，个别农村金融组织面临的信用风险增加；而后者可能演变为整个农村金融体系的系统性风险。农村金融体系创新的宏观调控机制可以通过适应性调节和应急性调控来化解因金融创新活动而产生的各种金融风险，为农村小型金融组织创新创造一个稳定的外部经济环境，给农村金融组织与机构提供清晰的市场预期，方便农村金融组织核算金融创新的成本与收益。图 9-5 显示了调控的基本原理。

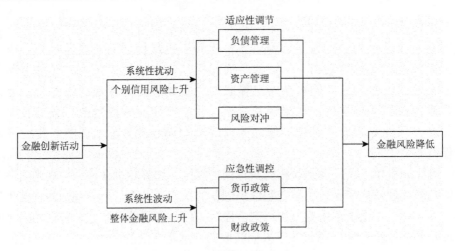

图 9-5　农村小型金融组织创新的调控原理

　　图 9-5 表明，适应性调控机制是通过各种资产负债管理和风险对冲机制来完成的，它是在法律规定和内部结构调整的基础上进行的。以资本充足率的规定为例，根据《巴塞尔协议Ⅱ》的规定，各农村小型金融组织必须建立自己的内部风险评估机制，特别是村镇银行，要求他们运用自己的内部评级系统，决定自己对资本的需求，各村镇银行在评估贷款风险时，完全可以利用外部评级机构尤其是专业评级机构对涉事企业进行信用评级，根据评级结果评估银行的贷款风险，将资本充足率保持在最低水平之上，对村镇银行的资本充足率进行严格管控，确保村镇银行经营的安全性与高效性。银行应依据其承担风险的大小，完善资本充足的内部评价机制和制定维持资本充足的战略。同时监管部门有必要为村镇银行提供单个项目的监管方案，包括是否对不同的风险有不同的应对方法，决定银行管理者和董事会是否有能力决定自己的资本需求等。不仅如此，《巴塞尔协议Ⅱ》还引入市场约束机制，以市场力量来平衡银行经营及保持资本充足。相对于那些稳健而经营良好的银行来说，村镇银行则在市场中处于不利地位，经营良好的银行较易以更加优惠的价格和条件从其交易对手中获取资金，而风险程度高的村镇银行若想获取资金，就必须支付更高的风险溢价、提供额外的担保或采取其他安全措施。市场的奖惩机制能够促使银行更有效地分配资金和控制风险。银行应该及时准确地披露运营信息，使市场主体做到心中有数。特别是风险程度较高的村镇银行应提供及时、准确、全面、可靠的信息，以便市场主体据此做出判断，强化市场对村镇银行创新的约束。

　　按照资金总库法管理的要求，依据银行同业间宣布的财务比率及自身的经验与总结，设定各类资金需求标准，然后根据此标准分配资金，一并确定资金分配的先后顺序。做好农村小型金融组织的资产负债管理，通过对负债、资产的周转速度及流动性的协调，在总量上注重资产对负债的制约，在结构上保持二者的平衡；对农村小型金融组织流动准备金的平均数额进行压缩，从而扩大生利资产的运用规模，提高农村小型金融组织的盈利水平。建立目标函数，以影响农村小型金融组织收益实现的限制因素作为约束条件，由此得出其进行资金配置的最优状态。按照流动性指标监测体系，农村小型金融组织必须有相当比重的资金用于一级和二级储备，才能保证资产的安全流动。与此同时，要将贷款与投资的比例、长短期贷款的比例控制在适当的范围内，资金的运用与资金来源在总量上必须保持一致。

根据农村小型金融组织在业务创新过程的实际情况，逐步引入风险对冲策略。风险对冲策略是指通过投资或购买与管理标的资产收益波动负相关或完全负相关的某种资产或衍生金融产品来冲销风险的一种风险管理策略。将这种策略运用于农村小型金融组织的信用风险管理，那么农村小型金融组织就不再需要出卖或转让自己手中的信用产品，只需同时购入一种信用衍生产品将原有信用产品中的信用风险转移出去，就可以达到对冲信用风险的目的（李艳和陈德棉，2003）。对冲信用风险的交易是在农村小型金融组织与第三方之间进行的，因此农村小型金融组织的借款客户并不知情，它不会影响农村小型金融组织与客户之间的关系。为维系农村小型金融组织与其客户的业务关系或者扩大其业务量，同时避免陷入信用风险过度集中的不利处境，农村小型金融组织可以采用信用风险对冲交易的方式。在风险可控的条件下，运用信用风险对冲技术，通过信用衍生产品转移、规避信用风险。利用期货和期权等衍生产品进行风险对冲，是进行交易性资产组合管理的重要实现手段，通过引入贷款销售、资产证券化交易和信用衍生产品的市场交易，丰富农村小型金融组织用以对冲信用风险和调整信用组合的工具。

仅靠适应性调节应对农村小型金融组织创新所产生的金融波动是不够的，调控部门还必须准备足够的应急性调控手段，这些手段包括应急性的财政政策与货币政策。应急性的财政政策包括在金融创新活动产生的金融冲击可能危及农村金融系统时，财政部门应迅速建立专门的应急处置基金，帮助农村小型金融组织渡过难关，避免陷入支付危机；通过政府投资基金向有问题的农村小型金融组织注入资金，缓解其出现的流动性障碍；中央银行可以通过票据贴现市场、公开市场操作，给有支付困难的农村小型金融组织提供流动性支持，甚至可以利用存款准备金政策来对冲农村小型金融组织面临的重大冲击。值得一提的是，应急性的财政货币政策具有极强的冲击作用，因此调控部门在使用这一工具时必须格外小心，只有当整个金融体系遭遇系统性冲击时才可以使用。

第10章　研究结论与政策支持体系设计

10.1　研究结论

本书是关于农村小型金融组织创新与风险控制的研究。研究的基本思路是：以农村小型金融可持续发展为原则，广泛挖掘和科学吸收已有理论资源，以适用的研究成果为起点，在充分认识我国农业与农村金融需求的特殊性基础上，将农村小型金融组织置于与农村微型经济主体的金融供需和发展的双赢格局之中，从历史与现实、理论和实证相结合的视角，界定农村小型金融组织的理论内涵，揭示农村小型金融组织创新的机理、实现路径，系统构造农村小型金融组织创新的完整理论框架，在此基础上，运用历史分析和统计、计量分析方法，从制度和数量关系两方面，考察中国农村金融组织创新的历程、农村小型金融组织运行现状、农村小型金融组织发展中存在的现实问题及原因，分析农村小型金融组织创新的风险及成因，并进一步借鉴了农村小型金融组织创新与风险控制的国际经验，对中国农村小型金融组织创新的机制培育和模式设计提出建议，最后提出促进农村小型金融组织健康发展的配套战略及政策体系。本书基本实现了五个目标：一是弄清农村小型金融组织创新的理论基础；二是探寻中国农村小型金融组织创新的现实问题及其根源；三是系统分析中国农村小型金融组织创新的风险及成因和防控策略；四是对中国农村小型金融组织创新机制培育与模式选择提出具体思路；五是就中国农村小型金融组织创新与风险控制提出政策建议。研究的基本结论如下。

（1）农村小型金融组织创新是为适应农村小型经济主体的金融需求而存在与发展的一种金融创新活动，是保持农村实体经济结构与金融组织结构相适应，实现金融供需结构相协调的重要途径。推进农村小型金融组织内部治理和整体组织形态的创新，是为了更好地满足农村实体经济对微型金融需求的客观需要，也是破除农村金融约束的重要保障。与传统的农村金融组织相比，农村小型金融组织具有业务种类少、经营规模小、运营成本低、信息优势明显、运营效率高的特点，服务分工机制上与农村中低收入经济主体金融需求相对应。农村小型金融组织创新，从管理层面来看，就是通过内部机构和生产要素的重组和再造，形成更高的盈利能力和风险控制能力，从而提高其运营管理水平和效率，促进其可持续发展。从产权组织层次来看，就是通过社会资本重组、整合，将金融组织要素进行产权重组，形成新产权组织形式的农村小型金融组织。从产权组织来看，农村小型金融组织创新主要有扁平型、网络型、学习型、股份型等四种组织类型。农村小型金融组织创新是一个复杂的系统，不仅需要具备人力、技术、结构、价值观等多种金融创新要素，还须突破制度约束，在金融自由化下挖掘创新主体的积极性。农村小型金融组织创新是一个创新要素投入与组织产出的生产过程。整体组织创新的正能量来自金融组织创新要素的积极性和市场对组织的需求，而整体组织创新的负能量来自监管部门的组织创新管制和制度的抑制。当监管部门对创新风险控制强度大于满足农村实体经济的需要时，农村小型金融组织创新就处于被压抑的状态。反之，当监管部门对创新风险控制强度小于满足农村实体经济的需要时，农村小型金融组织创新就会处于积极推进的状态。

（2）中国农村金融组织创新始终与经济体制的改革与演变相伴随，始终是在与国家经济发展战略相适应中进行的。2007 年以来的农村小型金融组织的创新，健全了我国农村金融组织体系，但仍需推进内部治理创新。新中国成立以来，我国农村金融组织的创新与演化路径是，从"大一统"的农村金融组织到逐步多元化的农村金融组织，到商业化和垄断并存的农村金融组织，再到目前具有多元化、商业化、市场化特征的，且大中小金融组织并存的农村金融组织体系。这一演化历程与我国农村经济发展和国家发展战略的阶段性相适应。改革开放前，计划经济体制与国家重工业优先发展战略决定了需要依靠"大一统"的农村金融组织集中动员农业剩余。改革开放后，农村金融组织的商业化、多元化、市场化、竞争化贯穿在农村经济体制改革进程中，这一过程也是农村金融压抑逐步放松、市场机制逐步健全的过程。尽管 2007 年以来，我国新成立了一些小型农村金融组织，这些组织以农村、农民作为其设立的根本，通过充分利用"熟人社会"的相对优势降低信贷交易成本，使得信贷资金能够充分达到农村经济主体需求，最终实现农村经济发展的需要。但相对于"三农"对金融的大量需求而言，我国农村正规金融供给仍严重不足，尤其是信贷需求满足率低、农业保险覆盖面窄，农村金融服务缺口呈现逐年增加的趋势。因此，要适应农村经济发展的需求，不仅需要从农村金融组织定位、业务发展和内部治理等方面，继续深化传统农村金融组织的改革，还需要促进农村小型金融组织的改革与创新，充分激发各类农村金融组织的活力，以支持农业农村经济的健康发展。

（3）农村小型金融组织创新不仅是基于推行金融普惠价值观，而且是基于微型金融具有的比较优势，而进行的补充和完善现有农村金融组织体系的机构创新活动。但是，新成立的农村小型金融组织需要较长时间适应市场，适应"三农"，解决好在发展中不断暴露出来的问题，使之在农村金融生态环境中不断成长壮大，并逐渐走向成熟。研究发现，2007 年以来我国新成立的农村小型金融组织，在发展中已逐渐暴露出一些比较严重的问题，这些问题包括资金来源渠道狭窄、财务与管理制度不健全、金融服务对象定位不清晰、从业人员素质不高和违规经营严重等。从这些问题产生的根源来看，主要是由经营环境不理想、政策与制度不完善、经营管理能力不高、业务严格限制和内外部监管过严等因素造成的。温州作为我国农村小型金融组织创新的试点区，在推进农村非正规金融阳光化、规范化管理等方面，取得了较为丰富的经验。今后，我国农村小型金融组织创新，不仅需要做好增量，适应各地农业农村经济发展的特点与需要，进一步推出一些新的包括信贷、保险等在内的金融组织；还应着力做好存量，对已成立的农村小型金融组织，加强内部治理机制与管理方法的创新，努力提高既有农村小型金融组织的业务经营与风险管理能力，尽早更加规范地融入我国农村市场经济发展之中。

（4）农村小型金融组织创新是一把双刃剑，既需要努力挖掘创新带来的满足农业农村小微经济主体的金融需求、实现自身可持续发展的正效应，也需要注重防范和控制因在成立初期内部治理能力弱、环境适应性差、业务管理不规范和业务范围受限等因素带来的各种风险。农村小型金融组织创新的风险主要有两大类别，一是内部经营管理的风险，包括信用风险、流动性风险、经营风险、操作风险等四种；二是外部环境风险，主要包括农业生产风险、农村金融经济发展失调、地方政府行为不规范等带来的发展风险。外部环境风险是导致农村小型金融组织比较效益低、服务目标偏离的主要原因。内部经营管理的风险是导致农村小型金融组织财务不可持续、缺乏经营活力的主要原因，也是农村小型金融组织创新面临的核心风险。其中，信息不对称、农业比较优势弱是农村小型金融组织运营信用风险产生的主要原因。农业农村经济主体存贷季节性强，农业产业链同质性高是其流动性风险产生的主要原因。内部控制不力、外部监管缺位，是其经营风险和操作风险产生的根本原因。要防控农村小型金融组织创新风险，需要建立科学的风险预警指标体系，并采用合适的风险评估方法和控制工具，积极借鉴包括温州等地先进的经验和做法，进行周密的事前风险预防、事中风险识别和预警、事后风险处置。

（5）国际比较研究表明，无论是发达国家还是发展中国家，农村（业）小型金融组织都是其农业农村金融组织体系不可或缺的组成部分，多数国家的农村小型金融组织的创新是在农村金融自由化进程中逐步内生出来的，具有较强的环境适应能力和自组织成长特征，政府通过做好顶层设计、财税援助和加强监管等办法，较好地管控了农村小型金融组织创新带来的各种风险。通过比较孟加拉国、印度尼西亚、马其顿、美国、英国等五个国家的农村小型金融组织创新与风险控制，发现国外农村小型金融组织创新与风险控制存在如下共同特征：一是政府的推进意愿和优惠政策是促进农村小型金融组织创新的强大的外在动力；二是各国政府均采取了财政补贴、税收优惠等政策，积极支持农村小型金融组织的成长；三是各国基本上都将农村小型金融组织的服务对象锁定为农村特定的经济主体和人群，主要是低收入农户和小微企业等弱势经济主体，属于经济社会最底层的群体，都带有普惠金融性质；四是各国都通过制定和颁布实施健全的微型金融法律制度来确保农村小型金融组织的健康成长；五是各国都通过严密的制度、有效的内外部相结合的风险控制机制和审慎的监管措施，对农村小型金融组织的风险进行防范。国外促进农村小型金融组织创新和风险控制的基本经验是：立足于农村弱势群体小型金融需求特点，锁定服务对象，是农村小型金融组织创新的根本出发点；建立市场运行机制与政府补贴有机结合的业务运行机制，是确保农村小型金融组织财务可持续的重要保障；积极推进组织结构创新、加强人才的引进和培养、提高内部经营管理能力，是农村小型金融组织创新的重要内容；实施有差别的金融监管政策，建立内外部有机结合的风险控制机制，是降低农村小型金融组织创新风险的根本保障；健全的法律法规是农村小型金融组织创新与风险控制的根本支柱。这些经验对中国农村小型金融组织创新与风险控制无不具有十分重要的借鉴意义。

（6）基于二元经济结构的现实背景和统筹城乡协调发展的客观需要，要加快中国农村小型金融组织创新与风险控制，需要坚持走市场机制与政府机制有机结合的路径，培育和创建好农村小型金融组织创新所依赖的各种体制机制。借鉴国内外的先进创新与治理经验，结合农村金融市场的特殊性和中国的具体国情，中国农村小型金融组织创新、治理与风险控制，只有坚持走市场机制与政府机制相结合的道路，才能够实现既定的发展目标。为此，需要重点培育的体制机制有：一是建立普惠性的市场准入与退出机制。在确定市场准入规则时，应当坚持普惠金融的包容性准则，努力消除对民间资本的制度歧视，加强对民间资本的技术指导，鼓励和吸引社会资本进入农村金融市场；尽快推进和完善存款保险制度、最后贷款人制度和金融组织破产清算制度，化解因农村小型金融组织创新带来的非系统性风险。二是充分发挥财政金融政策对农村小型金融组织创新的支撑作用，完善和配套农村小型金融组织创新所需的农业产业环境。财政部门可通过信贷补贴方式，鼓励农村小型金融组织向农业生产者提供贷款，有效引导社会资金流向，实施定向扶持农村小型金融组织创新发展的货币政策。三是大力培育农村小型金融组织创新所需的需求引导和市场竞争机制。农村小型金融组织应充分收集与农村金融市场有关的各类信息，充分了解农村金融市场需求的状况和变化趋势，及时调整其信用产品结构、信用服务的供给方式，实现动态的供求均衡。四是完善农村小型金融组织创新所需的法制保障机制。完善个人信用法律法规体系，健全农村小型金融组织的法律法规体系，创新农村土地产权抵押制度，提高对农村小型金融组织创新的行业自律和监管制度，积极培育诚信敬业的内部控制文化，建立科学有效的内部监督机制，构建严密高效的风险评估体系和信息传递体系。

（7）促进农村小型金融组织的创新，加强有效的风险控制，客观需要选择有效的创新、治理与调控模式。要因地制宜地灵活使用政府主导型、市场主导型和互助合作型三种创新模式。政府主导型创新模式适用于农村经济落后、资本积累不足的欠发达地区；而市场主导型创新模式适用于市场经济比较发达、民间资本雄厚的地区；而互助合作型创新模式是农村小型金融组织创新式发展的重要补充。三种创新模式之间是互补、互动的关系，而非互相排斥的关系。农村小型金融组织创新的组织模式包括多元结构的微观金融组织和自律性的行业组织。多元结构的微观金融组织包括股份制组织形式、合作制组织形式和股份合作制形式的农村小型金融组织，它们适用于不同体制模式中农村小型金融组织的创新发展；而行业自律组织则主要通过会商机制、规范机制、培训机制、惩戒机制等，促使从业人员素质不断提高，为农村小型金融组织健康发展提供坚实保障。中国农村小型金融组织创新调控应坚持以金融发展规划为先导，遵循面向未来、面向社会的调控原则，保持与农村经济改革和区域经济发展相互协调，采用相机抉择的调控方法，通过适应性调节机制，化解农村小型金融组织创新中产生的个体风险，并建立应急性调控机制，为出现流动性障碍的农村小型金融组织提供帮助，防止系统性风险的扩散与爆发。

10.2　政策支持体系设计

中国农村小型金融组织创新与风险控制是一项复杂的投入产出系统，不仅需要有健全的创新机制和模式，还需要政府配套实施相关的政策措施，才能够确保其体制机制与模式有效地发挥作用。归纳起来，需要政府提供的配套政策主要有以下几个方面。

10.2.1　推行积极的财税支持政策

农村小型金融组织的创新与发展，在我国的金融准入制度变迁中，具有历史的进步意义，是适应实体经济需求，放开民营资本进入金融行业，打破大中型金融组织垄断，增强我国金融组织体系活力的重要标志。尽管在发展过程中，农村小型金融组织仍主要依靠市场机制和自身的力量，自求生存、自担风险、自我发展，但是，农村小型金融组织毕竟还是金融组织，其运营风险同样会带来比较严重的负外部效应，因此促进农村小型金融组织健康发展，对维护金融体系稳定和社会和谐，不仅具有重要的现实意义，还具有公共产品性质，需要政府有所作为，尤其在农村小型金融组织发展初期，更需要政府提供必要的财税政策支持。具体包括以下内容。

（1）建立农村小型金融组织健康发展的财政奖励性补贴机制。应加快推进农村小型金融组织发展的财政补贴机制改革，实行以奖代补政策。为了提高财政补贴效率，应改革普惠性财政补贴机制，只对考核合格的农村小型金融组织实行财政补贴性奖励，提高扶持政策的针对性和有效性。这就需要政府建立健全农村小型金融组织健康发展的考核体系，对农村小型金融组织服务目标忠诚度、治理规范性、内部控制、盈利能力、经营风险、社会责任履行等方面，进行严格的等级考核，并按不同的等级，对农村小型金融组织的发展贡献进行年终奖励。

（2）对农村小型金融组织实施普惠性的税收扶持政策。一是对新设立的农村小型金融实施 5 年左右的税收免除政策，同时政府通过财政手段适当补助在经营初期出现亏损的机构。二是加强对村镇银行、小额贷款公司等现有农村小型金融组织的宣传与支持力度，给予 3～5 年的税收优惠期，降低其发展初期的经营成本，以促进其发展。

（3）建立财政主导的农村小型金融组织风险补偿基金。为了促进农村小型金融组织健康发展，各级财政应当按一般性预算收入的一定比例进行提取，建立农村小型金融组织发展风险补偿基金，对严格履行支农社会责任并发生不可控风险的机构，通过财政补助、税收优惠、风险损失弥补等激励措施鼓励农村小型金融组织加大对"三农"的信贷投资力度，对"三农"信贷支持力度较大的农村小型金融组织给予一定的物质奖励与精神鼓励，同时注重加强县域资金对本地经济的支持。根据农村经济的实际调研情况，探索出符合农村小型金融组织特点的担保机制，创新农村信用担保体系，鼓励各级政府出资，并积极筹集外部资金共同打造农村信用担保体系。

（4）对农村低收入和弱势群体的金融融资给予财政贴息。农村中的低收入家庭、弱势人群及小微型企业的资金需求具有广泛、分散和小额的特征，一般通过小额信贷方式予以满足。虽然存在部分具有扶贫性质的低利率小额信贷，但是大部分小额信贷的目的还在于盈利，商业气息浓厚，利率较高，一般的贫困农户负担不起，这就使得政府有必要直接为这些群体的融资需要提供一定的利息补贴，从信贷环节直接为农村小型金融组织运营降低风险，提高其财务可持续性。

10.2.2　实施稳健的金融支持政策

中央银行和监管部门的金融支持政策，是促进农村小型金融组织创新与稳健发展的一项基本政策。它可以从以下几个方面加以实施。

（1）建立农村小型金融组织定向调节政策。从理论上讲，农村小型金融组织发展风险要高于大型金融组织，因而对农村小型金融组织的宏观调控和管理，应当与大型金融组织有所区别。但是，为了鼓励农村小型金融组织服务"三农"，弥补农村微型金融服务缺口，应当对其资金来源狭窄、信贷不可持续、经营成本和风险高等问题进行定向调节，如对考核合格的农村小型金融组织实行优惠再贷款或再贴现，或对村镇银行实行更低的存款准备金政策，使农村小型金融组织有更多的资金投放"三农"。同时，进一步改进对农村小型金融组织的风险监管，加强现场监管，注重过程监管，建立地方政府与银保监会联合监管机制，确保农村小型金融组织规范经营。

（2）实行富有弹性的利率政策。农村微型信贷客户千差万别，从农村实际情况出发，鼓励农村小型金融组织以基准利率作为农户小额信贷的利率，同时实行差别定价和风险定价政策。以完全市场化利率作为进入农业农村发展的城市下乡企业小微贷款利率。对采取质押、抵押和保证等不同担保方式的贷款利率也应有所区别。对进行农业生产的贷款用户进行利率补贴政策，对中低收入农户实行累进利率制，前期贷款利率低，收入增加后可根据市场情况适当上浮利率；对于中小企业贷款，则放开利率限制，形成一个有保护性的利率市场化金融体制。

（3）改善农村小型金融组织的运营环境。加快推进农村地区的利率市场化，在加强农村小型金融组织利率报备制度基础上，逐步放开农村存款利率，加快推出覆盖农村的存款保险制度，尽快完成农村小型金融组织与企业、个人信用信息基础数据库的对接，进一步拓宽中国人民银行征信信息的纳入范围，加快农村小型金融组织的支付结算体系，尽快完善各小型金融组织之间及与其他金融组织之间的联网系统，尽快使农村小型金融组织与中国人民银行账户管理系统和反洗钱网络对接，拓宽支付结算渠道。

10.2.3　加快农村小微经济主体信用体系建设

优化农村金融生态环境，是为农村小型金融组织培育有效需求的根本保障，是确保农村小型金融组织创新和可持续发展的关键。而加快农村小微经济主体信用体系建设，是优化农村金融生态环境的核心。

（1）发挥政府在农村信用体系建设中的积极作用。一是积极开展信用评比活动，将信用村、信用农户、信用企业作为评比对象，在农村营造诚信的社会氛围，通过新闻媒体和舆论导向，深入开展诚信教育。二是加强政府、银行、小微金融组织的合作，将农村小型金融组织作为大银行在农村的神经末梢，为"三农"提供必要的服务；建立政府主导的金融债权维护联席会议制度，切实维护农村小型金融组织的合法权益。三是加强信用监督，对失信行为严惩不贷。通过新闻媒体披露曝光不讲信用、故意逃债赖债的行为，约束缺信、失信行为，定期公布信用记录，建立小微企业和农户信用档案；通过金融同业协会联合制裁，对失信人采取不予办理开户、结算、贷款等一系列制裁措施。四是加快推进农村诚信体系建设，设立星级农户和农村企业，对其进行信用评级、授信、发证、放贷、收贷、收息等工作。

（2）加强农村信用法制建设。农村金融环境建设的核心是法制建设。人是农村金融环境建设的主体，这里的人主要包括农户、农村微型企业人员、农村小型金融组织工作人员。要在这些金融法制建设的主体中推广诚实信用，除了要加强诚信教育外，还要加强信用立法，通过法律约束农村信用行为。

10.2.4　鼓励大中型金融帮扶农村小型金融组织

大中型金融组织帮扶农村小型金融组织，是促进农村小型金融组织发展、降低其发展风险的重要途径。为了提高农村小型金融组织的经营能力、环境适应性、市场竞争力和风险防控能力，需要加紧推进大中型金融组织帮扶农村小型金融组织的政策措施，以促进农村小型金融组织健康发展。归纳起来，这些政策措施主要有以下几点。

（1）积极鼓励城市金融组织帮扶农村小型金融组织。政府和金融监管部门应通过适当的激励政策，鼓励和支持城市金融组织对口帮扶农村小型金融组织。通过人才交流、资金拆借、技术指导、风险管理、经营管理交流等，多维度帮扶农村小型金融组织，使农村小型金融组织的治理更加规范，经营管理更加科学化，风险控制能力显著增强。

（2）鼓励大型金融组织在农村金融市场与农村小型金融组织开展创新业务合作。建立财税激励机制，鼓励大型金融组织以农村小型金融组织为依托，为农村经济主体提供存款、贷款、支付结算、投融资咨询、托收承付、代理理财、票据承兑等服务。

10.2.5　强化农村小型金融组织治理改革与创新

（1）积极发展小额贷款公司。在现有的基础上继续扩大小额贷款公司试点范围，小额贷款公司应积极增资扩股，提升服务能力。其服务范围应基本覆盖经济较发达乡镇和民营经济活跃的农村地区，还可向业绩良好的股东适当增加融资；争取先行开展资产转让、票据业务创新等试点，扩大业务范围。优秀的小额贷款公司可向有关部门申请升级为企业控股、银行参股的新型村镇银行或专业贷款公司等。

（2）建立有效的产权运作体系。农村小型金融组织往往股东人数比较少，股权比较集中，这样会导致风险集中、管理缺乏民主，可通过适当增资扩股，扩充股东数量，增加资本实力，建立有效的股东大会、董事会和监事会等产权运作体系。

（3）实施权责对称的治理模式。明确行业监管与法人监管的界限，以防没有权益性投入的人成为事实上的管理者，让出资人的出资数量、控制权、收益分配权有机统一，对责任的确定和划分、亏损与经营者的责任、营利性与惠普制的矛盾等，应有充分的依据和合理的行为规范。

（4）建立合适的激励制度。企业中参与者的成本和收益分配是由个人产权各种不同的存在和安排形式决定的。不同的产权制度，委托人行使产权的路径不同。农村小型金融组织应效仿现代企业制度模式，在"三权分立"的基础上设计和实施一套有效的薪酬体系、用人机制、工作绩效考核奖励机制，可有效提高农村小型金融组织的运营效率，降低经营成本和监控成本。

（5）实现适度规模经营。农村小型金融组织应根据实际情况，建立一套从设立到监管都适合自己的经营体系，逐步通过业务成长、规模扩张实现规模经济，摒弃一味跟随大型金融组织的"规范化"标准架构，凸显农村小型金融组织的成本优势。

（6）创新人才储备机制。农村小型金融组织属于资金密集型和技术密集型行业，对从业人员有很高的要求，高端专业人才对其发展尤为重要。但农村小型金融组织由于一些客观原因，未能吸收到一些优秀的人才，因而其在人力资源方面的创新非常重要。应根据当地市场的实际情况，建立与自身相符合的人才管理、培训、选拔任用、激励评价制度；大力引荐相关的优秀人才，在同等条件下聘用对当地有所了解（增加贷款信息的透明度）的人才，完善人才管理系统。

10.2.6 鼓励农村小型金融组织开展业务创新

（1）小微金融产品和业务"惠民化"。我国农业生产组织化程度低，金融需求具有多样性、多层次性，为了满足不同的金融需求，农村小型金融组织应根据需求特性研发出相应的信贷产品，应不断研发各种贷款产品，推广农户和个体工商户联保贷款，创新农户小额信贷，加大对农村建房、教育、创业贷款支持力度，积极推行"合作组织＋农户"模式，为农户与农村企业提供精细化服务。

（2）小微金融业务与服务"人性化"。为客户提供人性化服务的金融组织才能实现可持续，借鉴孟加拉乡村银行经验，鼓励农村小型金融组织深入农村，了解农户信贷需求特征，开拓农村金融市场，加快农村服务网点建设。鼓励微型金融组织采用信贷员包村服务、金融辅导员制度、"贷款＋技术"等方式，根据农村小微经济主体的不同特点，采取"一户一策"的信贷办法以解决其融资难问题，不断推动信贷服务方式创新。

（3）农村小型金融组织间"合作化"。加强农村小型金融组织间的互联，增加业务往来，深化业务合作，加快支付结算体系建设，这可极大地增加贷款数量，降低个体经营风险，提高农村金融市场效率。积极试点农村小型金融组织联合贷款，通过农村小型金融组织的业务合作，为农村有发展潜力的经济主体提供联保贷款。

10.2.7　建立农村小型金融组织风险社会化分担机制

（1）加快建立农村政策性保险和再保险体系，加大对农户和农业的保险支持力度，逐步扩大政策性农业保险品种范围和承保面，全面巩固政策性农房保险。大力支持开展中小型企业贷款保证保险、农村产权抵押贷款保证保险、金融担保机构再保险、农民创业保险等保险和再保险业务，推行"政、银、保"合作农业贷款，积极探索订单农业与信贷、保险相结合的金融服务新模式。深化保险机制创新，探索农村保险互助社等新型金融组织创新试点。

（2）积极鼓励运用资本市场来分散农村小型金融组织的风险。农村小型金融组织的信贷资源极其有限，为了让"三农"获得农村小型金融组织更多的信贷资源，满足农村微型金融需求，应当鼓励发展成熟的农村小型金融组织进入三板市场发行股债融资，通过股权多元化来分散农村小型金融组织的经营风险。

（3）应鼓励农村小型金融组织不断创新担保机制，探索实行经营权抵押、动产质押、种养场地使用权抵押，经济林权、商标专用权、专利权质押，保险单质押等方式，努力解决农村小型金融组织贷款担保难问题，大力推行以收入为第一还款来源的信贷模式，强化信贷激励机制，加快农村小型金融组织信贷资产证券化试点，建立有效管理条件下的小微信贷免责机制（丁忠民，2009a，b）。

10.2.8　健全农村小型金融组织风险控制体系

在当前农村小型金融组织快速发展的背景下，完善农村金融组织体系中急需解决的难题是如何有效防范其经营风险。从我国实际情况来看，主要应从以下方面入手。

（1）健全内部风险控制体系，提高经营管理水平。完善农村小型金融组织内部控制机制是解决其内部风险的重要途径。农村小型金融组织普遍存在组织结构不完善、人员风险意识不足等问题，是导致其内部风险的重要原因。因此，应建立健全责权分明的法人治理结构，构筑有效的内部监管体系，加强风险管理体系，构建合理的风险评价指标，提高从业人员风险管理技能和水平，保障贷款监督制度的有效实施，避免更多的关系借贷。

（2）夯实农村经济发展的基础。促进农村经济快速发展，增强农村小型金融需求者的经济实力和还款能力，是解决农村小型金融组织外部风险的重要途径。根据我国实际情况，应加快推进农村土地确权和有序流转进程，促进农地规模化经营，培育大量新型农业经营主体，推进农业现代化；大力发展农村第二、三产业，延长农业产业链，繁荣农村经济。

（3）减少政府对农村小型金融组织的不良干预。最大限度地降低地方政府对农村金融资源配置的行政干预，确保农村小型金融组织真正能自主经营、自负盈亏、自担风险、自我发展，地方政府的金融工作重心应转向构建农村金融健康发展这一外部环境上来，实现农村金融资源市场化配置，避免金融资源盲目投入。应根据不同农村地区经济发展基础及资源禀赋，对当地的优势产业提供针对性的金融支持，促进农村金融资源优化配置。

（4）健全外部监管体系。农村小型金融组织应注重内部监管与外部监管有机结合。同时，同属于外部监管的银保监会与地方政府监管部门应积极协作，改进农村小型金融组织监管方式，密切关注农村小型金融组织运行状况及风险程度，尤其是贷款业务风险情况，对其进行科学指导，引导其建立科学有效的风险控制体系；同时，应设置固定的监管员进行实地监察，对其日常业务中不规范、不合理的部分进行及时纠正，有效降低经营风险。

10.2.9 改善农村小型金融组织的法治环境

农村小型金融组织创新与发展，最终需要建立在法治的轨道上。目前，我国农村小型金融组织只有银保监会和辖区地方政府的管理规定，还缺乏相应的国家层次的法律治理体系，使得农村小型金融组织的法律地位、法律权利、法律义务与责任不清晰，法律维权无法可依，经营失败后没有良好的退出机制。同时，经营过程中如何规范、如何区分农村小型金融组织的行为边界，也都没有明确的法律依据。因此，农村小型金融组织要实现可持续发展，就客观产生了对法律的需求。应尽快建立规范化的农村金融市场退出机制，以填补农村小型金融组织由于经营不善而造成的被兼并或破产的法律空白，摒弃"国家兜底"的错误做法。由于农村小型金融组织属于地方法人机构，并由辖区地方政府进行监管，除了各地区应进一步完善农村小型金融组织管理条例外，在国家层面还应加快研究制定农村小型金融促进法或微型金融促进法，就农村小型金融组织的法律地位、法律权限、法律纠纷、法律退出处理机制、法律监督体系等进行明确的规定，强化对农村小型金融组织的法律供给与法律治理，做到有法可依、违法必究，促进农村小型金融组织的规范创新、运行与发展。

10.3　需要进一步研究的问题

1. 中国农村小型金融组织发展绩效的实证分析

农村小型金融组织发展绩效可以运用多种方法进行评价。为了准确了解农村小型金融组织发展绩效和存在的问题，最好采取多年的面板数据进行分析，由于时间和精力的限制，本书仅运用典型事例进行了分析，未建立连续的观测点进行多年的数据采集，期待以后进一步予以研究。

2. 中国农村小型金融组织创新风险的地区差异分析

风险防控为金融经济发展的永恒主题。农村金融市场成长必然会伴随风险的积累，地区差异是从横向层面对中国农村小型金融组织创新风险进行检验的重要方式，是更深入发现中国农村小型金融组织创新问题的一个主要渠道。本书在研究中发现数据资料的可获得性较差，建立面板数据模型较为困难，而且对创新风险的地区差异数据获取需要建立连续的观测点，对同类对象进行多年的跟踪调查才能获得比较丰富的数据。因而本书没有最终安排对中国农村小型金融组织创新风险的地区差异进行实证分析，这有待于后续进一步展开研究。

参 考 文 献

巴曙松. 2007. 中国宏观金融政策 2007 年展望[J]. 浙江金融，（2）：4-5.

白继山，温涛. 2011. 中国农村金融风险预警研究——基于金融生态环境的视角[J]. 农村经济，（5）：79-82.

白钦先. 1998. 政策性金融论[J]. 经济学家，（3）：81-89.

白钦先. 1999. 白钦先经济金融文集[M]. 北京：中国金融出版社.

白钦先. 2001. 金融可持续发展研究导论[M]. 北京：中国金融出版社.

白钦先. 2005. 金融结构、金融功能演进与金融发展理论的研究历程[J]. 经济评论，（3）：39-45.

白钦先，李钧. 2009. 中国农村金融"三元结构"制度研究[M]. 北京：中国金融出版社.

伯南克 B，石弦. 2006. 美国社区银行及其监管[J]. 银行家，（5）：95-98.

蔡则祥. 2002. 我国农村金融组织体系的完善与创新[J]. 农业经济问题，（4）：22-28.

曹龙琪. 2010. 金融学[M]. 北京：高等教育出版社.

陈恒，温源. 2013-04-02. 如何评价温州金改成绩单[N]. 光明日报，（10）.

陈军，曹远征. 2008. 农村金融深化与发展评析[M]. 北京：中国人民大学出版社.

陈雄兵，杨莹果，张伟峰. 2013. 美国社区银行发展的挑战与前景分析[J]. 亚太经济，（1）：60-65.

陈秀花. 2007. 社区银行——解决农村金融困境的一种可行途径[J]. 经济与管理评论，23（5）：111-113.

陈雨露，马勇. 2010. 中国农村金融论纲[M]. 北京：中国金融出版社.

陈雨露，马勇，李濛. 2010. 金融危机中的信息机制：一个新的视角[J]. 金融研究，（3）：160.

程郁，罗丹. 2009. 信贷约束下农户的创业选择——基于中国农户调查的实证分析[J]. 中国农村经济，（11）：25-38.

崔晓峰. 2005. 银行产业组织理论与政策研究[M]. 北京：机械工业出版社.

邓东元. 2001. 组织创新：金融企业发展的基础[J]. 财经理论与实践，（6）：43-45.

邓晓霞. 2011a. 中印农村金融体系比较[M]. 成都：西南财经大学出版社.

邓晓霞. 2011b. 中印农村微型金融运作的比较及启示[J]. 农村经济，（9）：125-129.

丁焕强. 2006. 基于金融共生理论的农村金融体制研究[J]. 金融理论与实践，（10）：59-62.

丁剑平，何韧. 2004. 2003 年中国金融可持续发展学术研讨会综述[J]. 财经研究，（2）：141-144.

丁亦农. 2011. 农村金融资源开发的模式及新领域探讨[J]. 经营管理者，（7）：258.

丁忠民. 2008. 中国农村金融市场成长机制与模式研究[D]. 重庆：西南大学博士学位论文.

丁忠民. 2009a. 城市带动农村的金融与财政政策匹配[J]. 改革，（7）：102-105.

丁忠民. 2009b. 农村金融市场成长机制与模式研究[M]. 北京：中国农业出版社.

董丹丁. 2013. 对新型农村金融组织发展状况的调查与思考[J]. 河北金融，（4）：15-18.

董小君. 2004. 金融风险预警机制研究[M]. 北京：经济管理出版社.

杜晓山. 2004. 中国农村小额信贷的实践尝试[J]. 中国农村经济，（8）：12-19，30.

杜晓山. 2005. 印度小额信贷的发展及借鉴[J]. 现代经济探讨, (5): 37-41.

杜晓山. 2006. 小额信贷的发展与普惠性金融体系框架[J]. 中国农村经济, (8): 70-73, 78.

杜晓山. 2007. 小额信贷的发展和模式——演讲摘要[J]. 金融与经济, (8): 23-26.

杜晓山. 2008. 非政府组织小额信贷机构可能的发展前景[J]. 中国农村经济, (5): 4-10, 55.

范香梅. 2010. 发展中国家(地区)中小金融机构发展比较研究[M]. 北京: 中国金融出版社.

房红. 2011. 金融可持续发展理论与传统金融发展理论的比较与创新[J]. 经济体制改革, (3): 123-126.

冯宗宪. 2011. 金融风险管理[M]. 西安: 西安交通大学出版社.

弗雷德里克 S. 米什金. 2006. 货币金融学[M]. 7版. 郑艳文, 译. 北京: 中国人民大学出版社.

傅家骥, 姜彦福, 雷家肃. 1992. 技术创新: 中国企业发展之路[M]. 北京: 企业管理出版社.

高晓燕. 2012. 基于供给视角的农村金融改革研究[M]. 北京: 中国金融出版社.

高晓燕, 惠建军, 马文赫. 2010. 略论小额贷款公司所遇困境与可持续运营[J]. 现代财经(天津财经大学学报), (6): 10-14.

高云峰. 2013. 中国西部地区农村信用体系建设与创新研究[M]. 北京: 中国农业出版社.

龚明华. 2002. 国际银行业的演变发展与我国各类银行的市场定位[J]. 投资研究, (8): 19-22.

龚明华. 2004. 当代金融发展理论: 演进及前沿[J]. 国际金融研究, (4): 4-11.

龚明华. 2006. 现代金融中介和金融市场理论: 演进与前沿[M]. 北京: 经济科学出版社.

古淑萍. 2004. 完善企业内部控制的思考[J]. 经济问题探索, (12): 52-53.

谷秀娟. 2007. 金融风险管理: 理论与技术的变迁和发展[J]. 经济经纬, (1): 140-143.

顾巧明, 胡海鸥, 王宏. 2009. 社区银行: 金融危机背景下推进新农村建设的催化剂[J]. 软科学, (9): 59-63.

管七海, 冯宗宪. 2001. 我国商业银行非系统金融风险的度量及预警实证研究[J]. 经济科学, (1): 35-46.

郭福春. 2007. 农村金融改革与发展问题研究[M]. 杭州: 浙江大学出版社.

郭俊野. 2014. 温州: 借贷危机后的变革征程[J]. 新产经, (4): 42-43.

哈勒根 W, 张军. 1999. 转轨国家的初始条件、改革速度与经济增长[J]. 经济研究, (10): 69-74.

韩俊, 罗丹, 程郁. 2004. 小额信贷发展的国际经验[J]. 调查研究报告, (160): 1-25.

何大安. 2009. 中国农村金融市场风险的理论分析[J]. 中国农村经济, (7): 59-67.

何广文. 1999. 从农村居民资金借贷行为看农村金融抑制与金融深化[J]. 中国农村经济, (10): 42-48.

何广文. 2001. 中国农村金融供求特征及均衡供求的路径选择[J]. 中国农村经济, (10): 14-16.

何广文. 2005. 中国农村金融发展与制度变迁[M]. 北京: 中国财政经济出版社.

何广文. 2007. 中国农村金融组织体系创新路径探讨[J]. 金融与经济, (8): 11-16, 22.

何广文. 2008. 农村金融改革成效及深化改革路径[J]. 中国农村金融, (10): 22-24.

何广文, 冯兴元. 2004. 农村金融体制改革亟待深化[J]. 休闲农业与美丽乡村, (4): 16-19.

洪正. 2011. 新型农村金融机构改革可行吗?——基于监督效率视角的分析[J]. 经济研究, (2): 44-58.

洪正, 郭培俊. 2012. 努力不足、过度冒险与金融高管薪酬激励[J]. 经济学(季刊), 11(4): 1427-1454.

胡坚. 2001. 在不同学科的交汇点行进——评袁纯清同志著《金融共生理论及其在城市商业银行

改革中的应用》[J]. 当代经济科学，（5）：1-100.

胡卫东. 2013. 发展我国农村金融的误区：一个内生分析框架[J]. 农村经济，（5）：75-79.

黄亮. 2006. 银行业协会自律机制比较研究[J]. 上海金融，（1）：39-43.

黄盛华. 2006. 小额信贷对农村金融制度创新的启示[J]. 西南金融，（2）：29-30.

黄维健，王春播，屈霞. 2009. 对构建现代农村金融制度支持政策的思考[J]. 农业经济问题，（8）：54-58.

黄延信，李伟毅. 2012. 城乡统筹背景下的农村金融改革创新——重庆市的实践与启示[J]. 农业经济问题，（5）：10-15，110.

冀婧. 2013. 农村小型金融机构的信贷风险控制体系建构研究[J]. 农业经济，（12）：36-38.

姜旭朝. 1996. 中国民间金融研究[M]. 济南：山东人民出版社.

焦瑾璞. 2006. 小额信贷和农村金融[J]. 金融博览，（12）：63.

焦瑾璞. 2007. 农村金融体制和政府扶持政策国际比较[M]. 北京：中国财政经济出版社.

金珍珍. 2009. 论小额贷款公司的机遇与挑战[J]. 现代商贸工业，21（3）：152-153.

课题组. 2006. 区域金融风险监测评估模型研究[J]. 武汉金融，（4）：40-42.

孔祥智，方松海，庞晓鹏，等. 2004. 西部地区农户禀赋对农业技术采纳的影响分析[J]. 经济研究，（12）：85-95.

李海辉. 2012-12-13. 解读"寿光模式"[N]. 中国县域经济报，（8）.

李慧. 2013. 从印度金融机构对农村发展的支持看中国农村金融[J]. 世界农业，（8）：104-108.

李瑾，罗剑朝，王佳楣. 2013. 新型农村金融机构政策支持问题研究[J]. 财会月刊，（14）：56-59.

李敬，付陈梅，冉光和. 2010. 中国农村金融的功能定位与组织体系构建——基于需求变动视角[J]. 江西财经大学学报，（4）：75-79.

李静. 2011. 我国新型农村合作金融组织发展问题与建议[J]. 时代金融，（21）：116.

李军培. 2005. 小额信贷对解决我国中小企业融资难问题的启示[J]. 投资研究，（4）：36-39.

李明贤，李学文. 2007. 我国农村金融发展的经济基础分析[J]. 农业经济问题，28（12）：34-40.

李明贤，罗荷花. 2013. 普惠制农村金融机构支农能力指标体系的构建[J]. 中南财经政法大学学报，（4）：110-115，123.

李盼盼，王秀芳. 2010. 我国农村小型金融机构非系统金融风险度量管理研究[J]. 西南金融，（8）：63-65.

李萍，于显吉，李艳. 2011. 论中国农村微型金融的比较优势与发展困境[J]. 商业时代，（25）：67-68.

李锐，朱喜. 2007. 农户金融抑制及其福利损失的计量分析[J]. 经济研究，（2）：130-138.

李实. 2014. 调节收入分配，政府能做什么[J]. 决策探索（下半月），（9）：17-18.

李晓梅. 2011. 浅谈我国农村金融风险的类型特点及补偿化解对策[J]. 中国电子商务，（5）：208-209.

李学文，李明贤. 2007. 金融功能发挥与我国经济增长的实证研究[J]. 金融理论与实践，（2）：9-12.

李艳，陈德棉. 2003. 信用风险管理新发展给我国商业银行的启示[J]. 金融理论与教学，（3）：15-17.

李义奇. 2010. 农村小型金融机构发展的约束变量是风险控制[J]. 金融理论与实践，（3）：8-11.

李永平. 2006. 中国农村金融制度变迁与经济主体行为研究[D]. 济南：山东大学博士学位论文.

李跃柏，王飞. 2010. 基于金融共生理论对不动产投资信托（REITs）与消除房地产业结构性缺陷的模型研究[J]. 哈尔滨商业大学学报（社会科学版），（3）：22-26.

李镇西. 2011. 微型金融：国际经验与中国实践[M]. 北京：中国金融出版社.

李志平，刘振光. 2010. 农村小型金融机构的生命力与发展困境：一个综述[J]. 江汉论坛，（6）：25-29.

立功，智信. 1995. 焦虑法：企业风险管理决策的重要方法[J]. 决策探索（上半月），（9）：42-46.

梁静雅，王修华，杨刚. 2012. 农村金融增量改革实施效果研究[J]. 农业经济问题，（3）：22-28，110.

廖富洲，单恒伟. 2005-05-31. 国外农村合作金融发展新趋势[N]. 经济日报，（6）.

林毅夫. 2003. "三农"问题与我国农村的未来发展[J]. 农业经济问题，（1）：4-5.

林毅夫，蔡昉，李周. 1994. 中国的奇迹：发展战略与经济改革[M]. 上海：上海三联书店.

林毅夫，蔡昉，沈明高. 1989. 我国经济改革与发展战略抉择[J]. 经济研究，（3）：28-35.

林育芳. 2011. 农村金融市场的培育与健康发展探析[J]. 石河子大学学报（哲学社会科学版），（3）：79-83.

刘国防. 2010. 农村小型金融机构的改革与发展研究[J]. 生态经济（中文版），（1）：76-79，136.

刘进宝，何广文. 2009. 中国农村中小型金融机构风险度量管理研究[M]. 北京：中国农业出版社.

刘明，韩晶晶，戈伟伟. 2012. 西部贫困农村经济机会、关系型融资与农贷配给——基于对陕西、青海1138户调查数据[J]. 陕西师范大学学报（哲学社会科学版），（4）：102-112.

刘明康. 2009. 中国银行业改革开放30年[M]. 北京：中国金融出版社.

刘仁伍. 2006. 新农村建设中的金融问题[M]. 北京：中国金融出版社.

刘遂. 1997. 西方金融深化理论及其主要理论派别[J]. 经济学动态，（6）：64-67.

刘伟. 2002. 加入WTO对中国酒店业的影响与对策[J]. 特区经济，（4）：41-46.

刘西川，黄祖辉，程恩江. 2007. 小额信贷的目标上移：现象描述与理论解释——基于三省（区）小额信贷项目区的农户调查[J]. 中国农村经济，（8）：23-34.

刘锡良. 2004. 中国经济转轨时期金融安全问题研究[M]. 北京：中国金融出版社.

刘雅祺. 2009. 微型金融的可行性及我国业务模式研究[D]. 天津：天津财经大学硕士学位论文.

龙会芳. 2010. 基于金融共生理论的村镇银行可持续发展研究[J]. 安徽农业科学，（29）：16652-16653，16669.

卢文莹. 2006. 金融风险管理[M]. 上海：复旦大学出版社.

鲁朝云，廖航. 2009. 农村小型金融机构的经营风险与管理[J]. 金融与经济，（7）：79-81.

马九杰. 2004. 中小农业企业信贷短缺的影响因素与政策效应实证分析[C]. 全国农业经济管理学科前沿发展战略学术研讨会.

马蕾. 2005. 组织创新研究——基于惯域的观点[D]. 杭州：浙江大学博士学位论文.

马丽娟. 2004. 在不同融资模式中金融中介的作用分析[J]. 中央财经大学学报，（12）：33-37.

马宁. 2010. 中国农村金融制度创新研究[D]. 长春：吉林大学博士学位论文.

马勇. 2010. 金融结构、银行发展与经济增长[J]. 财经科学，（2）：10-17.

毛丹丹. 2011. 美国社区银行的发展及其对我国新农村金融建设的启示[J]. 海南金融，（7）：46-49.

梅光明. 2004. 小额信贷及农信社微观的制度设计[J]. 浙江金融，（12）：45-46.

梅兴保. 2001. 金融市场的开放与金融风险的防范[J]. 现代经济探讨，（7）：3-9.

米军，黄轩雯，刘彦君. 2012. 金融发展理论研究进展述评[J]. 国外社会科学，（6）：94-100.

穆罕默德 U. 2006. 穷人的银行家[M]. 吴士宏，译. 上海：上海三联书店.

聂勇，黄江涛. 2012. 关于农村小型金融机构金融风险控制的探讨[J]. 财政监督，（14）：36-39.

潘劲. 2000. 国外农村合作社的发展[J]. 中国合作经济，（4）：46-47.

彭建刚，王惠，何婧. 2008. 引导民间资本进入新型农村金融机构[J]. 湖南大学学报（社会科学版），
　　（3）：41-46.

祁敬宇. 2011. 金融监管案例评析[M]. 北京：首都经济贸易大学出版社.

齐鹏飞. 2012. 农村信用社经营风险的成因、现状及化解对策[J]. 时代金融，（3）：105，107.

钱淑琴. 2014. 温州"金改"取得突破性进展[J]. 科技与企业，（13）：285.

仇焕广，王济民，苏旭霞. 2003. 衡量我国农村金融风险的指标体系[J]. 农业技术经济，（1）：
　　24-27.

全亚楠. 2011. 农村产业结构调整中的金融支持分析——以浙江为例[J]. 中国集体经济，（18）：
　　5-6.

冉光和. 2004. 金融产业可持续发展理论研究[M]. 北京：商务印书馆.

冉光和. 2007. 金融产业资本论[M]. 北京：科学出版社.

任国强，刘刚，桂玉帅. 2012. 中国农村金融组织创新研究评述[J]. 经济问题探索，（3）：78-85.

尚静. 2005. 金融可持续发展角度的银行监管研究[J]. 商业研究，（10）：29-32.

佘传奇，祝军. 2008. 农村内生金融存在合理性的分析[J]. 金融发展研究，（3）：68-70.

沈军，白钦先. 2006. 金融结构、金融功能与金融效率——一个基于系统科学的新视角[J]. 财贸经
　　济，（1）：23-28.

沈沛龙，申毅刚. 2010. 现阶段我国农村金融组织创新研究[J]. 山西大学学报（哲学社会科学版），
　　33（2）：93-98

石双玉. 2008. 基于共生理论的小额信贷制度创新研究[D]. 杭州：浙江大学博士学位论文.

宋宏谋. 2003. 中国农村金融发展问题研究[M]. 太原：山西经济出版社.

孙健. 2012. 金融支持、新型农村金融机构创新与三农发展[D]. 济南：山东大学博士学位论文.

孙岩. 2010. 金融资源观与传统代表性金融发展观比较及其创新[J]. 金融发展研究，（2）：70-73.

谈儒勇. 2000. 金融发展理论在90年代的发展[J]. 中国人民大学学报，（2）：60-65.

谭浩俊. 2014-02-17. 温州金改关键在于惠及企业民众[N]. 中华工商时报，（7）.

谭文培. 2012. 湖南农村小型金融组织创新发展研究[J]. 金融经济，（22）：96-98.

汤敏. 2011. 小额贷款公司发展需疏堵结合[J]. 中国金融，（10）：23-24.

唐岫立. 2014-01-20. 如何破解温州金改难题[N]. 金融时报，（10）.

陶雪飞. 2014. 新型农村金融机构的社区银行导向研究[J]. 求索，（3）：46-49.

田力，胡改导，王东方. 2004. 中国农村金融融量问题研究[J]. 金融研究，（3）：125-135.

佟硕，张磊，吕正日. 2013. 金融可持续发展理论研究述评[J]. 对外经贸，（12）：82-84.

汪国庆. 2009. 基于金融共生理论的银行与保险关系研究[J]. 金融与经济，（7）：71-72.

王长虹. 2002. 国有商业银行内控制度建设存在的问题及其对策[J]. 财会通讯，（5）：22-24.

王定祥，李伶俐，王小华. 2010. 中国农村金融制度演化逻辑与改革启示[J]. 上海经济研究，
　　（11）：20-27.

王绯. 2007. 小额贷款的模式与信贷技术研究[D]. 北京：对外经济贸易大学硕士学位论文.

王广谦. 2003. 20 世纪西方货币金融理论研究：进展与评述[M]. 北京：经济科学出版社.

王广谦. 2004. 中国经济增长新阶段与金融发展[M]. 北京：中国发展出版社.

王国实. 2000. 对金融风险统计监测预警指标体系的思考[J]. 管理世界，（2）：199-200.

王怀勇，曹琳. 2012. 论新型农村金融组织市场退出的法律监管[J]. 西南政法大学学报，（3）：
    85-92.

王家传，张乐柱. 2003. 农村信用社经营目标与发展模式再探[J]. 中国农村经济，（10）：44-49.

王俊飚，刘明，王志诚. 2012. 机构投资者持股对新股增发折价影响的实证研究[J]. 管理世界，
    （10）：172-173.

王利丽. 2011. 重庆农村小额贷款发展的问题及对策研究[D]. 重庆：重庆大学博士学位论文.

王曙光. 2008. 农村金融学[M]. 北京：北京大学出版社.

王曙光，乔郁. 2009. 农村金融机构管理[M]. 北京：中国金融出版社.

王小华，温涛，王定祥. 2014. 县域农村金融抑制与农民收入内部不平等[J]. 经济科学，（2）：
    44-54.

王修华，贺小金，何婧. 2010. 村镇银行发展的制度约束及优化设计[J]. 农业经济问题，（8）：
    57-62，111.

王岩伟. 2008. 各类商业银行在新农村金融机构改革中的作用[J]. 经济研究导刊，（8）：73-74.

王颖捷. 2004. 金融产业组织的市场结构[M]. 北京：机械工业出版社.

王煜宇. 2011. 农村金融法制化：国际经验与启示[J]. 农业经济问题，（8）：102-109.

王煜宇. 2012. 新型农村金融服务主体与发展定位：解析村镇银行[J]. 改革，（4）：116-123.

王珍. 2006. 模糊综合评价法在大连市金融稳定评价中的应用[D]. 大连：大连理工大学博士学位
    论文

温红梅，韩晓翠. 2011. 基于 VaR 的我国农村金融机构市场风险的度量与实证[J]. 哈尔滨商业大
    学学报（社会科学版），（2）：3-9.

温涛. 2005. 中国农村金融风险生成机制与控制模式研究[D]. 重庆：西南农业大学博士学位
    论文.

温涛. 2008. 农村金融风险控制与战略重组研究[M]. 重庆：西南师范大学出版社.

温涛. 2011. 农村资金配置绩效评价与制度创新研究[M]. 重庆：西南师范大学出版社.

温涛. 2014. 农村金融可持续发展的服务创新与动态竞争战略研究[M]. 北京：北京师范大学出
    版社.

温涛，冉光和，熊德平. 2005. 中国金融发展与农民收入增长[J]. 经济研究，（9）：30-43.

温涛，王小华，董文杰. 2014. 金融发展、人力资本投入与缩小城乡收入差距——基于中国西部
    地区 40 个区县的经验研究[J]. 吉林大学社会科学学报，（2）：27-36.

吴松. 2014-02-20. 温州金改无"两年之痒"：地方或成全国金改的突破口？[N]. 中国经济导报，
    （B01）.

吴占权. 2012. 农村新型金融组织业务创新研究[M]. 北京：冶金工业出版社.

武捷思. 1996. 中国国有商业银行行为研究[M]. 中国金融出版社：17-19.

武捷思. 2004. 粤海重组实录[M]. 北京：经济科学出版社.

夏宝龙. 2011. 坚定不移地促进民营经济大发展大提升[J]. 今日浙江，（20）：8-9.

夏德仁，王振山. 2002. 金融市场学[M]. 大连：东北财经大学出版社.

项俊波. 2009. 完善农村金融制度助推农业现代化[J]. 求是，1：46-48.

项俊波. 2010. 国际大型涉农金融机构成功之路[M]. 北京：中国金融出版社.

肖彬. 2009. 大型商业银行服务"三农"新模式探讨[J]. 金融研究，4：172-179.

肖灼基. 2002. 专家提出引进外资要点[J]. 政工研究动态，（17）：24.

谢洪明. 2006. 社会资本对组织创新的影响：中国珠三角地区企业的实证研究及其启示[J]. 科学学研究，1：150-158.

谢家智，林涌. 2004. 论加快我国农业保险经营技术创新[J]. 保险研究，（5）：35-40.

谢家智. 2009. 中国农业保险发展研究[M]. 北京：科学出版社.

解媚霞. 2011. 我国农村小型金融机构体系的构成及定位——以浙江省为例[J]. 上海商学院学报，（6）：86-90.

谢平，徐忠. 2006. 公共财政、金融支农与农村金融改革——基于贵州省及其样本县的调查分析[J]. 经济研究，（4）：106-114.

谢玉梅. 2007. 农村金融深化：政策与路径[M]. 上海：上海人民出版社.

谢志忠. 2011. 农村金融理论与实践[M]. 北京：北京大学出版社.

熊彼特. 2009. 经济发展理论：财富创新的秘密[M]. 杜贞旭，郑丽萍，刘昱岗，译. 北京：中国商业出版社.

熊德平. 2009. 农村金融与农村经济协调发展研究[M]. 北京：社会科学文献出版社.

熊利平. 2006. 解析美国社区银行经营模式[J]. 金融与经济，（6）：25-28.

徐昭明，秦婷婷. 2011. 组织创新研究内容综述[J]. 商场现代化，（6）：25-26.

许丹丹. 2013. 我国农村金融体系的构建及对策[J]. 当代经济研究，（10）：30-37.

闫淑荣. 2004. 论企业激励机制与绩效评价体系的构建[J]. 长安大学学报（社会科学版），（1）：68-72.

阎庆民，向恒. 2001. 农村合作金融产权制度改革研究[J]. 金融研究，（7）：67-75.

晏磊. 2009. 欠发达地区支农服务体系建设研究[D]. 武汉：武汉理工大学博士学位论文.

杨大光，陈美宏. 2010. 农村金融风险分担及补偿机制研究[J]. 经济学动态，（6）：39-42.

杨虎，易丹辉，肖宏伟. 2014. 基于大数据分析的互联网金融风险预警研究[J]. 现代管理科学，（4）：3-5.

杨金柱，庆建奎. 2012. 农村金融发展与制度创新：寿光"三驾马车"模式[J]. 金融发展研究，（12）：47-51.

杨凯. 2014. 温州金改：堵不如疏[J]. 华东科技，（3）：50-51.

杨林，高宏霞. 2012. 农村金融资源分配扭曲的现象与对策——基于兰州市榆中县、永登县、皋兰县的数据分析[J]. 经济理论与经济管理，（8）：101-111.

杨宁. 2005. 混合所有制的性质及其作用[J]. 和田师范专科学校学报，25（2）：26-27.

杨霞. 2001. 借鉴国际经验 构筑我国中小企业发展的财政政策支持体系——财政支持非公有制经济发展的重要举措[J]. 中央财经大学学报，（8）：32-35.

杨小凯，黄有光. 2000. 专业化与经济组织：一种新兴古典微观经济学框架[M]. 北京：经济科学出版社.

杨晓，杨开忠. 2007. 中国货币政策影响的区域差异性研究[J]. 财经研究，2：4-15.

杨亚非. 2005. 中国西部地区农业问题研究[M]. 南宁：广西民族出版社.

杨兆廷. 2009. 中国农村金融供给创新的路径选择[D]. 天津：天津财经大学博士学位论文.

姚德权，黄学军. 2011. 中国货币政策效果城乡差异性研究——基于 SVAR 计量模型分析[J]. 财经理论与实践，（6）：20-25.

姚先斌，程恩江. 1998. 小额信贷的概念、原则及在中国的实践[J]. 中国农村经济，（4）：52-57.

姚耀军，和丕禅. 2004. 基于面板数据的中国农业信贷绩效研究[J]. 中国农业大学学报（社会科学版），（3）：21-24.

叶正积. 2014-04-01. 温州金改两周年亮点突出[N]. 中华工商时报，（9）.

衣长军. 2008. 从金融共生理论看我国金融生态环境和谐发展[J]. 商业时代，（8）：77-78.

于良春，鞠源. 1999. 垄断与竞争：中国银行业的改革和发展[J]. 经济研究，（8）：48-57.

余玲. 2009. 基于农户信贷需求的农村金融组织创新研究[D]. 重庆：西南大学博士学位论文.

俞林. 2009. 科学利用软信息 提高监管有效性[J]. 银行家，（8）：124-126.

袁纯清. 2002. 金融共生理论与城市商业银行改革[M]. 北京：商务印书馆.

岳萌. 2012. 谈我国农村金融市场运行出现的问题以及对策[J]. 时代金融，（3）：100-101.

岳意定. 2008. 改革和完善农村金融服务体系[M]. 北京：中国财政经济出版社.

张钢，孙明波. 1997. 关于组织创新研究的观点综述[J]. 科研管理，（4）：24-29.

张杰. 2003. 中国农村金融制度：结构、变迁与政策[M]. 北京：中国人民大学出版社.

张杰. 2007. 中国金融改革的"市场化悖论"：基于海南案例的分析[C]. 辅仁大学、中国人民大学联合研讨会暨经营成长、金融改革与创新学术研讨会.

张乐柱. 2005. 悖论中的农村金融改革[J]. 金融理论与实践，（11）：6-9.

张磊. 2000. 加入 WTO 与我国外资政策的调整[J]. 现代经济探讨，（8）：55-56.

张琴，赵丙奇. 2006. 从农村金融需求的视角看农村金融改革[J]. 软科学，（2）：88-91，100.

张晴. 2012. 山东省财政金融支农政策与农业经济发展——基于与江苏省比较研究[D]. 济南：山东大学博士学位论文.

张维迎. 2002. 法律制度的信誉基础[J]. 经济研究，（1）：3-13

张伟. 2009. 中美贸易不平衡成因及相关分析[J]. 财贸经济，（4）：71-76.

张伟. 2011. 微型金融理论研究[M]. 北京：中国金融出版社.

张晓宏. 2010. 欠发达地区商业信用担保公司发展中的问题及建议[J]. 西部金融，（11）：52-53.

张晓山，何安耐. 2002. 关于农村金融体制改革的几点思考[J]. 农业经济问题，23（9）：41-45.

张晓山. 2008. 农村的制度变革和组织创新[J]. 理论视野，（5）：16-19.

张亦春. 2008. 金融市场学[M]. 北京：高等教育出版社.

张营周. 2010. 基于博弈视角的我国农村金融组织创新研究[J]. 商业时代，（25）：70-72.

张玉梅. 2010. 后危机时代的金融风险预警[J]. 商业研究，（11）：115-119.

赵冬青，王康康. 2009. 微型金融的历史与发展综述[J]. 金融发展研究，（1）：77-79.

赵磊. 2014. 温州：危机之后的缓慢蜕变[J]. 中国经济周刊，（13）：58-60.

赵庆国，张志鹏. 2010. 寿光模式：县域金融体制改革的典范[J]. 金融经济，（16）：44-46.

赵士猛. 2007. 金融可持续发展评价新视角——基于地区截面数据的分析[J]. 经济研究导刊，（2）：72-73.

赵曙明，杨忠. 1998. 国际企业：风险管理[M]. 南京：南京大学出版社.

赵天荣. 2007. 农村金融监管的理论必然与现实制约——基于我国农村金融新格局的思考[J]. 农业经济问题，339（10）：41-44.

赵旭. 2000. 国有商业银行效率的实证分析[J]. 经济科学，（6）：45-50.

郑艳. 2008. 发展农村小型合作金融组织的探析——从优化农村金融生态的角度分析[J]. 战略决策研究，（5）：47-49.

钟文. 2014-02-11. 温州金改新一年：企业呼吁"胆子大一点"[N]. 中国企业报，（12）.

中国人民银行农村金融服务研究小组. 2015. 中国农村金融服务报告 2014[M]. 北京：中国金融出版社.

周才云. 2013. 我国区域农村微型金融机构风险的评价及控制[J]. 征信，（6）：72-77.

周孟亮，李明贤. 2011. 中国农村金融"双线"改革思路：比较与协调[J]. 经济社会体制比较，（4）：76-84.

周小川. 2008. 要重点研究鼓励农村金融结构创新等问题[EB/OL]. http://www.gov.cn/zxft/ft154/content_1162104.htm [2008-10-24].

周艳. 2012. 农村产业结构调整的金融支持理论与实证研究[D]. 湘潭：湖南科技大学博士学位论文

周晔. 2010. 金融风险度量与管理[M]. 北京：首都经济贸易大学出版社.

周一鹿. 2010. 中国农业信贷资金配置效率研究[D]. 重庆：西南大学博士学位论文.

周月书，李桂安，杨军. 2013. 农村金融机构类型与中小企业信贷可获性分析[J]. 农业技术经济，（8）：121-128.

朱爱国，曹元鹏. 2007. "疯狂的房价"上演背后北京楼市已现拐点[J]. 金融博览，（10）：26.

卓尚进，沈杭. 2014-11-21. 温州金改有哪些可复制经验[N]. 金融时报，（1，5）.

左永刚. 2014-01-16. 温州金改今年敲定十大任务[N]. 证券日报，（A02）.

Abraham Y T，Holt T，Kathawala Y. 1990. Just-in-time: supplier-side strategic implications[J]. Industrial Management & Data Systems，90（3）：12-17.

Adams D W. 2002. Filling the deposit gap in microfinance[C]. the WOCCU Conference，Best Practices in Savings Mobilization：5-6.

Adams D W，Fitchett D A. 1992. Informal Finance in Low-Income Countries[M]. Boulder：Westview Press.

Adams D W，Graham D H，Pischke J D V. 1984. Undermining Rural Development with Cheap Credit[M]. Boulder：Westview Press.

Adams D W，Vogel R C. 1986. Rural financial markets in low-income countries: recent controversies and lessons[J]. World Development，（4）：477-487.

Adetiloye K A. 2012. Agricultural financing in Nigeria: an assessment of the Agricultural Credit Guarantee Scheme Fund（ACGSF）for food security in Nigeria（1978-2006）[J]. Journal of Economics，3（1）：39-48.

Allen F，Gale D. 2000. Comparing Financial Systems[M]. Cambridge：MIT Press.

Andrés A R，Asongu S A，Amavilah V. 2015. The impact of formal institutions on knowledge economy[J]. Journal of the Knowledge Economy，6（4）：1034-1062.

Armendáriz B，Szafarz A. 2011. On Mission Drift in Microfinance Institutions[M]. Singapore：World Scientific Publishing Co. Pte. Ltd.

Arshanapalli B，Doukas J. 1993. International stock market linkages: evidence from the pre-and post-october 1987 period[J]. Journal of Banking & Finance，17（1）：193-208.

Artzner P. 1997. Thinking coherently[J]. Risk（10）：68-71.

Artzner P. 1999. Application of coherent risk measures to capital requirements in insurance[J]. North American Actuarial Journal，3（2）：11-25.

Artzner P, Delbaen F, Eber J M, et al. 1999. Coherent measures of risk[J]. Mathematical Finance, 9 (3): 203-228.

Arugaslan O, Cook D O, Kieschnick R. 2004. Monitoring as a motivation for IPO underpricing[J]. Journal of Finance, 59 (5): 2403-2420.

Asongu S A. 2013. How do financial reforms affect inequality through financial sector competition? Evidence from Africa[R]. Yaoundé: AGDI Working Paper.

Awojobi O. 2011. Microfinancing for poverty reduction and economic development: a case for Nigeria[J]. International Research Journal of Finance and Economics, (72): 159-168.

Ayuub S. 2013. Impact of microfinance on poverty alleviation. A case study of NRSP in bahawalpur of Pakistan[J]. International Journal of Academic Research in Accounting, Finance and Management Sciences, 3 (1): 119-135.

Bacmann J, Gawron G. 2004. Fat tail risk in portfolios of hedge funds and traditional investments [R/OL]. London: RMF Working Paper.

Baguma D, Loiskandl W, Jung H. 2010. Water management, rainwater harvesting and predictive variables in rural households[J]. Water Resources Management, 24 (13): 3333-3348.

Banerjee A V, Besley T, Guinnane T W. 1994. Thy neighbor's keeper: the design of a credit cooperative with theory and a test[J]. The Quarterly Journal of Economics, 109 (2): 491-515.

Basu S. 1997. Why institutional credit agencies are reluctant to lend to the rural poor: a theoretical analysis of the Indian rural credit market[J]. World Development, 25 (2): 267-280.

Bencivenga V R, Smith B D. 1991. Financial intermediation and endogenous growth[J]. The Review of Economic Studies, 58 (2): 195-209

Benjamin D, Brandt L, Giles J, et al. 2008. Income Inequality during China's Economic Transition[M]. Cambridge: Cambridge University Press.

Benston G J, Smith C W. 2012. A transactions cost approach to the theory of financial intermediation[J]. Journal of Finance, 31 (2): 215-231.

Berger A N, Rosen R J, Udell G F. 2007. Does market size structure affect competition? The case of small business lending[J]. Journal of Banking & Finance, 31 (1): 11-33.

Berger H, Woitek U. 2001. Does conservatism matter? a time series approach to central banking[J]. Social Science Electronic Publishing, 115 (1): 745-766.

Boehlje M D, Lins D A. 1998. Risks and risk management in an industrialized agriculture[J]. Agricultural Finance Review, 58: 1-16.

Boldi P, Bonchi F, Castillo C, et al. 2008. The query-flow graph: model and applications[C]. Proceedings of the 17th ACM Conference on Information and Knowledge Management. ACM: 609-618.

Boot A W A, Thakor A V. 1997. Financial system architecture[J]. The Review of Financial Studies, 10 (3): 693-733.

Boyer R. 1988. The Search for Labour Market Flexibility: the European Economies in Transition[M]. Oxford: Oxford University Press.

Brennan M J, Franks J. 1995. Underpricing, ownership and control in initial public offerings of equity securities in the UK[J]. Cepr Discussion Papers, 45 (3): 391-413.

Buchenau S, Delecroix V, Bontems V, et al. 2003. Philosophie[J]. Revue De Synthèse, 124 (1): 304-320.

Buser S A, Chen A H, Kane E J. 1981. Federal deposit insurance, regulatory policy, and optimal bank capital[J]. Journal of Finance, 36 (1): 51-60.

Campbel T S, Kracaw W A. 1980. Information production, market signalling, and the theory of financial intermediation[J]. Journal of Finance, 35 (4): 863-882.

Caprio G, Levine R. 1994. Reforming finance in transitional socialist economies [J]. The World Bank Research Observer, (9): 1-24.

Castello C, Stearns K, Christen R. 1991. Exposing interest rates: Their true significance for microentrepreneurs and credit programs [R]. Cambridge, Mass: ACCION International.

Chant J. 1992. The New Theory of Financial Intermediation[M]. London: Palgrave Macmillan: 42-65.

Charitonenko S, Campion A, Fernando N A. 2004. Commercialization of Microfinance Perspectives from South and Southeast Asia[R]. Asian Development Bank.

Cho Y J. 1984. On the liberalization of the financial system and efficiency of capital accumulation under uncertainty[D]. Stanford: Stanford University.

Cho Y J. 1986. Inefficiencies from financial liberalization in the absence of well-functioning equity markets[J]. Journal of Money Credit and Banking, 18 (2): 191-199.

Christen R P, Rhyne E, Vogel R C. 1995. Maximizing the outreach of microenterprise finance: The emerging lessons of successful programs[R]. USAID Program and Operations Assessment Report No.10, Washington.

Coase R H. 1937. The nature of firm[J]. Economica, 4 (16): 386-405.

Cole R A, Goldberg L G, White L J. 2004. Cookie cutter vs. character: The micro structure of small business lending by large and small banks[J]. Journal of Financial and Quantitative Analysis, 39 (2): 227-251.

Cull R, Morduch J. 2007. Financial performance and outreach: A global analysis of leading microbanks[J]. The Economic Journal, 117 (517): 107-133.

Daft R L, Becker S W. 1978. The innovative organization: Innovation adoption in school organizations[M]. Amsterdam: North Holland Publishing.

Daft R L. 1982. Bureaucratic versus nonbureaucratic structure and the process of innovation and change[J]. Research in the Sociology of Organizations, 1: 129-166.

Damanpour F. 1987. The adoption of technological, administrative, and ancillary innovations: impact of organizational factors[J]. Journal of Management, 13 (4): 675-688.

Damanpour F. 1988. Innovation type, radicalness, and the adoption process[J]. Communication Research, 15 (5): 545-567.

Damanpour F. 1991. Organizational innovation: a meta-analysis of effects of determinants and moderators[J]. Academy of Management Journal, 34 (3): 555-590.

Darrat A F. 1999. Are financial deepening and economic growth causally related? Another look at the evidence[J]. International Economic Journal, 13 (3): 19-35.

Dauda R O S. 2009. The role of community banking system in Nigeria's development process: an appraisal[J]. The IUP Journal of Financial Economics, 7 (2): 61-73.

Demerjian P. 2010. Financial covenants and credit risk, and the resolution of uncertainty[R/OL]. Emory University Working paper.

Demirgüç-Kunt A, Detragiache E. 1998. Financial Liberalization and Financial Fragility[M]. Washington D. C.: World Bank Publications.

de Young R, Hunter W C. 2001. Deregulation, the Internet, and the competitive viability of large banks and community banks[R/OL]. Chicago: FRB Chicago Working Paper.

Diamond D W. 1984. Financial intermediation as delegated monitoring : A simple example[J]. Review of Economic Studies, 51 (3): 393-414.

Downs Jr G W, Mohr L B. 1976. Conceptual issues in the study of innovation[J]. Administrative Science Quarterly, 21 (4): 700-714.

Dutta J, Kapur S. 1998. Liquidity preference and financial intermediation[J]. The Review of Economic Studies, 65 (3): 551-572.

Eastwood R, Lipton M. 2004. Rural and urban income inequality and poverty: does convergence between sectors offset divergence within them?[J]. Inequality, Growth, and Poverty in an Era of Liberalization and Globalization, 4: 112-141.

Eun C S, Shim S. 1989. International transmission of stock market movements[J]. Journal of Financial and Quantitative Analysis, 24 (2): 241-256.

FDIC. 2012. Community banking study[EB/OL]. https: //www.fdic.gov/regulations/resources/cbi/study.html [2018-5-30].

Fernando N A. 2006. Understanding and dealing with high interest rates on microcredit: a note to policy makers in the Asia and Pacific region[R/OL]. Manila: Asian Development Bank Working Paper.

Forster S, Lederman E, Mayshak J, et al. 2006. Aspire-Microloans for business: operational and funding lessons for the future of microfinance in the UK[R]. A report for the Esmée Fairbairn and CDFA submitted April.

Freixas X, Rochet J C. 1997. Microeconomics of Banking[M]. Cambridge: MIT press.

Freixas X, Rochet J C. 2007. Mikroekonomia Bankowa[M]. Warsaw: CeDeWu. Pl Wydawnictwa Fachowe.

Fry M J. 1982. Models of financially repressed developing economies[J]. World Development, 10 (9): 731-750.

Fry M J. 1988. Money, Interest, and Banking in Economic Development[M]. Washington D. C.: Johns Hopkins University Press.

Galbis V. 1977. Financial intermediation and economic growth in less-developed countries: a theoretical approach[J]. Journal of Development Studies, 13 (2): 58-73.

Gale D. 1985. Book review: money and value: a reconsideration of classical and neoclassical monetary economics jean-michel grandmont[J]. Journal of Political Economy, 93 (2): 430-433.

Ghatak M. 1999. Group lending, local information and peer selection 1[J]. Journal of Development Economics, 60 (1): 27-50.

Ghatak M, Guinnane T W. 1999. The economics of lending with joint liability: theory and practice 1[J]. Journal of Development Economics, 60 (1): 195-228.

Gobezie G. 2009. Paper presented at the annual conference organized by the Association of Ethiopian

Microfinance Institutions（AEMFI）[J]. International NGO Journal，4（2）：12-26.

Goldsmith R W. 1969. Financial Structure and Development. [M]. London：Yale University Press.

Gonzalez-Vega C. 1984. Credit rationing behavior of agricultural lenders：the iron law of interest rate restrictions//Adams D W，Graham D H，von Pischke J D. Undermining Rural Development with Cheap Credit. Boulder：Westview Pess：78-95.

Gonzalez-Vega C. 1994. Stages in the evolution of thought on rural finance. A vision from The Ohio State University[A]. Economics and Sociology Occasional Paper，2134.

Gonzalez-Vega C. 1984. Cheap agricultural credit：Redistribution in reverse[J]. Journal of Ecclesiastical History，53：108-193.

Graham B，Dodd D L F，Tatham C. 1951. Security Analysis. Principles and Technique[M]. New York：McGraw-Hill Book Company.

Greenwald A G，Nosek B A，Sriram N. 2006. Consequential validity of the implicit association test：comment on Blanton and Jaccard[J]. American Psychologist，61（1）：56-61.

Greenwood J，Smith B D. 1997. Financial markets in development，and the development of financial markets[J]. Journal of Economic Dynamics and Control，21（1）：145-181.

Gulli H. 1998. Microfinance and Poverty：Questioning the Conventional Wisdom[M]. Washington，

D. C.：InterAmerican Development Bank.

Gurley J G，Shaw E S. 1955. Financial aspects of economic development[J]. American Economic Review，45（4）：515-538.

Gurley J G，Shaw E S. 1960. Money in a Theory of Finance[M]. Cambridge：MIT Press.

Guttman J M. 2008. Assortative matching，adverse selection，and group lending[J]. Journal of Development Economics，87（1）：51-56.

Hartarska V. 2005. Governance and performance of microfinance institutions in Central and Eastern Europe and the newly independent states[J]. World Development，33（10）：1627-1643.

Haynes G W，Ou C，Berney R. 1999. Small business borrowing from large and small banks[R]. Federal Reserve Bank of Chicago.

Hellman S. 1995. Efficient，user-friendly seismology[J]. Linux Journal，16：68-82.

Hellmann T，Murdock K，Stiglitz J. 1996. Financial Constraints：Toward a New Paradigm，The Role of Government in East Asian Economic Development：Comparative Institutional Analysis[M]. Oxford：Clarendon Press.

Hellwig M. 1985. Geldwert und geldneutralität：indirekter tausch und geld in der temporären gleichgewichtstheorie[J]. Das Wirtschaftsstudium，14：503-508.

Helms B，Reille X. 2004. Interest rate ceilings and microfinance：the story so far[A]. CGAP Occasional paper：9.

Holmström B，Tirole J. 2001. LAPM：a liquidity-based asset pricing model[J]. Journal of Finance，56（5）：1837-1867.

Holst R M，Laurini R，Bo J，et al. 2007. Expression of cytokines and chemokines in cervical and amniotic fluid：relationship to histological chorioamnionitis[J]. Journal of Maternal-Fetal Medicine，20（12）：885-893.

Hurt T H, Teigen C W. 1977. The development of a measure of perceived organizational innovativeness[J]. Annals of the International Communication Association, 1 (1): 377-385.

Jorion P, Khoury S J. 1995. Financial Risk Management: Domestic and International dimensions[M]. Oxford: Blackwell.

Jorion P. 2000. Value at Risk: the New Benchmark for Managing Financial Risk[M]. 2nd ed. New York: McGraw-Hill.

Jütting J, Weinberger K. 2000. The role of local organizations in risk management: some evidence from rural chad[J]. Quarterly Journal of International Agriculture, 39 (3): 281-298.

Kahn G A, Schroeder L, Weiner S, et al. 2003. The role of community banks in the US economy[J]. Economic Review (Kansas City), 88 (2): 15-44.

Kaminsky G, Reinhart C. 1996. Banking and balance-of-payments crises: Models and evidence[J]. Working Paper, Washington D. C. , Board of Governors of the Federal Reserv.

Kapur B K. 1976. Alternative stabilization policies for less-developed economies[J]. Journal of Political Economy, 84 (4, Part 1): 777-795.

Kapur P, Ghosh P, Nath N G. 1976. Stability, controllability and observability of arterial circulation[J]. Journal of Theoretical Biology, 61 (1): 15-19.

Kane E J, Buser S A. 1979. Portfolio diversification at commercial banks[J]. Journal of Finance, 34 (1): 19-34.

Keeton W, Kahn G, Schroeder L, et al. 2003. The role of community banks in the US economy[J]. Economic Review, (Q II): 15-43.

Kehinde A A. 2012. Agricultural financing in Nigeria: an assessment of the Agricultural Credit Guarantee Scheme Fund (ACGSF) for food security in Nigeria (1978-2006) [J]. Journal Economics, 3 (1): 39-48.

Khandker S. 2001. Does micro-finance really benefit the poor? Evidence from Bangladesh[C]. Asia and Pacific Forum on Poverty: Reforming Policies and Institutions for Poverty Reduction. 14.

Kimberly J R, Evanisko M J. 1981. Organizational innovation: the influence of individual, organizational, and contextual factors on hospital adoption of technological and administrative innovations[J]. Academy Management Journal, 24 (4): 689-713.

Kindleberger C P. 1973. The formation of financial centers: a study in a comparative economic theory[J]. Working Papers, 5 (4): 3395-3397.

Klein M A. 1973. The economics of security divisibility and financial intermediation[J]. Journal of Finance, 28 (4): 923-931.

Knight F H. 1921. Risk, Uncertainty and Profit[M]. New York: Hart, Schaffner and Marx.

Knight K E. 1967. A descriptive model of the intra-firm innovation process[J]. Journal of Business, (40): 478-496.

Kochar A. 1997a. An empirical investigation of rationing constraints in rural credit markets in India[J]. Journal of Development Economics, 53 (2): 339-371.

Kochar A. 1997b. Does lack of access to formal credit constrain agricultural production? Evidence from the land tenancy market in rural India[J]. American Journal of Agricultural Economics, 79 (3): 754-763.

Kovachev G. 2013. Special agricultural microfinance organizations-macedonian experience[J]. World Review of Business Research, (4): 240-252.

Kregel J A. 1997. Margins of safety and weight of the argument in generating financial fragility[J]. Journal of Economic Issues, 31 (2): 543-548.

Laffont J J, N'Guessan T. 2000. Group lending with adverse selection[J]. European Economic Review, 44 (4-6): 773-784.

Lee W F. 1980. Agricultural Finance[M] Ames, Iowa: Iowa State University Press.

Leland H E, Pyle D H. 1977. Informational asymmetries, financial structure, and financial intermediation[J]. Journal of Finance, 32 (2): 371-387.

Lintner J. 1965. Security prices, risk and maximal gains from diversification[J]. Journal of Finance, 20 (4): 587-615.

Lipietz A. 1986. Behind the crisis: the exhaustion of a regime of accumulation. A "regulation school" perspective on some French empirical works[J]. Review of Radical Political Economics, 18 (1-2): 13-32.

Lipietz A. 1992. A regulationist approach to the future of urban ecology[J]. Capitalism Nature Socialism, 3 (3): 101-110.

Maddison A. 2007. Fluctuations in the momentum of growth within the capitalist epoch[J]. Cliometrica, 1 (2): 145-175.

Mahjabeen R. Microfinancing in Bangladesh: Impact on households, consumption and welfare[J]. Journal of Policy modeling, 2008, 30 (6): 1083-1092.

Makynen E A, Kahl M D, Jensen K M, et al. 2000. Effects of the mammalian antiandrogen vinclozolin on development and reproduction of the fathead minnow (Pimephales promelas) [J]. Aquatic Toxicology, 48 (4): 461-475.

Markowitz H. 1952. Portfolio selection[J]. Journal of Finance, 7 (1): 77-91.

Mathieson D J. 1980. Financial reform and stabilization policy in a developing economy[J]. Journal of Development Economics, 7 (3): 359-395.

Matin I, Rutherford S, Maniruzzaman M. 2000. Exploring client preferences in microfinance: some observations from SafeSave[J]. Focus Note, (18): 1-12.

Matul M, Szubert D. 2005. Microfinance for Protecting the Vulnerable in Rural Uzbekistan[R]. Food and Agriculture Organization of the United Nations (FAO).

Mcguire P B, Conroy J D, Thapa G B. 1998. Getting the framework right: policy and regulation for microfinance in Asia[M]. Brisbane: Foundation for Development Corporation.

Mckinnon R. 1973. Money and Capital in Economic Development [M]. Washington D. C. : Brookings Institution Press.

Meade D M, Jardin S C, Schmidt J A, et al. 2000. Mission and design of the Fusion Ignition Research Experiment (FIRE) [J]. Office of Scientific & Technical Information Technical Reports, 59 (2): 2-6.

Merton R C. 1973. An intertemporal capital asset pricing model[J]. Econometrica: Journal of the Econometric Society, 41: 867-887.

Meyer J P, Herscovitch L. 2002. Commitment in the workplace: toward a general model[J]. Human Resource Management Review, 11 (3): 299-326.

Minsky H P. 1964. Financial crisis, financial systems, and the performance of the economy[J]. Private Capital Markets, 16: 170.

Minsky H P. 1986. The evolution of financial institutions and the performance of the economy[J]. Journal of Economic Issues, 20 (2): 345-353.

Modigliani F, Miller M H. 1958. The cost of capital, corporation finance and the theory of investment[J]. The American economic review, 48 (3): 261-297.

Montgomery H, Weiss J. 2006. Modalities of microfinance delivery in Asia and latin America: lessons for China[J]. China & World Economy, 14 (1): 30-43.

Montgomery R. 1996. Disciplining or protecting the poor? Avoiding the social costs of peer pressure in micro-credit schemes[J]. Journal of International Development, 8 (2): 289-305.

Morduch J. 1995. Income smoothing and consumption smoothing[J]. Journal of Economic Perspectives, 9 (3): 103-114.

Morduch J. 1999. The microfinance promise[J]. Journal of Economic Literature, 37 (4): 1569-1614.

Morduch J. 2000. The microfinance schism[J]. World Development, 28 (4): 617-629.

Morduch J, Haley B. Analysis of the effects of microfinance on poverty reduction[J]. New York: NYU Wagner Working Paper, 2002: 1014.

Mosley P, Hulme D. 1998. Microenterprise finance: is there a conflict between growth and poverty alleviation? [J]. World Development Oxford, 26 (5): 783-790.

North D C. 1993. Toward a theory of institutional change[J]. Political Economy: Institutions, Competition, and Representation, 31 (4): 61-69.

North D C. 1994. Institutional change: a framework of analysis[J]. Social Rules: 189-201.

Odedokun M O. 1992. An alternative framework of estimating investment and saving functions for developing countries: an application to time-series data for sub-sahara African countries[J]. International Economic Journal, 6 (3): 49-74.

Okpukpara B. 2010. Credit constraints and adoption of modern cassava production technologies in rural farming communities of anambra state, Nigeria[J]. African Journal of Agricultural Research, 5 (5): 3379-3386.

Patrick H T. 1996. Financial development and economic growth in underdeveloped countries[J]. Economic Development and Cultural Change, 14 (2): 174-189.

Remenyi J. 2000. Is there "a state of the art" in microfinance?[C]//Remenyi J, Quinones B. Microfinance and Poverty Alleviation: Case Studies from Asia and the Pacific. New York: Pinter: 25-64.

Pischke J D V. 1996. Measuring the trade-off between outreach and sustainability of microenterprise lenders[J]. Journal of International Development, 8 (2): 225-239.

Prineas J W, Kwon E E, Cho E S, et al. 1984. Continual breakdown and regeneration of myelin in progressive multiple sclerosis plaques[J]. Annals of the New York Academy of Sciences, 436 (1): 11-32.

Robbins S P. 1996. Organizational Behavior: Concepts, Controversies, Applications[M]. 7th ed. Englewood Cliffs, NJ: Prentice-Hall.

Robinson M S. 2001. The Microfinance Revolution: Sustainable Finance for the Poor[M].

Washington D. C.: The World Bank.

Rogers E M. 1962. Diffusion of Innovation[M]. New York: Free Press.

Rosenberg M J, Foshay R. 2002. E-learning: strategies for delivering knowledge in the digital age[J]. Internet & Higher Education, 41 (5): 50-51.

Rosenberg R. 1999. Measuring microcredit delinquency: ratios can be harmful to your health[J]. Occasional Paper, (3): 1-20.

Rowe F J, Wright D, Brand D, et al. 2013. A prospective profile of visual field loss following stroke: prevalence, type, rehabilitation, and outcome[J]. Biomed Research International, 2013 (6): 719096.

Schreft S L, Smith B D. 1998. The effects of open market operations in a model of intermediation and growth[J]. The Review of Economic Studies, 65 (3): 519-550.

Schrieder G, Heidhues F. 1997. Access constraints of Romanian peasants in relation to the formal financial sector[R]. Centre for Economic Reform and Transformation, Heriot Watt University.

Schumpeter J A. 1934. The Theory of Economic Development[M] (1st published in German in 1912; Leipzig: Duncker & Humblot). Cambridge, MA: Harvard University Press.

Seyfried M, Murdock M D. 1996. Calibration of time domain reflectometry for measurement of liquid, water in frozen soils[J]. Soil Science, 161 (2): 87-98.

Sharpe W F. 1964. Capital asset prices: a theory of market equilibrium under conditions of risk[J]. Journal of Finance, 19 (3): 425-442.

Sohn S H, Joo S H, Grable J E, et al. 2012. Adolescents' financial literacy: the role of financial socialization agents, financial experiences, and money attitudes in shaping financial literacy among South Korean youth[J]. Journal of Adolescence, 35 (4): 969-980.

Sriram M S, Parhi S. 2006. Financial status of rural poor: A study in Udaipur district[J]. Economic and Political Weekly, 41 (51): 5269-5275.

Stein J C. 2002. Information production and capital allocation: decentralized versus hierarchical firms[J]. Journal of Finance, 57 (5): 1891-1921.

Stiglitz J E, Weiss A. 1981. Credit rationing in markets with imperfect information[J]. The American Economic Review, 71 (3): 393-410.

Stiglitz J E. 1990. Peer monitoring and credit markets [J]. The Word Bank Economic Review, 4 (3): 351-366.

Stoughton N M, Zechner J. 1998. IPO-mechanisms, monitoring and ownership structure 1[J]. Journal of Financial Economics, 49 (1): 45-77.

Swinnen J, Gow H. 1999. The impact of FDI in the downstream sector on agricultural finance, investment and production: evidence from the CEEC[J]. Cell, 14 (4): 795-804.

Szegö G. 2002. Measures of risk[J]. Journal of Banking & Finance, 26 (7): 1253-1272.

Townsend R M, Yaron J. 2001. The credit risk-contingency system of an Asian development bank[J]. Economic Perspectives-Federal Reserve Bank of Chicago, 25 (3): 31-48.

Varian H R. 1990. Monitoring agents with other agents[J]. Journal of Institutional and Theoretical Economics (JITE) /Zeitschrift Für Die Gesamte Staatswissenschaft, 146 (1): 153-174.

Vinelli A. 2002. Financial sustainability in US microfinance organizations: lessons from developing countries[J]. Replicating Microfinance in the United States, Washington D. C., 2002: 137-165.

von Pischke J D. 2002. Innovation in finance and movement to client-centered credit[J]. Journal of International Development, 14 (3): 369-380.

Weber M. 1947. The Theory of Economic and Social Organization[M]. New York: Oxford University Press.

Weber R, Musshoff O. 2012. Is agricultural microcredit really more risky? Evidence from Tanzania[J]. Agricultural Finance Review, 72 (3): 416-435.

Wenner M D, Navajas S, Trivelli C, et al. 2007. Managing credit risk in rural financial institutions in Latin America[R]. Washington D. C.: Inter-American Development Bank.

Whittlesea B W, Wright R L. 1997. Implicit (and explicit) learning: acting adaptively without knowing the consequences[J]. Journal of Experimental Psychology: Learning, Memory, and Cognition, 23 (1): 181.

Williams C A, Heins R M. 1985. Risk Management And Insurance[M]. New York: McGraw-Hill Companies.

Williamson J P. 1975. Funds for the Future. Report of the Twentieth Century Fund Task Force on College and University Endowment Policy[M]. New York: Twentieth Century Fund.

Wolfe R A. 1994. Organization innovation: review, critique and suggested research directions[J]. Journal of Management Studies, 31 (3): 405-431.

Woller G. 2002. From market failure to marketing failure: market orientation as the key to deep outreach in microfinance[J]. Journal of International Development, 14 (3): 305-324.

Wright G A. 1997. Beyond basic credit and savings: Developing new financial service products for the poor[C]//Hannig A, Wisniwski S. Challenges of Microsavings Mobilization: Concepts and Views from the Field: 45-54.

Wright G. 2000. Microfinance Systems: Designing Quality Financial Services for the Poor[M]. London and New York: Zed books.

Wright C A, Udo Brand A, Shapley J R. 2001. Synthesis and characterization of the dimercury (I)-linked compound $[PPN]_4[(Re_7C(CO)_{21}Hg)_2]$. Oxidative cleavage of the mercury-mercury bond leading to carbidoheptarhenate complexes of mercury (II), including $[PPN][Re_7C(CO)_{21}Hg$ $(SC(NMe_2)_2)][J]$. Inorganic Chemistry, 40 (19): 4896-4901.

Yaron J. 1994. Successful rural finance institutions[J]. Finance and Development, 31 (1): 32.

Yaron J. 1997. Desarrollo de los mercados financieros rurales[J]. Canadian Medical Association Journal, 34: 377-380.

Yunus M. 1984. Group-based savings and credit for the rural poor: the Grameen Bank in Bangladesh[C]. Geneva: Panel on People's Part of the ACC Task Force on Rural Dev, Int Labour Office.

Zaltman G, Duncan R, Holbek J. 1973. Innovations and Organizations[M]. New Jersey: John Wiley & Sons.

Zeller M, Sharma M. 2000. Many borrow, more save, and all insure: implications for food and micro-finance policy[J]. Food Policy，25（2）：143-167.

Zhang W. 2008. Adverse selection，ex-ante moral hazard and group lending：Theory and evidence[D]. Yamaguchi-shi：Yamaguchi University.

Zhang W. 2009. Group lending with adverse selection[J]. International Economics and Finance Journal，4（1/2）：33-58.

附录 I 农村小型金融组织经营的问卷调查

农村金融同业朋友:

您好,当您接过这份问卷时,请接受我们最诚挚的问候。为了深入了解农村新型金融组织培育与发展中的问题,我们组织此项调查。对此次调查的结果,本课题组将提交党中央、国务院有关部门,作为农村新型金融组织培育与发展的决策参考。本问卷将采取匿名方式收集和处理,不会对您的隐私造成任何影响,请您放心如实作答。您的回答仅供研究者进行统计分析,回答无对错之分。

感谢您的积极参与和贡献。

西南大学国家社会科学基金重点项目农村小型金融组织创新与风险控制
研究课题组

请您在符合您本人(户)或意见的答案序号上划"√"或填写具体内容。

请您认真填写,不要漏项。

1. 您在职的农村新型金融组织所在地区是_____省_____市(县)_____乡(镇)_____村,属于(   )。

(1)国家粮食主产区(平原)   (2)山地特色农业区
(3)畜牧养殖区   (4)水产养殖区

2. 您在职的农村新型金融组织属于下列哪一种"新型农村金融组织"?(   )

(1)农村资金互助社   (2)小额信贷机构   (3)村镇银行
(4)农民信贷协会   (5)农村信用联盟   (6)其他_____(请写明)

3. 您在职的金融组织成立的宗旨和功能是(   )。

(1)为协会会员提供小额信贷服务   (2)为协会(联盟)成员贷款提供担保
(3)为跨地区农民提供小额信贷服务 (4)为农业提供小额信贷服务
(5)为本地农民提供金融服务   (6)扶持贫困农村地区农民发展经济

4. 您所在的金融组织有哪些健全的制度(多选)?(   )

(1)公司章程   (2)健全的会计核算制度
(3)严格的信贷风险责任制 (4)严格的考核制度

5. 您所在的金融组织的内部治理形式为(   )。

(1)亲戚朋友合伙入资所有 (2)社员入股、股份合作
(3)国有银行控股   (4)社员民主管理

（5）外资银行控股

6. 您所在的金融组织经营的业务有（　　　）。

（1）吸收农村存款　　　　　　　　（2）为农村发放小额贷款

（3）为农村提供结算和支付服务　　（4）为农民理财咨询

（5）承接国家扶贫信贷发放　　　　（6）为大型金融组织提供代理业务

（7）其他业务_____（请填写）

7. 您所在的金融组织从业人员共有____人。其中，高中以下毕业生有____人，本科毕业生有____人，硕士研究生有____人，博士研究生有____人。

8. 您所在的农村金融组织负责人的性别为____（男/女）；年龄为____岁。

9. 您所在的金融组织负责人文化程度为（　　　）。

（1）初中以下　　　（2）高中　　　（3）大学

（4）硕士研究生　　（5）博士研究生

10. 您所在的农村金融组织在做经营决策时（　　　）。

（1）负责人独自说了算　　　（2）召开社员大会决策

（3）召开股东大会决策　　　（4）几个领导骨干共同决定

（5）在自主决策时还咨询外部专家

11. 您所在的金融组织贷款利率（　　　）。

（1）按中国人民银行规定的基准利率执行　　（2）低于基准利率

（3）是基准利率的 1～2 倍　　　　　　　　（4）是基准利率的 3～4 倍

（5）是基准利率的 4 倍以上

12. 您所在的金融组织将贷款发放给低收入农户（年人均纯收入 5000 元以下）的贷款大约占____%，发放给高收入农户（年人均纯收入 5000 元以上）的贷款大约占____%，发放给农村企业的贷款大约占____%，发放给城镇的非农贷款大约占____%，发放给熟人的贷款大约占____%。

13. 您所在的金融组织在确定贷款对象时考虑的因素是（　　　）。

（1）只有股东和其他熟人才贷款

（2）是不是熟人无所谓，只要有还款能力均可贷款

（3）偏向向非农业贷款户发放贷款

（4）按监管部门要求完成"三农"贷款，其余尽量贷给非农业贷款户

14. 您所在的金融组织在为当地农村发放贷款时遇到的困难有（　　　）。

（1）缺乏足够的信贷资金　　（2）农民违约率高、守信意识淡薄

（3）农民缺乏抵押品　　　　（4）农民缺乏担保人

（5）农民土地无法抵押　　　（6）没有合适的贷款项目

（7）没有得到财政贴息　　　（8）没有享受到国家免税政策

（9）其他_____（请填写）

15. 您所在的金融组织自有资本金占资产总额的比重(资本充足率)为____%,不良资产率大约为____%。

16. 您所在的金融组织面临的主要风险有（   ）。

（1）信用风险   （2）操作风险

（3）市场风险   （4）系统风险   （5）其他

17. 您所在的金融组织2014年资产总额为____万元,获得净利润为____万元,近几年利润每年增长大约为____%。

18. 您对所处的当地金融生态环境的评价为（   ）。

（1）优秀   （2）良好   （3）中等

（4）合格   （5）不合格

19. 您希望在新型农村金融组织培育和发展中，财政部门如何改进支持手段？（   ）

（1）加大对新型农村金融组织的财政贴息力度

（2）加大对农村金融基础设施投入

（3）发展农业保险

（4）延长税收减免期限

（5）其他_____（请填写）

20. 您希望在新型农村金融组织培育阶段，金融监管部门和中国人民银行如何改进支持手段？（   ）

（1）给予再贷款支持   （2）降低存款准备金率

（3）降低银行准入门槛   （4）降低资本充足率条件

（5）提高风险损失准备计提比率

（6）改进监管方式

（7）其他_____（请填写）

再次谢谢您的圆满回答！！！

调查人（签名）：   年   月   日

附录Ⅱ　温州金融改革与发展调查访谈提纲

第一类问题：政府部门金融办

1. 温州在规范发展民间融资中，制定了哪些地方制度规范？这些地方制度的实施是否取得了预期的效果？

2. 这些制度在规范发展民间融资中，取得了预期效果的原因是什么？或者没有实现预期管理目标的原因是什么？

3. 民间金融在全国各地都有发展，但为什么唯有温州民间金融在全国独具特色？

4. 民间借贷是市场自主行为，是否需要政府来监管？如果需要监管，应当怎样监管？监管需要达到什么程度？

5. 温州民间借贷的中介组织形式有哪些？温州是如何防范民间融资风险的？

6. 温州市政府为温州民间金融的发展创造了哪些环境和条件？为什么温州市政府能够提供这些环境和条件？

7. 温州民营金融有哪些组织形式？什么样的金融组织形式最适应温州民营经济的发展？

8. 新型民营金融组织与国有金融组织有哪些国民待遇上的差异？

9. 温州在促进新型金融组织发展及其风险防范中取得了哪些值得全国推广的经验？或有哪些值得吸取的教训？

10. 温州是如何推进社会信用体系建设的？如果借贷主体失信，是如何惩戒失信主体的？

11. 温州是如何破解小微企业融资难题的？或在破解小微企业融资难题中采取了哪些措施？取得了哪些成效？

12. 温州现有的金融组织体系是否能够满足经济发展的客观需要？

13. 推进温州民营金融组织创新的动力源泉是什么？今后还需要培育和创新哪些小型金融组织，以完善金融服务体系？

14. 资金来源是制约小型金融组织发展的关键，在不允许吸收存款的条件下，温州是如何解决小型金融组织的资金来源问题的？

15. 在支持小微金融组织发展中，政府出台了哪些政策措施？这些措施的效果怎样？还需要出台哪些政策措施？

16. 温州在建设小微企业信用担保体系中取得了哪些突出的成绩？

17. 目前温州小型民营金融组织的发展存在哪些问题？这些问题产生的原因是什么？

18. 小微企业发行债券后，温州如何防范这些企业可能产生的融资风险？

19. 根据温州金融改革和发展的实际情况，温州金融监管体制还需要做出哪些调整和改革？

20. 温州金融综合改革试验与珠三角金融综合改革试验有哪些相同和不同之处？温州将如何体现自己的改革特色？

21. 温州在构建普惠型金融制度中取得了哪些成绩和经验？

22. 温州在促进农村金融发展方面的成功经验有哪些？

第二类问题：新型金融组织

1. 新型金融组织在支持小微企业发展方面，其业务和管理方式有哪些独特之处？

2. 温州小型金融组织已开展了哪些金融服务业务？这些业务开展是否能够适应当地经济发展的需要？

3. 小型金融组织在风险防范中采取了哪些值得推广的措施？这些措施的效果如何？

4. 在为小微企业提供的金融服务中，温州新型金融组织推出了哪些创新型金融服务？这些金融服务是否实现了风险防范和效益增长的双重目标？

5. 民营金融组织的治理模式是什么？与股份制商业银行有何不同？

6. 制约民营金融组织可持续发展的因素有哪些？温州民营金融组织是如何破解这些因素的？

7. 小额信贷机构向村镇银行转型，没有国有金融的控股，如何防范风险？

8. 温州小额信贷机构在创新和发展农村信贷产品中是怎样规避风险的？

第三类问题：小微企业

1. 企业向金融组织融资时面临哪些难题？企业是如何破解这些难题的？

2. 企业在国际金融危机中，是如何防范资金链断裂的？

3. 企业信用联盟组织形式在温州的推广情况怎样？

4. 企业在融资中，对金融组织有哪些期待？